Manual de pesquisa qualitativa

COLEÇÃO SOCIOLOGIA

Coordenador: Brasilio Sallum Jr. – Universidade de São Paulo

Comissão editorial:
Gabriel Cohn – Universidade de São Paulo
Irlys Barreira – Universidade Federal do Ceará
José Ricardo Ramalho – Universidade Federal do Rio de Janeiro
Marcelo Ridenti – Universidade Estadual de Campinas
Otávio Dulci – Universidade Federal de Minas Gerais

Dados Internacionais de Catalogação na Publicação (CIP)
(Câmara Brasileira do Livro, SP, Brasil)

Cardano, Mario
    Manual de pesquisa qualitativa : a contribuição da teoria da
argumentação / Mario Cardano ; tradução
de Elisabeth da Rosa Conill. – Petrópolis, RJ :
Vozes, 2017. – (Coleção Sociologia)

    Título original : La ricerca qualitativa
    Bibliografia
    ISBN 978-85-326-5502-8

    1. Amostragem 2. Ciências Sociais – Pesquisa –
Metodologia 3. Ciências Sociais – Trabalho de campo
4. Pesquisa qualitativa 5. Probabilidades I. Título.
II. Série.

17-04204   CDD-300.72

Índices para catálogo sistemático:
1. Pesquisa qualitativa : Metodologia : Ciências
Sociais 300.72

Mario Cardano

Manual de pesquisa qualitativa

A contribuição da teoria da argumentação

Tradução de Elisabeth da Rosa Conill

EDITORA
VOZES

Petrópolis

© Direitos de publicação em língua portuguesa:
2017, Editora Vozes Ltda.
Rua Frei Luís, 100
25689-900 Petrópolis, RJ
www.vozes.com.br
Brasil

Título original em italiano: *La ricerca qualitativa*
Publicado por Società editrice il Mulino, Bologna, 2011

Todos os direitos reservados. Nenhuma parte desta obra poderá ser reproduzida ou transmitida por qualquer forma e/ou quaisquer meios (eletrônico ou mecânico, incluindo fotocópia e gravação) ou arquivada em qualquer sistema ou banco de dados sem permissão escrita da editora.

CONSELHO EDITORIAL

Diretor
Gilberto Gonçalves Garcia

Editores
Aline dos Santos Carneiro
Edrian Josué Pasini
Marilac Loraine Oleniki
Welder Lancieri Marchini

Conselheiros
Francisco Morás
Ludovico Garmus
Teobaldo Heidemann
Volney J. Berkenbrock

Secretário executivo
João Batista Kreuch

Editoração: Fernando Sergio Olivetti da Rocha
Diagramação: Mania de criar
Revisão gráfica: Nilton Braz da Rocha / Nivaldo S. Menezes
Capa: Juliana Teresa Hannickel
Arte-finalização de capa: Editora Vozes

ISBN 978-85-326-5502-8 (Brasil)
ISBN 978-88-15-14980-0 (Itália)

Editado conforme o novo acordo ortográfico.

Este livro foi composto e impresso pela Editora Vozes Ltda.

aos meus pais

Sumário

Apresentação da coleção, 9

Prefácio, 11

Introdução, 15

1 A pesquisa qualitativa, 23

2 O desenho da pesquisa qualitativa, 46

3 A observação participante, 107

4 A entrevista discursiva, 166

5 O grupo focal, 221

6 Análise da documentação empírica e escrita, 266

Apêndices, 329

Glossário, 339

Referências, 341

Índice analítico, 361

Índice geral, 369

Apresentação da coleção

Brasilio Sallum Jr.

A *Coleção Sociologia* ambiciona reunir contribuições importantes desta disciplina para a análise da sociedade moderna. Nascida no século XIX, a sociologia expandiu-se rapidamente sob o impulso de intelectuais de grande estatura – considerados hoje clássicos da disciplina –, formulou técnicas próprias de investigação e fertilizou o desenvolvimento de tradições teóricas que orientam o investigador de maneiras distintas para o mundo empírico. Não há o que lamentar o fato de a sociologia não ter um *corpus* teórico único e acabado. E, menos ainda, há que esperar que este seja construído no futuro. É da própria natureza da disciplina – de fato, uma de suas características mais estimulantes intelectualmente – renovar conceitos, focos de investigação e conhecimentos produzidos. Este é um dos ensinamentos mais duradouros de Max Weber: a sociologia e as outras disciplinas que estudam a sociedade estão condenadas à eterna juventude, a renovar permanentemente seus conceitos à luz de novos problemas suscitados pela marcha incessante da história. No período histórico atual este ensinamento é mais verdadeiro do que nunca, pois as sociedades nacionais, que foram os alicerces da construção da disciplina, estão passando por processos de inclusão, de intensidade variável, em uma sociedade mundial em formação. Os sociólogos têm respondido com vigor aos desafios desta mudança histórica, ajustando o foco da disciplina em suas várias especialidades.

A *Coleção Sociologia* pretende oferecer aos leitores de língua portuguesa um conjunto de obras que espelhe o tanto quanto possível o desenvolvimento teórico e metodológico da disciplina. A coleção conta com a orientação de comissão editorial, composta por profissionais relevantes da disciplina, para selecionar os livros a serem nela publicados.

A par de editar seus autores clássicos, a *Coleção Sociologia* abrirá espaço para obras representativas de suas várias correntes teóricas e de suas especialidades, voltadas para o estudo de esferas específicas da vida social. Deverá também suprir as necessidades de ensino da Sociologia para um público mais amplo, inclusive por meio de manuais didáticos. Por último – mas não menos importante –, a *Coleção Sociologia* almeja oferecer ao público trabalhos sociológicos sobre a sociedade brasileira. Deseja, deste modo, contribuir para que ela possa adensar a reflexão científica sobre suas próprias características e problemas. Tem a esperança de que, com isso, possa ajudar a impulsioná-la no rumo do desenvolvimento e da democratização.

Prefácio

A presente obra apresentada ao público brasileiro é uma versão traduzida do livro *La ricerca qualitativa*, publicado em italiano pela Editora Mulino, em 2011. O autor, Mario Cardano, é professor do Departamento de Cultura, Política e Sociedade da Universidade de Turim, na Itália, onde ensina Métodos Qualitativos de Pesquisa Social e Sociologia da Saúde. É também diretor do Programa de Doutorado Interunidades desenvolvido pelas universidades de Turim-Milão em Sociologia e Metodologia da Pesquisa Social, onde ministra um curso de Projeto de Pesquisa Qualitativa. É membro do Conselho de Administração da Revista *Rassegna Italiana di Sociologia*. O Professor-doutor Mario Cardano desenvolveu sua pesquisa centrada em duas áreas: em primeiro lugar, as ciências sociais, com ênfase em metodologias e epistemologia da pesquisa qualitativa; e em segundo lugar, a área da sociologia da saúde, especialmente estudos no campo da saúde mental (*desability*). A dedicação do professor é expressa em seu trabalho acadêmico, com publicação de artigos científicos e livros com foco em pesquisa qualitativa, em particular a sua rigorosa e ampla contribuição ora apresentada ao leitor. Este livro traz uma discussão sobre o que é a pesquisa qualitativa, a taxonomia, a concepção, o método, a etnografia e a reflexividade, as narrativas e etapas de análise, o que confere ao autor a condição de metodólogo brilhante.

Neste livro, o Professor Mario Cardano apresenta um conjunto de conceitos, instrumentos, técnicas para a produção de pesquisa qualitativa. Inicia com uma discussão sobre o que é a pesquisa qualitativa e compara-a com a quantitativa. Faz uma crítica à literatura em geral que, para definir a pesquisa qualitativa, utiliza uma figura de linguagem que propõe a negação de seu oposto – a pesquisa quantitativa. O Professor Cardano diz que na escolha dos métodos de pesquisa qualitativa deve ser dada prioridade à redução da extensão do domínio observado, ao invés de se fazer a simplificação do objeto. É uma recuperação dos conceitos e das características do objeto da ciência social, focalizando a representação dos fenômenos sociais como processual e contingente.

Quando o autor fala sobre os instrumentos para fazer pesquisa qualitativa destaca a importância da observação atenta, que denomina *avvicinata*, em que a sintonia com as características dos objetos de estudo lhe é intrínseca. Sublinha a importância das virtudes epistêmicas da pesquisa qualitativa, da sua capacidade de retratar aspectos diferentes, específicos e particulares da realidade social. Propõe, como principais instrumentos da pesquisa qualitativa, a observação participante, a entrevista discursiva e os grupos focais. Apresenta os instrumentos desde a observação naturalística até o *shadowing* (a observação de uma interação social que se faz com um indivíduo, em que o pesquisador deve segui-lo como uma sombra).

Ao abordar o desenho da pesquisa qualitativa o autor destaca dois aspectos: o itinerário – o prenúncio do caminho que o pesquisador deve seguir para fornecer uma resposta experiente para a questão de origem da pesquisa; e a reconstrução lógica da história natural – da sequência que conduzirá aos resultados do estudo. A descrição de antecipação, nomeada pelo autor de *prefigurazione* e reconstrução na pesquisa qualitativa, consiste em apresentar um argumento persuasivo capaz de convencer a comunidade científica das razões e do interesse sobre a questão que deseja conhecer (seu significado teórico, sua relevância pragmática), sobre os procedimentos metodológicos adotados e ativados para construir a resposta à questão de pesquisa.

Neste livro, ao tratar da escolha de casos e da definição da amostragem, o Professor Cardano propõe, como sustentação teórica e epistêmica da pesquisa qualitativa, a teoria da argumentação, a qual se compara ao papel que desempenha a teoria da probabilidade para a pesquisa quantitativa. O autor aborda aspectos importantes: a generalização entre casos e a generalização no interior do caso; a construção do conhecimento e a representação do conhecimento; e a aceitabilidade das premissas (importância, relevância, suficiência, as noções de transferibilidade e saturação teórica). Trata ainda sobre o método e sua adequação epistêmica e a adequação pragmática da investigação.

Na sequência do livro, o autor dedica um capítulo aos principais instrumentos da pesquisa qualitativa: a observação participante, a entrevista discursiva e o grupo focal. Cada técnica de pesquisa é apresentada com um rico repertório de exemplos de pesquisas científicas reconhecidas internacionalmente. O autor aponta a técnica de observação participante como o principal recurso metodológico para estudar o desenvolvimento social, fala sobre o desenho de observação participante, sobre o trabalho de campo (acesso, participação, observação, diálogo, a observação heurística e alguns truques que possibilitam ao investigador uma leitura diferente daquilo que é informado no campo, e também da figura do *backtalk*); aborda ainda detalhadamente a preparação das notas etnográficas. No capítulo em que fala sobre a entrevista discursiva propõe o seguinte questionamento: Sobre o que falamos em nossas entrevistas? Na continuidade do texto insere um conteúdo consistente sobre o roteiro de questões da entrevista, sobre a amostragem e a construção da documentação empírica (o contato e a apresentação da pesquisa, a condução da entrevista, a transcrição da entrevista). Em relação ao grupo focal o autor fornece um rico conteúdo sobre como projetar o uso dessa estratégia (a escolha do tipo de grupo focal, a forma de condução dos grupos e o roteiro de questões a serem introduzidas no grupo), a amostragem e a construção da documentação empírica (o contato com os participantes, a realização do grupo focal, a transcrição das discussões). Esses três capítulos consistem em uma incursão teórica acurada e consistente, com um excelente nível de profundidade de argumentação e com uma descrição rigorosa dos instrumentos científicos da pesquisa qualitativa, a qual não é facilmente encontrada em toda literatura disponível sobre esse tema.

O autor encerra o livro com um capítulo sobre a análise da documentação empírica e escrita em que examina, em detalhe, os passos da análise (segmentação, qualificação e individualização das relações), abordando os tipos de análise: análise primária, secundária e metanálise.

Este livro tem como objetivo fornecer um guia para a criação de uma pesquisa qualitativa que combina rigor e criatividade. O autor apresenta um mapa das técnicas de pesquisa qualitativa delineada principalmente considerando as peculiaridades epistêmicas de cada uma, e prossegue com a ilustração das características do desenho da pesquisa qualitativa, delimitando, em um quadro de referência, os mais recentes estudos desenvolvidos sobre a teoria da argumentação e da lógica informal. Por essa razão, a principal peculiaridade do livro reside em sua referência à teoria da argumentação e na dedicação do autor em utilizar um repertório significativo de pesquisas mencionadas a título de exemplo. O livro é dirigido a todos os alunos (de graduação e pós-graduação), professores, pesquisadores e estudiosos das Ciências Sociais, Ciências da Saúde e da Enfermagem, e epidemiologistas sociais que se proponham a realizar a pesquisa qualitativa ou que desejam ler monografias e ensaios desenvolvidos com recurso das técnicas da pesquisa qualitativa.

Ao leitor deste livro é oferecida uma oportunidade de conhecer e de aprofundar seus conhecimentos sobre a pesquisa qualitativa. Desejo uma boa leitura para todos os apaixonados pela epistemologia e pela metodologia da pesquisa qualitativa.

Luciane Prado Kantorski
Professora da Universidade Federal de Pelotas.
Turim, Itália, verão de 2015.

Introdução

Este manual reúne um conjunto de diversos instrumentos úteis para a realização de uma pesquisa qualitativa. Os limites do território sobre os quais recaem as observações reportadas nas páginas seguintes são traçados considerando o que – como veremos melhor a seguir – constitui os traços distintivos da pesquisa qualitativa: a utilização de uma forma de observação mais próxima[1] e a harmonização dos procedimentos de construção do dado às características do objeto ao qual se aplicam, a submissão do método às peculiaridades do contexto empírico ao qual ele se aplica.

A atenção recairá principalmente sobre três técnicas de pesquisa qualitativa: a observação participante, a entrevista discursiva e o grupo focal (*focus group*). Essas técnicas, além de serem as mais comuns, oferecem a oportunidade de examinar as questões metodológicas e epistemológicas mais importantes com as quais se devem confrontar aqueles que pretendem realizar uma pesquisa qualitativa. A partir daqui temos a convicção de que os instrumentos propostos para a observação participante, a entrevista discursiva e o grupo focal também possam – devidamente adaptados – ser aplicados com outras técnicas de pesquisa, da observação naturalista ao *shadowing**, dos jogos ao trabalho de campo. Isso decorre também da forma assumida pelos instrumentos analíticos propostos, constituídos, não por uma coleção de receitas, mas por um conjunto de princípios gerais, ilustrados por meio da apresentação de casos, de pesquisas exemplares sob diversas formas (para o bem ou para o mal), que demonstram o seu uso.

O volume move-se a partir de uma concepção da pesquisa qualitativa que encontra a sua principal vocação na construção de representações precisas dos fenômenos sociais e que identifica nessa precisão o seu principal valor agregado, que decorre da utilização da pesquisa qualitativa[2]. Entretanto, a especificidade

---

1. Com essa escolha metodológica, a pesquisa qualitativa responde de forma específica a uma exigência geral que recobre todo o domínio da pesquisa social, a de guiar a complexidade dos fenômenos em estudo. Essa complexidade normalmente é guiada seguindo dois caminhos: o da *simplificação do objeto*, típico da pesquisa quantitativa, ou o da *redução da extensão do domínio observado*, típico da pesquisa qualitativa (cf. infra, cap. 1).

* Cf. glossário.

2. Aprofundei esse tema em Cardano [2009a] para o qual se remete.

deste volume é outra e se refere à tentativa de inscrever as práticas da pesquisa qualitativa no interior da moldura da **teoria da argumentação**, nos seus mais recentes desenvolvimentos representados pela abordagem pragma-dialética [Van Eemeren e Grootendorst, 1984, 2004; Van Eemeren e Houtlosser, 1999; Walton, 1992, 2001, 2009; Walton e Reed, 2003; Godden e Walton, 2007].

A teoria da argumentação ocupa-se da natureza, da função e dos limites do discurso persuasivo, que Chaïm Perelman e Lucie Olbrechts-Tyteca [1958 – trad. it., 1989: 3] contrapõem ao "raciocínio *more geometrico*", o raciocínio demonstrativo próprio das disciplinas formais, principalmente, a Matemática e a Lógica. Persuasão, portanto, contraposta à demonstração, mas em um registro dialético que impõe específicas condições de razoabilidade à defesa dos próprios argumentos, que fazem do discurso argumentativo uma "discussão crítica" [Van Eemeren e Houtlosser, 2003: 387-388]. A esse respeito Frans van Eemeren e Rob Grootendorst observam o que se segue.

> A argumentação é uma atividade verbal, social e racional com o objetivo de convencer um *crítico razoável* da aceitabilidade de uma tese por meio de um conjunto de proposições que são apresentadas para provar ou refutar a proposição expressa na tese [Van Eemeren e Grootendorst, 2004 – trad. it., 2008: 13, itálico meu][3].

A peculiaridade do **modelo pragma-dialético** consiste, portanto, no esforço de conciliar a persuasão com a "verdade", as finalidades retóricas com as dialéticas, fazendo da argumentação efetivamente "a lógica das ciências não demonstrativas" [Bobbio, 1989: xiii].

A teoria da argumentação – entendida nesse sentido – pode cumprir a mesma função para a pesquisa qualitativa que, no território da pesquisa quantitativa, é desenvolvida pela teoria da probabilidade. Trata-se de uma tese já mencionada na literatura metodológica, começando por *I trucchi del mestiere*, de Howard Becker [1998], até o mais recente *Qualitative Researching*, de Jennifer Mason [2002]; uma tese que atravessa, como um rio cársico, muitas das mais

---

3. No mesmo sentido, os esclarecimentos de Douglas Walton, que define a discussão crítica como um tipo de diálogo no qual o objetivo das partes envolvidas consiste em "persuadir a outra parte a aceitar algumas proposições específicas, empregando como premissa [dos próprios argumentos] exclusivamente as proposições que a outra parte aceitou como suas" [Walton, 1992: 133-134]. Isso permite a Walton traçar claramente a distinção entre o uso da argumentação em uma discussão crítica e o seu emprego em uma contenda, em um diálogo erístico, cujo único objetivo é vencer o adversário, sacrificando a verdade e a razoabilidade [p. 136]. Arthur Schopenhauer dedicou um interessante livro a esse modo de entender a argumentação, que se abre de maneira inequívoca: "A dialética erística é a arte de discutir, mais precisamente, a arte de discutir de modo a ter razão, portanto, *per fas et nefas* [por meios lícitos e ilícitos] [...]. Isso quer dizer que quem discute, geralmente, não luta pela verdade, mas para impor a própria tese, como *pro ara et focis* [pela casa e pelo lar], e age *per fas et nefas*, porque não pode fazer de outro modo, como foi demonstrado" [Schopenhauer, 1864 – trad. it., 2009: 15, 17]. Não é a esse sentido de retórica que farei referência nestas páginas.

recentes contribuições teóricas e metodológicas que se inspiram na musa da pesquisa qualitativa.

As razões que tornam a teoria da argumentação a sintaxe que mais eficazmente pode contribuir à construção do saber produzido pela pesquisa qualitativa tem a ver com o **estatuto epistêmico dos materiais empíricos** obtidos nesse âmbito. A maior parte das técnicas de construção da documentação empírica empregadas na pesquisa qualitativa e, de modo geral, na pesquisa social, baseia-se na cooperação dos participantes e – com pouquíssimas exceções – propõe-se a considerar algo que, em uma primeira análise, podemos definir como "estados internos", como atitudes, crenças, valores, intenções e significados colocados na ação.

A **cooperação** – em diversos graus – é requerida aos participantes sempre que o pesquisador explicita a própria identidade e as próprias intenções. Isso ocorre normalmente na utilização das técnicas mais comuns de pesquisa qualitativa: a observação participante, a entrevista discursiva e o grupo focal, mas também em outras menos difundidas, como o *shadowing*, a análise das conversações, os jogos e a observação dos documentos cuja produção é solicitada pelo pesquisador (cf. infra, cap. 1, fig. 1.1). Em todos esses casos a nossa tarefa somente pode chegar a bom termo se os nossos interlocutores consentem em responder às nossas perguntas, permitem-nos permanecer com eles enquanto desenvolvem as suas atividades cotidianas, fornecem-nos os vestígios (a gravação de uma conversa natural) ou o produto (um diário solicitado) das suas atividades[4]. A lição de Goffman já deveria ter nos persuadido sobre como as *performances* das pessoas a quem pedimos colaboração podem, apenas acidentalmente, ter como objetivo facilitar o nosso trabalho de interpretação das interações sociais a que assistimos. Os nossos interlocutores preocupam-se, antes de tudo, em "manter as aparências", deixando para nós a tarefa de ler nas entrelinhas, o "texto" das

---

4. A cooperação não é necessária somente quando o pesquisador recorre às chamadas técnicas não intrusivas [Webb et al., 1966], que focalizam a atenção sobre os vestígios ou sobre os produtos do comportamento em relação aos quais os agentes renunciam a exercer alguma forma de controle ou, mesmo não renunciando, não têm como controlá-los. Os sinais de desgaste no piso de uma biblioteca que indicam o itinerário de leitura preferido dos frequentadores, os resíduos abandonados em um depósito público de lixo, as reflexões postadas em um fórum público na internet enquadram-se nesse caso. Desse conjunto não fazem parte os artefatos, os documentos escritos ou visuais conservados e às vezes protegidos por quem os produziu ou adquiriu. O filme de um casamento, mantido escondido porque registra impiedosamente alguma gafe; o diário secreto de um adolescente; a mais improvável das coleções... escondidos em uma caixa no sótão se enquadram neste último caso, constituído por documentos naturais acessíveis apenas por meio de uma delicada negociação com seus proprietários. Um exemplo interessante do primeiro tipo de materiais – acessíveis sem a cooperação dos sujeitos – é constituído pelo *University of Arizona's Garbage Project*, uma arqueologia do presente, dedicada ao exame dos processos de produção de um peculiar "artefato" produzido pela nossa sociedade, o lixo [Rathje e Murphy, 2001]. O estudo realizado por Pierluca Birindelli, sobre a decoração dos quartos dos adolescentes, a que o autor teve acesso com o consentimento e a presença deles, é um exemplo do segundo caso: documentos naturais acessíveis somente através da negociação com os seus proprietários.

suas ações. O caráter necessariamente conjectural desses processos interpretativos, muitas vezes baseados na ativação de singulares virtudes investigativas [*sensu* Douglas, 1976], repercute-se no estatuto epistêmico da documentação empírica obtida: informações incertas.

A observação dos **estados internos** produz resultados análogos no plano epistêmico, mas seguindo um caminho diferente. É difícil pensar em uma pesquisa qualitativa que, pelo menos em última instância, não se proponha a dizer algo sobre aquele mundo submerso, feito precisamente de atitudes, crenças, valores, intenções e significados colocados na ação. Talvez nem mesmo os analistas das conversações aceitem permanecer confinados na superfície dos atos linguísticos, fazendo anotações exclusivamente das rodas de conversa, sem ao menos envolver-se na interpretação do significado colocado pelos atos linguísticos anormais, que violam – ao menos à primeira vista – as regras de conversação. O acesso a esse mundo submerso baseia-se na utilização de estratégias cognitivas que são eficazmente ilustradas na prática clínica do velho médico da zona rural. Este último, consultado pelo próprio paciente, chega ao diagnóstico através da detecção meticulosa de sinais da doença perceptíveis visualmente e pelos sintomas relatados pelo doente. Fará anotações, por exemplo, do estado da pele e das mucosas, de eventuais alterações posturais, auscultará o tórax para verificar a frequência cardíaca, para, em seguida, ouvir as queixas do paciente, por exemplo, uma persistente sensação de aperto no peito. Sinais e sintomas são colocados lado a lado para prosseguir, por sucessivas exclusões (diagnóstico diferencial) à individuação da síndrome, daquele estado inobservável, responsável pelos sinais e pelos sintomas verificados. Podendo contar apenas com um conjunto decididamente rudimentar de instrumentos (um estetoscópio e um relógio de pulso), bem longe daqueles oferecidos pela medicina tecnológica que se afirmou nas últimas décadas, o médico chega ao diagnóstico ativando uma forma de **saber "indiciário"** [Ginzburg, 1979], que fornece informações plausíveis, mas, de qualquer maneira, conjecturais. São muitas as semelhanças que ligam esse *modus operandi* ao do sociólogo que atribui um estado sobre uma propriedade não observável, por exemplo, uma crença [Sperber, 1982], no âmbito de um conjunto de diversos indícios, mais comumente designados como indicadores. Indícios eloquentes, mas raramente inexplicáveis como elementos suficientes à atribuição, sem incertezas, do estado não observável. Ao lado das semelhanças merece ser assinalada uma diferença: normalmente a colaboração do paciente à operação cognitiva do clínico é, se não total, de qualquer forma muito elevada, deixando à sombra apenas os fatos do corpo que o pudor ou as pressões sociais sugerem que se oculte. Pois bem, essa forma de *compliance** aparece com menos frequência no nosso trabalho de pesquisa que deve lidar mais frequentemente com atos de despistar e esconder. Portanto, todas as in-

---

* Cf. glossário.

formações que obtemos ao longo desse itinerário – e são a maior parte das que empregamos para os nossos objetivos – têm um estatuto epistêmico incerto, ou seja, trata-se de um saber plausível, mas ainda assim conjectural.

Ambos os aspectos – a dependência da cooperação dos sujeitos e a natureza conjectural da ligação postulada entre estados observáveis e estados não observáveis – imprimem à documentação empírica, que empregamos para a edificação do nosso saber, um estatuto epistêmico que torna os procedimentos empregados para motivar a comunidade científica à sua adoção [*sensu* Goodman e Elgin, 1988] mais semelhantes a um entimema, a um **silogismo retórico**, que aos mais celebrados *modus ponens* e *modus tollens** [Hempel, 1966 – trad. it., 1968, cap. 2]. Em outras palavras, os modos com que dizemos algo sobre o mundo, combinando teoria e documentação empírica, ativando o rico diálogo entre dados e ideias citado por Becker [1998 – trad. it., 2007: 88], baseiam-se na utilização de argumentos em que ao menos uma premissa, a que faz referência à documentação empírica, tem um estatuto incerto e que impõe às conclusões um estatuto necessariamente conjectural, o do saber tipicamente fornecido por um silogismo retórico[7]. Por sua vez, a teoria da argumentação apresenta algumas características que mostram uma relevante sintonia com o perfil metodológico da pesquisa qualitativa, pelo menos como aqui foi descrito. Em ambos os contextos o que opera não é exclusivamente um saber formal, um conjunto de algoritmos abstratos e impessoais. Sobre esse aspecto Aristóteles é iluminado.

> Antes de tudo é necessário admitir que ao redor do argumento de que se deve falar e raciocinar, seja ele um raciocínio político ou de qualquer espécie, é necessário possuir os argumentos relativos, ou todos, ou muitos; se realmente não se tem nenhum deles, não se pode tirar conclusões (*Retorica*, II (b): 21-22, 1.395b-1.396a [cf. Aristotele, 1991]).

O outro lugar de sintonia é constituído pelo equivalente do que, no contexto da metodologia qualitativa, defini "**sensibilidade ao contexto**". A mesma sensibilidade ao contexto, a mesma flexibilidade própria da pesquisa qualitativa observa-se nas normas que disciplinam o uso e a formulação de juízos na teoria da argumentação. Nesse sentido, é exemplar o juízo sobre a falácia de uma

---

* Cf. glossário.

5. A ideia de uma construção do saber baseada na elaboração de um argumento que contém nas próprias premissas referências à teoria e à documentação empírica é ilustrada de forma eficaz por Alessandro Bruschi [2005: 25], que, pela corroboração de uma hipótese, propõe o seguinte esquema argumentativo:

> A hipótese *h* tem uma suficiente evidência empírica.
> A hipótese *h* tem uma suficiente sustentação teórica.
> As hipóteses alternativas foram rejeitadas.

> A hipótese *h* é verdadeira.

argumentação, sempre relacionado ao contexto de produção do argumento e do auditório ao qual se dirige [Van Eemeren e Houtlosser, 2003: 394; Walton, 1988: 250, 1992: 145].

Dito isso, de qualquer forma é necessário observar como os dois contextos postos lado a lado – a teoria da argumentação e a teoria da probabilidade – não podem ser considerados como reciprocamente opostos, como "água e óleo" (cf. infra, cap. 2, par. 1.2). Seja a teoria da probabilidade, seja a teoria da argumentação, elas ocupam-se em construir um saber a partir de uma informação incerta. Tanto a teoria da argumentação quanto a teoria da probabilidade oferecem uma solução convincente à antítese entre a pesquisa de uma verdade absoluta e a renúncia a essa mesma ideia de verdade, o estatuto epistêmico das asserções produzidas será, em um caso, provável; em outro, verossímil, colocando-se, cada um à sua maneira, no interior daquele *continuum* ideal cujos extremos definem os polos da antítese. Cada moldura teórica dá o melhor de si em um contexto específico e, para a pesquisa qualitativa, dar o melhor de si é, sem dúvida, a teoria da argumentação.

Nessa abordagem refaz-se a estrutura do texto, composto a partir da minha experiência de ensino e pesquisa[6]. O capítulo 1 propõe uma definição da pesquisa qualitativa, com base nos traços – dois – que caracterizam esse território da pesquisa social. Individuadas as razões que motivam a utilização da pesquisa qualitativa, o capítulo conclui-se com a apresentação de uma taxonomia das técnicas de pesquisa, que define quatro grupos, quatro ilhas diversas entre si em razão das condições de produção da documentação empírica, do tipo de perturbação induzida e da medida na qual a utilização da interlocução contribui à construção do dado.

O coração do livro é constituído pelos capítulos que marcam as três etapas canônicas do trabalho de pesquisa: o planejamento do estudo, o trabalho de campo e a análise da documentação empírica. A primeira e a última etapa apresentam traços comuns para todas as técnicas de pesquisa qualitativa: por essa razão os dois capítulos dedicados, respectivamente, ao desenho de pesquisa (cap. 2) e à análise da documentação empírica (cap. 6) abordam a matéria tratada em um registro geral, aplicável – com as devidas mediações – a todas as técnicas de pesquisa qualitativa. Nos três capítulos centrais a atenção recai sobre o trabalho de campo, considerando separadamente a observação participante (cap. 3), a entrevista discursiva (cap. 4) e o grupo focal (cap. 5).

O desenho da pesquisa (cap. 2) é apresentado como o lugar onde se inicia o processo de construção da argumentação persuasiva que, levada a termo no curso do trabalho de pesquisa, permitirá defender a plausibilidade dos resulta-

---

6. No texto, os procedimentos de análise da conversação e do discurso não são adequadamente desenvolvidos; de qualquer forma, existe uma ampla literatura referenciada nos dois manuais de base sobre os mesmos [Fele, 2007; Mantovani, 2008].

dos obtidos e a legitimidade da extensão do seu alcance[7]. É nesse capítulo que é abordada, de forma analítica, a questão – particularmente delicada no contexto da pesquisa qualitativa – da escolha dos casos e da amostragem, e com isso dos procedimentos com os quais defender a legitimidade da "sinédoque" através da qual o que se observa sobre uma parte compreende-se como se fosse estendida ao todo [Becker, 1998 – trad. it., 2007: 89]. Com esse objetivo são consideradas duas estruturas argumentativas baseadas na utilização do exemplo, e dirigidas ora à construção, ora à representação do conhecimento.

O capítulo dedicado à observação participante (cap.3), assim como os que o seguem, dedicados à entrevista discursiva e ao grupo focal, propõe-se a dar forma aos principais problemas que se apresentam no campo, antecipando para cada um, uma e, frequentemente, mais soluções, baseadas na referência a específicos exemplos de pesquisa. Segue a reconstrução das principais etapas do trabalho de campo, do acesso à forma de participação, da elaboração das notas etnográficas à utilização de procedimentos de *backtalk* *. Especial atenção é dedicada às atividades de observação para as quais, na esteira de Becker, são propostos alguns "truques" para ver de outra forma algumas heurísticas da observação.

No capítulo dedicado à entrevista discursiva (cap. 4), a reconstrução do perfil epistêmico desta técnica de pesquisa é enfrentada de frente na reconstrução do debate sobre o estatuto das informações obtidas em uma entrevista discursiva. O capítulo prossegue então com o exame das etapas canônicas do trabalho de campo, da redação do roteiro da entrevista à transcrição das mesmas, passando pela ilustração de uma série de recursos que podem ser utilizados no difícil trabalho de condução de uma entrevista.

Por último, o capítulo sobre grupo focal confronta-se com a literatura metodológica corrente, em relação à qual propõe uma clara liberalização das formas de condução dos grupos de discussão e a leitura do que acontece entre as pessoas sentadas em torno da mesa de um ponto de vista semelhante ao do experimento de laboratório. Comum aos três capítulos dedicados às técnicas de pesquisa é a crítica à concepção do trabalho de campo que, de acordo com Douglas [1976] e Atkinson e Silverman [1997], podemos rotular "romântica". Essa concepção, sustentada por estudiosos de diversas correntes epistemológicas, admite que o acesso e a conquista da confiança dos nossos interlocutores traduzem-se imediatamente na geração de representações ou relatórios autênticos da vida *deles*. O otimismo ingênuo dessa orientação é contestado, mas não a ponto de chegar às formas mais radicais de ceticismo, pelas quais nada pode ser

---

7. Com a extensão do alcance dos resultados dos casos observados a outros casos, ligados aos primeiros por relações de analogia, na pesquisa qualitativa entende-se o que para a pesquisa quantitativa é designado com o termo generalização.

* Cf. glossário.

dito sobre o mundo. Com esse objetivo, em outras partes do texto fiz referência aos **métodos de pesquisa "investigativos"** que Jack Douglas [1976] convida a colocar lado a lado aos mais comuns **métodos "cooperativos"**.

O capítulo que encerra o livro (cap. 6), dedicado à análise da documentação empírica, move-se a partir de duas simplificações analíticas com as quais me proponho a abarcar novamente o conjunto das técnicas de pesquisa apresentadas. A primeira agrupa a documentação empírica em três classes – os achados, as reproduções e as representações –, atribuindo a cada uma, *ceteris paribus**, um diferente poder probatório, considerando-as fontes (como faria um historiador) às quais compete uma diferente "área de autenticidade" [Topolski, 1973 – trad. it., 1975: 501], ou seja, diferentes fontes pela soma das perguntas a que são capazes de dar uma resposta eloquente. A segunda simplificação leva à redução de todas as operações de análise a três passos: segmentação, qualificação e individuação das relações. Encerra o capítulo uma reflexão sobre a escrita, em especial sobre dois dispositivos de configuração dos resultados mais promissores para a pesquisa qualitativa, a metáfora e o tipo ideal.

Alguns colegas e amigos leram e comentaram as primeiras versões deste trabalho: Carlo Capello, Michele Cioffi, Annalisa Frisina, Michele Manocchi, Antonella Meo, Davide Pellegrino, Francesca Salivotti, Giovanni Semi, Andrea Sormano e Viviana Sappa. A todos eles o meu agradecimento, juntamente com as desculpas por não ter acolhido sempre e integralmente as suas indicações. Em relação a Nicola Pannofino tenho uma dívida especial pela orientação que soube me dar no território da teoria da argumentação. Obrigado à minha esposa Carla, por todas as vezes que correu para o computador para ler frases ou páginas sobre as quais eu tinha dúvidas a respeito de sua clareza. Obrigado, enfim, à colega Luciane Prado Kantorski que me encorajou e apoiou no projeto de traduzir este manual para o público brasileiro.

---

* Cf. glossário.

1
A pesquisa qualitativa

1 O que é a pesquisa qualitativa?

A pergunta que dá o título a este parágrafo é ao mesmo tempo inevitável e incômoda. É inevitável porque, na comunicação científica, é de bom-tom oferecer ao leitor uma definição do próprio objeto. É incômoda porque a ela se gostaria de responder ao final do percurso, podendo-se contar com a ilustração de um adequado número de exemplos; mas é ainda mais incômoda porque impõe ao leitor o suplício de uma reproposição de coisas já conhecidas pela maioria. Por uma coisa e outra (abstração e banalidade) peço vênia.

Voltando à pergunta a partir da qual se movem essas reflexões: "O que é a pesquisa qualitativa?", não se pode deixar de observar que o caminho mais curto para responder a isso é o que conduz à linha de fronteira que separa a pesquisa qualitativa da quantitativa. Uma vez chegados ali, a resposta parece óbvia: no campo da pesquisa quantitativa usam-se os números, a matriz de dados, a estatística, no da pesquisa qualitativa pode-se dispensar isso. A maior qualidade desse gênero de definição é a parcimônia, a qual talvez se deva o seu relativo sucesso. Trata-se, todavia, de uma definição que – ao menos tomada sozinha – resulta largamente insatisfatória. Podemos entrar no território da pesquisa qualitativa certos de não fazer "encontros desagradáveis", não nos bateremos em números e complicados modelos estatísticos, mas pouco podemos saber sobre qual paisagem se abrirá aos nossos olhos. Também é verdade que, às vezes, essa garantia é mais do que suficiente. Assim é, por exemplo, para um número não pequeno de estudantes que decidem se aventurar na pesquisa qualitativa – para uma prova ou para a preparação do trabalho de conclusão de curso – *principalmente* para evitar números e estatística[1]. Isso, todavia, não torna mais pregnante a definição de pesquisa qualitativa até aqui proposta. De forma geral, considero que na linguagem científica a utilização de definições baseadas na figura retórica da litotes, uma perífrase que conota um objeto como negação do seu contrário [Mortara Garavelli, 1988: 178-180], seja fortemente

---

1. Sobre esse ponto convergem as observações de dois metodologistas de diferentes orientações: Ricolfi [1997a: 11-14] e Silverman [2000 – trad. it., 2002: 39-41].

contraindicada. O seu uso leva – muitas vezes involuntariamente – a um reflexo denigratório que não favorece a inteligibilidade daquilo que nos propomos a definir (o *definiendum*) e, no caso em exame, pode constituir um obstáculo à comunicação entre as duas comunidades de cientistas sociais, os "qualitativos" e os "quantitativos". Em síntese, dizer que a pesquisa qualitativa é outra coisa em relação à pesquisa quantitativa ajuda muito pouco na individuação das suas peculiaridades que, mesmo mostrando-se de forma mais nítida quando sobre o pano de fundo é colocada a pesquisa quantitativa, tem a sua própria autonomia. De qualquer forma, antes de prosseguir à sua ilustração cabe antecipar um tema que terá um desenvolvimento mais amplo em seguida. A pesquisa qualitativa, mais que um continente que – coeso e unido – olha com severidade a fronteira que o separa da terra dos quantitativos, é um arquipélago feito de ilhas distintas, ligadas entre si por – ora tênues, ora mais intensas – "semelhanças de família" [*sensu* Wittgenstein, 1953].

Reduzidas ao essencial, estas semelhanças podem ser relacionadas a dois traços metodológicos fortes que reencontramos em todas as ilhas que compõem o arquipélago da pesquisa qualitativa: a utilização de uma forma de *observação mais próxima* do próprio objeto de estudo [Clifford, 1997 – trad. it., 1999: 73], declinada em modalidades que – em última instância – são configuradas pelas características do contexto empírico, em um registro que, de forma sintética, pode ser rotulado como sensibilidade ao contexto[2]. Vejamos em detalhe em que consistem esses dois traços comuns.

1.1 Uma forma de observação mais próxima...

O primeiro traço que une as técnicas de pesquisa qualitativa tem a ver com a adoção de um estilo de pesquisa que prefere o aprofundamento do detalhe à reconstrução do todo, os estudos intensivos (sobre um pequeno número) aos extensivos (sobre um grande número). Com essa escolha metodológica a pesquisa qualitativa responde de forma específica a uma exigência geral que recobre o inteiro domínio da pesquisa social, aquela de guiar a complexidade dos fenômenos em estudo. Esta complexidade, ao menos em parte, pode ser atribuída à proximidade ontológica entre observador e objeto observado[3], é normalmente

---

2. Em *Narrative in Social Science Research*, Barbara Czarniawska [2004: 44] escreve: "If there is one general rule on field research it is that all techniques must be context sensitive".

3. Nas ciências sociais, diferentemente do que ocorre nas ciências naturais, o observador e o objeto observado compartilham a mesma natureza, e isso permite ao observador evidenciar os traços, as peculiaridades, as diferenças que separam os diversos objetos em estudo muito mais facilmente do que ocorre com o observador envolvido no estudo de objetos mais distantes no plano ontológico, que podem ser as rochas ou as partículas subatômicas. Se na redação dos tratados de geologia se dedicassem, não os geólogos da espécie humana, mas as rochas, muito provavelmente as rochas protagonistas daquelas páginas seriam pintadas com cores mais vívidas, emergiriam

guiada seguindo dois caminhos: o da **simplificação do objeto** e o da **redução da extensão do domínio observado.** O caminho da simplificação do objeto é típico da pesquisa qualitativa, de modo particular nas pesquisas baseadas no uso da pesquisa por amostragem na qual indivíduos, isolados do seu contexto de vida cotidiano, são chamados a responder a alguns quesitos utilizando uma forma de interlocução predefinida, que deliberadamente delimita as modalidades com as quais cada sujeito pode expressar o próprio ponto de vista. Ao contrário, a pesquisa qualitativa segue o caminho da redução da extensão do domínio observado, a focalização sobre poucos casos, dos quais se propõe a individuar e representar os mínimos detalhes. Essa estratégia de pesquisa coloca o pesquisador diante de uma quantidade definitivamente rica de indícios [Ginzburg, 1979] a partir dos quais interpretar os fenômenos sociais para os quais dirigiu a própria atenção.

1.2 ...harmonizada com as características dos objetos aos quais se aplica

São muitas as molduras teóricas dentre as quais foram realizados estudos e pesquisas qualitativas, do interacionismo à fenomenologia, da etnometodologia à sociolinguística. De qualquer forma, é possível identificar um traço unificante, a *representação dos fenômenos sociais como processuais e contingentes*. A estas características, processualidade e contingência, adaptam-se as técnicas de pesquisa qualitativa, fazendo-as próprias durante todo o processo de pesquisa ou, em outras palavras, "permanecendo fiel à natureza do objeto em estudo" [Matza, 1969: 5]. As raízes desta última disposição podem ser encontradas nas palavras de dois dos pais da pesquisa qualitativa, Herbert Blumer e Erving Goffman. Em *Interazionismo simbolico*, Blumer define as peculiaridades metodológicas da pesquisa social como segue.

> Reconhecendo que a metodologia abraça todas as partes importantes da pesquisa científica, quero agora afirmar e destacar um ponto ainda mais importante. Cada parte da ação da pesquisa científica – e, portanto, toda a ação – está sujeita à verificação do mundo empírico e deve ser convalidada por meio de um teste de tal tipo. A realidade existe no mundo empírico e não nos métodos usados para estudá-lo; deve ser descoberta examinando-o e não na análise ou na elaboração dos métodos usados para o seu exame. Os métodos são meros instrumentos desenvolvidos para identificar e analisar o caráter resistente do mundo

---

inimagináveis diferenças entre os exemplares que a espécie humana considera idênticos, nuanças completamente inesperadas. De forma análoga, se na redação dos tratados de ciências humanas se dedicassem as rochas, com toda probabilidade, as infinitas nuanças que caracterizam a nossa cultura seriam reduzidas a poucos traços. Os indivíduos talvez fossem distinguidos, principalmente, em razão da sua (irracional) motilidade e, talvez, da sua capacidade de resistir aos agentes atmosféricos. O conceito de cultura teria como pontos de referência apenas aquilo que dispõe de alguma forma de dureza, de materialidade; cultura – para o observador rocha – seria nada mais do que hoje nós definimos cultura material.

empírico e, enquanto tal, o seu valor está apenas na sua capacidade de conseguir desempenhar essa tarefa. Nesse sentido essencial *os procedimentos utilizados em cada âmbito da pesquisa científica deveriam e devem ser avaliados em termos de sua relação, ou não, com a natureza do mundo empírico estudado*: se isso que explicam, ou como indicam a natureza do mundo empírico, corresponder efetivamente à realidade [Blumer, 1969 – trad. it., 2008: 60, itálico meu].

A parte da citação colocada em itálico qualifica eficazmente o segundo traço da pesquisa qualitativa: a harmonização dos procedimentos de construção do dado às características do objeto ao qual se aplicam, a submissão do método às peculiaridades do contexto empírico em estudo. Este último aspecto, a submissão ao contexto empírico que o pesquisador experimenta emerge de forma ainda mais nítida a partir da definição dada por Goffman da observação participante, a técnica de pesquisa que, mais do que outras, incorpora as peculiaridades da abordagem qualitativa.

> É uma técnica que, ao que me parece, prevê a coleta de dados *submetendo a si mesmo, o próprio corpo, a própria personalidade e a própria situação social* ao conjunto de contingências que caracterizam um conjunto de indivíduos assim que se pode física e ecologicamente penetrar o seu espectro de resposta à sua situação social, de trabalho, étnica, entre outras – ou em outros termos, de estar próximos a eles enquanto respondem ao que a vida faz a eles [Goffman, 1989 – trad. it., 2006: 109].

Tanto Blumer quanto Goffman apontam para um traço que, no plano metodológico, une todas as técnicas de pesquisa qualitativa: a prioridade do objeto sobre o método. Ainda que com algumas importantes diferenças de grau, para todas as técnicas de pesquisa qualitativa o caminho que o pesquisador percorre para encontrar uma resposta às próprias perguntas é, em última análise, definida em acordo ou em resultado dos comportamentos dos sujeitos para os quais dirigiu a própria atenção[4]. Em outras palavras: não são as pessoas chamadas a participar de uma pesquisa qualitativa que devem adaptar o próprio comportamento ao método usado para verificá-lo; é antes o contrário o que normalmente ocorre[5]. No plano das práticas de pesquisa,

---

4. Aludo aqui à etimologia do termo "método": expressão de origem grega, formada pelo substantivo οδός ("caminho") e pela preposição μετά, que nesse caso significa "com". Portanto, etimologicamente o conjunto significa "caminho com [a qual]" [Gasperoni e Marradi, 1996: 624].

5. Pode ser útil considerar o que ocorre nos dois contextos de estudo mais comuns para a pesquisa quantitativa: a pesquisa por amostragem e o experimento. Na pesquisa por amostragem as pessoas interpeladas devem reconstruir o sentido do que é pedido a elas contentando-se com a sóbria e padronizada formulação dos quesitos proposta pelo entrevistador. Em seguida pede-se para os entrevistados expressarem a sua resposta relacionando-a a uma das categorias predefinidas projetadas pelo pesquisador [sobre esses temas, cf. Gobo, 1997]. No caso do experimento os sujeitos devem cooperar ou competir com pessoas escolhidas pelo pesquisador e, com poucas exceções, devem fazê-lo nos modos previstos pelo desenho do estudo.

esse traço mostra-se na sua peculiar interatividade e na sua sensibilidade ao contexto de uso.

A interatividade mostra-se de forma particularmente nítida nas técnicas de pesquisa mais usadas, principalmente a observação participante, a entrevista discursiva e o grupo focal. O uso dessas técnicas pressupõe que o pesquisador prossiga na observação e na interlocução coordenando os próprios "movimentos" com os das pessoas que participam do estudo. Esses movimentos, e também aqueles mínimos que se registram na interação entre entrevistado e entrevistador [Sormano, 2008], são em grande parte imprevisíveis, impondo ao pesquisador a disciplina da flexibilidade. A mesma solicitação de flexibilidade repropõe-se na fase de análise da documentação empírica fornecida por essas técnicas de pesquisa. Aqui o texto – as notas de campo ou as transcrições das entrevistas –, cuja forma e, frequentemente, cujos conteúdos são programaticamente inesperados (não se oferecem aos sujeitos em estudo frases feitas ou modelos apropriados de comportamento no qual se inspirar), resiste tenazmente a qualquer método preconcebido de análise. O que defini como sensibilidade ao contexto refere-se em modo quase exclusivo aos procedimentos de coleta, ou melhor, de construção da documentação empírica. Em uma pesquisa por amostragem, como se sabe, pede-se ao entrevistador para pronunciar as perguntas que compõem o questionário, com o mesmo ritmo e a mesma entonação independentemente da pessoa que está à sua frente: o intelectual experiente ou o trabalhador rural semianalfabeto. A pesquisa qualitativa, ao contrário, move-se compacta na direção oposta: as formas de interlocução e as estratégias de observação devem se adequar às características dos sujeitos aos quais se aplicam. A forma de conduzir uma entrevista ou de participar de uma interação social como observador mudará ao alterar o contexto, de forma por vezes dramática. A respeito disso, recordo a minha primeira entrevista em Gran Burrone, uma comunidade rural na qual, sobretudo com o tempo bom, era comum ver os elfos – assim se chamam os membros da comunidade – desempenhando as suas atividades cotidianas (lavar roupas, cuidar da horta, preparar a comida) sem roupas [Cardano, 1997a]. Pois bem, a minha primeira entrevista realizou-se em um cenário no mínimo não convencional. Eu e Matteo estávamos sentados na soleira de um pequeno galpão para armazenamento de feno: Matteo vestido apenas com suas botinas, eu com uma roupa mais convencional, munido de um microfone que apontava em direção ao rosto barbudo do meu interlocutor. Tudo isso acontecia sob o olhar divertido de numerosos transeuntes, que não perdiam a oportunidade de deixar – gravado também em fita magnética – os seus comentários sarcásticos. Talvez um contexto mais tranquilo tivesse sido mais oportuno, mas temo que um pedido meu nesse sentido não teria sido aceito.

A esses poucos traços comuns – de qualquer forma suficientes para marcar a diferença em relação à pesquisa quantitativa – acrescentam-se outros, próprios das diversas ilhas que compõem o arquipélago da pesquisa qualitativa. À ilustração deles prosseguirei mais adiante, depois de ter reconstruído um dos muitos possíveis mapas desse território. Antes, porém, parece-me oportuno enfrentar uma questão importante que se refere aos objetivos desse estilo de pesquisa, ou pelo menos aos objetivos que eu atribuo a ela e que constituem as bases sobre as quais se apoia este manual.

2 Por que fazer pesquisa qualitativa?

Uma pergunta como esta, a partir da qual se move este parágrafo "Por que fazer pesquisa qualitativa?", torna-se pertinente somente a partir dos anos de 1960, quando nos Estados Unidos – o país onde a sociologia conquista a maior institucionalização – o outro modo de fazer pesquisa, baseado na pesquisa por amostragem, constitui o método canônico de fazer pesquisa (*mainstream method*). Antes disso, durante o período áureo da Escola de Chicago, entre os anos de 1920 e de 1930, a oposição versava sobre o *que* e não o *como* do estudo e se expressava na contraposição entre estudos extensivos (realizados com métodos estatísticos) e estudos de caso (realizados com uma pluralidade de métodos de pesquisa; cf. Platt [1996]).

Nos anos de 1960 tornou-se fundamental justificar, aos olhos da comunidade científica e dos financiadores, a utilização de um estilo de pesquisa que não se baseava no uso do questionário e na análise estatística das respostas que esse dispositivo fornecia. A reivindicação da legitimidade de outro modo de fazer pesquisa baseava-se em três tipos de razões: metodológicas, metateóricas, ético-políticas.

No **plano metodológico** a pesquisa qualitativa era defendida enfatizando uma maior precisão na representação do ponto de vista dos participantes obtida com técnicas como a observação participante e a entrevista discursiva. Para ter acesso ao ponto de vista dos indivíduos, ao modo pelo qual definiam a situação, a utilização de perguntas padronizadas, incapazes de se adaptar à especificidade dos diferentes interlocutores, e a obtenção de respostas lacônicas nem sempre associadas a comportamentos arraigados, eram definidas como inadequadas. Com esses limites a utilização de técnicas de coleta de dados capazes de solicitar discursos mais articulados (é o caso da entrevista discursiva), capazes de ligar o que as pessoas dizem ao que fazem (é o caso da observação participante), poderia resolver. E é somente graças a uma profunda compreensão do ponto de vista dos participantes – dizia-se então – que se torna possível elaborar explicações adequadas dos comportamentos sociais. A isso se acrescentava uma segunda linha argumentativa que focalizava a atenção sobre a capacidade das técnicas de pesquisa qualitativa de representar a dimensão processual dos fenômenos sociais de forma mais adequada do que o que seria possível à pesquisa quantitativa. É somente graças – dizia-se – a uma observação mais próxima, de longa duração, de um determinado contexto social que se torna possível construir um *relato narrativo dos processos causais*, de colocar em um *continuum* diacrônico os nexos entre eventos e ações, valorizando o caráter múltiplo e contingente da causação social [Becker, 1998 – trad. it., 2007: 77-88; Hammersley, 2008: 80ss.][6].

As **razões metateóricas** invocadas para defender a legitimidade da pesquisa qualitativa contestavam uma das maiores objeções dirigidas – naquele momento e ainda hoje – à pesquisa qualitativa, a sua *presumida* (cf. infra, cap. 2) incapacidade de produzir teorias gerais. Essa peculiaridade, dizia-se, responde às restrições epistêmicas ditadas pelo objeto das ciências sociais que autoriza exclusivamente a elaboração, de acordo com Merton, de **teorias de médio alcance**, sensíveis às peculiaridades dos contextos empíricos a que fazem referência e não cegas em frente às descontinuidades sociais e culturais, aniquiladas pelas teorias universais.

A terceira classe de razões, as **razões ético-políticas**, reconhecia a capacidade da pesquisa qualitativa – diferente, nesse aspecto, da pesquisa quantitativa – de dar voz às diversas formas de alteridade, fazendo objeto dos próprios estudos sujeitos marginais, periféricos e permitindo a eles expressarem a própria diferença com as próprias palavras, reproduzidas nas monografias de pesquisa sob a forma de amplas citações.

No seu conjunto essas argumentações versavam sobre a maior capacidade da pesquisa qualitativa de fornecer uma representação não parcial (ou seja, capaz de incluir os sujeitos marginais) e mais precisa possível através da utilização de técnicas de pesquisa quantitativas.

Em tempos recentes, a legitimidade desta vocação, a de uma representação precisa dos fenômenos sociais, foi contestada, atacando, ora as suas raízes epistêmicas, ora os seus fundamentos metodológicos; negando, ora a possibilidade de construir uma representação dos fenômenos sociais, ora de poder fazer isso com precisão utilizando um método tão pouco ortodoxo, como aquele próprio da pesquisa qualitativa.

É comum encontrar em *Scrivere le culture* [Clifford e Marcus, 1986 – trad. it., 1997] a primeira sistemática expressão do **ataque epistêmico à vocação referencial** (a sua capacidade de representar uma obra, as vidas das pessoas para as quais dirigiu a atenção) da etnografia e, por extensão, da pesquisa qualitativa. *Scrivere le culture*, como é sabido, reúne as reflexões amadurecidas no curso de um seminário na School of American Research, de Santa Fé, no Novo México, realizado em 1984 e dedicado à "construção do texto etnográfico". Participaram

---

6. Essas peculiaridades mostram-se de modo mais claro colocando-se lado a lado essa classe de explicações causais àquelas elaboradas com as técnicas mais comuns e mais convencionais de pesquisa quantitativa. A forma canônica de explicação causal, baseada no modelo de regressão, admite que as variáveis independentes ajam sobre a variável dependente *simultaneamente*, compondo uma "história" sem tempo, que se completa no instante em que todos os fatores causais relevantes estão presentes simultaneamente.

do seminário dez estudiosos, com diversas formações disciplinares, empenhados na desconstrução do texto etnográfico e, de modo geral, de todo o processo que "do campo conduz ao texto" [p. 15]. Esse importante exercício analítico forneceu um conjunto variado de conclusões que – diversamente entendidas e interpretadas – terminaram por constituir o coração do ataque pós-modernista à vocação de produzir representações precisas dos fenômenos sociais, para produzir conhecimento sobre o mundo. A partir do reconhecimento de específicos dispositivos retóricos em cada monografia etnográfica os autores de *Scrivere le culture* se convencem do "caráter construído e artificial das análises culturais" [Clifford, 1986a – trad. it., 1997: 24], chegando assim a negar à escrita etnográfica qualquer pretensão referencial. As etnografias tornam-se nada mais do que "fingimentos" [p. 29], isoladas nesse gênero pela sua inevitável incompletude e parcialidade (nos dois sentidos dados em francês por *partial* e *partiel*).

> Não há mais um lugar (o topo de uma montanha) a partir do qual ter uma visão total dos mundos de vida humanos; não há um ponto de Arquimedes sobre o qual contar para representar o mundo [p. 46].

A crítica pungente de *Scrivere le culture* teve indubitavelmente algum efeito benéfico, obrigando todos nós a refletir sobre os processos de construção do saber etnográfico e, de modo geral, do saber construído com técnicas de pesquisa qualitativa. Vale a pena, entretanto, discutir algumas das premissas – saber etnográfico ora explícitas, ora implícitas – a partir das quais se move "aquele maldito livro", como o definiu o próprio Marcus.

A primeira premissa entrevê-se na citação referida mais acima: aquilo que os autores de *Scrivere le culture* nos convidam a renunciar é uma concepção do conhecimento que, por ser realmente tal, deve ter acesso à totalidade, quer dizer, à essência dos fenômenos. Renunciar a tudo isso não comporta, no entanto, abandonar os objetivos cognitivos menos pretensiosos sugeridos por Boudon.

> Contrariamente a uma ideia largamente difundida, a finalidade da atividade científica não é explicar o *real* – que, enquanto tal, é incognoscível, ou pelo menos cognoscível apenas segundo modalidades metafísicas –, mas responder a *perguntas* sobre o real [Boudon, 1984 – trad. it., 1985: 238].

A renúncia a uma "visão total dos mundos de vida humanos", a uma representação exaustiva daquela "coisa" misteriosa que chamamos cultura [Matera, 2004, cap. 1], em vantagem da mais circunscrita ambição em responder, de acordo com Hammersley [2008: 50, 135] a alguma pergunta sobre o real, torna a incompletude das etno-*grafias* mais o sinal de uma aguda consciência epistemológica do que o de uma debacle na representação das coisas do mundo.

A segunda premissa refere-se a algo que, com certa insatisfação, definirei como maximalismo. Refiro-me à disposição pela qual, dada a impossibilidade de olhar o mundo com "o olho de Deus" [Denzin e Giardina, 2008: 29] e de configurar essa experiência sem fazer uso de qualquer artifício retórico, todas as representações dos fenômenos sociais são *de qualquer forma* distorcidas[7]. Mais tarskianos que Tarski, os autores de *Scrivere le culture* consideram que lá onde ocorre a perfeita correspondência entre realidade e representação, cada representação seja necessariamente "invenção". A partir disso, um conjunto de consequências que foram plenamente desenvolvidas na etnografia pós-moderna que, tendo reconhecido a impossibilidade de ser Deus (preocupante concessão à epistemologia realista...) e de dispor de uma linguagem perfeita capaz de representar as coisas do mundo sem alterar o seu perfil, considerou necessário renunciar ao empenho epistêmico de produzir conhecimento sobre o mundo [Hammersley, 2008: 135ss.].

Ao objetivo epistêmico da "verdade" ou, mais laicamente, de uma representação precisa das coisas do mundo, substituem-se aqueles da *sinceridade*, da *beleza* e da *solidariedade*. Ao longo do primeiro itinerário, à impossibilidade de dispor de uma representação precisa do mundo toma lugar a autodescrição – precisamente sincera – do observador: a autoetnografia. A esse respeito vale a pena perguntar-se por que a representação da experiência pessoal do pesquisador deve ser menos epistemicamente problemática que a de outros objetos? Por que os problemas de parcialidade, incompletude, de distorção dos dispositivos retóricos devem deixar de existir dirigindo o olhar em direção a si próprio ou – como dizem os críticos – em direção ao próprio umbigo? Com o ideal estético da beleza deixa-se o território da ciência pelo da arte, e, no caso da etno-*grafia*, da literatura. Ao ideal de "verdade" tomam lugar os da verossimilhança e da elegância, perseguidos sem a obrigação de um enraizamento (no sentido que Glaser e Strauss [1967] atribuem ao adjetivo *grounded*) na documentação empírica. A ausência dessa condição – lida como expressão opressora do "culto do método" (*method-o-centrism*) [Ellis et al., 2008: 326][8] – leva muitas vezes ao que Gary Alan Fine define como "etnografia especulativa", entendida como um método de fazer pesquisa no qual o que se observa no campo é usado como ponto de partida a partir do qual se move na elaboração de frágeis construções teóricas. O caminho da solidariedade, contraposto, de acordo com Rorty [1991], àquele mais cinza da objetividade, prevê a substituição dos objetivos epistêmicos por objetivos éticos ou políticos: haja vista a impossibilidade de representar o mundo, que ao menos se possa mudá-lo, favorecendo aqueles que se encontram em situação de desvantagem na sociedade. Esta disposição, que Hammersley [2008: 175-176] define como "ativismo", merece – obviamente – toda a nossa

---

7. A distorção, entretanto, parece se atenuar quando a representação das culturas é confiada ao "etnógrafo nativo", capaz de "níveis de compreensão mais profundos" [Clifford, 1986a – trad. it., 1997: 32-33].

8. No ensaio escrito a várias mãos, citado no texto, Arthur Bochner observa: "I call method-o-centrism an oppressive doctrine that disciplines and punishes those who would want to experiment with something new and different under the sun" [Ellis et al., 2008: 326].

aprovação. Resta entender se a etnografia e, de modo geral, a pesquisa qualitativa, seria a atividade mais *em consonância* com a perseguição desses objetivos e, não menos relevante, sobre o que de diferente de um conhecimento detalhado do mundo pode se fundar a eficácia de um projeto que se propõe a modificá-lo?

O **ataque aos fundamentos metodológicos** da pesquisa qualitativa, à sua capacidade de fornecer representações precisas dos fenômenos sociais, provém de um contexto completamente diferente, o Movimento de Pesquisa Baseada em Evidências (*evidence based research movement*). Trata-se de um movimento que se afirmou nos países de língua inglesa, sustentado por numerosas agências públicas, que se propõe a exercitar um rigoroso controle sobre a qualidade da pesquisa social, principalmente tendo em vista o uso dos seus resultados para a realização de políticas sociais. Os promotores do Movimento de Pesquisa Baseada em Evidências propõem aplicar à pesquisa qualitativa os mesmos procedimentos de validação utilizados nas disciplinas biomédicas: padronização e procedimentação dos modos de medição, *trials* randomizados e, sobretudo, "transparência" de todo o processo de pesquisa, passível de avaliação também pelos leigos. Não se trata – é necessário dizer isto agora – de uma simples disputa metodológica: o que está em jogo, ao menos nos países de língua inglesa, é o financiamento da pesquisa, que, nesta base, para de ser regido pelos preceitos de uma espécie de "mecenato" para seguir a lógica mais urgente do "investimento", para o qual se financiam as mesmas pesquisas a partir das quais se espera, por assim dizer, um retorno em termos de resultados; resultados que se querem robustos, além de relevantes [p. 4]. Do que foi dito mais acima não se admira constatar como a preocupação pelos ataques provenientes do "**Movimento de Pesquisa Baseada em Evidências**" seja particularmente viva entre os promotores do pós-modernismo. A ameaça, entretanto, não é circunscrita àqueles territórios, mas recobre o mais amplo território da pesquisa qualitativa, envolvida em estudos que têm como objeto os serviços sanitários e educativos, a avaliação das políticas públicas [Pawson e Tilley, 1997], onde – talvez justamente – pode ser solicitado que esclareça o seu próprio valor agregado.

Dito isso, de qualquer forma, parecem oportunas algumas considerações críticas sobre as teses – apenas ocasionalmente balbuciadas na Itália – do Movimento de Pesquisa Baseada em Evidências. Antes de tudo, vale a pena convidar os paladinos dos *trials* randomizados e da padronização dos procedimentos de medida a uma reflexão pontual sobre os limites dessas supostas panaceias; isso na pesquisa social [Pawson e Tilley, 1997], mas não apenas ali. Johan Galtung, em um velho manual de metodologia da pesquisa, sustenta com argumentos muito sólidos que "dar sapatos tamanho 39 a todos é, sim, dar a todos a mesma coisa, mas com efeitos diversos" [Galtung, 1967: 116]; diversos em razão da dimensão do pé que deverá calçar aquele sapato. De forma análoga, nos *trials* randomizados a capacidade de controle dos fatores de confusão está longe de ser certa, assim como incerta é a eloquência dos resultados obtidos com esses desenhos experimentais quando o tratamento não é definido de forma unívoca [Hammersley, 2008: 3-6]. Por último, a solicitação de uma plena transparência dos procedimentos, que também podem ser julgados pelos leigos, ignora a dimensão teórica de qualquer boa pesquisa qualitativa e de fato faz coincidir a interpretação sociológica com a dada pelo senso comum.

O que foi dito até aqui oferece matéria suficiente à desconstrução da crítica radical à pesquisa qualitativa, atacada por frentes opostas – a pós-modernista e a neopositivista – na sua vocação de construir representações adequadas dos fenômenos sociais. Isso, no entanto, não coincide com a negação da pertinência das objeções surgidas à margem do debate sobre a **crise da representação** e no contexto do Movimento de Pesquisa Baseada em Evidências. As duas linhas argumentativas convergem em romper o otimismo – às vezes ingênuo – da idade áurea das origens, mostrando como a adequação na representação dos fenômenos sociais não provenha mecanicamente da adoção de um específico estilo de pesquisa, mas requeira um particular empenho crítico, que passa pela análise das concretas práticas de pesquisa e da defesa, adequadamente argumentada, da solidez das conclusões que elas fornecem.

3 Ilhas no arquipélago: um mapa das técnicas de pesquisa qualitativa

Individualizados os traços que unem as ilhas do arquipélago, a utilização de uma observação mais próxima, que extrai a própria medida do objeto ao qual se aplica, resta esclarecer as diferenças que intercorrem entre elas. De maneira análoga ao que já se fez para os traços comuns, as especificidades de cada técnica de pesquisa serão individualizadas com a intenção de colocar em evidência as suas virtudes epistêmicas, a sua – diferente – capacidade de representar diferentes pontos de vista da realidade social e de fazer isso com maior ou menor precisão.

Os critérios que parecem mais promissores para esse propósito são três. O primeiro considera as condições de produção da documentação empírica, mais precisamente o papel do pesquisador – a sua agência (*agency*) [Potter, 2002: 539, 541] – na geração da experiência a partir da qual extrairá os materiais empíricos submetidos a análise. Esse critério distingue dois tipos de documentação empírica e identifica – ainda que de maneira não automática (cf. infra) – o mesmo número de conjuntos de técnicas de pesquisa que estão na base de sua produção.

A distinção, amadurecida no contexto da análise da conversação, opõe **dados gerados pela intervenção do pesquisador** (dados provocados) a **dados naturais** ou, de acordo com Potter [p. 540], "**naturalistas**", cuja disponibilidade não depende da intervenção do pesquisador. Ao primeiro caso pertencem, por exemplo, as gravações dos telefonemas com os quais os cidadãos solicitam a intervenção da polícia; ao segundo, o registro (ou a transcrição) de uma hipotética entrevista com o operador que recebe os telefonemas. Jonathan Potter [1997: 148-149, 2002: 541] oferece um critério simples e eficaz para separar os dois domínios: o "**teste do cientista social morto**" (*dead social scientist's test*). O teste permite separar os dois tipos de dados hipotizando que o cientista social que se propõe a analisá-los seja, por uma infelicidade, atropelado no trajeto que o conduz do próprio local de trabalho – no caso em exame – ao posto policial eleito como lugar da pesquisa. Pois bem, nesse caso o primeiro tipo de dados, os telefonemas recebidos no dia da morte do desafortunado estudioso, de qualquer forma seria gravado, porque a sua gravação é requerida pelo regulamento daquele posto policial. Inversamente, o segundo tipo de dados, a gravação da entrevista com o operador responsável pela triagem dos telefonemas, não poderia ser realizado[9].

A extensão dessa eficaz distinção ao mais amplo conjunto de materiais empíricos fornecidos pelas técnicas de pesquisa qualitativa que não têm nas gravações – áudio e vídeo – a própria forma eleita, requer uma série de mediações que impõem uma fidelidade mais ao significado profundo do que ao sentido literal da distinção originária[10]. Em particular o "teste do cientista social morto", referido mais acima, peca por falta de sensibilidade quando se procede ao seu uso com técnicas de pesquisa que, como o *shadowing* a observação participante e a observação naturalista, procedem à representação do objeto ao qual se aplicam através da redação de notas de campo, constituídas, de acordo com Sperber [1982], por uma peculiar mistura de "reproduções" dos discursos roubados e de sínteses interpretativas das cenas a que se assistiu. Tentemos imaginar – munidos de todos os amuletos necessários – que temos a intenção de conduzir uma etnografia focalizando a nossa atenção sobre as formas rituais com as quais uma comunidade religiosa celebra o décimo aniversário da própria constituição. Estamos prontos, com cadernos de anotações, gravadores e fundos necessários para uma permanência na comunidade por doze meses. Lamentavelmente, um carro nos atropela, obrigando-nos a um longo período de internação em um hospital e um igualmente longo período de reabilitação que nos restitui à normalidade. De qualquer forma os doze meses que tínhamos imaginado de passar em comunidade nos viram em outro lugar e nesse caso, diferentemente do que aconteceu com os registros dos telefonemas para o posto policial, ninguém (imaginemos que as coisas tenham acontecido

---

9. O exemplo referido no texto é inspirado pelo clássico estudo de Emanuel Schegloff sobre as gravações dos telefonemas recebidos pela polícia [Fele, 2007: 11].

10. Trata-se de uma distinção cujas raízes podem ser provenientes da oposição baconiana entre experiência observativa e experiência provocada. Bacon, no *Novum Organum* [1620], opõe e ordena hierarquicamente dois modos de conhecer a natureza, uma modalidade "passiva", baseada na interpretação da natureza assim como se mostra aos olhos do cientista, e uma modalidade "ativa", baseada na antecipação da natureza solicitada com o experimento. Em Potter e, de modo geral, nos contextos teóricos dentre os quais essa distinção recebe a maior atenção, o da análise da conversação e o da psicologia discursiva, a hierarquia de valor se inverte em vantagem dos dados obtidos minimizando a agência do pesquisador.

assim) providenciou a documentação daquele ano memorável com algum tipo de relatório. Nós não estivemos lá e os dados que teriam alimentado a nossa reconstrução dos eventos, as notas de campo, não foram redigidos por ninguém. A comunidade – ignara da nossa sorte – celebrou, de qualquer forma, o seu décimo aniversário: os fenômenos sociais que nos propúnhamos a observar aconteceram de qualquer forma. E é nesse registro que podemos entender a matriz naturalista da observação participante: que se recorra ou não a isso, as interações sociais que nos propomos a representar acontecem de qualquer forma, o que evidentemente não poderíamos dizer de uma entrevista discursiva, de um grupo focal ou de um experimento de campo, técnicas que ativam interações sociais que não aconteceriam sem a presença do pesquisador.

Além disso, é necessário esclarecer, de acordo com Ten Have [2002: 528], como a distinção entre os dois tipos de dados seja de natureza metodológica e não ontológica. Isso porque o *status* de dados naturalistas ou dados gerados pela intervenção do pesquisador de qualquer material empírico não pode ser estabelecido de forma independente a partir do contexto analítico dentro do qual é inscrito. Isso faz com que, por exemplo, se por algum evento fortuito o nosso sociólogo tivesse chegado um instante antes ou um instante depois na trajetória do carro que o atropelou [tenho em mente o belo filme de Peter Howitt, *De caso com o acaso* (*Sliding Doors*), de 1998] e, tendo-o evitado, tivesse tido como conduzir a entrevista programada, a gravação de áudio daquela preciosa interação discursiva teria se prestado, por assim dizer, a um duplo uso. Lida para reconstruir a experiência ou as vivências do operador telefônico, teria sido inscrita no registro dos dados gerados pela intervenção do pesquisador; lida como documento da relação entre entrevistado e entrevistador, teria sido inscrita no registro dos dados naturalistas[11].

Dito isso, em todos os casos em que o uso de uma técnica de pesquisa é voltado à construção de uma representação do fenômeno a que se aplica (e não ao exame da relação social construída com o seu uso), o critério proposto permite separar duas famílias de técnicas de pesquisa, as que geram as interações sociais para as quais dirigem a atenção e as que se propõem a dar explicação sobre as interações sociais não ativadas pelo pesquisador e que aconteceriam de qualquer maneira – ainda que de formas diferentes[12] – embora nenhum estudioso decidisse dirigir a sua atenção para elas.

---

11. Um procedimento análogo permite a passagem do *status* de dados gerados pela intervenção do pesquisador ao de dados naturalistas a materiais empíricos, como aqueles obtidos com uma pesquisa por amostragem ou um grupo focal, quando a atenção desloca-se sobre as formas assumidas pela conversação nos dois contextos interativos, a pesquisa por amostragem e o grupo focal [Speer, 2002: 512].

12. O inciso alude à *possível* perturbação do contexto observado, que pode ser atribuída à presença do pesquisador. Este, com a sua presença no campo, ora como observador, ora como membro *bona fide* ou como espectador, pode induzir mudanças nas relações sociais que se propõe a representar.

Figura 1.1 Uma taxonomia das técnicas de pesquisa qualitativa

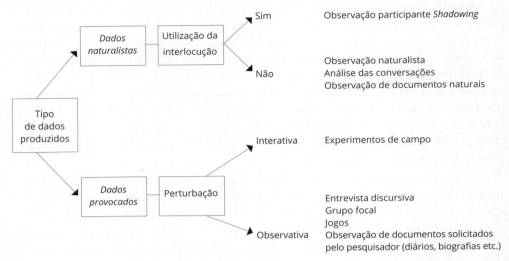

Ao primeiro caso, como mostra a figura 1.1, pertencem as técnicas de pesquisa como o experimento de campo, a entrevista discursiva e o grupo focal, e, ao lado dessas, os jogos e a observação de textos, como diários, autobiografias, solicitados pelo pesquisador. Ao segundo caso pertence a observação participante, o *shadowing*, a observação naturalista, ao lado da análise da conversação e da observação de documentos naturais.

A distinção proposta – cabe salientar – é entendida aqui em uma acepção que não atribui um estatuto privilegiado a uma ou outra classe de dados e de técnicas de pesquisa: cada uma tem pontos positivos e limites próprios, que se mostram em relação aos objetivos cognoscíveis do estudo dentro do qual são aplicadas e às restrições éticas que recaem sobre a sua realização.

O segundo critério, aplicado ao conjunto das técnicas que fornecem dados naturalistas, qualifica-as em razão da **utilização da interlocução**, uma prática com a qual nos propomos a acessar o sentido que os indivíduos colocam nas ações que o pesquisador tem como observar ou às quais participa. A relevância da interlocução emerge com clareza nas observações do antropólogo Dan Sperber, referidas a seguir.

> É impossível descrever bem um fenômeno cultural, uma eleição, uma missa ou um jogo de futebol, por exemplo, sem levar em conta a ideia que fazem disso aqueles que dele participam; ora as ideias não se observam, compreendem-se intuitivamente e não se descrevem, interpretam-se [Sperber, 1982 – trad. it., 1984: 19-20].

O acesso à "definição da situação" [Thomas e Znaniecki 1918-1920] que acompanha as ações para as quais dirigimos a atenção, àquele mundo interno, a que faz referência a Introdução deste volume, feito de comportamentos, crenças, valores, intenções e significados colocados na ação, é possível apenas através da interlocução, do diálogo.

O terceiro e último critério articula a distinção entre as técnicas de pesquisa em razão da natureza da perturbação que acompanha o seu uso. A perturbação poderá estar ausente ou, se presente, interativa ou observativa[13]. Tem-se **perturbação observativa** toda vez que os sujeitos envolvidos no estudo estão conscientes das atenções dirigidas a eles pelos pesquisadores, e por essa razão *podem* modificar o próprio comportamento. Ao contrário, tem-se **perturbação interativa** quando é a simples presença do pesquisador – não percebido como tal – no contexto observado a induzir alterações no comportamento dos outros presentes, simplesmente pelo fato de estar entre eles (fazemos quase cotidianamente experiência desse tipo de perturbação todas as vezes que compartilhamos com pessoas conhecidas ou desconhecidas uma breve permanência no elevador). Esse critério institui a distinção que organiza o território das técnicas a partir das quais depende a produção de dados gerados pela intervenção do pesquisador, opondo o trabalho de campo a todas as outras técnicas de pesquisa. O seu uso no outro território, o das técnicas a partir das quais depende a produção de dados naturalistas, permite também traçar com maior detalhe as semelhanças e as diferenças que ora aproximam, ora afastam as diferentes formas de observação da interação social (cf. infra).

O uso conjunto desses três critérios permite a individualização de quatro famílias de técnicas, como ilustrado na figura 1.1.

Neste volume a atenção recai sobre três técnicas mais difundidas de pesquisa qualitativa: a observação participante, a entrevista discursiva e o grupo focal. Das outras técnicas referidas na figura 1.1 explico brevemente no que segue.

▶ O "*shadowing*" é uma técnica de observação da interação social que faz referência a um indivíduo que o pesquisador "segue como uma sombra". Seguindo o sujeito em estudo, o pesquisador experimenta as interações sociais em que ele se envolve; além disso, dialogando com ela/ele o observador pode extrair elementos úteis para a interpretação das interações, da sequência de encontros de que é testemunha.

A presença do observador facilita a ruptura do "comportamento natural" [Schütz, 1960], torna possível ao sujeito em estudo observar as próprias rotinas cotidianas de um ponto de vista crítico, como se as olhasse com os olhos de um

---

13. A distinção proposta retira inspiração do trabalho de Erika Cellini [2008], que distingue dois tipos de perturbação: involuntária e intrusiva. A perturbação é *involuntária* "quando é devida à mera presença do pesquisador na cena" [p. 76]. Isso acontece, p. ex., no caso de uma observação participante coberta ou naquele de uma observação naturalista realizada em um lugar público, p. ex., na sala de espera de um consultório médico. A perturbação *intrusiva* é, ao contrário, aquela "própria da atividade da observação enquanto tal" e tem origem a partir da consciência dos sujeitos observados, das atenções do pesquisador [p. 78]. A distinção é relevante, mas os termos usados para representá-la me parecem inadequados: ambos os tipos de perturbação são, em minha opinião, seja intrusivos, seja involuntários; por isso preferi substituir à dupla "involuntária/intrusiva" aquela "interativa/observativa".

outro. O *shadowing* é uma técnica de observação entre as mais (talvez a mais) intrusivas. Normalmente o pesquisador segue como uma sombra o próprio sujeito por alguns dias, às vezes por algumas semanas, impondo-lhe a sua presença por sete, oito horas por dia, afastando-se apenas quando ele solicitar explicitamente.

Isso faz com que essa técnica possa ser aplicada apenas em alguns contextos de pesquisa, apenas quando o indivíduo sobre o qual o pesquisador faz referência para observar a interação social seja capaz de tolerar a presença intrusiva do pesquisador, quer pelas suas características pessoais, quer pelo tipo de atividade que permite que o pesquisador participe. O uso do *shadowing* prevê, normalmente, a combinação sucessiva de duas atividades: a observação e o diálogo [Fletcher, 1999: 39-44].

Envolvido na observação, o pesquisador segue o sujeito em estudo adotando, tanto quanto possível, uma posição disfarçada, que não prevê a sua participação ativa nas interações, nos diálogos que trava a pessoa a quem faz sombra. O diálogo segue às sessões observativas, e é nessa fase do trabalho de campo que é oferecida ao pesquisador a oportunidade de cobrar do participante o sentido das ações de que foi testemunha, de solicitar juízos, avaliações sobre as práticas que o envolveram. No *shadowing* encontramos assim combinados e comprimidos os traços da observação participante e naturalista (cf. infra), e da entrevista discursiva. As peculiaridades dessa técnica de pesquisa podem ser individualizadas na consistente perturbação observativa e interativa que induz [p. 42], e na parcialidade do acesso consentido à interação social, parcial no duplo sentido dado pela língua francesa: *partiel*, de uma só parte; *partial*, do ponto de vista de uma parte. O *shadowing* pode ser aplicado como técnica autossuficiente ou em combinação com outras técnicas de pesquisa. Duas pesquisas, ambas realizadas dentro de organizações produtivas, oferecem uma eficaz ilustração das potencialidades e dos limites do *shadowing*: o estudo de Joyce Fletcher [1999], envolvida em fazer sombra a seis engenheiras, e o de Attila Bruni, Silvia Gherardi e Barbara Poggio [2005], que por uma semana inteira seguiram como uma sombra os empresários de cinco empresas diferentes[14].

▶ A **análise das conversações** é um procedimento de pesquisa que se propõe a estudar "as produções verbais na interação entre falantes" [Fele, 2007: 9]. Essa corrente teórico-metodológica toma forma a partir dos anos de 1960 com os estudos pioneiros de Harvey Sacks, Emanuel Schegloff e Gail Jefferson. No plano metodológico, a análise das conversações prevê a obtenção das gravações de áudio de conversações naturais, que tomam forma no curso das atividades cotidianas. A condição de naturalidade é respeitada, para todos os efeitos, quando o pesquisador tem acesso a conversações que, por finalidades

---

14. Em português pode-se consultar o estudo de Carvalho, Silva e Pocinho [2009] sobre o *shadowing* de estudantes do ensino secundário que acompanharam um profissional durante um dia de trabalho.

diferentes da pesquisa científica, estão disponíveis em gravações de áudio e às vezes também vídeo. A esse respeito, as transmissões televisivas, em particular os *talk show*, oferecem materiais ricos e facilmente acessíveis. Ao mesmo caso pertencem as conversações gravadas, acessíveis ao pesquisador através de uma específica negociação com os seus proprietários. É o caso do estudo de Sacks sobre os telefonemas gravados pelo Center for the Scientific Study de Los Angeles, aos quais o estudioso teve acesso, com a autorização dos responsáveis pelo serviço. A condição de naturalidade atenua-se, sem, contudo, deixar de existir, nos estudos nos quais o pesquisador negocia previamente com os participantes a gravação das suas interações verbais, para depois fugir da atenção deles (cf. infra, cap. 6). A análise desses materiais realiza-se normalmente sobre transcrições detalhadíssimas das interações discursivas e com o uso de procedimentos analíticos cuja complexidade impõe aqui uma referência exclusiva à literatura pertinente [Ten Have, 1999 – em ital., Fele 2007: 132-138].

► A **observação naturalista** é uma técnica de pesquisa concebida para observar a interação social no seu fazer cotidiano, limitando ao máximo possível a perturbação que pode ser atribuída à presença do pesquisador no campo. Trata-se, dito de outra maneira, de uma forma de observação deliberadamente não participante, na qual o pesquisador procura se tornar a proverbial "mosca na parede" que vê, sem que os outros se apercebam do seu olhar, da sua específica atenção pelo que acontece ao seu redor. Patricia e Peter Adler identificam na não intervenção (*non interventionism*) o traço distintivo da observação naturalista.

> Tradicionalmente, a observação se caracterizou pela não intervenção. Os observadores não manipulam nem estimulam os seus sujeitos, nem dirigem a eles questões de pesquisa, não atribuem tarefas ou induzem deliberadamente estímulos específicos. Essa forma de proceder contrapõe-se claramente, seja ao uso de entrevistas com questionários, seja às várias formas de gestão da interação que dão aos pesquisadores a possibilidade de colocar em campo novas ideias, seja à utilização de experimentos nos quais os pesquisadores preparam um *setting* estruturado dentro do qual podem manipular algumas condições, com o objetivo de medir a *covariância* de outras. Os observadores, simplesmente, seguem o fluxo dos eventos. Os *comportamentos e a interação continuam como o fariam sem a presença do pesquisador, não interrompidos pela intrusão* [Adler e Adler, 1994: 378, itálico meu].

A opção naturalista, a escolha de não intervir nem participar da interação em estudo, impõe ao pesquisador limitar a própria atenção aos comportamentos imediatamente observáveis, sem poder contar com a cooperação dos participantes, com o diálogo com eles, para ter acesso ao sentido que eles colocam nisso. Sob esse perfil a observação naturalista apresenta numerosos pontos de contato com a observação participante encoberta, ou seja, realizada por um pesquisador que realiza o próprio estudo de forma incógnita (cf. infra, cap. 3). Ocorre, no entanto, uma importante diferença entre uma técnica e outra de pesquisa. Enquanto na observação participante encoberta o pesquisador procurará aproveitar todas as oportunidades de participação que lhe sejam oferecidas, com a intenção de adquirir um conhecimento, o mais profundo possível, do contexto social em estudo; no caso da observação naturalista o pesquisador procurará se esquivar das interações que observa: em tal sentido é exemplar o estudo de Jeff Nash sobre a "comunidade" dos usuários de ônibus intermunicipais, que utilizam esse meio de transporte para se dirigir ao trabalho. Nash conduz o estudo tornando-se ele mesmo um viajante, mas de um tipo particular: um viajante que está distante, que quase sempre está olhando e que nunca intervém nas discussões e nas interações da comunidade sobre rodas (*community on wheels*). Nash descreve o papel assumido entre os viajantes da *Metropolitan Tulsa Transit Authority* nos termos referidos a seguir.

> Foi feito o possível para evitar o encontro com os viajantes, mas em alguns casos isso foi impossível. Apesar disso, a maior parte das observações foi realizada usufruindo das vantagens do envolvimento passivo, por exemplo, viajando em ônibus e observando os encontros dos outros. Imediatamente após descer do ônibus, eu redigia as minhas notas da forma mais completa possível. A duração das viagens, normalmente, era breve, entre 15 e 30 minutos, e lembrar o que eu tinha observado era uma tarefa relativamente simples [Nash, 1975: 123].

A escolha de reduzir ao mínimo a intervenção do pesquisador faz com que esse tipo de pesquisa tenda a privilegiar o estudo dos lugares públicos [Lyn Lofland, 1998], terreno eleito dos estudos de Erving Goffman [1971].

▶ A **observação de documentos naturais**, sejam eles textos ou artefatos, constitui o coração do trabalho de pesquisa de historiógrafos e arqueólogos, uns envolvidos com os textos empoeirados conservados em um arquivo, outros com os restos da cultura material das civilizações do passado. Esse modo de fazer pesquisa pode ser proveitosamente utilizado *também* para o estudo das sociedades contemporâneas. Portanto, o sociólogo também pode se envolver, com a sensibilidade e em parte também com os instrumentos do historiógrafo e do arqueólogo, na análise, ora de textos, ora de artefatos. Na pesquisa social, entretanto, são poucas as pesquisas baseadas exclusivamente na observação de documentos naturais. Mais frequente é a utilização dessa técnica em combinação com outras, ora nas fases, por assim dizer, instrutórias do processo de pesquisa, ora nas fases mais maduras, como complemento útil para a interpretação dos materiais empíricos à disposição. É o que acontece, por exemplo, na quase totalidade das pesquisas etnográficas: aqui a observação de documentos naturais constitui frequentemente o primeiro instrumento de socialização à cultura hóspede e acompanha – muitas vezes – todas as fases do trabalho de campo. No entanto, o uso dessas técnicas de observação nem sempre é evidenciado e ainda mais raramente em um registro que respeite o seu estatuto de técnicas de *construção* da documentação empírica (cf. infra, cap. 6). A observação de documentos naturais é feita então para coincidir, ora com a sua *coleta* – a coleta de cartas, de artigos de jornal ou qualquer outra coisa –, ora com a sua *análise*. Em ambos os casos é deixada à sombra a operação intelectual que diferencia essas técnicas de observação como técnicas de construção da documentação empírica, a crítica do documento, um passo que precede a análise desses materiais e que indica as margens de erro, o grau de incerteza das conclusões que o pesquisador poderá tirar. A questão se coloca em toda a sua importância na pesquisa histórica onde foi maior o esforço para disciplinar o exercício dessa atividade crítica; a esse respeito são eloquentes as palavras de Marc Bloch.

> O policial mais ingênuo também sabe que a palavra das testemunhas não é necessariamente digna de crédito, embora nem sempre consiga extrair desse conhecimento teórico as devidas consequências. Da mesma forma, há muito tempo nos apercebemos de que não se podem aceitar cegamente todos os testemunhos históricos. Uma experiência tão velha quanto a humanidade nos ensinou isto: muitos textos querem parecer de uma época ou de uma proveniência diferente da real, nem todos os relatos são verídicos e os mesmos vestígios materiais podem ser falsificados [Bloch, 1949 – trad. it., 1969: 81].

A crítica do documento, mais propriamente a "crítica das fontes", versa na história sobre duas questões: a autenticidade da fonte e a credibilidade do informante [Topolski, 1973 – trad. it., 1975, cap. 18]. Para o histórico que, normalmente, tem acesso ao próprio objeto exclusivamente através da observação de documentos naturais, é de fundamental importância dispor de todos os elementos empíricos e extraempíricos, úteis para estabelecer se, e em qual medida, as informações contidas em um documento podem ser consideradas como boas. As mesmas considerações se aplicam também à observação documentária realizada pelo sociólogo e, de modo geral, pelo cientista social. Nesse caso também é necessário submeter o documento a um exame crítico que, no interior do horizonte epistemológico em que se move a pesquisa, estabeleça a área de autenticidade, ou seja, o sistema de perguntas a que o documento é capaz de responder eloquentemente.

Na pesquisa social o exemplo mais notável (ainda que controverso) de estudo baseado no emprego de documentos naturais é constituído pelo monumental *Il contadino polacco in Polonia e in America*, publicado em cinco volumes por William Thomas e Florian Znaniecki [1918-1920]. Para reconstruir a experiência dos imigrantes poloneses, Thomas e Znaniecki fizeram uso de uma coleção de 754 cartas, dirigidas ou provenientes de imigrantes poloneses nos Estados Unidos. Os dois estudiosos *tomaram posse* desses materiais utilizando uma inserção em um jornal, no qual prometiam uma recompensa (entre 10 e

20 centavos) a quem enviasse a eles uma ou mais cartas[15]. A esses materiais foram acrescentados os obtidos a partir dos arquivos de um jornal polonês (*Gazeta Zwiazkowy*), por alguns arquivos paroquiais e um relato autobiográfico de um jovem polonês, Wladek Wisznienski. A esse estudo clássico eu gosto de acrescentar um que é definitivamente menos, a *University of Arizona's Garbage Project*, um estudo dedicado à observação de um peculiar artefato: o lixo. Realizado com a colaboração de um numerosíssimo grupo de estudantes, esse estudo permitiu qualificar os consumos dos residentes na área examinada de forma objetiva, evitando as armadilhas que comumente incorrem as pesquisas de *marketing* nas quais se pede às pessoas de *relatar* o que habitualmente adquirem e consomem. Essas ciladas dizem respeito, como é fácil imaginar, às distorções da memória e ao desejo social de algumas condutas. Chamadas a descrever os seus consumos habituais, as pessoas podem fazer um relato impreciso e deliberadamente seletivo, baseado na omissão de consumos socialmente não desejáveis (p. ex., bebidas alcoólicas, material pornográfico e outros) e sobre o superdimensionamento do consumo de produtos que conferem prestígio a quem faz uso deles. Pois bem, todos esses problemas são eliminados no estudo dos resíduos, que documentam, ainda que de forma incompleta, o que foi consumido e, por vezes, também quando. A eloquência desse tipo de estudo é, contudo, contrabalançada por algumas considerações éticas sobre a legalidade de uma intromissão tão profunda na esfera de vida dos indivíduos e sobre esse aspecto o debate na comunidade científica permanece aberto.

▶ **O experimento de campo**. Tipicamente usado na pesquisa quantitativa, o experimento, em particular a sua versão de campo, também tem um uso no contexto da pesquisa qualitativa, na qual a atenção recai mais sobre o controle dos significados do que sobre o das variáveis; na qual, além do acertamento de relações causais, é relevante qualificar o *como* daquele nexo, desenvolver, de acordo com Becker, um relato narrativo dos processos causais, capaz de colocar em um *continuum* diacrônico os nexos entre eventos e ações, de valorizar o caráter múltiplo e contingente da causação social [Becker, 1998 – trad. it., 2007: 77-88]. A versão qualitativa do experimento prevê, não diferentemente do experimento de laboratório, a introdução do contexto em estudo de uma específica forma de perturbação, de um "estímulo" ao qual segue a observação das suas consequências, dos efeitos, de formas absolutamente relacionáveis a um estudo etnográfico. O experimento de campo, por definição, não prevê a possibilidade de exercitar nenhum controle sobre as chamadas variáveis terceiras, das quais podemos nos limitar – quando possível – a tomar nota do impacto. A ilustração mais eloquente desta técnica de pesquisa é constituída pela pesquisa de David Rosenham [1973], um

---

15. Sobre essa modalidade de aquisição da documentação empírica, em particular sobre o estatuto de "documentos naturais" de cartas, de fato solicitadas pelo pesquisador, abre-se nos anos de 1930 um forte debate na comunidade dos sociólogos.

clássico da psiquiatria crítica. Rosenham estava convencido de que as categorias sociais de saúde e doença mental se baseassem apenas em medida reduzida sobre dados objetivos e que, em muitos casos, a atribuição do *status* de doente a um indivíduo fosse quase sempre uma construção social. Em particular, Rosenham se pergunta se na definição do diagnóstico de doente mental contém mais as características dos pacientes ou as dos lugares nos quais se encontram, o contexto – em geral uma instituição psiquiátrica – onde é aplicado o diagnóstico. Para responder a essa pergunta Rosenham idealiza um experimento, no mínimo, diabólico. Oito colaboradores seus, perfeitamente sãos, pediram para serem internados dirigindo-se a doze hospitais distribuídos em cinco diferentes cidades dos Estados Unidos, hospitais diferentes entre si quanto às dimensões, ao caráter público ou privado, ao perfil científico: avançados *versus* atrasados. Os oito pseudopacientes constituíam um grupo diversificado; entre eles havia um estudante de psicologia, três psicólogos, um pediatra, um psiquiatra e uma dona de casa. Depois de agendarem horário por telefone, os pseudopacientes dirigiam-se à recepção e ali se queixavam de "ouvir vozes", ou seja, de terem alucinações auditivas verbais, comumente entendidas como o principal sintoma positivo de uma das patologias mais severas: a esquizofrenia. Essa, com a declaração de uma profissão diferente daquela desempenhada, era a única *mentira* dos oito pseudopacientes. Interpelados, relatavam sobre a sua vida, sobre a sua família de forma verdadeira, apresentando uma imagem de si de absoluta normalidade. Todos os oito foram internados e, apesar de, uma vez chegados ao setor, terem imediatamente interrompido a encenação, foram retidos por mais tempo, para depois terem alta – todos indistintamente – com o diagnóstico de "esquizofrenia em remissão"[16]. Até durante a internação os oito simuladores continuaram com a redação de notas etnográficas, inicialmente de forma encoberta, depois abertamente; o que suscitou suspeitas, não da equipe sanitária, mas dos outros internados que os reconheceram como simuladores. Os oito pesquisadores puderam então experimentar as consequências de ser são em um lugar insano. Não contente com esse resultado, Rosenham projetou uma contraprova. Comunicou à equipe médica de um hospital que conhecia a pesquisa de Rosenham e considerava impossível que erros assim macroscópicos pudessem acontecer entre as suas paredes, "que nos sucessivos três meses, um ou mais pseudopacientes tentariam ser admitidos ali". Disse, mas não fez. Pois bem, naquele período, dos 193 pacientes admitidos no hospital observado por Rosenham, 41 foram declarados como simuladores pela equipe. O experimento de Rosenham, com todos os limites metodológicos que o contradistinguem – o primeiro de todos, a ausência de um grupo de controle em ambos os experimentos –, fornece apesar de tudo um resultado digno de nota, relativo à fragilidade epistêmica do diagnóstico psiquiátrico.

---

16. Os oito simuladores foram retidos de 7 a 52 dias nos hospitais aos quais tinham se dirigido, com uma duração média de internação de 19 dias.

▶ Os **jogos** são procedimentos concebidos para observar a interação social em condições quase-experimentais. Em um jogo os sujeitos em estudo interagem seguindo as indicações de um "roteiro" que atribui, a cada um, um papel e um objetivo a perseguir. Bruschi define esse procedimento nos termos referidos a seguir.

> O jogo é um sistema de pesquisa para observar as atividades de um grupo que desenvolve determinadas tarefas. Ele se realiza através da definição de tais tarefas por parte do pesquisador e a sua execução – em um ambiente artificial – por parte dos participantes. O pesquisador limita-se a estabelecer as regras e o contexto; para o resto, os participantes são livres para se expressar e, quase sempre, eles têm consciência de serem observados (e julgados). A técnica aplica-se a pequenos grupos. O desenvolvimento de um jogo pode, esquematicamente, ser relacionado à combinação de sete passos: i) preparação do "roteiro" em relação ao objetivo científico; ii) determinação dos procedimentos de observação e registro das informações; iii) organização do jogo, através da predeterminação das condições observativas (laboratório, número de participantes e seu recrutamento, observadores); iv) condução do jogo; v) coleta das informações; vi) análise da documentação empírica; vii) controle dos resultados em relação ao objetivo [Bruschi, 1999: 459].

Nos jogos, a observação da interação social é realizada de forma semelhante – ao menos em parte – à da observação naturalista: o observador não participa da interação social provocada pelo jogo, e observa sujeitos conscientes da sua atenção. À observação da interação segue, por vezes, a realização de entrevistas individuais (estruturadas ou guiadas) com os sujeitos.

Um dos exemplos mais interessantes de aplicação dessa técnica de pesquisa é constituído pelo estudo realizado por Alberto Melucci nos anos de 1970 sobre quatro movimentos coletivos da área metropolitana de Milão, mais precisamente sobre quatro áreas de movimento[17]: o movimento feminista, o movimento ambientalista, o movimento da juventude e o movimento da nova consciência [Melucci, 1984: 26]. A pesquisa propõe-se a reconstruir as "lógicas de ação" [p. 35] dessas diferentes "áreas do movimento" e, com esse objetivo, recorrer a um conjunto de procedimentos empíricos, entre os quais alguns jogos. Um grupo de cada área de movimento, identificado com base em considerações teóricas, participa dos jogos. Melucci descreve as características do *setting* assim: os grupos são convidados a participar de uma série de sessões em um ambiente adequadamente predisposto. O *setting* é uma sala de reuniões normal, com as cadeiras em semicírculo e uma câmera móvel para a gravação de vídeo, carregada no ombro por um operador. Um pesquisador guia a sessão sentando-se em frente ao grupo, enquanto outros dois, visíveis ao grupo, mas fora do campo da câmera, exercem a função de observadores, respectivamente, dos aspectos

---

17. "Um movimento é uma ação coletiva que manifesta um conflito através da ruptura dos limites de compatibilidade do sistema de referência em que se situa a ação" [Melucci, 1984: 25].

verbais e não verbais da interação. A câmera tende a seguir quem toma a palavra e alterna essa tomada seletiva com panorâmicas ou planos gerais [p. 42]. Para cada grupo são propostos três jogos, concebidos para captar a lógica dos processos de decisão, as formas de organização e divisão do trabalho e a liderança. Estes são os "roteiros" dos três jogos:

i) *Ilha*: "Vocês são um grupo de náufragos recém-desembarcados em uma ilha deserta. Vocês puderam ver que existem árvores, animais, frutas. A terra mais próxima está a 200 quilômetros. O que vocês fazem?" Com essas informações o condutor coloca o grupo em posição e o deixa livre para jogar, limitando-se a fixar e fazer respeitar um tempo de jogo.

ii) *TV*: "Vocês têm um canal de televisão à disposição por uma semana. O que vocês fazem?" A situação prossegue como acima.

iii) *Foto*: "Foi pedido a vocês que apresentem o seu grupo para uma reportagem fotográfica com dez imagens. Escolham as fotos". Como acima [p. 44].

► Concluo com algumas breves considerações sobre a **observação de documentos solicitados pelo pesquisador**. Nesse âmbito entram a produção de textos ou de imagens diretamente solicitadas pelo pesquisador para extrair desses materiais elementos úteis para responder às próprias perguntas de pesquisa. Trata-se de procedimentos que estão longe de ser difusos, mas que, no entanto, podem fornecer, sozinhos ou em sinergia com outros, importantes contribuições. A solicitação de produção de textos baseia-se, muitas vezes, na requisição apresentada aos participantes para redigirem um diário que explique suas atividades cotidianas. Um exemplo nesse sentido (referido no cap. 6) é constituído pelo estudo de Felicity Thomas [2006] realizado na região Caprivi, no nordeste da Namíbia. Thomas dirigiu sua atenção para a experiência das pessoas afetadas por HIV e sobre quem cuida delas em um contexto no qual a prevalência dessa patologia alcança a estarrecedora cota de 43%. Thomas solicitou a sete pessoas afetadas pelo HIV, com seus respectivos cuidadores, para redigir um diário sobre as suas experiências cotidianas, por um período que oscilava entre um e seis meses. De forma análoga é possível pedir para os participantes produzirem um filme ou uma série de fotografias que retratem o seu mundo, a sua experiência, as fontes dos seus tormentos, a partir do ponto de vista deles.

É evidente que na leitura desses materiais é necessário levar em conta as características do processo que levou à sua constituição, caracterizado por óbvios filtros, seleções, guiadas pela percepção dos participantes do que é lícito e conveniente dizer de si mesmo a um estranho. Os materiais obtidos podem ser usados também para iniciar uma entrevista discursiva, focalizada nos textos ou nas imagens fornecidas ao pesquisador, oferecendo a este último a possibilidade de uma posterior investigação sobre o sentido colocado nesses materiais por quem os produziu [Zimmerman e Wieder, 1977].

2
O desenho da pesquisa qualitativa

A expressão "pesquisa social" designa um particular tipo de agir estratégico, com o qual o pesquisador abre-se a uma experiência com o objetivo de elaborar uma *resposta* (e às vezes mais de uma) a uma *pergunta* relativa a um determinado fenômeno social[1]. Fazem parte desse processo dois "movimentos" que, em uma primeira aproximação, podemos colocar respectivamente no início e no fim do trabalho de pesquisa: a *prefiguração* dessa experiência e, quando tudo é concluído, a sua *reconstrução*. Nos manuais de metodologia das ciências sociais – ao menos naqueles que consultei – é comum reservar a expressão desenho da pesquisa apenas para o trabalho de prefiguração do percurso que o pesquisador se propõe a percorrer, para fornecer, com as palavras de Larry Laudan, "respostas aceitáveis a perguntas interessantes" [apud Agnoli 1997: 12]. Nos ensaios que reúnem a síntese da experiência realizada pelo pesquisador, a expressão "desenho da pesquisa" assume também outro significado. Desenho da pesquisa designa, nesses materiais, a reconstrução – mais lógica do que cronológica [Fleck, 1935] – do processo de pesquisa, a sua "história natural", entendida como a sequência dos movimentos que levaram aos resultados do estudo.

Tanto em um caso quanto no outro, essas descrições do processo de pesquisa mostram – ao menos aos meus olhos – os traços da **argumentação persuasiva**. Propõem-se a persuadir a comunidade científica de referência das razões de interesse da pergunta cognitiva e da adequação dos "movimentos" – em um caso prefigurados, no outro, reconstruídos – concatenados para elaborar a própria resposta. Além disso, propõem-se a defender a solidez, primeiramente esperada e depois atestada, das conclusões a que se chega. Seja na forma de prefiguração, seja na forma de reconstrução, o discurso que constitui o desenho da pesquisa se configura como uma antecipação dialética das objeções à plausibilidade dos resultados do estudo e à legitimidade da sua extensão (à sua predicação referida a casos afins não estudados) que se considera que possam chegar pelo auditório de referência, normalmente uma específica porção da comunidade científi-

---

1. É evidente a semelhança entre a definição proposta no texto e aquela elaborada por Luca Ricolfi, para o qual uma pesquisa empírica é uma "sucessão de operações para produzir respostas a perguntas sobre a realidade" [Ricolfi, 1997b: 19].

ca. A forma desse discurso pode ser relacionada à "**argumentação proléptica**" [Walton, 2009]; um tipo de argumentação na qual a sequência de movimentos dialéticos constitutivos de uma discussão crítica é apresentada apenas por um interlocutor (o proponente) que – com diferentes graus de eficácia – considera as objeções aos próprios argumentos e se prepara para contestá-los com específicas contra-argumentações[2].

A construção dessa argumentação não é, entretanto, confinada às duas etapas do trabalho de pesquisa consideradas. Antes pelo contrário: o desenho da pesquisa e a argumentação que esse último permite elaborar crescem, por assim dizer, junto com a pesquisa, podendo contar com uma longa sequência de pequenos e grandes ajustes, viabilizados pela peculiar flexibilidade da pesquisa qualitativa. Com esses ajustes, a pergunta a partir da qual se move o estudo, a documentação empírica que permite a articulação de uma resposta e a própria resposta, ligam-se reciprocamente com uma exatidão sempre maior, tornando, de acordo com Becker [1998 – trad. it., 2007: 88], o diálogo "entre dados e ideias" sempre mais rico.

Neste capítulo examinarei o trabalho de reconstrução dessa argumentação nos momentos inicial e final do trabalho de pesquisa, deixando para examinar o trabalho dirigido ao seu aperfeiçoamento nos capítulos dedicados ao trabalho de campo e à análise da documentação empírica. Prosseguirei examinando primeiramente o momento da prefiguração para depois passar ao da reconstrução.

1 A prefiguração

Na fase de prefiguração do desenho da pesquisa, a argumentação persuasiva, da qual se inicia a traçar o perfil, percorre três momentos: *i)* a especificação da pergunta (ou das perguntas) a que o estudo pretende responder e a qualificação da sua relevância; *ii)* a individuação do contexto empírico que permite articular uma resposta à pergunta (ou às perguntas) de pesquisa e a defesa da sua adequação; *iii)* a descrição do método (entendido, de acordo com a etimologia desse termo, como "caminho com o qual") usado para elaborar uma resposta às perguntas do estudo[3].

A prefiguração do percurso de pesquisa desempenha duas funções fundamentais. Coloca à disposição do pesquisador um guia flexível que lhe permitirá compreender o alcance dos movimentos que vão compor o seu percurso de pesquisa e também, ou melhor, especialmente, daqueles que se afastarão do plano original de viagem. A prefiguração do percurso de pesquisa, organizada em um texto que normalmente tem por título algo que soa como projeto ou plano da

---

2. Em um outro registro, considerações análogas são desenvolvidas por Bruschi [2005: 25ss.].

3. Sobre a etimologia do termo "método" cf. nota 4 do cap. 1.

pesquisa é, além disso, o que permite ao pesquisador obter a autorização para a realização do seu estudo por parte do próprio *tutor* ou orientador (é o que acontece, p. ex., para os trabalhos de conclusão de cursos de graduação ou teses de doutorado) ou os fundos de pesquisa necessários à sua realização. As razões que tornam financiáveis um projeto de pesquisa nem sempre são ditadas apenas pela qualidade do projeto de pesquisa. No entanto é difícil negar que, à paridade de outras condições, a solidez argumentativa de um projeto torna mais provável o seu financiamento. Dito isso, vejamos em detalhe como se compõem os três movimentos delineados mais acima.

1.1 Pergunta e contexto empírico

A definição de pesquisa social com a qual se abre este capítulo a designa como um tipo de agir estratégico, voltado à elaboração de respostas plausíveis a perguntas relevantes. Esse modo de entender a pesquisa social, que delimita os seus objetivos epistêmicos e, ao mesmo tempo, estende a gama das perguntas que, legitimamente, podem orientar essa atividade cognitiva, decorre diretamente das reflexões de Raymond Boudon, reunidas em *Il posto del disordine*, no qual lemos:

> Contrariamente a uma ideia largamente difundida, a finalidade da atividade científica não é explicar o *real* – que, *enquanto tal*, é incognoscível, ou ao menos cognoscível apenas segundo modalidades metafísicas –, mas responder a perguntas sobre o real [Boudon, 1984 – trad. it., 1985: 238].

A consideração de Boudon, que faço minha, enquanto toma distância das concepções essencialistas do conhecimento científico, autoriza um modo de questionamento da realidade não confinado exclusivamente ao controle de hipóteses deduzidas a partir de uma teoria. Esta última liberalização, por assim dizer, torna a definição boudoniana plenamente aplicável ao domínio da pesquisa qualitativa, no qual o questionamento dos fenômenos sociais assume formas diferentes. Ao lado dos estudos concebidos explicitamente para verificar uma hipótese – em tal sentido é emblemática a etnografia de Leon Festinger e colegas sobre um grupo milenista [Festinger, Riecken e Schachter, 1956][4] – existem

---

4. Festinger e colegas realizaram um estudo sobre uma seita apocalíptica de uma cidade da região dos grandes lagos, que na monografia torna-se Lake City. A guia do grupo, Marian Keech (este também é um nome fantasia), em contato com alguns "seres superiores" do Planeta Clairon, havia formulado a funesta profecia pela qual Lake City e uma vasta área do território circunstante seriam submersas por uma inundação no dia 21 de dezembro de 1954. Além disso, a profecia afirmava que o dia anterior ao cataclismo, à meia-noite em ponto, uma astronave alienígena colocaria o grupo a salvo. Festinger, que tomou conhecimento da existência desse grupo por meio de um jornal, naquele período estava elaborando o esquema analítico de uma das mais relevantes aquisições da psicologia cognitivista, a teoria da dissonância cognitiva. Essa teoria – à qual apenas podemos fazer menção – ocupa-se em dar explicação sobre os processos com os quais os indivíduos enfrentam o conflito entre diversos "elementos cognitivos" que habitam a mente deles,

estudos – e são a maior parte – que se movem a partir de uma pergunta que frequentemente define os próprios contornos no campo e muito raramente é expressa na forma canônica das afirmações condicionais "se A, então B". Possuem esse perfil todos os estudos que se propõem a responder a uma pergunta sobre o *como* de um específico processo social, o âmbito no qual a pesquisa qualitativa, de acordo com Jennifer Mason [2002: 1, 136], dá o melhor de si[5].

No panorama dos objetivos epistêmicos comumente atribuídos à pesquisa qualitativa, ao lado das pesquisas concebidas para verificar uma hipótese e a outras desenhadas com o objetivo de fornecer, para um específico processo social, uma aprofundada "explicação semântica" [Abbott, 2004 – trad. it., 2007: 11-15], existem estudos que perseguem objetivos mais ambiciosos e que se aproximam perigosamente do essencialismo contra o qual Boudon nos coloca em guarda[6]. Trata-se, na maioria das vezes, dos estudos etnográficos que se propõem a descrever *uma cultura*, a capturar de forma completa e exaustiva a sua complexidade. De fato, na maioria das vezes, esse gênero de estudos vê-se obrigado a um radical redimensionamento dos próprios objetivos, oferecendo nada mais do que uma resposta a um conjunto compacto de perguntas. Resta – isto sim – a "retórica" da reconstrução exaustiva do perfil daquela "coisa" misteriosa que chamamos cultura [Matera, 2004, cap. 1], que – em minha opinião – atrapalha mais do que ajuda. De acordo com Martyn Hammersley [2008, esp. 50 e 135], considero mais prudente abandonar esta "retórica" para perseguir o mais modesto, mas seguramente mais realista, objetivo de responder a alguma pergunta sobre o perfil da cultura em estudo, como, por exemplo, a organização do tempo em um sanatório [Roth, 1963] ou a experiência do sagrado em uma comunidade rural [Cardano, 1997a].

---

p. ex., o desejo da raposa de Esopo de comer uvas e a constatação da impossibilidade de alcançá-las. A presença de elementos cognitivos em conflito gera tensão, ou melhor, pressões que tendem a eliminar a dissonância ou, pelo menos, a evitar o seu aumento: a raposa de Esopo alcança esse objetivo persuadindo-se de que o cacho de uvas inalcançável está podre. À procura de elementos empíricos para sustentar a própria teoria, Festinger individuou no estudo do grupo guiado pela Senhora Keech uma oportunidade imperdível de colocá-la à prova. Os pesquisadores conseguiram infiltrar-se no grupo – incognitamente – para seguir os seus acontecimentos até e além da noite da presumida partida na astronave proveniente de Clairon. Pelo relato, a astronave não chegou, e às 4:45h, depois de pouco menos de cinco horas de tormento, os seguidores da Senhora Keech tomaram conhecimento, por meio dela própria, do conteúdo de uma mensagem recebida de Clairon com a qual se dizia que a devota espera deles, que havia durado toda a noite, havia "difundido tanta luz" a ponto de dissuadir Deus do propósito de destruir o mundo.

5. Mason [2002: 1] observa a esse respeito como a pesquisa qualitativa pode contar com uma "incomparável capacidade de elaborar argumentos convincentes sobre como as coisas funcionam em específicos contextos".

6. Com "explicação semântica" Abbott [2004] entende um procedimento que tem na tradução o próprio paradigma. Uma explicação é semântica quando opera uma tradução do fenômeno em exame – um ritual, um sistema de crenças, uma prática cotidiana – de uma esfera pouco familiar a uma mais familiar, inscrevendo-o (como talvez diria Geertz) no interior de uma moldura teórica que coloca em evidência as suas peculiaridades.

Em síntese, a pergunta a que uma pesquisa qualitativa propõe-se a elaborar uma resposta pode assumir a forma de uma hipótese, mas não é essa a única forma legítima; é uma pergunta que se propõe principalmente a dar explicação do como de um fenômeno social, sem pretender captar a sua essência, explicar a sua totalidade.

Para que uma pergunta tão definida possa justificar o empenho, normalmente oneroso, de uma pesquisa qualitativa, é necessário poder atribuir à resposta esperada um valor de relevância teorético ou pragmático [Marshall e Rossman,1999: 34ss.][7]. É em torno desse aspecto que toma forma a argumentação com a qual se defende, primeiramente o propósito, depois os resultados da própria pesquisa.

A **relevância teorética** de uma pesquisa refere-se à capacidade dos resultados, primeiro esperados, depois obtidos, de oferecer uma contribuição ao conhecimento dos fenômenos sociais. O alcance dessa contribuição pode ser legitimamente compreendido dentro de um *corpus* teórico consolidado, como acontece, por exemplo, para todos aqueles estudos guiados pelo que Andrew Abbott define "heurísticas aditivas", procedimentos baseados na simples adição de resultados, de aquisições teóricas ou empíricas[8]. Entram nesse gênero os estudos cuja contribuição diz respeito à complementação de um determinado *corpus* teórico com a adição de nova documentação empírica, de novas dimensões analíticas, ou de materiais empíricos adquiridos com novos métodos de pesquisa ou lidos dentro de uma nova moldura teórica. A primeira espécie de heurística aditiva, baseada na adição de novo material empírico, pode ser aplicada em um estudo que, por exemplo, proponha-se a oferecer uma contribuição à corrente de estudos sobre as narrativas de doença [Kleinmann, 1988; Hydén, 1997; Bury, 2001] com o repertório das narrações de doença coletadas entre as pessoas afetadas por uma patologia, por exemplo, uma doença rara, nunca apresentada anteriormente. A segunda heurística aditiva, a adição de uma nova dimensão analítica, ocorre, por exemplo, em um estudo sobre as

---

7. Movendo-se a partir de uma perspectiva epistemológica diferente daquela adotada neste trabalho, os politólogos Gary King, Robert Keohane e Sidney Verba [1994: 14-19] desenvolvem, sobre o tema da relevância, reflexões análogas às referidas no texto, para o qual se remete.

8. Uma forma indireta de legitimação desse tipo de procedimento provém de Howard Becker, que em *I trucchi del mestiere* escreve: "não podemos nunca descartar um argumento somente porque alguém já o estudou. De fato – eis um truque útil – quando ouvirem alguém, ou vocês mesmos, dizer que não deveríamos estudar uma certa coisa porque já foi feito, significa que chegou o momento oportuno para começar a trabalhar nisso. 'Já foi feito' é, de qualquer forma, algo que se diz frequentemente, principalmente aos estudantes à procura de um argumento para a tese. 'Não tem sentido fazer isso, fulano recém-publicou um artigo sobre isso...' Observações desse tipo baseiam-se em um grave erro: a convicção de que as coisas com o mesmo nome sejam todas iguais. Não o são, ao menos não de maneira óbvia; portanto, estudar a 'mesma coisa' frequentemente não significa absolutamente a mesma coisa, apenas algo que as pessoas decidiram chamar com o mesmo nome" [Becker, 1998 – trad. it., 2007: 115].

narrativas de doença que se propõe a considerar as variações de forma e de conteúdo desses discursos em razão da orientação religiosa dos doentes. A terceira e última heurística aditiva, cuja relação decorre da adoção de novos métodos de pesquisa ou de novas molduras teóricas, ocorre, por exemplo, quando na análise – tanto primária quanto secundária – de um conjunto de narrativas de doença seja utilizado um modelo narratológico pouco ou nada utilizado nos estudos até agora realizados ou quando as narrativas dos doentes sejam inscritas em uma moldura teórica – por exemplo, a teoria da escolha racional – que se afasta daquelas tradicionalmente utilizadas nesse setor de estudo. Tudo isso para dizer que a defesa da relevância teórica da própria pergunta de pesquisa não requer o planejamento de um estudo que deverá necessariamente passar, por assim dizer, aos anais da própria disciplina. O que se requer é a mais modesta individuação do contexto teórico dentro do qual a resposta à nossa pergunta resulta eloquente, e a qualificação da direção dessa propriedade.

A **relevância pragmática** de uma pergunta refere-se à capacidade da resposta que se espera que oriente a solução ou, também, apenas a mais eficaz representação de um problema social. Poderá ter essa característica um estudo sobre a experiência da própria patologia e sobre as estratégias de enfrentamento das dificuldades cotidianas que ela comporta realizado sobre – por exemplo – os pacientes afetados por distúrbio bipolar com o objetivo de acrescentar à sua *compliance* farmacológica a aceitação das prescrições farmacológicas propostas a eles. Esquematicamente pode-se dizer que o primeiro tipo de relevância, teórica, considera a utilidade do estudo para as ciências sociais; o segundo tipo, pragmática, considera a utilidade do estudo para a sociedade. A figura 2.1 ilustra a relação que pode haver entre as duas formas de relevância.

Figura 2.1 **Relevância teórica e relevância pragmática de uma pergunta de pesquisa**

| | | Relevância pragmática | |
		Sim	Não
Relevância teórica	Sim	Caso 1	Caso 2
	Não	Caso 3	Caso 4

A situação mais promissora é aquela representada pelo caso 1, no qual a pergunta de pesquisa resulta relevante, seja do ponto de vista teórico, seja do ponto de vista pragmático. O caso 4 designa as situações nas quais a pergunta não justifica a realização de uma pesquisa social cujos resultados não parecem promissores nem para a sociologia nem para a sociedade. Os casos 2 e 3 ilustram pesquisas caracterizadas por uma específica assimetria entre as duas fontes de relevância, uma assimetria que deve ser expressa, mas que, no entanto, não constitui um obstáculo à realização do estudo projetado.

Sobre a defesa da relevância do próprio estudo são úteis as observações de Howard Becker, reunidas no já citado *I trucchi del mestiere*. Becker exorta a resistir à objeção – que, se serve de alguma coisa, caracterizou muitos dos meus estudos – que contesta a relevância da pergunta do próprio estudo considerada "banal", a partir da qual é improvável se esperar a solução de um "verdadeiro problema" [Becker, 1998 – trad. it., 2007: 118]. No mesmo sentido, o convite a resistir às objeções que contestam o caráter periférico dos casos escolhidos pelo próprio estudo: movimentos sociais que não tiveram sucesso; faculdades e hospitais menores, empresas que não prosperaram, mas também falências que não tiveram o caráter da espetacularidade [p. 120-121]. Em linha a essas considerações, Becker observa o que segue.

> Portanto: reconheçam que os seus pares frequentemente julgam a importância de um problema de pesquisa com base em critérios que não têm nenhum valor científico, critérios que vocês podem não aceitar. Conscientes disso, ignorem os julgamentos ditados pelo senso comum e tomem as suas decisões [p. 120].

A exortação de Becker é seguramente oportuna, principalmente pela forma como encoraja a inovação; isso, no entanto, não o exime de uma obrigatória análise crítica. Becker diz o que diz no final de uma carreira científica de sucesso: *I trucchi del mestiere* é o livro de um afirmado sociólogo publicado perto do septuagésimo aniversário do seu autor. É até fácil reconhecer como sobre esse testemunho recaia um *bias* de seleção [King, Keohane e Verba, 1994: 28]. Trata-se do testemunho de um estudioso que levou ao sucesso estudos que, no momento em que foram projetados, podiam contar com bem poucos apoiadores. A voz de estudiosos mais obscuros, condenados à marginalidade, exatamente pela mesma obstinação que levou Becker ao sucesso, não obtém – necessariamente – a mesma audiência. A moral, por assim dizer, que posso extrair de tudo isso vai em duas direções. A primeira faz própria a exortação de Becker para não circunscrever à única solução de "quebra-cabeças" [*sensu* Kuhn, 1970] o próprio trabalho de pesquisa, sem, entretanto, considerar esse tipo de atividade como completamente desprovida de valor[9]. A segunda evidencia a necessidade, para cada pesquisa e, portanto, também e talvez, mais ainda para aquelas que se propõem em contracorrente a defender

---

9. Kuhn [1970] distingue duas modalidades de fazer ciência: normal e revolucionária. A ciência normal progride guiada por um paradigma compartilhado que orienta a solução dos problemas que se apresentam momento a momento; problemas que assumem tipicamente a forma de quebra-cabeças. Quando os problemas que a comunidade científica deve enfrentar não são mais relacionados ao paradigma de referência, quando emergem específicas "anomalias" abre-se um período de crise, de ciência revolucionária, durante o qual emerge um novo paradigma, um modo alternativo de representar e resolver os problemas de pesquisa.

com todo o empenho necessário e possível a relevância teórica e/ou pragmática do próprio trabalho.

A pergunta a partir da qual se move o estudo *sugere* o contexto empírico no qual se admite poder obter uma resposta pertinente. Em termos absolutamente gerais, o contexto empírico pode ser definido como o lugar no qual o observador pode fazer a experiência mais coerente com os seus objetivos cognoscíveis e/ou pragmáticos. O lugar, para dizer à maneira de Goffmann, "onde a ação está". Esse lugar – cabe esclarecer – não constitui o *objeto* da pesquisa. Referindo-se à própria comunidade científica, Clifford Geertz observa como "os antropólogos não estudam os vilarejos (tribos, cidades, bairros…), estudam *nos* vilarejos" [Geertz, 1973 – trad. it., 1987: 61][10]. Essa consideração – obviamente – se aplica a toda pesquisa etnográfica, qualquer que seja a formação disciplinar de quem se empenha na sua realização, e – com algum pequeno ajuste – ao inteiro domínio da pesquisa qualitativa. Seguindo como uma sombra um empresário, não é a sua personalíssima experiência o objeto *exclusivo* das nossas teorizações: servimo-nos da vida de Giovanni Pautasso e de outros empresários e empresárias para refletir – por exemplo – sobre a relação entre gênero e empresariado [Bruni, Gherardi e Poggio, 2005]. É este último o objeto do nosso estudo, desenvolvido em um conjunto de lugares que são as empresas e os contextos de vida das pessoas chamadas para participar do nosso estudo. De forma análoga, conduzindo um grupo focal em um Centro de Saúde Mental, não é esse específico serviço o objeto *exclusivo* das nossas análises. E ainda, reunindo as narrações de doença de pacientes terminais internados em um *hospice*, não é este *hospice* nem a particularíssima experiência dos nossos interlocutores a constituir o objeto *exclusivo* do nosso exercício analítico.

A individuação do contexto empírico passa através da interpretação, por assim dizer, da sugestão fornecida pela pergunta de pesquisa, mais precisamente da qualificação do **tipo de contexto** a partir do qual é razoável se esperar uma resposta pertinente às próprias perguntas de pesquisa, como é apresentado esquematicamente a seguir.

Pergunta → Tipo de contexto → Contexto empírico

A definição do tipo de contexto contribui à especificação da pergunta e – contextualmente – à delimitação do alcance dos resultados esperados, da extensão do seu alcance. Pergunta e alcance das respostas sofrem um posterior ajuste na fase conclusiva do processo, aquela que leva à individuação do contexto empírico do qual o pesquisador experimentará[11].

---

10. Seguem na mesma direção as observações de Martyn Hammersley e Paul Atkinson, que expressam a oposição apresentada por Geertz com a dupla conceitual *setting/case*: "a setting is a named context in which phenomena occour that might be studied from any number of angles; a case is those phenomena seen from a particular angle" [Hammersley e Atkinson, 1995: 41].

11. O equivalente dessas operações na pesquisa por amostragem é normalmente definido, respectivamente, como definição do conceito e definição operacional dos casos.

O modo no qual essas três etapas são percorridas assume formas diferentes, em razão ora da pergunta de pesquisa, ora da orientação metodológica do pesquisador, ora de fatores completamente contingentes. No estudo de Gary Alan Fine da cultura da cozinha (*culinary life*), dos traços constitutivos do trabalho da cozinha de um restaurante, nos seus aspectos organizacionais e estéticos, o tipo de contexto apropriado é imediatamente evidente: a cozinha de um restaurante [Fine, 2009]. Outro caso é o da minha pesquisa sobre a experiência do sagrado da natureza, na qual a individuação do lugar onde realizar o estudo requereu uma laboriosa atividade de qualificação do tipo de contexto mais apropriado [Cardano, 1997a]. Nessa que foi a minha primeira experiência de pesquisa qualitativa, propus-me a representar a experiência do sagrado da natureza em contextos nos quais a dimensão cognitiva dessa peculiar disposição fosse associada à dimensão comportamental, fosse obrigada a uma consonância com o plano das práticas cotidianas. Isso para excluir do estudo as formas, por assim dizer, falsas de sacralização da natureza, nas quais as declarações de um compromisso em direção à natureza não decorram comportamentos – por exemplo, nos consumos e, de modo geral, nos estilos de vida – consequentes. Além disso, para poder compreender os traços de uma disposição abertamente em conflito com as pressões culturais dominantes dentro do país no qual eu pretendia realizar o estudo, a Itália, considerei oportuno dirigir a minha atenção para indivíduos que podiam extrair, a partir do compartilhamento de uma mesma experiência do sagrado da natureza, elementos úteis para a sua legitimação e fortalecimento. Decidi, portanto, estudar uma "minoria ativa" (embora naquele momento não a tivesse rotulado nesses termos) constituída por indivíduos que viviam a própria experiência de forma integral, unindo as crenças aos comportamentos, e faziam isso com o apoio – ou a vigilância – de outras pessoas movidas pela mesma disposição. De tudo isso resultou a qualificação do tipo de contexto, uma comunidade, aliás, duas, cada uma das quais chamadas para *ilustrar* as duas formas de experiência do sagrado da natureza salientadas: uma ecológica e outra esotérica[12]. Os dois estudos que comparei têm em comum um traço metodológico que une a maior parte das etnografias e que qualifica a passagem da individuação do tipo de contexto ao trabalho de campo, a escolha dos casos empíricos para os quais dirigir a atenção: quatro restaurantes no estudo de Fine, duas comunidades no meu caso.

No estudo realizado por Helen Lester e Jonathan Tritter [2005] sobre a experiência da doença mental, sobre a forma na qual as pessoas afetadas por uma severa patologia psiquiátrica convivem com a sua diferença, a passagem da pergunta a partir da qual se move o estudo à identificação do **contexto empírico** apropriado à articulação de uma resposta prevê uma operação – a definição de um plano de amostragem – que, formalmente idêntica àquelas examinadas mais acima, per-

---

12. Sobre o tema da ilustração voltarei mais adiante no âmbito de uma discussão mais analítica da argumentação por meio do exemplo [Perelman e Olbrechts-Tyteca, 1958 – trad. it., 1989: 370-383].

mite, no entanto, definir de forma mais completa a sua natureza. Lester e Tritter propõem-se a reconstruir a experiência das pessoas acometidas por um distúrbio psiquiátrico severo, detendo-se sobre o modo no qual essa condição influencia a vida delas. Além disso, os autores propõem-se a colocar à prova a capacidade da teoria da deficiência, especificamente do modelo social de deficiência, de explicar de forma eloquente as peculiaridades dessa experiência[13]. O estudo baseia-se na realização de 18 grupos focais implementados na sede de seis serviços públicos, envolvendo pacientes e profissionais da saúde (médicos e enfermeiros) na discussão, primeiramente em grupos separados, e, após, conjuntamente. Lester e Tritter prosseguiram primeiramente individuando as áreas da região das West Midlands para as quais dirigiriam a sua atenção. Selecionaram, especificamente, seis territórios em razão de dois critérios: o nível de privação de elementos essenciais ao desenvolvimento cultural, social e psíquico do indivíduo e a densidade demográfica. Dentro dos seis territórios individuados deram início ao recrutamento dos pacientes e profissionais da saúde, ativando, em primeiro lugar, alguns informantes-chave (*key informants*) pertencentes a organizações de voluntariado e, em segundo lugar, enviando uma carta a toda população pertinente, com o convite para participar do estudo [p. 654-656]. No estudo de Lester e Tritter a passagem do tipo de contexto, constituído por pacientes e profissionais da saúde da região das West Midlands, passa através da escolha, primeiramente dos seis territórios envolvidos e, depois, das pessoas chamadas para participar dos grupos focais.

Em todos os três casos examinados a passagem da pergunta a partir da qual se move cada pesquisa ao contexto empírico de cujo estudo se espera uma resposta é mediado por uma *escolha*, uma escolha que – por razões que esclarecerei melhor a seguir – podemos definir *estratégica*. Em todas as três pesquisas consideradas, os casos foram escolhidos em razão da sua capacidade de fornecer uma resposta eloquente à pergunta a partir da qual se move cada estudo, de oferecer uma adequada sustentação empírica à argumentação com a qual cada pesquisa dará conta, da cultura da cozinha, da sacralização da natureza, da experiência da doença mental.

A mesma lógica rege a concatenação de cada uma das práticas de pesquisa que se sucedem no estudo dos casos pré-escolhidos. No meu estudo sobre a sacralização da natureza eu havia me proposto a explicar as disposições éticas e espirituais em relação à natureza em duas comunidades: a comunidade de Damanhur e a dos elfos de Gran Burrone* [Cardano, 1997a][14]. A reconstrução

---

13. O modelo social de deficiência move-se a partir da distinção entre *impairment* e *disability*. Nesse contexto teórico com *impairment* entende-se alguma diferença física ou psíquica que é traduzida em *disability* para efeito das modalidades de aceitação dessa diferença no contexto social.

* Cf. cap. 3, nota 7.

14. Sobre peculiaridades metodológicas desse estudo retorno no capítulo 3, dedicado à observação participante.

da experiência do sagrado nas duas comunidades foi realizada considerando, antes de tudo, as práticas cotidianas dos meus hóspedes, das quais participei em vários níveis. Cada ato observativo individual configurou – na realidade – uma escolha: a de participar de um ritual em um vilarejo, em vez dos trabalhos agrícolas que se desenvolviam em outro vilarejo; a de assistir às aulas de física esotérica na terça-feira em vez de sexta. A partir do material empírico obtido depois de escolhas como essas e de muitas outras ainda, extraí, por assim dizer, a minha interpretação da experiência do sagrado nas duas comunidades, confiando na capacidade das redes, que seletivamente tinha jogado, de me fornecer uma pesca que, por variedade e numerosidade de peixes, permitisse sustentar com boas razões as minhas interpretações, respectivamente, do sagrado ecológico e do sagrado esotérico[15].

A individuação do contexto empírico no qual realizar o estudo, assim como a composição de cada uma das práticas de pesquisa no seu interior configuram escolhas cuja adequação cria problemas que na literatura metodológica são comumente rotulados como "generalização entre casos" e "generalização dentro do caso" [Gomm, Hammersley e Foster, 2000, cap. 5]. A um exame crítico desses temas (a começar pela consideração dos termos mais apropriados para designá-los) é dedicado o parágrafo sucessivo (par. 1.2). Aqui, no entanto, resta esclarecer uma última questão relativa à escolha do caso em estudo. Mais acima, a propósito da forma na qual ocorre a passagem dos nossos três "estágios": a elaboração da pergunta, a individuação do tipo de contexto que promete uma resposta eloquente e, por último, a imersão em um específico contexto empírico, eu tinha referido a possibilidade de um início completamente contingente do processo. Isso acontece tipicamente naquelas que são rotuladas, talvez de forma pouco generosa, como **pesquisas "oportunistas"** [Riemer, 1977]. Entra nessa categoria o estudo de Julius Roth, *Timetables* [1963], dedicado à reconstrução da vida cotidiana dos pacientes internados em um sanatório. O final da adolescência e os primeiros anos da vida adulta de Roth foram assinalados por repetidos ataques de tuberculose que lhe impuseram longos períodos de hospitalização. Uma dessas internações foi necessária perto da obtenção do seu doutorado pela Universidade de Chicago, em 1954. Encorajado por Everett Hughes e David Riesman, Roth decide, por assim dizer, tirar proveito da experiência que as suas precárias condições de saúde impunham a ele, realizando um estudo sobre a vida cotidiana em um sanatório. É evidente como nesse caso a ordem dos fatores é invertida: a vida impôs a Roth a imersão em um específico contexto empírico que ele decide eleger como objeto do próprio estudo, extraindo daquela experiência a pergunta à qual *Timetables* fornece uma resposta eloquente.

---

15. A metáfora relativa ao peixe usada no texto é inspirada nas reflexões de Arthur Stanley Eddington [1939].

Na pesquisa oportunista mostra-se – de modo particularmente evidente – um traço que, de forma menos caricata, reencontramos na quase totalidade das pesquisas qualitativas, a progressiva adaptação da pergunta ao perfil do contexto empírico do qual podemos experimentar. Um traço, este último, que decorre do que podemos definir como a principal peculiaridade da pesquisa qualitativa: a harmonização dos procedimentos de construção do dado às características do objeto ao qual se aplicam e a submissão do método às peculiaridades do contexto empírico ao qual ele se aplica (cf. supra, cap. 1). O início desse processo é, em alguns casos, atribuível à resistência, por assim dizer, do objeto aos nossos objetivos cognoscíveis. Na pesquisa social, a aquisição da documentação empírica necessária à elaboração do saber compartilhado dentro da comunidade científica depende em medida consistente da disponibilidade do objeto em cooperar, da disponibilidade em cooperar das pessoas a quem pedimos para participar dos nossos estudos. Pois bem, essa disponibilidade pode ser negada, e é isso que acontece quando o acesso ao lugar que tínhamos considerado, por hipótese, apropriado para os nossos objetivos nos é negado ou quando algumas das pessoas que tínhamos convidado para participar de um grupo focal ou de uma pesquisa baseada na coleta de narrativas autobiográficas declinam o convite. No primeiro caso nos cabe escolher entre a renúncia ao estudo que tínhamos projetado (queria estudar a experiência espiritual de um grupo neoxamânico, mas nenhum daqueles de quem me aproximei me deu permissão, portanto, renuncio ao estudo) e a redefinição da pergunta de pesquisa, endereçada desta vez em direção a um tipo de contexto acessível, que seja o máximo possível afim àquilo sobre o qual, inicialmente, tínhamos pensado em nos deter (p. ex., um grupo relacionado ao filão da bruxaria moderna ou *Wicca*)[16]. No segundo caso, a falta de alguns dos casos para os quais tínhamos proposto dirigir a atenção impõe a redefinição do conjunto das perguntas a que a base empírica a nossa disposição permite fornecer respostas eloquentes[17]. O mesmo processo de adaptação – nes-

---

16. O limite da disponibilidade em cooperar das pessoas envolvidas nos nossos estudos faz-se obviamente mais premente quando o custo da cooperação é mais alto. É o caso dos estudos que utilizam o *shadowing*, a observação participante e as técnicas de pesquisa baseadas na utilização da interlocução – a entrevista discursiva e o grupo focal – usados de forma repetida com os mesmos sujeitos. Essa situação, relatam Hammersley e Atkinson [1995: 37], motivou Everett Hughes a declarar, entre o sério e o cômico, que "o pesquisador deveria eleger como problema de pesquisa aquele para o qual o contexto a que tem acesso é o lugar ideal para a elaboração de uma solução".

17. Como veremos melhor mais adiante, essa forma de proceder encontra uma correspondência digna de nota no trabalho de análise crítica do documento próprio da historiografia. A esse respeito é útil a noção de "área de autenticidade" de um documento, usada por Jerzy Topolski [1973 – trad. it., 1975: 501] para indicar a "soma daquelas perguntas (problemas) que aquela base de dados é capaz de responder de forma verdadeira". Com a falta (ou a substituição) de alguns dos interlocutores escolhidos para serem incluídos na nossa amostra, o documento que se obtém a partir da transcrição das nossas entrevistas ou das sessões de grupos focais levadas a termo será capaz de responder de forma eloquente a um conjunto de quesitos que dependerão de forma consistente dos conteúdos do nosso *corpus* textual, das vozes e do perfil dos locutores que vão compô-lo.

se caso definitivamente virtuoso – contradistingue também as pesquisas que prosseguem sem obstáculos. A flexibilidade da pesquisa qualitativa, a restrição que recai sobre as técnicas que compõem a sua caixa de ferramentas, aquela de uma *mensuratio ad rem*, de uma sistemática adaptação às peculiaridades dos contextos empíricos aos quais se aplicam, juntamente com a deliberada abertura ao inesperado, às mudanças de rota, fazem com que a base empírica que sustentará o trabalho de análise tenha um perfil que não se ajusta completamente àquele prefigurado com o planejamento do estudo. Essa base empírica, esse *documento* (cf. nota 17), portanto, poderá fornecer respostas eloquentes apenas a algumas perguntas, a uma nova versão – mais bem especificada – da nossa originária pergunta de pesquisa, a alguns dos seus efeitos e talvez também a alguma outra pergunta à qual não se havia pensado no curso do planejamento do estudo.

Por completude é necessário referir um outro caminho de harmonização entre pergunta e contexto empírico. Trata-se do percurso ilustrado de forma exemplar por Gideon Kunda, no seu estudo para a Tech. No apêndice metodológico com o qual encerra a sua monografia [Kunda, 1992 – trad. it., 2000: 271-286], o autor narra como chegou a Tech impelido principalmente por um genérico interesse pela cultura das grandes empresas americanas e pelo desejo de colocar à prova o método etnográfico. Kunda transcorre um ano na empresa, mas – confessa o autor – foi somente depois de ter deixado o campo que iniciou a se definir a pergunta para a qual encontrar uma resposta. Assim se expressa Kunda a esse respeito: "Ao longo do ano transcorrido no campo e apesar dos conselhos que eu havia recebido, não fui capaz de definir conscientemente o que estava procurando" [p. 283]. A delicadeza com que Kunda apresenta ao leitor a reconstrução do próprio estudo contribuiu para uma ampla celebração de um estilo de pesquisa no qual a elaboração de um desenho da pesquisa, o empenho para uma reflexão teórica e metodológica *antes* da entrada em campo é percebida como um inútil fardo que impede a livre-manifestação da criatividade do pesquisador. Isso, com toda probabilidade, aconteceu além das intenções do próprio Kunda, campeão involuntário daquele indutivismo radical defendido pela *grounded theory*, uma abordagem metodológica que sugere aproximar-se do campo fazendo *tabula rasa* de qualquer noção teórica [Glaser e Strauss, 1967 – trad. it., 2009: 91][18].

Os acontecimentos de Kunda prestam-se a uma dupla leitura. De um lado documenta também como os mais desencorajantes momentos de impasse de uma pesquisa qualitativa podem ser superados com tenacidade e uma boa dose de imaginação sociológica. Além disso, *L'ingegneria della cultura* ilustra, diria de forma igualmente nítida, os riscos que decorrem da falta de tematização de uma pergunta de pesquisa, porque, como diz um velho ditado, quem não sabe o que

---

18. Kunda [1992] não cita Glaser e Strauss, nem os autores da chamada segunda geração da *grounded theory*.

procurar, corre o risco de não encontrar. E é por esta última razão que não me permito indicar o estudo de Kunda como um exemplo a seguir.

1.2 Escolha dos casos e amostragem

O exame da relação entre pergunta de pesquisa e contexto empírico levou-nos a considerar a questão da escolha do que experimentar: um caso, as partes de que se compõe, um conjunto, ou melhor, uma amostra de indivíduos, de grupos, de textos, de artefatos ou de eventos. A exigência dessa escolha tem origem, primeiramente, a partir de evidentes exigências práticas: não se pode submeter *tudo* a uma observação mais próxima, é necessário escolher as partes daquele todo suficientes para elaborar uma resposta às nossas perguntas [Hammersley e Atkinson, 1995: 41][19]. Em outras palavras, essa escolha normalmente é realizada com o objetivo – nem sempre explícito – de estender as afirmações extraídas dos materiais obtidos no campo ao tipo de contexto do qual os casos, os indivíduos, os textos, os artefatos que experimentamos fazem parte[20]. De fato, isso em que todos nós nos empenhamos é o estudo de alguns *casos particulares* com o propósito de extrair, a partir da experiência adquirida com a observação mais próxima dos mesmos, elementos úteis para satisfazer aquela "aspiração à generalidade" [Boudon e Bourricaud, 1982 – trad. it., 1991: 489] típica da sociologia.

> Também quando o sociólogo analisa um fenômeno *singular* (trate-se de um grupo de bandidos, de um episódio histórico ou de uma característica singular de uma sociedade), o seu objetivo raramente é o de dar explicações do seu objeto na sua singularidade, mas de interpretá-lo com o mesmo critério de uma realização singular de estruturas mais gerais [p. 494].

Na pesquisa quantitativa, ou melhor, na variante dessa forma de fazer pesquisa mais difundida, a pesquisa por amostragem[21], a exigência de estender o

---

19. Ao inteiro processo de construção de uma representação dos fenômenos sociais pode, talvez, ser estendido o que Amartya Sen [1986: 404 e 424] diz da descrição: "A descrição não é apenas uma questão de observação e relato do que foi observado; ela comporta o exercício – talvez difícil – da seleção [...]. Pode ser proficuamente considerada como a escolha de um subconjunto a partir de um conjunto de proposições possíveis".

20. Até os mais tenazes opositores dos processos de extensão do alcance, quer por razões epistêmicas (não é possível nenhum tipo de conhecimento fundamentado e o alcance daquilo que é desprovido de fundamento não pode ser estendido), quer por razões ontológicas (os fenômenos sociais são caracterizados por uma radical indeterminação que impede de superar os limites de um conhecimento singular), de fato fazem amplo uso deles. A esse respeito me permito subscrever as observações de Malcolm Williams [2000: 210]: "O comportamento dos interpretativistas com relação à generalização é similar ao das classes médias da idade vitoriana com relação ao sexo. Sabem que se faz, eles mesmos o fazem, mas raramente admitem uma coisa ou outra".

21. Diferente é o caso do experimento para o qual a extensão dos resultados obtidos em laboratório ao mais vasto contexto social serve-se, seja dos instrumentos da teoria da probabilidade, seja

alcance das afirmações elaboradas a partir da análise dos casos observados é perseguida utilizando a teoria estatística das amostras e, de modo geral, à teoria da probabilidade, que naquele contexto específico oferece – permito-me dizer – a melhor das soluções possíveis[22].

Na pesquisa qualitativa este caminho, o da **generalização estatística**, entretanto, não parece percorrível pelo menos por três razões. A primeira decorre da especificidade da pesquisa qualitativa, a utilização de uma observação mais próxima, impraticável em amostras de dimensões adequadas para garantir estimativas robustas dos parâmetros em estudo. De fato, sabe-se que a maior parte dos estudos qualitativos baseia-se em pequenas amostras, igual a mais de uma centena de casos, de aproximadamente uma ordem de grandeza inferior àquelas necessárias para garantir estimativas com uma margem de erro tolerável[23]. Dispor de uma "miniatura" da população em estudo, de uma amostra que seja representativa – posto que isso seja possível – não constitui sempre e de qualquer forma um objetivo desejável. Essa, que é a segunda

---

daqueles da teoria da argumentação. Se a teoria da probabilidade guia a atribuição dos casos aos grupos experimentais e de controle (trata-se da chamada randomização), é a teoria da argumentação, em particular alguma declinação do raciocínio por analogia [Perelman e Olbrechts-Tyteca, 1958 – trad. it., 1989: 392-395], que apoia a extensão dos resultados. O raciocínio por analogia, baseado na instituição de similitudes de estrutura, é o que apoia a extensão dos êxitos do experimento – normalmente realizado com poucos casos – ao mais amplo contexto social.

22. E é certamente, especialmente se estamos dispostos a colocar entre parênteses o equivalente ao que no estudo de caso é rotulado como "generalização dentro do caso" [Gomm, Hammersley e Foster, 2000: 108-111]. As pessoas envolvidas em uma pesquisa por amostragem oferecem, para cada um dos quesitos propostos a elas, uma entre as possíveis respostas que estão, por assim dizer, no seu repertório. A escolha recai sobre aquela oferecida pelo entrevistador em razão de um conjunto de fatores contingentes, que vão da percepção do entrevistador ao conteúdo das notícias lidas sobre o próprio jornal. Com a entrevista, o que fazemos é equivalente ao que, na esteira dos autores de *The Quantum Society* [Zohar e Marshall, 1994], podemos definir "redução do pacote de ondas" para um objeto quântico: consideremos como estado do caso sobre a propriedade que nos interessa medir, um dos seus estados possíveis. Esse problema, quando é enfrentado, tem tipicamente duas soluções: uma ontológica, outra estatística. A solução ontológica consiste em admitir a estabilidade dos comportamentos, reduzindo, com isso, o número de estados possíveis à raiz. A solução estatística postula um processo de balanceamento dos erros de coleta de dados atribuíveis à contingência das n medidas (para n igual à dimensão da amostra): se a resposta de Giovanni é "mais intolerante" do que o devido por efeito da leitura do jornal pouco antes da entrevista, as coisas ajustam-se com Paolo, que forneceu uma resposta "menos intolerante" que o devido porque ele ainda não tinha lido o jornal ou porque os eventos do dia que precederam a entrevista o dispuseram de forma diferente em relação a Giovanni. Sobre esse tema são úteis as observações de Perelman e Olbrechts-Tyteca [1958 – trad. it., 1989:309-312] em mérito à relação entre as pessoas e as suas ações, em particular as ressalvas sobre a legitimidade de comparar a relação entre a pessoa e as suas ações (da qual os atos linguísticos, sem dúvida, fazem parte) à relação entre um objeto e as suas propriedades.

23. Uma eficaz e compacta ilustração da solução estatística para o problema do grande número de uma amostra retirada de uma população finita pode ser encontrada em Cicchitelli, Herzel e Montanari [1992: 302-304].

razão da pouca atratividade da solução probabilística, decorre do fato de que em muitos casos a eloquência das unidades para as quais dirigimos a atenção deriva justamente da sua excentricidade ou, de modo geral, da sua capacidade de oferecer um apoio à argumentação que vamos construindo não pela sua tipicidade, mas pela sua particularidade [Mason, 2002: 123-127; Barbour, 2007: 53]. A inadequação da solução estatística permanece também quando se decide renunciar à principal questão em jogo, aquela da representatividade, para tirar proveito exclusivamente do procedimento usado para consegui-la, a escolha casual dos casos[24]. O prêmio que deriva da escolha casual dos casos em estudo tem a ver com a ausência de *biases* de seleção: escolhidos às cegas, os casos não podem ser selecionados em razão da sua capacidade de suportar uma tese preestabelecida para a qual se quer encontrar confirmação. Se, por exemplo, com a realização de um número significativo de entrevistas discursivas, eu quisesse demonstrar que todos os apoiadores de um determinado partido se caracterizam por um perfil moral ao menos duvidoso, bastaria prosseguir recorrendo aos inscritos daquele partido entre os hóspedes das prisões nacionais[25]. Entretanto, sobre pequenos números a utilização de uma escolha casual das instâncias a serem observadas dificilmente pode levar a resultados apreciáveis. Em um estudo etnográfico, a ideia de escolher ao acaso, por exemplo, os momentos de interação social, as ocasiões rituais ou, mais simplesmente, os lugares físicos para os quais dirigir a atenção, dificilmente poderá fornecer resultados dignos de nota[26]. O que funciona, ao contrário, é um procedimento de escolha das instâncias a serem observadas que está longe de ser casual, mas orientado estrategicamente pelo quesito a que se pretende fornecer uma resposta e pelas indicações que emergem a partir das precedentes experiências observativas.

---

24. Casualidade e representatividade, como se sabe, não são sinônimas. De uma urna com 1.000 bolinhas, das quais 300 são pretas e 700 são brancas, com um procedimento rigorosamente casual posso extrair uma amostra de 10 bolinhas todas brancas: uma amostra casual (cuja probabilidade de extração é igual a pouco menos de 3%), mas certamente não representativa. Sobre a relação entre casualidade e representatividade de uma amostra, cf. Marradi [1997].

25. King, Keohane e Verba [1994: 126] observam a esse respeito como a utilização de um procedimento casual de seleção dos casos possa até se tornar responsável pela introdução de *biases*, especialmente do *bias* de seleção dos casos com base nos valores da variável dependente. Suponhamos – observam os autores – que quiséssemos realizar um estudo sobre três casos que, sobre a variável dependente em exame, admitem três valores diferentes: alto, médio e baixo. Escolhendo uma amostra de duas unidades (n = 2), os valores sobre a variável dependente observados na amostra recairão em uma destas três combinações: alto e médio; médio e baixo; alto e baixo. Pois bem, esse procedimento de seleção fornece dados distorcidos, comprometidos pelo *bias* de seleção sobre os valores da variável dependente (concentrados ora sobre apenas um extremo, ora sobre o outro da sua gama).

26. Ainda que singular, esse caminho foi sugerido por Charles McClintock, Diane Brannon e Steven Maynard-Moody [1979], autores de um ensaio que, a julgar pelas medidas bibliométricas (acessível via "Publish or Perish"), parece não ter passado despercebido.

No contexto da pesquisa qualitativa, a moldura teórica mais apropriada para sustentar a legitimidade dos processos de extensão do alcance dos resultados de um estudo não é a **teoria da probabilidade**, mas a **teoria da argumentação**. A ideia de inscrever os procedimentos de escolha dos casos e de amostragem no interior da moldura da teoria da argumentação está implícita – pelo menos no meu modo de ver – em muitas das mais recentes reflexões metodológicas sobre o tema. Em *I trucchi del mestiere*, especificamente no capítulo dedicado a amostragem, Howard Becker define esse procedimento como segue.

> A amostragem é um tipo de sinédoque, na qual propomos que a parte que estudamos de uma população, de uma organização ou de um sistema represente, de maneira sensata, o todo da qual é retirada. A lógica da amostragem é constituída por argumentações destinadas a persuadir os leitores de que a sinédoque funciona porque foi elaborada de forma defensável [Becker, 1998 – trad. it., 2007: 89].

A referência à teoria da argumentação é aqui mais do que evidente. Becker serve-se de uma conhecida figura retórica, a sinédoque (ou *pars pro toto*), para descrever a amostragem e qualifica o discurso com o qual defende-se a sua solidez como uma argumentação persuasiva. No ensaio de Geoff Payne e Malcolm Williams, *Generalization in Qualitative Research*, os autores, depois de terem ilustrado as razões que tornam inaplicáveis a lógica da inferência estatística à pesquisa qualitativa [Payne e Williams, 2005: 306] salientam a necessidade de outra lógica, ancorada no raciocínio ordinário e estendida para sustentar a plausibilidade das inferências propostas com vistas a diferentes auditórios. Ainda mais evidente é a referência à teoria da argumentação na última edição do manual de Jennifer Mason que apresenta três estratégias de amostragem na pesquisa qualitativa. Uma delas, a orientada ao objetivo da representatividade, é rapidamente afastada sustentando a sua inadequação ao contexto a que Mason dedica a sua atenção. As outras duas lógicas de amostragem – estratégica e ilustrativa [Mason, 2002: 123-127] – sobrepõem-se com particular exatidão às duas formas de argumentação por meio do exemplo contido no *Trattato dell'argomentazione* de Chaïm Perelman e Lucie Olbrechts-Tyteca, sobre o qual nos deteremos mais adiante. Um explícito e incisivo exercício de inscrição da amostragem na pesquisa qualitativa no interior da moldura da teoria da argumentação, elaborado por uma estudiosa cujas competências versam sobre este último âmbito, é constituído pelo trabalho de Ester Šorm [2010], *The Good, the Bad and the Persuasive*, do qual extraí mais de um elemento para as reflexões desenvolvidas a seguir.

A justificada rejeição da generalização estatística como dispositivo para defender as pretensões de extensão do alcance das afirmações construídas através da utilização de técnicas de pesquisa qualitativa não leva, necessariamente, ao envolvimento no campo da teoria da argumentação. Na literatura metodológica ocorrem ao menos duas alternativas dignas de nota, representadas respectivamente pela noção de "transferibilidade" elaborada por Egon Guba e Yvonna Lincoln, e pela de "saturação teórica", parte da proposta metodológica de Barney Glaser e Anselm Strauss, a *grounded theory*. Examinarei essas duas propostas metodológicas no final deste parágrafo, principalmente com a intenção de mostrar os pontos de contato entre os seus postulados e a moldura teórica proposta nestas páginas; à margem, considerarei os limites que recaem sobre cada uma delas. Antes de entrar no assunto, é oportuno apresentar a escolha terminológica adotada nestas páginas. Para descrever o processo do qual estamos nos ocupando, utilizei até aqui a expressão "**extensão do alcance**". Excluí a utilização do termo mais comum de "generalização" pela sua estreita ligação – ao menos no plano das práticas discursivas – com a teoria da probabilidade e da inferência. Excluí igualmente a utilização da noção proposta por Guba e Lincoln de "transferibilidade" visto que é caracterizada por um conjunto de referências teóricas e metodológicas – relacionado principalmente à "descrição densa" (*thick description*) – que delimitam o seu uso [Guba, 1981; Guba e Lincoln, 1982]. À procura de uma expressão neutra, descartei também "extrapolação" proposta por Alasuutari, porque ambas as suas acepções, a matemática de previsão do andamento de uma função além dos limites na qual é conhecida, e a própria da crítica literária, de eliminação de uma frase do texto no qual é inserida, carregam um leque de significados que não considero coerentes. A preferência acordada para a extensão do alcance decorre, além da sua neutralidade teorética, também da capacidade de expressar – em um nível maior de generalidade – todas as noções até aqui examinadas, generalização, transferibilidade, extrapolação, que resultam variantes específicas da noção mais geral. Extensão do alcance, por último, parece-me um rótulo apropriado para expressar a "moderação" na generalização invocada por Payne e Williams [2005]. Em sintonia com esses últimos, interpreto essa ideia de moderação não como um sinal de fraqueza que surge do confronto com a mais aparentemente robusta generalização estatística, mas como um sinal de uma específica sensibilidade metateórica ou, se preferirmos, ontológica, para a qual se considera que a sociologia possa legitimamente construir formas de saber local, de acordo com Merton, teorias de médio alcance, que necessariamente delimitam o alcance dos nossos processos de extensão do saber produzido momento a momento.

As razões que tornam a teoria da argumentação uma das molduras teóricas mais apropriadas para dar forma aos processos de extensão do seu alcance são as mesmas que tornam o seu uso profícuo no mais amplo contexto da pesquisa qualitativa. Essas razões, ilustradas na Introdução a este volume, referem-se ao estatuto epistêmico dos materiais empíricos usados na pesquisa social e a sensibilidade às características do contexto que une as técnicas de pesquisa qualitativa e o desenvolvimento de uma argumentação persuasiva. Antes de mostrar como a teoria da argumentação possa desenvolver essa função, interessa-me evidenciar como os dois contextos colocados lado a lado, a **teoria da argumen-**

tação e a **teoria da probabilidade**, não possam ser considerados como reciprocamente diferentes, como "água e óleo". Seja a teoria da probabilidade, seja a teoria da argumentação, elas ocupam-se em representar um saber a partir de informações incertas [Walton, 2001; Haenni, 2009]. Com esse objetivo, tanto em um quanto em outro campo, são necessários acordos preliminares entre o proponente e o destinatário dos dois tipos de discurso. Em uma disputa os interlocutores devem ao menos concordar com um conjunto de premissas que se referem aos fatos, às verdades e aos pressupostos aceitos [Perelman e Olbrechts-Tyteca, 1958 – trad. it., 1989: 69-78], e após, ainda o ônus da prova, as regras da discussão e o tipo de proposição que podem ser usados [Van Eemeren e Houtlosser, 1999: 389]. Acordos de natureza semelhante também são necessários na argumentação probabilística. O problema proposto pelo cavaleiro de Méré a Pascal, sobre qual deva ser a justa divisão das apostas entre dois jogadores que interrompem a sua partida, pode ser resolvido apenas acordando quanto ao significado de "justa solução". Assim, pode-se pensar que seja justo dividir a aposta em razão da probabilidade de vitória de cada jogador, assim como se pode considerar justo que toda a aposta deva ser entregue ao jogador que – no momento em que a partida foi interrompida – tinha as maiores chances de vitória [Perelman e Olbrechts-Tyteca, 1958 – trad. it., 1989: 273]. Tanto a teoria da argumentação quanto a teoria da probabilidade oferecem uma solução convincente à antítese entre procura de uma verdade absoluta e renúncia a essa mesma ideia de verdade, o estatuto epistêmico das afirmações produzidas será em um caso provável, em outro, verossímil, colocando-se, cada um a sua maneira, no interior daquele *continuum* ideal cujos extremos definem os polos da antítese.

A defesa da extensão do alcance das afirmações produzidas com uma pesquisa qualitativa, os procedimentos que Gomm, Hammersley e Foster [2000, cap. 5] definem como "**generalização entre casos**" e "**generalização dentro do caso**", encontra, na **argumentação por meio do exemplo**, um entre os modelos mais eficazes. No capítulo dedicado ao fundamento dado pelo caso particular, Perelman e Olbrechts-Tyteca [1958 – trad. it., 1989: 370-392] atribuem ao argumento por meio do exemplo três funções específicas: a generalização de uma regra, a sua ilustração e, por último, o uso normativo do exemplo, concebido para incitar a imitação, ou melhor, a adoção de um específico modo de ser. Esta última função, de edificação moral, não tem importância para os nossos objetivos; portanto, irei me deter sobre as duas primeiras, reformuladas em modo mais apropriado aos nossos objetivos por uma recente contribuição de Willer, Ruchatz e Pethes [2007], que retirei da já referida monografia de Ester Šorm [2010]. Willer, Ruchatz e Pethes qualificam estas duas funções, respectivamente, "**construção do conhecimento**" e "**representação do conhecimento**". Estas duas funções podem ser sobrepostas às principais lógicas de amostragem próprias da pesquisa qualitativa, apresentadas – como já mencionado – por Jennifer Mason [2002: 123-127], a amostragem estratégica e a amostragem ilustrativa. Em ambas as acepções do argumento por meio do exemplo, a lógica da comparação desempenha um papel fundamental, quer na seleção dos casos, quer na construção da argumentação concebida, ora para estender o alcance de um conjunto de afirmações, ora para ilustrar de forma completa os seus conteúdos[27]. Prosseguirei ilustrando primeiramente a função de construção do conhecimento, para depois passar à segunda função do argumento por meio do exemplo, a representação do conhecimento.

1.2.1 O exemplo como instrumento para a construção do conhecimento

A extensão do alcance das afirmações fornecidas pelos casos em estudo ou, em outras palavras, a extensão do alcance da resposta às perguntas a partir das quais se move a pesquisa além dos casos estudados, assenta-se, de acordo com Rosaline Barbour [2007: 53], na aquisição de um adequado "**potencial comparativo**", sobre a possibilidade de colocar à prova a solidez do "conhecimento" [*sensu* Willer, Ruchatz e Pethes, 2007] que nos propomos a estender, colocando lado a lado um conjunto finito de *contextos* identificados estrategicamente em razão da sua eloquência [Mason, 2002: 123-124]. Imaginemos, por exemplo, que queremos reproduzir na Itália o estudo de Fine [2009] sobre as cozinhas dos restaurantes, considerando quer os aspectos organizacionais, quer os estéticos da preparação dos alimentos. A elaboração do desenho do estudo, em particular a escolha dos restaurantes para os quais dirigir a atenção, não poderá deixar de considerar a extensão esperada dos resultados que teremos como obter. Quais são as nossas ambições? Pretendemos chegar a uma reconstrução do trabalho em cozinha que possa ser referido à totalidade dos restaurantes italianos? Pensamos que seja demais e consideramos razoável poder falar eloquentemente apenas da cozinha piemontesa. Aqui, contamos em poder cobrir toda a gama de bares e restaurantes, da taberna de uma pequena cidade ao restaurante celebrado pelos maiores guias enogastronômicos. A decisão sobre esses aspectos do desenho move-se, necessariamente, a partir de um preliminar conhecimento do contexto, ao menos de um conjunto de "pressupostos" [Perelman e Olbrechts-Tyteca, 1958 – trad. it., 1989: 74-78] que se tornarão parte das premissas da argumentação que sustentará os resultados do estudo e delimitará a sua plausibilidade. Poderemos admitir, por exemplo, com base nos resultados fornecidos por outros estudos, que os aspectos organizacionais do setor de bares e restaurantes italianos sejam independentes do tipo de cozinha, piemontesa, trentina, calabresa ou outra[28]. Admitiremos, ao contrário, também aqui confortados pelos resultados de um ou

---

27. O preceito metodológico da "comparação constante", coração da proposta metodológica de Glaser e Strauss, a *grounded theory*, é aqui plenamente valorizado.

28. A plausibilidade dos resultados de um estudo com esse desenho vai depender obviamente da capacidade de sustentar as objeções da presunção a partir da qual se move: se o **postulado de irrelevância** das diferenças que separam os restaurantes em razão do tipo de cozinha regional que caracteriza a sua oferta – um traço de contexto – resultasse infundado, igualmente infundada seria a extensão do alcance dos resultados.

mais estudos empíricos sobre o setor de bares e restaurantes ou movendo-nos de um pressuposto fundamentado, por exemplo, sobre uma argumentação por analogia, com a qual atribuímos às cozinhas dos restaurantes variações organizacionais análogas às que caracterizam as empresas manufatureiras ou as universidades, que a organização do trabalho nas cozinhas dos restaurantes varie em razão do número de estrelas que foram atribuídas a eles[29]. Movendo-se a partir dessas premissas, a adoção de um adequado potencial comparativo se traduzirá em um desenho do estudo baseado na comparação dos diversos *contextos* de prática culinária apresentados, na comparação de restaurantes diferentes entre si em razão da qualidade – atestada pelos redatores deste ou daquele guia enogastronômico – da cozinha. Os contextos comparados são, portanto, identificados pela pergunta a partir da qual se move o estudo e pelas pretensões de extensão do alcance das conclusões esperadas, apresentadas pelo pesquisador.

O processo de especificação dos contextos para comparar, ou seja, a escolha dos casos para os quais dirigir a atenção ou a definição do plano de amostragem pode ser representado, de acordo com Douglas Walton, como a elaboração de uma peculiar "**argumentação proléptica**" [Walton, 2009]. Na argumentação proléptica a sequência de movimentos dialéticos constitutivos de uma discussão crítica [*sensu* Van Eemeren e Grootendorst 1984] são apresentadas por um único interlocutor (o proponente) que – com diferentes graus de eficácia – considera as objeções aos próprios argumentos e se prepara para contestá-los com específicas contra-argumentações[30]. No nosso caso, o papel de proponente é

---

29. O argumento por analogia poderia soar mais ou menos assim: a organização do trabalho nas universidades varia em razão do seu *rating* (foro), de forma análoga a organização do trabalho nas cozinhas dos restaurantes vai variar em razão do número de estrelas atribuídas a eles (tema). Perelman e Olbrechts-Tyteca [1958 – trad. it., 1989: 393] definem a analogia como uma "similitude de relações", que liga dois elementos, designados como *tema* e *foro*. Entre os exemplos de raciocínio por analogia propostos pelos autores, o mais eficaz, por concisão e sintonia com os argumentos tratados nestas páginas, deve-se a Willis Moore, que em um ensaio de 1938 [p. 411] usa a analogia referida a seguir para desenvolver a própria crítica ao Wittgenstein do *Tractatus*: "Se um enunciado representasse o fato como o sulco de um disco representa o som, deveríamos provavelmente concordar com o que sustenta Wittgenstein". Na analogia referida por Moore, o *tema* descreve a relação entre fato e enunciado; o *foro* qualifica a relação entre sulco do disco e som. O raciocínio por analogia (prescindindo da posição assumida em relação a Moore) sustenta que a relação observada no foro repropõe-se no tema: o sulco do disco está para o som, assim como o enunciado está para o fato. Aqui, assim como em qualquer analogia eloquente, a relação ilustrada no foro é mais conhecida do que aquela que se propõe a iluminar a estrutura, ou seja, aquela do tema [p. 393]: o foro descreve uma relação material, aquela entre sulco do disco e som, enquanto o tema refere-se a uma relação imaterial, aquela entre enunciado e fato.

30. Sobre a noção de discussão crítica e, de modo geral, sobre a acepção de argumentação a que faço referência neste texto, cf. a Introdução. Aqui me limito a citar a compacta definição proposta por Walton [1992: 133-134], para quem a discussão crítica configura-se como um diálogo finalizado à persuasão no qual "o objetivo de cada parte é persuadir a outra parte a aceitar um conjunto específico de proposições, usando como premissas somente as proposições que a outra parte aceitou como suas".

desempenhado pelo pesquisador envolvido no planejamento do próprio estudo, enquanto as contra-argumentações a que se propõe a responder tomam forma a partir da prefiguração das objeções que poderiam ser provenientes da comunidade científica à solidez das conclusões a que aspira e à legitimidade da sua extensão. Consideremos de novo a hipotética reprodução, na Itália, do estudo de Gary Alan Fine. A aproximação da pergunta de pesquisa aos objetivos de extensão do alcance das respostas que se espera obter definirá os contornos da argumentação proléptica. Para a sua elaboração será necessário considerar as objeções mais importantes que poderiam ser apresentadas ao estudo e que poderão ser prefiguradas no modo ilustrado a seguir[31].

> Visto que quero falar dos restaurantes italianos, é razoável esperar-se que mais de uma pessoa possa dizer "há restaurantes e restaurantes", ou seja, que a organização do trabalho em cozinha vai variar em razão de um conjunto de fatores dos quais deverei considerar na elaboração do desenho do estudo.
>
> Alguém poderá dizer: "a organização do trabalho de cozinha varia com a escala do restaurante: um restaurante com no máximo dez mesas organizará o seu trabalho de forma diferente com relação a um com cinquenta ou mais mesas. Se não se considera esse aspecto, os resultados não podem aspirar à extensão".
>
> Alguém mais poderá acrescentar que também faz diferença o tipo de público-alvo, de clientela a que preferencialmente o restaurante se dirige. Aqui as diferenças de contexto passam pelos valores que comparecem na conta ou pelo número de estrelas atribuídas ao restaurante. Quem apresenta essa observação acrescentará que, se não se considera esse aspecto, os resultados não podem aspirar à extensão.
>
> Por último, alguém poderá chamar a atenção sobre a localização do restaurante, distinguindo os restaurantes que têm sede em uma grande cidade dos localizados em pequenas ou médias cidades. Também nesse caso se dirá que, se não se considera esse aspecto, os resultados não podem aspirar à extensão.

Para não se encontrar, por assim dizer, desorientado diante de objeções desse tipo, o pesquisador irá se preparar prefigurando a aquisição dos materiais empíricos necessários para elaborar as necessárias contra-argumentações, com as quais poderá sustentar algo que soará como: "Como vê, considerei o aspecto que considera relevante (dimensão, público-alvo, localização), e com base nas comparações realizadas a esse respeito estou autorizado a estender os resultados obtidos".

---

31. A rigor deveríamos imaginar um hipotético alvo destas objeções, constituído pelo estudo caracterizado pela menor elaboração possível do desenho, que poderíamos rotular como d_0 (desenho-zero). No caso da reprodução do estudo de Fine a condição d_0 do desenho do estudo é satisfeita por um estudo de conveniência, realizado em um restaurante, escolhido *exclusivamente* em razão da facilidade de acesso para o pesquisador.

Tudo isso permite qualificar a definição do plano de amostragem ou, de modo geral, da escolha dos casos com a construção de uma argumentação na qual cada uma das escolhas realizadas é explicitamente motivada e ditada pela necessidade de dispor de sólidas bases comparativas para a defesa e a extensão dos resultados esperados. A antecipação dialética das possíveis objeções à solidez e à legitimidade da extensão dos resultados pode alcançar a própria completude apenas quando o trabalho de campo e, de modo geral, o estudo, forem concluídos. Isso decorre de uma das peculiaridades da pesquisa qualitativa de que se falou no capítulo 1, responsável pela sua peculiar flexibilidade; uma flexibilidade, de um lado, ditada pelo empenho em harmonizar os procedimentos de construção do dado às características do objeto ao qual se aplicam, de outro, às margens de escolha e invenções que as técnicas de pesquisa qualitativa fornecem ao pesquisador. Entretanto, ainda que a última pincelada na argumentação proléptica que defende a eloquência dos nossos resultados possa ser dada apenas ao final do percurso de pesquisa, é de qualquer forma oportuno, de acordo com Payne e Williams [2005: 295], iniciar a sua definição já nas primeiras fases da elaboração do desenho da pesquisa[32]. Dito isso, fica em aberto – ao menos em primeira instância – um problema sobre o qual é conveniente dirigir a atenção, o da individuação das objeções com as quais a argumentação proléptica, que defende a escolha dos casos operada, deve se enfrentar. A possibilidade de antecipar a totalidade das objeções possíveis ao próprio argumento ou também apenas ao conjunto mais compacto das objeções mais relevantes é, conforme Walton [2009: 18], definitivamente remota.

Essa constatação tem duas importantes implicações: a primeira de ordem epistêmica, a segunda de ordem prática. A implicação epistêmica refere-se ao estatuto do conhecimento estendido com base em uma argumentação proléptica e nas práticas de pesquisa que dela decorrem. Esta última tem necessariamente um estatuto conjectural, cuja solidez se apoia na relevância das objeções consideradas que – na realidade – circunscrevem a sua plausibilidade[33]. Dito de outra forma, a sua solidez decorre do saber consolidado (em Walton *common knowledge*) que guia à individuação das objeções *relevantes*, com as quais nos confrontamos.

Referindo-nos novamente à reprodução do estudo de Fine na Itália, certamente não se pode excluir que, talvez induzido pelos problemas de uma má digestão, alguém possa apresentar a objeção para a qual na organização do trabalho de cozinha a qualidade do cabelo do *chef* ou o tamanho dos seus sapatos possa – por si só – fazer a diferença. Objeções dessa natureza, em conflito

---

32. No ensaio de Payne e Williams lemos: "research design should *plan* for anticipated generalizations"; e pouco mais adiante: "Good research design helps to identify the data necessary for the kinds of generalizing conclusions that may be anticipated at the outset" [Payne e Williams, 2005: 296, 305].

33. Walton [2001: 107] define esse tipo de extensão como "generalização plausibilística".

com o saber consolidado, não têm a capacidade de sugerir a utilização de uma específica comparação[34]. Ou melhor, para serem acolhidas, o ônus da prova em relação à sua relevância só pode recair sobre quem as promove. Voltando à questão crucial da delimitação da plausibilidade do conhecimento estendido, para esclarecer o seu alcance pode ser útil referir uma noção, a de "área de autenticidade" em uso entre os historiógrafos. Jerzy Topolski a introduz a propósito dos procedimentos de crítica do documento e a define como a "soma daquelas perguntas (problemas) que aquela dada fonte é capaz de responder de forma verdadeira" [Topolski, 1973 – trad. it., 1975: 501]. Podemos dizer que o conjunto das objeções apresentadas na argumentação que guia a escolha dos casos em estudo individua a "área de autenticidade" dos materiais empíricos aos quais endereçam (no nosso exemplo, os restaurantes nos quais realizar o estudo), ou seja, o conjunto das perguntas às quais esses últimos são capazes de fornecer uma resposta plausível[35]. Se, a despeito de tudo, o estudioso que havia apresentado a objeção sobre a relevância, para as práticas organizacionais da cozinha de um restaurante, do progresso da calvície do *chef*, nutrisse ainda alguma curiosidade a esse respeito, não poderia encontrar uma resposta plausível ao seu tormento se a amostra sobre a qual o estudo foi realizado não tivesse apresentado a questão – obviamente sutil – do cabelo.

A segunda implicação, a prática, leva a uma reflexão sobre os processos que podem tornar mais eficaz a construção de uma argumentação proléptica com as finalidades que aqui estabelecemos. A literatura que consultei converge em identificar na elaboração de um conjunto de perguntas críticas o instrumento que, melhor do que outros, pode servir a esse objetivo [Walton, 2009; Godden e Walton, 2007; Šorm, 2010]. Para cada esquema argumentativo, e o argumento por meio do exemplo é um desses, é possível individuar um conjunto de **perguntas críticas** a que é legítimo atribuir duas funções: permitir uma avaliação pontual da cogência do esquema argumentativo e oferecer um guia – um

---

34. Os argumentos que chamamos em causa – ora a qualidade do cabelo do *chef*, ora o tamanho dos seus sapatos – identificam uma forma específica de falácia argumentativa: a falácia de pertinência.

35. Essa perspectiva mostra relevantes pontos de contato com a noção de "theoretical inference" elaborada por Gomm, Hammersley e Foster [2000] para dar conta de uma modalidade de extensão do alcance das afirmações elaboradas a partir de um estudo de caso e, por extensão, de uma pesquisa qualitativa. A inferência teórica é definida pelos três estudiosos nos termos referidos a seguir. "A inferência teórica permite tirar conclusões sobre o que acontece sempre, ou sobre o que acontece com dada probabilidade, em específicas situações teoricamente definidas [...] o objetivo de uma pesquisa orientada a tirar conclusões baseadas na inferência teórica consiste em identificar um conjunto de relações entre variáveis que são universais, no sentido que se mostram em qualquer lugar em que as condições especificadas ocorram, a paridade de todas as outras condições" [p. 103]. A propósito, Gomm, Hammersley e Foster observam como essa modalidade inferencial tenha o próprio paradigma no método experimental, cujos resultados são estendidos (para) além do laboratório dentro do qual foram obtidos utilizando um procedimento que se ajusta completamente àquele aqui descrito.

"instrumento pedagógico" – para a formulação de uma argumentação cogente [Godden e Walton, 2007: 280]. Esta última função, de suporte mnésico à escolha da linha argumentativa [Walton e Reed, 2003, apud Godden e Walton, 2007: 280], pode ser desenvolvida eficazmente por um conjunto compacto de quesitos que, por assim dizer, tornam operacionais os requisitos de cogência de uma argumentação, os de aceitabilidade, pertinência e suficiência [Godden e Walton, 2007: 277].

▶ **Aceitabilidade das premissas.** O primeiro núcleo de quesitos convida a considerar o conjunto composto de postulados e pressupostos que guiam a seleção dos casos e que se tornam parte das premissas a partir das quais se move a argumentação proléptica. No exemplo da etnografia dos restaurantes distinguimos dois tipos de postulados: **postulados de irrelevância e postulados de relevância.** À primeira categoria pertence o postulado que decreta a irrelevância do tipo de cozinha proposta pelos restaurantes, seja ela piemontesa, trentina, calabresa ou outra, na modulação da organização do trabalho de preparação dos alimentos. Os postulados de relevância individuam um conjunto de fatores capazes de modular a organização do trabalho em cozinha: a dimensão do restaurante, a sua localização (grandes *vs.* pequenos e médios centros) e o número de estrelas que lhes são atribuídas.

Dos dois tipos de postulados, os que decretam a irrelevância de um contexto comparativo são aqueles que – ao menos diretamente – podem atacar com maior força a cogência da argumentação. A implausibilidade dessa classe de postulados determina um sensível enfraquecimento da cogência da argumentação proléptica e, portanto, da legitimidade da extensão dos resultados do estudo. Se, por exemplo, fosse precisamente ao longo das linhas que separam as diversas cozinhas regionais que se mostrassem as maiores diferenças organizacionais no trabalho de cozinha, o fato de isso não ter sido levado em conta (p. ex., dirigindo a atenção apenas para os restaurantes piemonteses) só pode mutilar o valor do estudo. Os postulados de relevância criam menos problemas; descobrir que uma fonte de variação não é tal constitui, de qualquer forma, um progresso na aquisição de conhecimento. Ao contrário, o que cria problema é a falta de tematização de um fator de contexto relevante. Se, por exemplo, no curso do estudo surgisse de forma inesperada que as diferenças que mais contam na organização do trabalho em cozinha dizem respeito à forma da propriedade do restaurante (uma dimensão não interceptada no nosso exercício), o fato de isso não ter sido considerado enfraquece sensivelmente a eloquência do estudo. A partir disso podemos obter as primeiras duas perguntas críticas:

1) Em razão da pergunta de pesquisa, os postulados de irrelevância (explícitos e implícitos) a partir do qual se move a argumentação são legítimos?

2) Em razão da pergunta de pesquisa, os postulados de relevância adotados cobrem os principais aspectos do fenômeno em estudo?

▶ **Pertinência.** A pertinência das premissas de uma argumentação proléptica, ou seja, o conjunto das proposições que individuam as comparações necessárias a tornar legítima a extensão dos resultados esperados, é medida em relação à pergunta a partir da qual se move o estudo. Esse aspecto é evidenciado de forma pontual por Jennifer Mason [2002: 132], que a esse respeito observa: "por cada decisão em mérito à amostra você deveria se perguntar se estas pessoas ou esta pessoa, este documento ou estes documentos, este ou estes exemplares de experiência têm a possibilidade de lhe dizer aquilo que você quer saber". Tudo isso pode ser expresso de forma mais compacta pela seguinte formulação que identifica a terceira pergunta crítica:

3) Os casos considerados oferecem elementos úteis para elaborar uma resposta ao quesito a partir do qual se move a pesquisa?

▶ **Suficiência.** Suficientes devem ser as razões que, movendo-se a partir das premissas de uma argumentação, motivam a adesão às suas consequências. Tudo isso, em uma linguagem não técnica, pode ser expresso com a noção de força da argumentação. Sob esse perfil a força de uma argumentação proléptica, elaborada para defender a legitimidade da extensão dos resultados esperados, depende essencialmente da eloquência dos casos considerados, dos casos que constituem o componente empírico das premissas a partir das quais se move a argumentação. Desse ponto de vista é possível distinguir duas configurações diferentes de casos, em razão da qualificação de que podem dispor, quer pelas relações que o desenho da pesquisa institui entre elas, quer pela relação que é instituída entre os casos em estudo e outros conjuntos qualificados de casos. A qualificação dos casos modula a sua eloquência, acrescentando a força das argumentações que os incluem nas suas premissas. Nisso é possível reconhecer uma semelhança relevante com a noção de *leverage*, de capacidade de alavancagem proposta por King, Kehoane e Verba [1994: 29], que se refere à capacidade dos casos em estudo de "explicar o máximo possível com o mínimo possível".

• **Suficiência com casos pouco qualificados.** Comecemos pela primeira configuração, aquela constituída por casos pouco qualificados, onde é útil distinguir dois percursos diversos de extensão do alcance, entre os casos e dentro do caso[36]. O primeiro percurso obriga o pesquisador a justificar a extensão do alcance da resposta às perguntas a partir das quais se move a pesquisa além dos casos estudados. A extensão dos resultados obtidos na hipotética réplica da etnografia de Gary Alan Fine (cf. supra) dos restaurantes envolvidos no estudo a um mais amplo conjunto de casos análogos (os restaurantes italianos, piemonteses, turineses, de um bairro específico de Turim) entra nessa categoria. Aqui a eloquência dos casos estudados e, com isso, a força da argumentação que defende a extensão do

---

36. Os dois percursos coincidem com aqueles rotulados por Gomm, Hammersley e Foster [2000, cap. 5] como "generalização entre casos" e "generalização dentro do caso". Pelas razões expostas mais acima (cf. par. 1.2) ao termo "generalização" é aqui preferida a expressão "extensão do alcance".

alcance dos resultados esperados, depende do grau de cobertura – não necessariamente homogêneo – das configurações comparativas relevantes. Se, por exemplo, as comparações relevantes para os nossos restaurantes dizem respeito – conjuntamente – à dimensão dos restaurantes (pequenos e médios vs. grandes), ao número de estrelas conferidas a eles (1 estrela vs. 2 ou 3 estrelas), à localização (grandes cidades vs. cidades pequenas e médias); o número de configurações comparativas para cobrir resulta igual a oito, como mostra a figura 2.2.

Figura 2.2 Configurações confrontadas em um hipotético estudo sobre a "cultura da cozinha"

| | Restaurantes | | | |
| | Pequenos e médios | | Grandes | |
	Com 1 estrela	Com 2 ou 3 estrelas	Com 1 estrela	Com 2 ou 3 estrelas
Em cidades pequenas e médias	Configuração 1	Configuração 2	Configuração 3	Configuração 4
Em grandes cidades	Configuração 5	Configuração 6	Configuração 7	Configuração 8

O grau de cobertura das oito configurações varia em razão do número e da heterogeneidade dos casos considerados para cada uma delas. Em linha geral, para cada uma das configurações apresentadas é necessário poder excluir que o caso ou os casos estudados identifiquem situações especiais ou anômalas, inadequadas para *ilustrar* as suas peculiaridades[37]. Esse resultado pode ser obtido movendo, por assim dizer, individual ou simultaneamente, duas alavancas. Pode-se prosseguir acrescentando o número e a heterogeneidade dos casos chamados para ilustrar cada configuração. Pode-se acrescentar a eloquência de cada caso convocado para ilustrar cada configuração, documentando a sua tipicidade. A possibilidade de documentar a tipicidade de um caso – como será dito melhor a seguir (cf. infra, par. 1.2.2) – assenta-se na disponibilidade de fontes independentes que, movendo-se a partir de uma pontual descrição do domínio em exame, permitam uma definição suficientemente precisa dos traços capazes de tornar típico o caso convocado.

Diferentemente do que acontece para a pesquisa quantitativa, aqui não se tem uma fórmula capaz de fornecer um número à fatídica pergunta: "De quantos casos deve ser a minha amostra?"[38] No terreno no qual nos movemos, que

---

37. Aludo aqui à outra acepção da argumentação por meio do exemplo apresentada neste capítulo, aquela concebida como instrumento de representação do conhecimento.

38. Como direi mais adiante, a solução oferecida para esse problema a partir da noção de "saturação teórica" [Glaser e Strauss, 1967 – trad. it., 2009: 91-92] apresenta muitos problemas, talvez até demais, por isso se torna realmente difícil contar com ela.

faz referência à teoria da argumentação, a indicação mais côngrua é a de Jennifer Mason [2002: 136], para a qual o número de casos para os quais dirigir a atenção "deveria ser suficientemente grande para permitir comparações eloquentes tendo em vista a pergunta a partir da qual se move a pesquisa, mas não tão grande para tornar impossível a análise de detalhes e nuanças referidas a algum aspecto específico do material empírico". Essas indicações estão resumidas nas duas perguntas críticas que seguem.

4) Em razão dos objetivos de extensão do alcance dos resultados esperados, o grau de cobertura das configurações comparativas relevantes é adequado?

5) Para cada uma das configurações comparativas apresentadas é possível excluir com boas razões que o caso ou os casos selecionados não identificam situações especiais ou anômalas, inadequadas para *ilustrar* as suas peculiaridades?

Para a segunda modalidade de extensão do alcance, aquela que se move das partes do caso observadas ao caso na sua inteireza, é útil a distinção proposta por Gomm, Hammersley e Foster [2000: 108-111] entre as dimensões sincrônica e diacrônica dessa forma peculiar de sinédoque. Esses aspectos mostram-se de forma particularmente nítida no trabalho etnográfico, mas caracterizam – ainda que de forma diferente – a produção de documentação empírica baseada no emprego de todas as outras técnicas de pesquisa qualitativa. Imaginemo-nos novamente às voltas com uma etnografia do trabalho em cozinha, desta vez, porém, estamos às voltas com a cozinha de um navio de cruzeiro, enorme e cheio de gente, da qual nos propomos a estudar as peculiaridades organizacionais e estéticas no breve tempo de um cruzeiro de 15 dias. Sozinhos no nosso trabalho de campo e com pouco tempo à disposição, seremos obrigados a escolher os lugares e os tempos da nossa imersão culinária. Não poderíamos estar na segunda-feira de manhã nos locais da cozinha que se ocupam da preparação dos doces e naqueles – distantíssimos – onde se prepara o peixe. De forma análoga não poderíamos observar o trabalho dos *chefs* encarregados dos doces nas segundas-feiras de manhã e também nas outras manhãs do cruzeiro, porque a ação se desenvolve também em outros lugares. Vamos nos colocar, portanto, o problema da "generalização diacrônica" e da "generalização sincrônica". Escolhendo ou, se preferirmos, fazendo uma amostragem de tempos e lugares, é necessário dispor de elementos suficientes para fornecer uma imagem completamente eloquente. Se, por exemplo, no nosso navio o cardápio prevê doces sofisticados na terça-feira e no sábado, e doces mais comuns nos outros dias, se limitássemos a nossa observação à área de doces na terça-feira e no sábado, poderíamos tirar conclusões impróprias sobre a vocação estética dos *chefs*, observados nos poucos momentos no qual quebram a rotina da preparação dos doces, por assim dizer, *prêt-à-porter*. O que acontece em casos como esses é poder dispor de um inventário de tempos e de lugares construídos estrategicamente para permitir a elaboração de uma resposta eloquente e robusta à nossa pergunta de pesquisa. Para esses aspectos as perguntas críticas que pareceriam mais oportunas poderiam soar assim:

6) Os lugares e tempos das "imersões" nos casos em estudo oferecem elementos suficientes para responder à pergunta a partir da qual se move a pesquisa?

7) Existem boas razões para excluir que os lugares e os tempos das "imersões" configurem situações especiais ou anômalas, tais para fornecer informações divergentes com vistas à elaboração de uma resposta à pergunta a partir da qual se move a pesquisa?[39]

• **Suficiência com casos qualificados.** A força da argumentação proléptica concebida para defender a extensão do alcance dos resultados de um estudo é ampliada quando se torna possível a utilização dos casos qualificados (cf. mais acima) cuja eloquência resulta amplificada, quer pelas relações que o desenho da pesquisa institui entre eles, quer pela relação que é instituída entre os casos em estudo e outros conjuntos qualificados de casos. A elevada capacidade de alavancagem (*leverage*) [King, Keohane e Verba, 1994: 29] desses casos depende essencialmente da sua inscrição no interior de desenhos lógico-comparativos.

Aqui examinarei quatro deles: a comparação dos casos mais distantes (*most different systems design*), a comparação dos casos mais semelhantes (*most similar systems design*), o desenho do caso crítico (baseado no argumento da dupla hierarquia), o uso do exemplo contrário[40]. Os quatro procedimentos individuados se aplicam, seja pela comparação entre poucos casos, como tipicamente acontece nas etnografias comparadas, seja pela comparação entre os casos de uma amostra, como acontece tipicamente nos estudos baseados no uso de entrevistas discursivas ou de grupo focal.

Uma das mais eficazes ilustrações do desenho baseado na **comparação dos casos mais distantes** é constituída pelo estudo de Walter Powell, *Getting into Print* [1985, apud Platt, 1988: 15-16]. Powell propõe-se a reconstruir os processos através dos quais, na *editoração* acadêmica, chega-se à decisão de publicar um volume. Com esse objetivo realiza uma etnografia comparada sobre duas editoras acadêmicas, a Apple Press e a Plum Press, unidas por uma sólida posição financeira e pelo público ao qual se dirigem; mas separadas por profundas diferenças relativas à estrutura organizacional, às políticas e às práticas edito-

---

39. Juntas, as duas perguntas expressam igualmente critérios propostos por Šorm [2010: 134-135], "critério das circunstâncias especiais" e "critério do período crítico".

40. Os quatro desenhos examinados no texto têm em comum o que, de acordo com King, Keohane e Verba [1994], podemos definir como elevada "capacidade de alavancagem" (*leverage*); ou seja, permitem "explicar o máximo possível com o mínimo possível" [p. 29]. É razoável imaginar que outros procedimentos, além daqueles ilustrados no texto, tenham essa característica. Aqui me limitei a ilustrar os mais conhecidos, ao menos entre aqueles de que tenho conhecimento.

riais [Powell, 1985: xxi]. Apple Press é uma pequena editora na qual trabalham 30 empregados; publica menos de cem livros ao ano, quase exclusivamente de ciências sociais. Plum Press é uma grande editora, conta com mais de 400 empregados; a cada ano publica mais de 400 livros, relacionados às ciências sociais e às ciências do comportamento. A hipótese que guia o trabalho de Powell é a de uma homogeneidade nos processos decisionais que persiste além das diferenças que separam os profissionais do segmento do mercado editorial para o qual dirigiu a atenção. Essa hipótese guia a escolha dos dois casos – maximamente dissímeis – e corrobora os resultados a que chega o estudo.

A força desse tipo de desenho depende, obviamente, não do número de casos comparados, mas do seu perfil, ou melhor, da relação que ocorre entre o seu perfil e a pergunta a partir da qual se move a pergunta[41]. A aproximação dos casos o máximo possível dissímeis confere particular solidez aos traços que – de qualquer forma – os unem. A sua persistência é lida, de forma conservadora, como o sinal da irrelevância causal dos fatores que marcam a distância entre os casos observados; de forma menos conservadora, como o indício de uma regularidade transcontextual. A primeira leitura leva, por exemplo, a sustentar que as diferenças na estrutura organizacional, nas políticas e nas práticas editoriais que separam a Apple Press da Plum Press, não contam na determinação das escolhas editoriais, cuja variabilidade não se pode excluir, mas se ocorre, é a outra coisa que deve ser atribuída. A segunda leitura, mais audaz, leva a identificar as homogeneidades dos processos decisionais individuados por Powell como uma especificidade do segmento de mercado a que Apple Press e Plum Press pertencem. A extensão do alcance dos resultados obtidos com esse tipo de desenho comparativo baseia-se em um conjunto de postulados, nem sempre explícitos que, na perspectiva adotada nestas páginas, configuram-se como premissas da argumentação proléptica. Esses postulados referem-se à natureza do processo que liga os fatores usados para marcar a distância entre os casos comparados (estrutura organizacional, políticas e práticas editoriais) e os traços ou o traço que os une (a decisão sobre a publicação de um volume). Acredita-se que os estados opostos dos casos em relação aos fatores que os definem como maximamente distantes (p. ex., o caráter *light* da estrutura organizacional da Apple, contraposto à organização mais complexa da Plum) devam ser considerados como, virtualmente, os mais capazes de modificar o perfil dos casos em relação aos traços que os unem (a decisão sobre a publicação de um volume). Em outras palavras, acredita-se que todos os estados intermediários entre os casos considerados opostos entre si (p. ex., uma estrutura organizacional no meio do caminho entre a essencialidade Apple e a complexidade Plum) tenham um impacto mais limitado sobre o traço que une

---

41. Para um aprofundamento sobre os primeiros desenhos comparativos apresentados nestas páginas, *most different systems design* e *most similar systems design*, cf. Fideli [1998: 123-132].

os casos em estudo[42]. Além disso, acredita-se que o processo que gera as regularidades transcontextuais seja comum nos casos em estudo. Em outras palavras, exclui-se que a regularidade transcontextual observada deva ser atribuída ao modo de operação de mecanismos generativos heterogêneos que, por exemplo, forneçam em um dos casos em estudo (a Apple Press), relevância a um fator rotulado como não influente (a estrutura organizacional), para fazer o mesmo no outro caso (a Plum Press) para um outro fator (as práticas editoriais)[43].

Antes de passar adiante, é oportuno rebater como esse tipo de desenho possa ser adotado não apenas nas etnografias, mas também para pesquisas baseadas no uso de entrevistas discursivas ou grupo focal, técnicas que preveem a construção de amostras, às vezes também muito consistentes. Um estudo sobre a apostasia, projetado para individuar os traços comuns à releitura da própria trajetória biográfica antes do ponto de virada que levou à desconversão, poderia ser realizado solicitando as narrações autobiográficas de apóstatas provenientes de igrejas, seitas, grupos espirituais os mais diferentes entre si. Os fatores chamados para opor como maximamente distantes, igrejas, seitas, grupos espirituais deveriam, nesse caso, ser individuados entre aqueles que, razoavelmente – ou melhor, com base nas indicações extraídas da literatura pertinente –, deveriam sugerir leituras diferentes do próprio passado de fé. Portanto, poder-se-ia pensar em comparar experiências de fé caracterizadas pela máxima liberdade de professar com formas mais disciplinantes: cultos, ora de matriz judaico-cristã, ora de matriz oriental; igrejas tradicionais ao lado de novos movimentos religiosos.

As perguntas críticas que seguem resumem as observações referidas mais acima.

8) É plausível considerar maximamente distantes os casos colocados em comparação? Dito de outra forma, os fatores usados para marcar a sua distância recíproca são relevantes?

9) As premissas na base do confronto entre os casos maximamente distantes colocados em comparação são plausíveis? Especificamente:

9.1) É plausível o postulado que atribui às características que contradistinguem e separam os casos colocados em comparação, as maiores potencialidades na determinação de possíveis diferenças entre eles? Em outras palavras, é legítimo considerar como potencialmente irrelevantes em determinar diferenças dignas de nota, estados sobre as características evidenciadas no estudo, diferentes daqueles observados nos casos analisados?

9.2) É plausível, para os casos comparados, o postulado de homogeneidade dos mecanismos generativos responsáveis pelas regularidades transcontextuais esperadas?

---

42. Trata-se, de forma resumida, do pressuposto de linearidade.

43. Para um aprofundamento sobre estes temas cf. King, Keohane e Verba [1994: 91-94].

10) Em razão do tipo de análise a que se propõe submeter a documentação empírica, o número e a distância recíproca entre os casos comparados são adequados para sustentar a solidez e a extensibilidade das regularidades esperadas?

O estudo de Carla Eastis [1998], *Organizational Diversity and the Production of Social Capital*, oferece uma eficaz ilustração do desenho comparativo baseado na comparação dos **casos mais semelhantes** (*most similar systems design*). Eastis propõe-se a colocar à prova a solidez de uma tese, sustentada por uma farta fila de estudiosos e especialistas, pela qual a taxa de participação nas mais diversas formas de associacionismo se traduz em um crescimento do capital social, oferecendo com isso uma válida contribuição ao funcionamento das instituições democráticas. Para contestar esta difusão, ou melhor, esta espécie de "naturalização" [*sensu* Moscovici, 1976] das teses de Putnam, elaboradas a partir do estudo das formas de associacionismo desenvolvidas na Itália [Putnam, 1993], a autora realiza uma etnografia comparada, dirigindo a atenção para dois coros ativos em uma cidadezinha norte-americana. A escolha desse tipo de associação responde a específicas exigências teóricas: trata-se de associações caracterizadas na maioria das vezes por ligações horizontais que oferecem aos seus membros oportunidades frequentes de interações face a face. Esses últimos são dois traços a que Putnam atribui especial capacidade em gerar capital social. As duas associações, semelhantes na localização e no tipo de atividade proposta, o canto coral, mostram relevantes diferenças que a autora evidencia fazendo referência à teoria das contingências organizacionais. Eastis que – tomamos conhecimento a partir do ensaio – participou desse tipo de atividade artística, segue em paralelo e por quatro meses as atividades dos coros que, como pseudônimo, tornam-se o Collegium Musicum e o Community Chorus. O Collegium Musicum é o coro do Departamento de Música da universidade local pela qual é financiado, é dirigido por um acadêmico e se compõe de vinte coristas ligados ao ambiente acadêmico. Na temporada seguida por Eastis, o concerto para o qual o Collegium se prepara prevê música sacra extraída do repertório de um compositor flamengo do século XV, com trechos em latim e em francês. O Community Chorus é uma associação sem fins lucrativos, fundada pela rádio local, que se sustenta principalmente na capacidade de arrecadação de fundos dos seus membros. No Chorus cantam oitenta pessoas das mais diversas proveniências, reunidas por nada mais do que o amor pela música. Enquanto que ao Collegium aderem exclusivamente brancos com uma sólida preparação musical; no Chorus encontram-se, lado a lado, brancos, afro-americanos e hispânicos, atraídos, além da música, também pelas oportunidades de socializar, e mediamente menos competentes no canto e na leitura da música que os próprios homólogos do coro acadêmico. Na temporada objeto de observação etnográfica, o programa para o qual Chorus estava se preparando compreendia trechos extraídos de musicais como *Camelot* e *My Fair Lady*, com trechos exclusivamente em língua inglesa.

Eastis observa as diferenças que separam os dois coros nos procedimentos de seleção dos membros, analisando como cada associação encoraja, de fato, a autosseleção dos coristas; toma nota das modalidades de desenvolvimento dos ensaios e das competências mostradas pelos músicos; dirige a atenção sobre as modalidades de direção dos coros e sobre os objetivos colocados pelos diretores nessas atividades. A partir de tudo isso ele conclui a presença de relevantes diferenças relacionadas a três dimensões da noção de capital social, a estrutura das redes, os valores e as normas, a aquisição de competências úteis à ação coletiva. As diferenças que separam os dois coros no plano das barreiras de acesso – elevadas para o Collegium, baixas para o Chorus – espelham-se na extensão e na natureza da rede de relações sociais ativada pela participação nessa atividade artística. A rede resulta estendida para os músicos do Chorus, inalterada para os do Collegium. A afinidade nas competências musicais, a orientação à elevação das *performances* de cada corista, ambas mais marcadas no Collegium, induziram um maior enraizamento dos valores e normas compartilhados no coro acadêmico, com relação ao observado no mais popular Chorus. Enfim, entre os dois coros emergem diferenças na aquisição, por parte dos seus membros, de capacidades utilizáveis para além das fronteiras das duas associações, especialmente de competências organizacionais transferíveis em outros contextos da ação coletiva. Para os músicos do Chorus, a necessidade de financiar as suas atividades, unida à dimensão e à heterogeneidade do grupo, permitiu-lhes ver acrescentadas as suas capacidades de uma cidadania ativa. Por outro lado, a ausência de preocupações para a subvenção das atividades do coro – financiado pela universidade –, juntamente com as dimensões e a homogeneidade do Collegium, permitiram a seus coristas se concentrar exclusivamente na sua música, sem fazer registrar sensíveis incrementos naquele conjunto heterogêneo de competências organizacionais, transferíveis em outros contextos da ação coletiva.

Tudo isso permite a Eastis concluir que o impacto sobre o capital social e sobre o funcionamento das instituições democráticas que deriva da participação nas associações voluntárias está longe de ser homogêneo. Algumas associações – mas não todas – promovem a extensão das redes sociais; outras ativam o enraizamento de valores entre os próprios membros, embora esses valores nem sempre ofereçam uma sustentação às instituições democráticas; outras promovem formas de cidadania ativa; outras ainda ativam específicos *mix* desses atributos, portanto:

> As genéricas afirmações sobre as consequências para a democracia americana, ditadas pela observação das taxas de associacionismo, referidas a grandes agrupamentos de associações voluntárias são, na melhor das hipóteses, simplistas [Eastis, 1998: 76].

A comparação dos casos o máximo possível semelhantes é normalmente concebida com o objetivo de colocar em dúvida, de desafiar, a tese que institui uma relação entre o traço que une os casos observados e outra propriedade relevante. A tese que Eastis desafia admite uma ligação entre o pertencimento a associações voluntárias e produção de capital social. Especificamente Eastis propõe-se a mostrar como a um processo, o associacionismo, não corresponda sempre e em todas as circunstâncias o outro, a generalização de capital social.

Esse desenho comparativo, assim como o ilustrado mais acima, é concebido com o objetivo de configurar uma condição na qual o êxito esperado pelo pesquisador é altamente improvável, conforme Eckstein [1975: 119]. Aqui, o que é altamente improvável é o surgimento de diferenças, quando, no caso da comparação entre casos maximamente dissímeis, era o surgimento de homogeneidade(s). As diferenças observadas na comparação de casos maximamente semelhantes são interpretadas como prova da ausência de uma relação *determinística* entre as propriedades apresentadas. Especificamente, o desvio da "regra" [*sensu* Perelman e Olbrechts-Tyteca, 1958 – trad. it., 1989: 370ss.] em ao menos um dos casos observados, no caso de Eastis a falta de incremento de capital social entre os músicos do Collegium, equivale à formulação de uma afirmação existencial "existe uma associação que não promove para os seus membros o crescimento de capital social", que falsifica a afirmação universal "todas as associações promovem o incremento de capital social para os próprios membros"[44]. A força dessas conclusões assenta-se, além da precisão das observações, na possibilidade de sustentar o caráter não idiossincrático dos casos comparados, de excluir a presença de uma particular mistura, de uma singular combinação de atributos constitutivos da exceção que – de fato – confirma a regra. Sobre esse aspecto a etnografia de Eastis é particularmente eficaz em mostrar a normalidade, por assim dizer, das práticas sociais que caracterizam os dois coros comparados.

Também a propósito desse desenho comparativo é necessário observar como o seu uso não seja limitado à etnografia, mas possa inspirar também estudos baseados em amostras, não muito grandes, mas consistentes como aquelas usadas com a entrevista discursiva ou o grupo focal. O modelo de comparação entre casos semelhantes inspira – na realidade – boa parte dos procedimentos de análise da documentação empírica aplicada a conjuntos homogêneos de casos ou, de forma geral, de textos. Voltando ao exemplo do estudo das narrativas de desconversão, seria possível imaginar dirigir a atenção para uma particular experiência espiritual, por exemplo, a apostasia da comunidade de Damanhur, objeto de um recente estudo meu, realizado com Nicola Pannofino [Cardano e Pannofino, 2015]. A comparação das narrativas autobiográficas poderia servir ao objetivo de mostrar como a leitura convencional da experiência da apostasia como demonização integral do próprio passado de crenças possa ser contestada – de fato, os resultados preliminares do estudo vão nessa direção – pelos testemunhos de ex--damanhurianos que conservaram, em alguns casos, um *habitus* espiritual que une o seu modo de ser no mundo de hoje ao que os contradistinguiu quando

---

44. A relação entre afirmação existencial e afirmação universal ilustrada no texto reproduz, como é evidente, a epistemologia popperiana [Popper, 1934].

expressavam a sua devoção às divindades de Damanhur. Também por esse desenho, no que se segue, as considerações até aqui desenvolvidas são traduzidas em três perguntas críticas.

11) É plausível considerar maximamente semelhantes os casos colocados em comparação? Dito de outra forma, as diferenças residuais que os separam podem ser consideradas irrelevantes?

12) Em razão do perfil dos casos comparados é legítimo sustentar que as diferenças esperadas não possam ser atribuídas a fatores acidentais, atribuíveis a uma específica combinação dos atributos de um ou de todos os casos colocados em comparação?

13) Em razão do tipo de análise a que se propõe submeter a documentação empírica, o número e a distância recíproca entre os casos comparados são adequados para sustentar a solidez e a extensibilidade das diferenças esperadas?

Com o terceiro dispositivo, o **desenho do caso crítico**, a comparação desloca-se do plano empírico para o lógico, ou melhor, retórico. O desenho do caso crítico baseia-se na utilização de uma forma peculiar de exemplo, o exemplo hierarquizado, parte do argumento da "dupla hierarquia" [Perelman e Olbrechts-Tyteca, 1958 – trad. it., 1989: 374, 356-364]. Trata-se de um desenho não muito comum no âmbito das ciências sociais, que se mostra adequado à ideia de criticidade que o inspira; para a sua ilustração farei referência ao estudo de Victor Sharp [1975], *Social Control in the Therapeutic Community*.

Sharp se propõe a documentar como, dentro de todas as instituições de cura, estabeleça-se – na prática – uma forma de controle manipulativo sobre os usuários, que tem as próprias raízes no que é definido "trabalho interpretativo" da equipe. Com trabalho interpretativo Sharp entende o processo com o qual cada aspecto da vida dos usuários é relacionado ao paradigma terapêutico dos profissionais, e isso faz com que, por exemplo, a solicitação de um usuário para trocar uma cédula pelas moedas necessárias para utilizar o telefone seja interpretada como um inegável sinal da sua contínua dependência dos profissionais [p. 115]. Para colocar à prova a difusão desse processo de disciplinamento, Sharp decide dirigir a atenção para um dos contextos terapêuticos que, mais do que qualquer outro, propõe-se a contestar o modelo hierárquico, piramidal das relações entre profissionais e usuários, a comunidade terapêutica. Especificamente, Sharp analisa uma comunidade de reinserção social (*halfway house*) para ex-pacientes psiquiátricos, considerando como, também naquele contexto onde a afirmação de formas de controle manipulativo era altamente improvável, essa modalidade de interação toma forma[45].

---

45. Um exemplo mais recente de estudo qualitativo relacionado ao desenho do caso crítico é constituído pelo estudo de Brian Uzzi [1997] de um setor manufatureiro, especificamente de 23 empre-

A lógica que subjaz a esse tipo de desenho e determina a sua cogência faz referência ao **argumento da dupla hierarquia** [Perelman e Olbrechts-Tyteca, 1958 – trad. it., 1989: 356-364]. Esse tipo de argumento move-se a partir de uma específica consideração sobre a estrutura da realidade que institui no seu interior uma distinção entre duas classes de fenômenos, duas hierarquias. Especificamente, adota-se uma relação de proporcionalidade direta ou inversa entre o que se observa em uma hierarquia e o que se presume poder observar na outra [p. 357]. Na *Retórica* de Aristóteles é possível encontrar uma ilustração eficaz dessa relação, quando se lê: "E, se é possível o que é mais difícil, também o é o que é mais fácil" (II (b): 18-19, 1.391b-1.392a [cf. Aristotele, 1991]). Se o controle manipulativo afirma-se mesmo quando é mais difícil, nas comunidades terapêuticas, então, mais ainda, ocorrerá nos contextos onde faltem tais dificuldades, ou seja, nas outras instituições de cura que não persigam explicitamente o objetivo de relações, ao máximo possível, paritárias entre profissionais e usuários.

O desenho do caso crítico, além da forma ilustrada mais acima, na qual a condição esperada (o surgimento do controle manipulativo) observa-se em um contexto (uma comunidade terapêutica) na qual a sua probabilidade resulta extremamente modesta, pode assumir também outra forma, oposta àquela examinada no estudo de Sharp. Nessa segunda forma o caso crítico individua um contexto no qual uma condição indesejada tem a mais alta probabilidade de ser expressa. A esse caso é possível relacionar um estudo dos anos de 1960 que hoje seria associado à categoria das pesquisas baseadas no uso de métodos mistos (qualitativos e quantitativos), a excelente pesquisa de John H. Goldthorpe, David Lockwood, Frank Bechhofer e Jennifer Platt, *Classe operaia e società opulenta* [Goldthorpe et al., 1969]. Os estudiosos se propuseram a submeter a controle uma tese apresentada próximo da diminuição do consenso da classe operária ao partido trabalhista nos primeiros anos da década de 1950, a do aburguesamento da classe operária. O estudo é realizado no distrito industrial de Luton que, com base na teoria que Goldthorpe e colegas se propunham novamente a contestar, tinha a mais alta probabilidade de apresentar os sintomas do aburguesamento da classe operária. Esses sintomas não foram observados, e isso autorizou Goldthorpe e colegas a afirmar que, se nem em Luton a mudança de valores e comportamentos previstos pela teoria do aburguesamento da classe operária

---

sas nova-iorquinas do setor de roupas femininas. Uzzi propõe-se a mostrar como também em um contexto caracterizado por forte concorrência, as relações econômicas resultem de qualquer forma inseridas (*embedded*) em específicas relações sociais. O contexto no qual Uzzi realiza o próprio estudo, baseado na combinação de entrevistas discursivas e observação etnográfica, tem um perfil tal que torna altamente improvável a prevalência das relações sociais sobre aquelas econômicas ("this is thus a conservative setting in which to examine conjectures about embeddedness" [p. 38]). Uzzi não faz referência explícita à noção do caso crítico, mas, de fato, a lógica subjacente ao seu estudo o torna relacionável a tal desenho. Devo a Sheen Levine esta indicação bibliográfica.

havia se apresentado, *a fortiori* podia se sustentar que não teria se apresentado em outros contextos produtivos, nos quais os fatores predisponentes à síndrome do aburguesamento eram menos evidentes[46].

A plausibilidade desse tipo de argumento depende, antes de tudo, do acordo que ocorre ao redor da legitimidade da hierarquia. Se existem boas razões para sustentar que o risco, por assim dizer, da afirmação de formas de controle manipulativo seja repartido de forma diferente em duas classes de instituições, das quais a classe das instituições menos exposta ao risco é eloquentemente representada pelas comunidades terapêuticas, então a conclusão que decorre do argumento da dupla hierarquia pode ser considerada plausível. Além disso, é necessário estipular que a relação de proporcionalidade seja linear ou, ao menos, uniforme. Ou melhor, deve-se poder excluir que seja possível – ficando no exemplo de Sharp – que em instituições menos empenhadas à defesa das prerrogativas dos usuários o controle manipulativo possa se manifestar em medida menos intensa do que o observado nas comunidades terapêuticas[47].

O uso desse desenho em um estudo baseado em uma representativa amostra de casos não apresenta particulares problemas. O que cada caso representará será uma instância da condição crítica submetida a controle. Se, por exemplo, decidíssemos repetir o estudo de Sharp nas comunidades terapêuticas de uma grande cidade, por exemplo, Turim, e pretendêssemos continuar envolvendo profissionais e usuários das trinta comunidades terapêuticas individuadas – querendo exagerar – em noventa grupos focais: três para cada comunidade terapêutica dos quais um apenas com os usuários, outro apenas com os profissionais e um terceiro com profissionais e usuários, cada trio de grupo focal constituiria uma instância da condição crítica submetida a controle[48].

As perguntas críticas que podem ser extraídas do que foi dito mais acima são apresentadas a seguir.

14) É legítima a hierarquia instituída dentro do domínio em estudo? Especificamente, com relação às consequências ora indesejadas, ora esperadas, é legítimo esperar-se diferenças apreciáveis entre uma hierarquia e outra?

---

46. Para uma apresentação crítica do estudo de Goldthorpe e colegas, cf. Cardano, Manocchi e Venturini [2011].

47. Mais acima mencionei como alguns dos traços distintivos do caso crítico estejam presentes também nos desenhos comparativos baseados na comparação de casos, ora mais distantes, ora mais semelhantes: em ambos, o surgimento da configuração menos provável – uma semelhança ou uma diferença – sugeria, *a fortiori*, a sua permanência em condições menos críticas.

48. A propósito, o estudo de Sharp foi reproduzido por Michael Bloor [1986], que obteve resultados menos claros, identificando na comunidade terapêutica examinada interações entre profissionais e usuários não relacionadas ao modelo do controle manipulativo. Entretanto, resultados dessa natureza, fornecidos por um estudo baseado no desenho do caso crítico, têm uma cogência mais limitada. Documentar como o controle manipulativo de fato não se manifesta onde não tem a menor possibilidade de se manifestar não suscita particular indignação. Nisso se percebe um dos limites desse tipo de desenho, a estreita dependência da sua eloquência aos resultados empíricos.

15) É legítimo considerar crítico o caso em estudo, caracterizado, quer pela mais alta probabilidade de mostrar a condição indesejada, quer pela mais baixa probabilidade de mostrar a condição esperada?

16) A criticidade do caso em estudo (ou dos casos em estudo) é tal que sustente a plausibilidade das conclusões esperadas e a legitimidade da sua extensão aos casos que fazem parte da outra hierarquia (aquela da qual o caso crítico não é parte)?

O último caso, o do **exemplo contrário**, extrai a própria cogência da assimetria entre verificabilidade e falsificabilidade de uma afirmação universal: é suficiente – ao menos formalmente – uma só afirmação existencial do tipo "Existe um A que não é B" para contestar a afirmação universal "Todos os A são B". Os desenvolvimentos da filosofia da ciência da segunda metade do século XX nos persuadiram do caráter, que está longe de ser decisivo, do exemplo ao contrário, ao qual é legítimo solicitar não a falsificação de uma teoria, mas a solicitação para uma sua articulação[49]. A isso se acrescenta o fato de que nas ciências sociais as afirmações genuinamente universais são bem poucas; a maioria das vezes o que é afirmado tem um alcance mais limitado, tanto no tempo quanto no espaço social. Entretanto, também na moldura traçada mais acima, o exemplo contrário constitui um dispositivo cuja força argumentativa de qualquer forma supera àquela do mero caso particular não qualificado de outra forma (cf. mais acima). O planejamento de um estudo baseado na pergunta de um exemplo ao contrário pode guiar eficazmente a articulação de uma teoria de médio alcance ou, mais modestamente, pode contribuir à especificação das condições às quais a "regra" estabelecida pela teoria não é observada. O estudo de Eastis sobre os dois coros, além da riqueza do desenho, na realidade fornece um eloquente exemplo contrário que se opõe à afirmação que quer uma regular e estável relação entre associacionismo e capital social.

A força do exemplo contrário assenta-se na possibilidade de sustentar como o que é observado não seja atribuído a uma configuração anômala, inusitada de eventos. Imaginemos, permitindo também o prazer do paradoxo, que o desafio à

---

49. No texto coloquei implicitamente o argumento do contraexemplo no contexto do falsificacionismo popperiano para o qual uma teoria falsificada pela aceitação da afirmação base que a contradiz [Popper, 1934 – trad. it., 1970: 74ss.]. Um primeiro redimensionamento do alcance das afirmações em conflito com um enunciado teórico apresenta-se nas reflexões de um aluno de Popper, Imre Lakatos, que propõe a superação da versão ingênua do falsificacionismo, em um falsificacionismo sofisticado que, de fato, atribui às afirmações em conflito com uma teoria a capacidade de solicitar a sua articulação [Lakatos, 1978]. As objeções mais fortes à cogência epistêmica do contraexemplo fazem alavancagem sobre a tese da teoreticidade da observação [Hanson, 1958] que, de fato, faz cair o requisito da independência entre – diremos aqui – o exemplo contrário e o argumento a que se contrapõe. Para uma introdução clara a esses temas, cf. Lolli [1998, esp. cap. 4-8].

teoria que sustenta a presença de uma relação estável e regular entre associacionismo e produção de capital social fosse lançada movendo-se a partir da análise das relações dos membros de uma improvável associação de pessoas autistas, ou seja, de pessoas intrinsecamente limitadas na capacidade de instituir relações sociais. Se, como é razoável se esperar, no caso em estudo não tivéssemos que observar qualquer relação entre associacionismo e geração de *novo* capital social, a eloquência do nosso exemplo contrário seria no mínimo duvidosa, tratando-se de um contexto social decididamente anômalo e para o qual a relação observada certamente não pode suscitar surpresa[50]. A força do argumento do contraexemplo, além da qualidade de cada instância contrária, depende também do número dos exemplos contrários apresentados e, se mais de um, da sua heterogeneidade. A contribuição da *pars destruens* do estudo de Eastis, ou seja, a ilustração das condições nas quais a versão popular da tese que liga a produção de capital social ao associacionismo não é válida, poderia ser acrescida aproximando-se o caso do coro que não gera capital social (o Collegium Musicum) ao de outros dois coros, estes também pouco férteis na produção de novas relações, um com repertório constituído por *spirituals* e o outro que executa música étnica, por exemplo, cantos dos nativos da América. Poderíamos, porém, imaginar continuar comparando o contraexemplo do Collegium com o de outras duas associações *não musicais*. Poderíamos documentar a ausência de uma ligação entre associacionismo e geração de novo capital social por meio do estudo de uma associação de pugilistas e de uma associação de contatados (obviamente excluindo do cálculo as novas relações instituídas com os extraterrestres). No primeiro caso a força argumentativa do contraexemplo é acrescida de um plano exclusivamente quantitativo; no segundo caso a força da argumentação deriva seja do aumento do número de contraexemplos, seja da sua estratégica heterogeneidade. As considerações a propósito do exemplo contrário são expressas de forma sintética nas duas perguntas críticas descritas a seguir.

17) O exemplo contrário selecionado configura uma situação anômala, tal para enfraquecer a sua eloquência?

18) Em razão do tipo de análise à qual se propõe a submeter a documentação empírica, o número e a heterogeneidade dos exemplos contrários apresentados são adequados para sustentar a solidez e a extensibilidade das diferenças esperadas?

O que foi dito até aqui conclui o exame da primeira das duas funções da argumentação por meio do exemplo, a construção do conhecimento; a seguir examinarei a segunda função desse dispositivo argumentativo, a representação do conhecimento.

---

50. O que foi dito no texto permite reconhecer na presença de alguns dos elementos de criticidade próprios do exemplo hierarquizado um atributo capaz de conferir eloquência ao exemplo contrário.

1.2.2 O exemplo como instrumento para a representação do conhecimento

Nessa acepção, a referência ao caso particular serve, em primeiro lugar, ao objetivo de mostrar "como as coisas funcionam em contextos específicos" [Mason, 2002: 1], utilizando para essa finalidade o caso ou os casos, mais apropriados, de acordo com as circunstâncias. E é na defesa da adequação dos casos escolhidos para ilustrar esse *como*, por exemplo, o como da experiência do sagrado da natureza [Cardano, 1997a], que esse dispositivo mostra plenamente o próprio estatuto argumentativo[51].

A escolha do caso ou dos casos envolvidos nesse processo de representação do conhecimento pode ser guiada a partir de considerações, ora teóricas, ora empíricas. Neste último caso, ou seja, quando a seleção dos casos é guiada a partir de considerações empíricas, a gama das escolhas possíveis pode ser reduzida a duas variantes pelas quais os casos são, por assim dizer, convocados em razão ora da sua **tipicidade**, ora da sua **atipicidade**. O primeiro objetivo, a representação daquilo que em um determinado domínio é típico, pode ser confiado a um caso que – *justificadamente* (cf. infra) – constitui uma espécie de miniatura ou microcosmo do mais amplo domínio do qual faz parte. A lógica na base dos dois procedimentos é a mesma: fornecer uma visão geral do domínio em estudo por meio de uma imagem compacta. O segundo objetivo, a representação daquilo que é atípico, vê a atenção recair sobre o caso ou sobre os casos que, com relação a um conjunto relevante de traços, apresentam valores extremos, por exemplo, os mais altos ou os mais baixos da gama observável no domínio em estudo. A radicalização dessa instância leva a dirigir a atenção para o caso ou para os casos desviantes, concebíveis como o dobro, a antítese dos casos típicos. Tanto em um caso quanto no outro, a tipicidade ou a atipicidade dos casos objeto de estudo deve ser documentada por fontes independentes, atestada por estudos empíricos que, movendo-se a partir de uma precisa descrição do domínio em exame, permitam uma definição suficientemente precisa dos traços capazes de tornar um ou mais casos, respectivamente, típico ou atípico. Essa função pode ser desempenhada seja por estudos extensivos, baseados na utilização de técnicas de pesquisa quantitativas, seja pelo compêndio – tecnicamente meta-análise (cf. infra, cap. 6, par. 2) – de estudos qualitativos realizados sobre o domínio sobre o qual se pretende dirigir a atenção [Noblit e Hare, 1988].

Voltemos, depois de um longo jejum, às cozinhas de Gary Alan Fine. Imaginemos, de novo, que nos obstinemos em reproduzir na Itália um estudo sobre a organização do trabalho nas cozinhas dos restaurantes. Imaginemos, além disso, que antes de nós algum colega tenha realizado um estudo extensivo sobre

---

51. Portanto, é evidente que não me permito acolher as objeções de Schellens que negam um estatuto genuinamente argumentativo à ilustração [Schellens, 1985, apud Šorm, 2010: 128]. À lógica apresentada no texto é possível relacionar o procedimento de amostragem que Mason define ilustrativa ou evocativa [Mason, 2002: 126-127].

o setor de restaurantes, realizando nada menos que cinco mil entrevistas com os *chefs* de outros tantos restaurantes, adotando uma lógica de amostragem impecável que prevê uma representação proporcional dos restaurantes em razão da sua dimensão, da sua posição geográfica e das estrelas conferidas a eles pelos guias enogastronômicos. Além disso, imaginemos – exagerando – dispor também de uma detalhadíssima metaetnografia que resuma nada menos que vinte etnografias realizadas por estudiosos de renome em tantos outros restaurantes da Itália. A análise desses materiais nos permitirá dispor de um quadro realmente detalhado das formas de organização do trabalho nas cozinhas dos restaurantes italianos. A partir daqui poderíamos nos mover em direção ao estudo de um ou mais casos típicos, cujos atributos e – se tivermos sorte – cujos endereços nos venham sugeridos pela documentação empírica em nosso poder. De forma análoga poderíamos decidir dirigir a atenção para alguns eloquentes casos desviantes, identificados, também nesse caso a partir da rica quantidade de materiais empíricos em nosso poder. Essa documentação empírica e, com ela, os procedimentos adotados para identificar os casos, quer típicos, quer atípicos, constituirão uma das premissas da argumentação proléptica com a qual nos defenderemos das potenciais objeções críticas a adequação dos casos selecionados.

O mesmo procedimento opera nos processos concebidos para ilustrar tipicidade ou atipicidade *dentro* do caso. Vale lembrar aqui o controverso estudo de Clifford Geertz [1973 – trad. it., 1987: 399-449] sobre a cultura balinesa, no qual a briga dos galos "é uma grande metáfora da organização social balinesa" [Crapanzano, 1986 – trad. it., 1997: 108][52]. Também nesse caso a individuação de uma parte do caso em estudo para ilustrar os traços do todo não pode prescindir de uma precisa reconstrução daquele todo e da exposição detalhada das razões que tornam a sinédoque proposta apropriada.

Não é raro encontrar, na literatura metodológica ou em algumas monografias, referências às noções de tipicidade ou de atipicidade do caso em estudo sustentadas por argumentações diversas das – estritamente empíricas – expostas mais acima. Dado que, para mim, é difícil imaginar como, sem uma clara referência a um quadro geral – traçado com qualquer técnica de pesquisa: qualitativa ou quantitativa –, seja possível sustentar a tipicidade ou a atipicidade do caso particular em estudo; considero que estudos com tal estrutura apresentem

---

52. O expediente usado por Geertz para resumir os traços da cultura balinesa é submetido a uma crítica pungente no ensaio de Vincent Crapanzano [1986 – trad. it., 1997: 106], no qual se lê: "Não obstante as ambições fenomenológico-hermenêuticas, em *Il gioco profondo* [o título do ensaio dedicado às brigas de galos em Bali] não há nenhuma tentativa de entender os nativos do ponto de vista dos nativos. Geertz não sustenta com nenhuma prova verificável as atribuições de intenções, as afirmações de subjetividade, as declarações de experiência. As suas construções de construções de construções parecem pouco mais do que projeções, ou pelo menos confusões, da sua subjetividade com aquela dos nativos, ou, mais precisamente, dos nativos construídos".

pretensões, ainda que limitadas à modesta ilustração de uma regra, completamente infundadas. Em sintonia com o que foi dito até aqui é possível extrair as perguntas críticas indicadas abaixo.

19) A tipicidade/atipicidade do caso ou dos casos usados para representar as peculiaridades do contexto do qual fazem parte são fundamentadas em bases empíricas suficientemente sólidas?

20) A decisão de representar as peculiaridades do caso em estudo por meio da ilustração de uma específica instância se apoia em um conhecimento suficientemente preciso do todo que a parte propõe-se a representar?

A segunda variante na seleção dos casos chamados em função de uma representação do conhecimento, baseada *principalmente* em considerações teóricas, apoia-se em um percurso em duas etapas: a identificação, por assim dizer, no papel, do perfil do caso ou dos casos úteis aos nossos objetivos e a individuação do caso empírico que melhor satisfaz os requisitos teóricos identificados. A essa categoria – ao menos com finalidades didáticas – pode ser relacionado o meu estudo [Cardano, 1997a] sobre a sacralização da natureza, ao qual já fiz menção em várias partes deste capítulo. A ideia a partir da qual se iniciou o estudo era aquela de milenarismo laico, extraída dos estudos de Léger e Hervieu [1983] sobre as comunidades apocalípticas do sul da França. O estudo nasceu, portanto, como continuação e ao mesmo tempo extensão do programa de pesquisa dos dois sociólogos franceses. Especificamente, propus-me a confrontar entre elas duas diferentes expressões do milenarismo, uma religiosa e outra laica. Com esse objetivo prossegui, primeiramente, com a definição do perfil ideal-típico das duas formas de milenarismo, que através da elaboração teórica admitiram um contorno mais nítido, o do catastrofismo. Depois de identificadas as duas formas de catastrofismo em um registro teórico, fui à procura dos casos sobre os quais realizar o estudo. Teriam se tornado casos as expressões culturais que tivessem mostrado a mais estreita semelhança com o tipo ideal, respectivamente, de catastrofismo laico e catastrofismo religioso. A consulta à literatura pertinente, juntamente com algumas entrevistas com informantes-chave, guiaram-me à individuação dos contextos empíricos que, *prima facie*, pareceram mais promissores. O encontro com os casos em carne e osso me persuadiu, antes de tudo, da necessidade de uma reformulação da minha pergunta de pesquisa. De fato, enquanto não encontrei particulares dificuldades para encontrar uma correspondência entre o tipo ideal de catastrofismo religioso e o caso que pudesse representá-lo – as Testemunhas de Jeová se impuseram imediatamente à minha atenção – não fui igualmente afortunado para a versão laica do catastrofismo. Movendo-me na esteira do trabalho de Léger e Hervieu, fui à procura dessa variante do catastrofismo na área cultural da ecologia profunda [*sensu* Naess, 1973], onde, no entanto, não encontrei posições coerentemente catastróficas. Portanto, reformulei a minha pergunta de pesquisa, movendo-me do catastrofismo à sacralização da natureza[53]. Com essa redefinição da pergunta de pesquisa, dirigida a obter disposições, ao menos aparentemente, menos radicais, fiz corresponder uma qualificação mais precisa do perfil *ideal-típico* dos casos. Considerei oportuno representar a experiência do sagrado da natureza em contextos nos quais a dimensão cognitiva dessa peculiar disposição fosse associada à dimensão comportamental, ou seja, fosse obrigada a uma consonância com o plano das práticas cotidianas. Isso para excluir do estudo as formas, por assim dizer, falsas de sacralização da natureza, nas quais às declarações de um compromisso com a natureza não decorram comportamentos – por exemplo, nos consumos e, de modo geral, nos estilos de vida – conseguintes. Além disso, para poder perceber os traços de uma disposição abertamente em conflito com as pressões culturais dominantes, considerei oportuno dirigir a minha atenção para indivíduos que podiam extrair, a partir do compartilhamento da mesma experiência do sagrado da natureza, elementos úteis à sua legitimação e fortalecimento. A partir daqui escolhi dirigir a atenção para duas comunidades constituídas por indivíduos que viviam a própria experiência de forma integral, ligando as crenças aos comportamentos, e o faziam com o apoio – ou a supervisão – de outras pessoas movidas pela mesma disposição. Ao longo desse percurso – que a minha reconstrução talvez tenha tornado mais linear – cheguei à comunidade de Damanhur e à dos elfos de Gran Burrone que, entre as que visitei (permaneci em outras quatro comunidades), correspondiam com maior "exatidão" ao perfil *ideal-típico* dos casos aos quais solicitei ilustrar o *como* da sacralização da natureza.

A partir da reconstrução proposta surge claramente a lógica dos dois templos: a identificação do perfil *ideal-típico* dos casos em estudo e a associação de dois casos a eles, duas comunidades que aproximavam as suas características da melhor forma possível. Crucial nesse tipo de percurso é a eloquência, por assim dizer, do sentido teórico que guia a escolha dos casos. Aquilo do qual se propõe a ilustrar o "como" deve recair sobre um âmbito da pesquisa social em torno do qual se disponham nós problemáticos relevantes, enfrentando os quais é razoável esperar-se progressos, o máximo possível, fecundos, se não no plano da teoria social, ao menos no das categorias conceituais que permitem a sua articulação. Sobre esses aspectos versam as últimas perguntas críticas.

21) A relevância da configuração teórica da qual nos propomos a ilustrar as peculiaridades *in vivo* está suficientemente documentada?

22) A correspondência entre a configuração teórica individuada e o contexto empírico escolhido para representá-la é sustentada com argumentos claros e convincentes?

As vinte e duas perguntas críticas propostas neste parágrafo guiam a construção e a avaliação da argumentação proléptica que se ocupa da seleção dos

---

53. Os detalhes da passagem são apresentados em Cardano [1997a: 32-42].

casos em estudo em um registro exclusivamente formal que deliberadamente não leva em conta o domínio substancial do estudo que se propõem a solicitar. Entretanto, é necessário considerar o fato de que para cada domínio específico de estudo, o das associações voluntárias ou o das instituições de tratamento, a argumentação proléptica deverá se confrontar com quesitos mais específicos que revestem de substância o esqueleto das perguntas críticas propostas e que integram o seu alcance. Tudo isso em sintonia com as peculiaridades da argumentação retórica já desde Aristóteles, que com relação a isso advertia:

> Antes de tudo é necessário admitir que em torno do argumento do qual se deve falar e raciocinar, seja ele um raciocínio político ou de qualquer gênero, é necessário possuir os argumentos relativos, ou todos ou muitos; se realmente não se tem nenhum deles, não se pode tirar conclusões (*Retorica*, II (b): 21-22, 1.395b-1.396a [cf. Aristotele, 1991]).

A referência às categorias conceituais, formulada mais acima, permite uma consideração adicional sobre os procedimentos de extensão dos resultados obtidos com uma pesquisa qualitativa. Ao lado da extensão das afirmações ou da sua representação realizadas com base nos procedimentos descritos mais acima, é necessário fazer menção a outra forma, por assim dizer, de migração do saber do contexto da sua construção a outros contextos. Trata-se de uma transferência que não diz respeito às afirmações, mas aos "tijolos" de que são compostas: conceitos, tipologias, taxonomias, de modo geral "imagens" [*sensu* Becker, 1998 – trad. it., 2007: 21ss.] úteis para representar os fenômenos sociais. Essa operação, desprovida de qualquer tensão inferencial, realiza-se todas as vezes que os sentidos conceituais elaborados no contexto de uma pesquisa são usados para dar impulso a outros estudos ou para organizar os materiais empíricos que ali foram obtidos. Quando, por exemplo, utilizamos a metáfora dramatúrgica de Goffman [1959] para descrever a vida cotidiana de uma comunidade espiritual como um contínuo vai e vem entre palco e bastidores, ou quando utilizamos o conceito de "anarquia ordenada", elaborado por Evans-Pritchard [1940], para descrever a atividade científica em algum dos nossos departamentos, a única restrição que pesa sobre essas transferências conceituais é a da fecundidade heurística. Guiando-nos para "ver algo como algo" [*sensu* Wittgenstein, 1953 – trad. it., 1967: 280], esses conceitos nos mostram algo de interessante? Ajudam-nos a elaborar os nossos materiais empíricos permitindo-nos "explicações semânticas" [Abbott, 2004 – trad. it., 2007: 11-15], traduções capazes de contribuir à nossa compreensão dos fenômenos sociais aos quais os aplicamos? A liberação das restrições que pesam sobre os processos inferenciais não equivale, entretanto, ao tipo de licença que Gary Alan Fine definiu eficazmente como "etnografia especulativa", um estilo, mais de escrita do que de pesquisa, no qual a documentação empírica é lamentavelmente submetida à sustentação de precárias construções teóricas [Fine, 2003: 45; Sassatelli, 2009: 173ss.]. Uma vez importados em outro contexto, os conceitos devem mostrar a própria adequação à documentação empírica à qual se aplicam. Se empregarmos a noção de "anarquia ordenada" para descrever as reuniões de trabalho de um grupo de pesquisa, deveríamos, muito provavelmente, confrontar-nos com a presença de um moderador que apresenta os temas em discussão, concede e tira a palavra aos presentes; e defender com argumentos convincentes as razões pelas quais o instrumento teórico que elaboramos, a noção de anarquia, *de qualquer forma*, mostra-se adequada[54]. Portanto, se não há a necessidade de defender as razões com base na importação de uma categoria conceitual do domínio que as viu nascer a um outro, não há a necessidade de mostrar as razões que ali – no lugar de chegada – tornam heuristicamente fecundo o seu uso. Concluo este longo parágrafo sobre a extensão do alcance do saber fornecido por uma pesquisa qualitativa com o exame das duas propostas metodológicas mais acreditadas apresentadas nesse terreno, a elaborada por Egon Guba e Yvonna Lincoln, conhecida como "transferibilidade" e a que se deve a Barney Glaser e Anselm Strauss, conhecida como "saturação teórica".

1.2.3 As noções de transferibilidade e saturação teórica

A noção de **transferibilidade** (*transferability*) é elaborada por Guba e Lincoln como uma alternativa à generalização estatística, inadequada para a pesquisa qualitativa [Guba, 1981; Guba e Lincoln, 1982; Lincoln e Guba, 2000]. Como alternativa, os dois estudiosos propõem adotar os procedimentos inferenciais de senso comum sobre a "generalização naturalista" [Lincoln e Guba, 2000: 36-38]. Os procedimentos de extensão do saber de senso comum baseiam-se na instituição de relações de semelhanças relacionadas ao raciocínio por analogia (cf. nota 29). Portanto, é com base na instituição de relações de semelhança entre o contexto "que envia" (*sending*) e aquele "que recebe" (*receiving*) que o saber é transferido de um ao outro [p. 40]. O que torna possível e fundamentada a transferência do saber de um contexto ao outro é a disponibilidade para ambos de uma "descrição densa" (*thick description*), ou seja, de uma descrição pormenorizada do seu perfil[55].

Dado que, como se sabe, a elaboração de uma descrição pormenorizada, densa, do contexto em estudo constitui o êxito natural de qualquer boa pesquisa qualitativa, a solução proposta por Guba e Lincoln termina por fazer coincidir

---

54. Sobre esse tema voltarei no capítulo dedicado à análise dos materiais empíricos, com uma reflexão sobre a adequação dos dispositivos metafóricos usados para representar os fenômenos sociais para os quais dirigimos a atenção. Com esse objetivo me servirei das categorias analíticas propostas por Mary Hesse [1966] para dar conta dos processos de elaboração de modelos e analogias nas ciências naturais.

55. Sobre a noção de descrição densa (*thick description*), cuja paternidade deve ser atribuída a Gilbert Ryle, cf. Geertz [1973 – trad. it., 1987: 41-47]. Para uma crítica pungente à proposta metodológica de Geertz implícita (realmente muito implícita) na noção de *thick description*, cf. Hammersley [2008, cap. 3].

as linhas argumentativas com as quais se defendem, respectivamente, a plausibilidade e a legitimidade de extensão dos próprios resultados ou, em outras palavras, a validade interna e a validade externa de um estudo. Além disso, o apelo à transferibilidade atribui o ônus da prova, relativa à legitimidade da extensão dos resultados, ao leitor, a quem – animado por algum fervor generalizado – propõe-se que acompanhe os resultados do estudo que está sob os seus olhos desde o contexto que envia ao que recebe [Gomm, Hammersley e Foster, 2000: 102]. Tudo funciona se o leitor dispuser de todos os elementos necessários para decidir sobre a legitimidade da extensão esperada e se as suas expectativas – por uma razão qualquer – foram adequadamente prefiguradas por quem realizou o estudo. No caso em que faltem uma coisa ou outra, ou pior, ambas, a extensão se torna um risco, uma aposta tão incerta quanto aquela de Pascal, mas talvez com uma menor remuneração em caso de sucesso. Se, na fase de planejamento do estudo, a direção da extensão esperada pelo leitor não foi tematizada, se o desenho não foi estrategicamente orientado à obtenção de um adequado potencial comparativo e se não se tomou nota de tudo isso, a carga atribuída ao leitor se torna realmente onerosa. Este deverá reconstruir *a posteriori* os eventuais objetivos à extensão acariciados pelo autor do estudo, deverá reconstruir as premissas que o autorizam a defender a extensão dos resultados na direção desejada: realmente um trabalhão! Não é mais simples pedir ao autor do estudo que considere desde o início, a partir da elaboração do desenho da pesquisa [Payne e Williams, 2005: 296, 305], a direção e o alcance dos processos de extensão dos resultados esperados, em vez de pedir ao leitor que avalie a cogência da argumentação que dá conta de um e de outro aspecto? Com isso quero dizer que a solução proposta com a noção de transferibilidade é uma solução parcial. Se, por um lado, descreve bem o que deve fazer a comunidade científica quando é chamada para expressar uma opinião sobre a legitimidade da extensão dos resultados de um estudo, ou seja, avaliar a solidez das argumentações que a defendem; por outro, oferece bem poucas indicações a quem projeta e realiza um estudo. Aquilo que sugere – estuda de forma aprofundada o teu objeto e fornece uma descrição particularizada dele – é sacrossanto, mas talvez ainda um pouco vago.

O problema para o qual a noção de **saturação teórica** pretende fornecer uma solução é um dos mais espinhosos, ou seja, o de estabelecer – além de qualquer raciocínio duvidoso – quão grande deve ser a nossa amostra para garantir a elaboração de conclusões plausíveis, cujo alcance possa ser legitimamente estendido além dos limites dos casos estudados. Glaser e Strauss consideram que a resposta a essa pergunta não possa ser formulada *ex ante*, antes de prosseguir com a coleta da documentação empírica. De quantos casos, por exemplo, de quantas entrevistas necessitamos para chegar a conclusões robustas, é algo que podemos entender apenas através da análise da documentação empírica que, entrevista após entrevista, obtemos. É a partir da análise da documentação empírica que receberemos indicações sobre o número – prosseguindo com o exemplo – das entrevistas que nos permitem elaborar uma teoria adequadamente enraizada (*grounded*) na documentação empírica. No texto constitutivo de uma das mais populares abordagens à pesquisa qualitativa, *La scoperta della grounded theory* (*The Discovery of Grounded Theory*), lemos:

> O critério para decidir quando interromper a amostragem para cada um dos grupos relevantes para uma categoria é a saturação teórica da mesma categoria. Saturação significa que não são encontrados dados comparativos adicionais com base nos quais desenvolver propriedades da categoria. À força de ver casos semelhantes, o pesquisador *pode confiar, com base na documentação empírica* da qual dispõe, que a categoria está saturada. Ele fará de tudo para procurar grupos que estendam o máximo possível a diversidade dos dados apenas para estar certo de que a saturação esteja baseada na mais vasta gama possível de dados relativos à categoria [Glaser e Strauss, 1967 – trad. it., 2009: 91][56].

Antes de entrar no mérito da noção de saturação é conveniente especificar o contexto dentro do qual esse procedimento é inserido. Os autores destacam o valor da comparação como instrumento útil a fundamentar – digo isso ao meu modo – a plausibilidade dos resultados de um estudo. Isso, juntamente com o convite para uma avaliação em curso da qualidade dos próprios materiais empíricos [Mason, 2002: 135], é seguramente o aspecto mais precioso da sua proposta[57]. Portanto, Glaser e Strauss convidam a prosseguir na coleta da documentação empírica guiados pelo farol da "comparação constante" e de suspender a coleta da documentação empírica quando, por assim dizer, a utilidade secundária da $n + m$-ésima instância observativa é nula.

O problema aqui é particularmente o contrário do que atribuí à proposta de Guba e Lincoln. Se a solução *transferibilidade* atribuía inteiramente ao leitor a tarefa de estabelecer se as coisas estavam indo na direção certa, aqui, com a *saturação teórica*, essa responsabilidade é atribuída inteiramente, e de forma que está longe de ser transparente, ao pesquisador, ao qual é confiada a tarefa de decidir se a condição de saturação teórica foi alcançada ou não. A isto, que é o maior limite da noção de saturação teórica – a ausência, de acordo com Guest, Bunce e Johnson [2006] de uma clara definição operacional que permita, de

---

56. Considerei oportuno modificar a tradução do texto original proposta na edição organizada por Antonio Strati na parte evidenciada em itálico. No texto original lê-se: "As he sees similar instances over and over the researcher *becomes empirically confident* that a category is saturated" [Glaser e Strauss, 1967: 61]. A tradução transforma "becomes empirically confident" em "obtém a certeza empírica", solução que marca um compromisso epistemológico mais forte do que aquele que se obtém a partir da versão original do texto.

57. Menos convincente parece, ao contrário, o convite à cobertura de toda a gama de um fenômeno, solução que configura apenas uma das possíveis declinações da amostragem estratégica (cf. supra, par. 1.2). Especificamente, para obter uma resposta eloquente às perguntas a partir das quais se move uma pesquisa em alguns casos pode ser mais eficiente concentrar a atenção apenas sobre algumas porções da gama dos fenômenos em estudo.

acordo com Barbour [2007: 54], ir além da pátina mística que a envolve –, adicionam-se outros, talvez menores, que merecem ser mencionados de qualquer forma. A profunda, mas, ainda assim, íntima convicção do pesquisador de ter alcançado o estado de saturação teórica pode depender de fatores completamente independentes da qualidade da documentação empírica; em primeiro lugar, o caso, e com ele as restrições de acesso que podem recair sobre o nosso trabalho de pesquisa[58]. Se eu estudo uma seita esotérica e me permitem ter acesso exclusivamente aos devotos firmemente ancorados na ortodoxia, a saturação – seja qual for o modo no qual a examinemos – será alcançada rapidamente, mas somente porque o caso que pode colocar em discussão as nossas ideias, e que queríamos tanto encontrar para fazer bem o nosso trabalho, está atrás de uma porta que não nos permitem atravessar[59]. Isso se liga a outra condição, típica no contexto da pesquisa qualitativa, a cooperação da população em estudo no processo de seleção dos casos que vão participar do estudo. Penso em particular aos procedimentos de amostragem bola de neve ou aos que contam com as indicações de informantes-chave para a seleção dos casos, como a amostragem por indicação (*nomination*). Em todos esses casos a chegada à condição de saturação teórica é ditada prioritariamente pela heterogeneidade das redes sociais dos sujeitos de cuja cooperação nos utilizamos e pela localização do nó a partir do qual acessamos à mesma. Se, por algum imperscrutável motivo, decidíssemos estudar os consumos culturais da classe média urbana e decidíssemos fazer isso envolvendo em uma entrevista discursiva uma amostra de sujeitos selecionados com a técnica da amostragem bola de neve, a idade, o estado civil, o lugar de residência e o rendimento do entrevistado Alfa que inicia a bola de neve, assim como a rede da relação da qual faz parte, determinarão de forma consistente o perfil dos sujeitos incluídos na amostra e, consequentemente, a rapidez com a qual será dada a oportunidade de alcançar – qualquer que seja o modo no qual a examinemos – a condição de saturação teórica [Mason, 2002: 142].

---

58. Uma involuntária ilustração de como o caso pode levar à saturação de uma categoria teórica pode ser encontrado em Guest, Bunce e Johnson [2006]. Os três estudiosos propõem-se a ilustrar, passo a passo, o processo de saturação teórica das categorias usadas em uma pesquisa realizada em Gana e na Nigéria sobre uma amostra de 60 mulheres. A análise de todo *corpus* textual requereu a formulação de 114 códigos cuja geração é ilustrada eficazmente em um gráfico que indica o número de categorias sugeridas pelas entrevistas realizadas momento a momento, reagrupadas em grupos de seis. O gráfico mostra que o sétimo pacote de entrevistas (de 37 a 42) não sugeriu nenhuma categoria, marcando com isso a conquista da condição de saturação teórica. Entretanto, os três pacotes sucessivos de entrevistas (de 43 a 48; de 49 a 54; de 55 a 60) sugeriram uma nova categoria cada um, ou seja, solicitando a produção de novas categorias após a obtenção do estado de saturação teórica [p. 66-67].

59. No texto aludo à sugestão de Becker [1998 – trad. it., 2007: 112] que nos convida a "identificar o caso que pode colocar em dúvida as suas ideias e ir procurá-lo".

1.3 O método

Definida a pergunta de pesquisa e as razões da sua relevância, individuado o contexto empírico de cuja experiência extrair os elementos para responder a ela; a prefiguração do percurso de pesquisa requer ainda a qualificação da forma dessa experiência, das técnicas de construção da documentação empírica a qual se prevê utilizar. Decidi estudar a organização do trabalho da cozinha de um restaurante, individuei quatro deles que pelas suas características podem me oferecer a oportunidade de elaborar uma resposta adequada às minhas perguntas: Como prossigo agora no estudo? Entrevisto o pessoal de cozinha dos quatro restaurantes? Envolvo-os em uma série de grupos focais? Recorro à observação participante, compartilhando com cozinheiros e lavadores de pratos a vida de cozinha por todo o tempo necessário? Responder a essas perguntas equivale a prefigurar o percurso metodológico do estudo. Não basta, porém, uma resposta seca, do tipo "faço entrevistas" ou "faço observação participante". É necessário, também, considerar as condições com as quais será possível utilizar a técnica (ou as técnicas) de pesquisa pré-escolhida e, especialmente, explicitar as razões que a tornam apropriada no plano epistêmico e pragmático.

A avaliação da **adequação epistêmica** passa pela consideração crítica de dois aspectos. O primeiro e mais óbvio diz respeito à congruência entre a pergunta de pesquisa e o contexto empírico, de um lado, e a técnica de pesquisa, de outro. Na pesquisa social ocorre frequentemente dirigir a atenção em direção a ações, formas de interação, processos sociais fugidios, quer porque subtraídos da consciência de quem contribui à sua construção, quer porque quem neles se empenha deseja manter em segredo o próprio envolvimento. Um exemplo do primeiro tipo de interação social nos é oferecido pelo estudo de Joyce Fletcher [1999] *Disappearing Act – Gender, Power, and Relational Practice at Work*. Como indica eloquentemente o título da monografia, Fletcher se propõe a documentar um conjunto de práticas organizacionais cruciais e, ao mesmo tempo, invisíveis: práticas relacionais que permitem "manter juntos" os membros de uma organização, promover formas de mutualidade que garantam a autorrealização pessoal (*mutual empowering*). Essas atividades fundamentais – observa Fletcher – desaparecem não pela sua ineficácia, mas porque são associadas àquele conjunto de práticas organizacionais, chamadas *soft*, femininas em conflito com o modelo hegemônico do trabalho organizacional. Além do mais, essas práticas desaparecem também nas práticas discursivas de quem é o seu principal promotor, as mulheres, induzidas a fazer conluio com aquele mesmo regime discursivo que as oprime. Movendo-se a partir dessas premissas – que aqui não discutiremos – Fletcher só pode excluir a utilização de técnicas como a entrevista discursiva ou o grupo focal, baseadas na solicitação de discursos nos quais o trabalho relacional das mulheres ficará submerso. O que é útil é observar no seu fazer cotidiano esse conjunto de práticas; decidir, portanto, utilizar o *shadowing*, seguindo como uma sombra o trabalho de seis mulheres engenheiras que lhe fornecerão, expressa nos seus exemplos fugazes de comportamento, uma "história subversiva" na qual aqueles atos comumente condenados a desaparecer, mostram-se. À segunda categoria de ações podem ser relacionadas as que tiveram por teatro os banheiros públicos de St. Louis e dos quais se ocupou Laud Humphreys na sua controversa etnografia, *Tearoom Trade* [Humphreys, 1975]. Para Humphreys interessava antes de tudo reconstruir, por assim dizer, a sintaxe de uma forma de interação social específica do universo masculino, o encontro erótico, não mercenário, consumado rapidamente, sem nenhum tipo de envolvimento ou obrigação, em duas palavras: "sexo instantâneo" [p. 1][60]. Razões teoréticas, mas, sobretudo, pragmáticas, induziram Humphreys a individuar nos banheiros públicos – particularmente naqueles transformados em *tearooms*, conforme a linguagem da comunidade *gay* anglófona – o contexto mais apropriado aos próprios objetivos. Nos anos em que Humphreys realizou o seu estudo, leis severas puniam esse tipo de encontro e, igualmente, muitos daqueles que participavam faziam-no em segredo, temendo pela própria imagem pública e pelo equilíbrio da própria vida familiar. Por razões diferentes daquelas individuadas pelo estudo de Fletcher, também aqui, especialmente, é inconcebível – ao menos nos anos de 1970 – imaginar realizar entrevistas ou grupo focal; poder contar com o acesso a hipotéticos diários nos quais os frequentadores dos *tearooms* depositavam as suas emoções. São igualmente excluídas todas as técnicas que preveem o conhecimento, por todos ou alguns dos participantes do estudo, dos objetivos do pesquisador. Portanto, dadas as finalidades cognitivas de Humphreys, o único caminho praticável – prescindindo, por ora, de qualquer consideração ética – não podia ser outro que o da observação participante encoberta. Nos doze banheiros públicos em que realizou a sua pesquisa, o estudioso assumiu o duplo papel de guardião e *voyeur* (como guardião, avisava os presentes da eventual chegada de policiais; como *voyeur*, observava as relações sexuais impessoais que aconteciam nos *tearooms*)[61]. Nos dois exemplos referidos mais acima, as restrições colocadas conjuntamente pela pergunta e pelo contexto empírico à técnica de pesquisa mostram-se de forma particularmente evidente; entretanto,

---

60. A edição do estudo de Humphreys a que faço referência é a de 1975, dotada de um *post scriptum* sobre a questão ética.

61. Laud Humphreys é uma das mais controversas figuras da sociologia contemporânea. A monografia que reúne os principais resultados da sua tese de doutorado, *Tearoom Trade*, foi objeto de ásperas controvérsias sobre a legitimidade ética de um estudo que violava tão profundamente a esfera privada dos homossexuais. Humphreys é, ao mesmo tempo, conhecido como um dos primeiros e mais enérgicos ativistas pela defesa dos direitos civis dos *gays*. Casado e com dois filhos (adotivos) nos anos em que foi publicada a sua monografia, Laud Humphreys fez em seguida o próprio *coming out*, um dos primeiros acadêmicos a declarar-se abertamente homossexual. Sobre os acontecimentos científicos e humanos desse controverso estudioso, cf. a bela biografia de John Galliher, Wayane Brekus e David Keys, com o título particularmente eloquente: Laud Humphreys, profeta da homossexualidade e da sociologia (2004).

de forma menos rigorosa, as mesmas restrições recaem sobre qualquer pesquisa empírica. Portanto, é fundamental na fase de prefiguração do desenho da pesquisa iniciar uma reflexão (que se concluirá ao término do estudo) sobre a relação entre pergunta, contexto empírico e técnicas de pesquisa, elaborando uma específica argumentação com a qual se sustentarão as razões que tornam apropriada a técnica de pesquisa pré-escolhida e se contestarão as possíveis objeções epistêmicas ao seu emprego.

O segundo aspecto, relativo à adequação epistêmica do percurso metodológico prefigurado, refere-se à relação entre a documentação empírica obtida e os procedimentos de análise a que será submetida. É necessário que a documentação empírica tenha as características requeridas pelo procedimento de análise que nos propomos a utilizar. Se, por exemplo, em um estudo projetado com o objetivo de coletar, através da utilização de entrevistas discursivas, as narrações de doença expressas por uma amostra de pacientes psiquiátricos, nos propuséssemos a analisar a ordem na qual os eventos autobiográficos sucedem-se na narração (os nossos interlocutores começam contando sobre a sua infância ou abrem a narração com o surgimento da doença mental?), deveríamos necessariamente recorrer a uma modalidade de condução da entrevista a mais livre possível. Ou seja, deveríamos preferir a entrevista livre à entrevista guiada (cf. infra, cap. 4), limitando-nos a iniciar a narração com um pedido do tipo: "Gostaria que me contasse a história da sua vida, começando por onde quiser", para depois circunscrever a nossa intervenção ao único apoio do discurso, deixando os nossos interlocutores livres para elaborar o seu discurso no modo que considerem mais oportuno. Também por esse aspecto, já na versão de prefiguração, o desenho da pesquisa deverá expor as razões que tornam as técnicas de construção do dado apropriadas à análise a que será submetido, apropriadas à articulação de uma resposta à pergunta de pesquisa, visto que para a sua elaboração as técnicas de pesquisa seguirão o percurso indicado.

A avaliação da **adequação pragmática** do percurso de pesquisa prefigurado refere-se a dois aspectos: à avaliação crítica da viabilidade do estudo e à atenta consideração das implicações éticas do estudo. Trata-se, antes de tudo, de avaliar se e em quais condições (epistêmicas e éticas) podemos ter acesso à documentação empírica necessária aos nossos objetivos. Refiro-me aqui à delicada questão do acesso e, de modo geral, à obtenção – quando necessária – do nível adequado de cooperação das pessoas a quem pedimos para participar do nosso estudo. Esse aspecto é particularmente relevante quando a prefiguração do percurso de pesquisa torna-se o instrumento com o qual obter os financiamentos necessários à realização de um estudo. Um projeto de pesquisa impecável pela relevância da pergunta – a eloquência dos casos selecionados e a adequação das técnicas de pesquisa – não pode ser financiado ou seguramente concluído se o contexto empírico individuado não é acessível de uma forma eticamente admissível.

Essa última observação leva à segunda dimensão da adequação pragmática, a conformidade do estudo aos padrões éticos da comunidade científica de referência. Na Itália – não sei dizer se por sorte ou azar – não existe uma disciplina que controle os aspectos éticos da pesquisa social[62]. Restrições e obstáculos encontram-se na maioria das vezes quando o nosso trabalho de pesquisa apenas se aproxima ou entra nos domínios controlados por outras comunidades científicas, por exemplo, quando o âmbito de estudo é o da saúde ou da criminalidade, pertencentes, respectivamente, a médicos e juristas. As coisas funcionam de forma diferente no exterior, especificamente nos países de língua inglesa, nos quais a supervisão dos aspectos éticos da pesquisa é atribuída a comitês específicos aos quais compete a emissão de uma autorização dos estudos dedicados aos chamados temas sensíveis e à atenta supervisão do seu desenvolvimento. A ausência de comitês éticos, obviamente, não exclui a questão ética que de qualquer forma deve ser enfrentada na prefiguração do desenho da pesquisa, não apenas porque a adequada solução de alguns graves problemas éticos traduz-se em um avanço mais seguro do estudo também no plano estritamente epistêmico[63].

Antes de discutir os aspectos éticos que são necessários tematizar na prefiguração do desenho de pesquisa é oportuna uma rápida menção às duas principais molduras teóricas dentro das quais tomam forma. A primeira abordagem, a **utilitarista**, enfrenta os problemas éticos levantados por uma pesquisa social considerando, em um balanço ideal, os custos e os benefícios que acompanham a sua realização[64]. Nessa perspectiva, uma pesquisa é eticamente admissível se os custos morais suportados pelas pessoas envolvidas no estudo, do engano associado à dissimulação da própria identidade de pesquisador na pesquisa encoberta, à agressão à imagem pública dos participantes, derivados da publicação

---

62. Rosaline Barbour, do observatório de um dos países nos quais o desenvolvimento dos comitês éticos esteve entre os mais consistentes (Reino Unido), chama a atenção para um aspecto digno de nota: frequentemente os comitês éticos não conhecem muito bem as peculiaridades da pesquisa qualitativa e isso, em muitos casos, prejudica a sua capacidade de formular julgamentos sensatos [Barbour, 2007: 71]. A isso acrescenta, de forma mais pungente: "Em um contexto informal qualquer, que reúna pesquisadores qualitativos, fazer menção aos comitês éticos produz certamente relatos apaixonantes e até mesmo relatos de horror" [p. 67].

63. Além disso, é oportuno levar em conta o fato de que em muitas revistas internacionais a publicação do próprio trabalho de pesquisa é subordinada à possibilidade de defender a eticidade do estudo, especificando as medidas concretamente adotadas para esse objetivo.

64. Ao registro utilitarista também é possível relacionar a abordagem própria da metodologia conflitual (*conflict methodology*) [Marzano, 2006: 70-73]. Os estudiosos que se referem a essa abordagem perseguem intencionalmente o ataque à reputação, à credibilidade de alguns indivíduos ou instituições, justificando a própria ação como ditada por objetivos de proteção dos sujeitos mais fracos ou, de modo geral, de justiça social. Também nesse caso o reconhecimento de um objetivo mais alto é invocado para justificar os danos causados às pessoas envolvidas em uma pesquisa. A esse registro é possível relacionar o experimento de campo de David Rosenham, que mostrou os limites e talvez também a arrogância do saber psiquiátrico, expondo a incapacidade da equipe de diversos hospitais psiquiátricos em distinguir os sãos dos doentes [Rosenham, 1973].

dos resultados, até à forma mais severa de sofrimento, são compensados pelos benefícios que os conhecimentos fornecidos pelo estudo oferecem à sociedade no seu conjunto[65]. A segunda abordagem, **de inspiração kantiana**, contesta a argumentação utilitarista à raiz e considera que nenhum objetivo pode justificar o uso de um indivíduo como meio para a sua obtenção. Essa posição, mais radical, é normalmente invocada para a proteção de sujeitos particularmente vulneráveis como as crianças, as pessoas com deficiência, as pessoas que convivem com distúrbios de aprendizagem, com qualquer forma de mal mental e das pessoas em fim de vida [Barbour, 2007: 78].

Qualquer que seja o registro adotado para abordá-los, o trabalho de campo impõe que se enfrentem alguns problemas éticos e se defenda a solução hipotizada na prefiguração do desenho de pesquisa. O primeiro, ao menos em ordem temporal, refere-se à denominação do estudo usada para tomar contato com as pessoas a quem pediremos para participar. A questão é crucial quando a atenção recai sobre grupos ou populações cuja diferença alimenta práticas de discriminação social. A esse respeito, Rosaline Barbour faz referência a uma pesquisa sobre obesidade que teve a perspicácia de apresentar aos participantes como um estudo sobre a gestão do peso (*weight management*). Apenas mais tarde Barbour descobre como foi feliz a solução adotada, dado que os termos "obeso" e "obesidade" eram considerados ofensivos pela maior parte das pessoas entrevistadas [p. 75]. Não se trata aqui, assim como em casos análogos, de uma mera questão de *marketing* da pesquisa, de uma estratégia dirigida simplesmente para reduzir o número das pessoas que declinam o convite para participar do estudo. Pelo contrário, é necessário fornecer aos nossos interlocutores a oportunidade de definir-se de outra forma, de construir, no contexto da entrevista, uma imagem de si capaz de desafiar os processos sociais de estigmatização. Um resultado que, obviamente, não deve ser induzido pela moldura teórica e relacional moldada pela pesquisa, para ficar simplesmente uma opção possível, por exemplo, aquela de poder se definir "gordo e bonito" [Monaghan, 2005].

Às condições de participação no estudo estão relacionados outros dois aspectos relevantes do ponto de vista ético: a proteção da privacidade e a transparência das modalidades de uso da documentação empírica obtida. A proteção da privacidade normalmente é perseguida garantindo, no texto que reunirá os resultados da pesquisa, a substituição dos nomes das pessoas envolvidas no estudo e dos que identificam a organização, o grupo, a instituição à qual pertencem, por nomes de fantasia. Essa garantia pode ser estendida também à fase de coleta dos dados, oferecendo aos nossos interlocutores – por exemplo, no

---

65. A referência no texto aos sofrimentos sofridos pelos sujeitos envolvidos em uma pesquisa social não é uma falsa hipérbole, a esse respeito basta pensar no clássico experimento sobre a obediência à autoridade de Stanley Milgram [1974] e, ainda mais, ao experimento de prisão simulada, realizado por Philip Zimbardo [2007].

curso de uma entrevista ou de um grupo focal – a oportunidade de ser interpelado com um pseudônimo, que substituirá o seu nome também na gravação dos colóquios[66]. Particular atenção deve ser dada ao uso de técnicas de pesquisa como o grupo focal, os jogos e a entrevista em grupo, nas quais as informações relativas aos sujeitos envolvidos tornam-se acessíveis não apenas ao grupo de pesquisa, mas a todos aqueles que participaram do estudo[67]. A questão é crucial quando a utilização dessas técnicas de pesquisa baseadas no uso da interlocução dentro de um grupo serve à realização de um estudo sobre temas chamados sensíveis, como a saúde, a sexualidade, os comportamentos considerados desviantes. Dado que é difícil impor aos nossos interlocutores as restrições éticas que – como pesquisador – impomos ao nosso trabalho, o problema deve ser enfrentado através da seleção dos casos para envolver no estudo que deverão ser reciprocamente desconhecidos ou já ligados entre si por relações de solidariedade que a pesquisa na qual serão envolvidos não poderá prejudicar.

A transparência das modalidades de uso da documentação empírica obtida com a pesquisa constitui um aspecto crucial do contrato implícito que liga o pesquisador aos participantes. A maioria das vezes esse "contrato" baseia-se em nada mais do que um acordo de cavalheiros (*gentlemen's agrément*), frequentemente reforçado pela confiança entre uns e outros que se consolida no curso do trabalho de campo. Em alguns casos, novamente, a maior parte das vezes que as pesquisas enfrentam temas sensíveis, o contrato assume um aspecto mais formal, configurando-se ao modelo das disciplinas biomédicas do consenso informado. Nesses casos a participação no estudo é precedida pela comunicação por escrito, a cada um dos participantes, das modalidades nas quais as informações obtidas serão usadas e pela indicação dos compromissos assumidos a esse respeito pelo grupo de pesquisa que se referem, normalmente, à proteção da privacidade dos participantes, ao acesso aos dados reservado exclusivamente ao grupo de pesquisa e ao reconhecimento do direito de cada participante de pedir a qualquer momento que as informações a seu respeito sejam suprimidas dos materiais empíricos e/ou das publicações sucessivas. A praxe comum prevê que o documento que contém essas informações, assinado pelo responsável da pesquisa, seja assinado também por cada participante em duas cópias, uma das quais é deixada com ele.

---

66. Essa medida, observa Barbour [2007: 78], é obrigatória quando lidamos com pessoas para as quais a identificação pode constituir um sério impedimento à realização dos seus projetos de vida. Imaginemos, p. ex., que os solicitantes de asilo não pretendem ser identificados no país no qual os entrevistamos para poder contar com as prerrogativas que decorrem do reconhecimento do *status* de refugiado político em outro país, em direção ao qual têm intenção de se dirigirem.

67. Com entrevista em grupo entendo aqui uma forma pouco comum de interlocução, na qual o entrevistador interpela cada um dos próprios interlocutores na presença de todos os outros, p. ex., entrevistando os estudantes de uma turma, um de cada vez, chamados a responder na presença dos próprios colegas. Recorre-se a essa estratégia de pesquisa quando se pretende obter respostas moldadas pela pressão normativa do grupo.

Outro aspecto do perfil ético do estudo diz respeito a como Spradley e Melucci, respectivamente, definem "retorno justo" (*fair return*) e "**restituição**" [Spradley, 1980: 24; Melucci, 1984: 37 e 41]. A questão concerne ao modo no qual as pessoas que participaram do estudo poderão participar também dos resultados que ele fornece. Esse aspecto, obviamente relevante apenas para os estudos nos quais o pesquisador qualifica-se como tal e explicita os próprios objetivos, pode ser apresentado na fase de contato e de negociação com os nossos interlocutores, quando se pede a eles para participar do nosso estudo. Quando isso acontece, a restituição torna-se uma voz do contrato implícito que nos liga aos nossos interlocutores e que devemos honrar com específicas iniciativas *ad hoc*. Ou seja, não podemos pensar em poder cumprir essa obrigação simplesmente com a publicação da monografia que reunirá os resultados do nosso trabalho. Também quando não abordada nas fases preliminares do estudo, a exigência de saber "que fim levaram" todas aquelas entrevistas ou todos aqueles dias transcorridos a observar e tomar notas frequentemente surge no curso da pesquisa, e o fornecimento de uma resposta parece-me obrigatório em razão do tempo que os nossos interlocutores dedicaram à realização do nosso trabalho.

Uma última questão que merece ser considerada diz respeito à consideração do impacto emotivo que a participação no estudo pode ter sobre os participantes. Também nesse caso o problema coloca-se principalmente para estudos que enfrentam temas sensíveis, para os quais pode ser oportuno prever um momento de *debriefing* no final da entrevista ou do grupo focal que suscitaram a sua discussão [Barbour, 2007: 82]. Ou seja, é necessário oferecer aos participantes – individual ou coletivamente – a oportunidade de considerar a experiência suscitada pela participação no estudo, dispondo-a na justa moldura emocional, criando *ad hoc* um contexto relacional capaz de conter e diminuir as tensões acumuladas.

Os nós éticos que deverão ser desatados no curso da pesquisa são apenas em parte prefiguráveis, ou melhor, são ainda menos do que aqueles que recaem sobre os aspectos epistêmicos do estudo. Isso faz com que não se possa deixar de concordar com Ryen quando sustenta que "os dilemas éticos que se apresentam no campo devem ser resolvidos situacional e frequentemente de forma instintiva" [Ryen, 2004: 232, apud Barbour, 2007: 86]. Isso, no entanto, não torna vã uma reflexão preliminar sobre as implicações éticas do estudo, que permite uma qualificação mais pontual da sua viabilidade e uma eficaz definição dos aspectos relacionais que a sua realização comporta.

Com isso concluímos a análise crítica do primeiro aspecto do desenho da pesquisa, a prefiguração do percurso através do qual esperamos elaborar uma resposta às perguntas que dão impulso ao nosso estudo. A prefiguração do percurso de pesquisa antecipa, apenas de forma parcial e sumária, as concretas práticas de pesquisa que se sucederão, primeiro no campo e depois no trabalho de análise dos materiais empíricos, e isso, como observa Alessandro Bruschi

[2005: 43], vale também para os desenhos mais rigidamente estruturados, o experimento de laboratório, a pesquisa por amostragem, típicos da pesquisa quantitativa. Porém, o que é específico da pesquisa qualitativa é a atitude em relação aos desvios entre a prefiguração e a realização da pesquisa. Se na pesquisa quantitativa esses desvios configuram-se, na maioria das vezes, afastamentos da norma que confere solidez aos resultados esperados, então erros de amostragem, de medida, de especificação do modelo analítico na pesquisa qualitativa têm outro significado. Ao lado dos desvios que, de forma análoga ao que ocorre na pesquisa quantitativa, enfraquecem o estatuto epistêmico dos resultados obtidos – são assim todas as reduções inesperadas e indesejadas do acesso aos locais do caso em estudo ou aos casos da nossa amostra – ocorrem desvios que coincidem com específicos incrementos da precisão dos nossos procedimentos de coleta e análise de dados. Em uma pesquisa etnográfica aprendemos, por assim dizer, a medir o nosso objeto de forma sempre mais precisa, fazendo uso de procedimentos que se aperfeiçoam pelo caminho[68]. De forma análoga, em um estudo baseado na utilização de entrevistas discursivas ou grupos focais, a formulação das nossas perguntas cresce em precisão, movendo-se de uma entrevista a outra, de um grupo focal a outro, extraindo de cada experiência indicações pontuais de como fazer melhor nas sucessivas. Isso leva a qualificar um dos traços distintivos da pesquisa qualitativa, a sua flexibilidade, mas não como aversão às regras do método, total submissão à incerteza dos eventos que se sucedem no campo, mas como um recurso que permite promover a precisão do trabalho de pesquisa, ditada pela vocação à *mensuratio ad rem* das técnicas de pesquisa, ligada à vigilante consciência metodológica que decorre desse modo de operação[69]. Tudo isso torna o desenho da pesquisa qualitativa, e consequentemente a argumentação persuasiva que ele comporta, algo que surge no curso da pesquisa, e que – sobretudo – se aperfeiçoa passo a passo, tornando sempre mais sólido o diálogo entre teoria e documentação empírica, sempre mais coerente a relação entre objetivos cognitivos e instrumentos metodológicos usados para a sua obtenção. À análise desse processo de aperfeiçoamento e das operações que o tornam possível é dedicado o parágrafo a seguir.

2 A reconstrução

A reconstrução do percurso de pesquisa é o lugar no qual a argumentação persuasiva, delineada na fase de prefiguração do estudo, chega ao final. À constituição dessa argumentação concorrem, seja o aperfeiçoamento das premissas

---

68. A uma reflexão específica sobre esses traços do trabalho etnográfico é dedicado o meu ensaio *Etnografia e riflessività*, para o qual se remete [Cardano, 2001, par. 5.1].

69. A expressão *mensuratio ad rem* é usada por Hans Georg Gadamer [1960 – trad. it., 1990: 308, 313] para caracterizar a natureza do trabalho interpretativo, o reconhecimento da prioridade do texto sobre o seu intérprete.

apresentadas no curso do planejamento do estudo, seja a introdução de novas argumentações sustentadas pela documentação empírica obtida no campo.

A prefiguração do percurso de pesquisa é elaborada – como foi visto – com a definição da pergunta, a individuação do contexto empírico adequado para fornecer uma resposta e, por último, com a qualificação epistêmica e pragmática do método. Todos esses aspectos recebem, por assim dizer, a última pincelada na fase de reconstrução do desenho de pesquisa. O prosseguimento do trabalho de campo faz com que a pergunta a partir da qual se move a pesquisa una-se à documentação empírica que, passo a passo, é obtida sempre com maior precisão. Pertinência e relevância da pergunta definem-se, e de uma coisa e outra deve dar conta a versão definitiva da argumentação que as sustenta. O trabalho de campo conduz ainda à qualificação definitiva do perfil dos casos em estudo. No caso mais simples, o do estudo estabelecido em um lugar (p. ex., uma escola, uma comunidade, uma empresa, os jardins de um parque público), a aquisição da documentação empírica pertinente permite entender melhor que lugar seja aquele para o qual dirigimos a atenção. No caso, um pouco mais complexo, de um estudo baseado na seleção de uma amostra de indivíduos, a conclusão do trabalho de campo nos fornecerá a versão completa do seu desenho. A peculiaridade da amostragem na pesquisa qualitativa, a substancial abertura do perfil da amostra [Miles e Huberman, 1985: 37], cujo contorno é aperfeiçoado em curso através do que se aprende no campo [Mason, 2002: 127], faz com que apenas um pouco antes da conclusão do trabalho de escrita torne-se disponível a sua plena qualificação[70]. Em alguns casos, na realidade, é justamente nas fases mais avançadas de análise da documentação empírica, quando o que surge do exame do *corpus* textual é colocado preto no branco na monografia que reunirá os resultados mais importantes do estudo, que pode aparecer a necessidade de uma complementação da amostra, de um novo plano de amostragem, "*a secondstage sampling*" [Barbour, 2007: 73]. Portanto, a argumentação proléptica que defende a eloquência da amostra, que define a "área de autenticidade" dos materiais empíricos obtidos, ou seja, o conjunto das perguntas que podem fornecer uma resposta plausível [Topolski, 1973 – trad. it., 1975: 501], que circunscreve o âmbito dentro do qual essas respostas podem ser estendidas, é formulado definitivamente na fase de reconstrução do desenho, quando todos os seus ingredientes são definidos na qualidade e na quantidade. É, ainda, nessa fase do trabalho de pesquisa que se torna possível apresentar de forma mais completa uma resposta às perguntas críticas relativas ao desenho da amostra (sobre as quais nos detivemos supra, par. 1.2).

---

70. A valorização desse modo de operação na construção da amostra, um modo que prevê o estreito entrelaçamento entre coleta e análise da documentação empírica, constitui um dos maiores contributos da *grounded theory* [Glaser e Strauss, 1967]. Isso independentemente dos limites que recaem sobre a regra de suspensão do processo, o princípio da saturação teórica (cf. supra, par. 1.2.3).

Considerações análogas valem também para o método, do qual se torna possível – quando tudo é concluído – defender a adequação em relação à pergunta de pesquisa e ao contexto empírico do seu uso e, ao mesmo tempo, reconhecer os limites que contribuirão para definir com maior exatidão a área de autenticidade da documentação empírica e, de modo geral, o "grau de incerteza" [King, Keohane e Verba, 1994: 31-33] que recai sobre os procedimentos de construção do dado e sobre os de análise[71].

Além disso, a aproximação entre o uso prefigurado do método e a sua efetiva aplicação oferece elementos úteis, seja para reconhecer os limites dos instrumentos de pesquisa, seja para delinear, em um registro quase experimental, as peculiaridades do objeto. Há alguns anos realizei um estudo sobre a relação entre trabalho e distúrbio psíquico [Cardano, 2005]. O estudo fazia parte de uma pesquisa-intervenção e foi concebido para identificar os fatores capazes de promover a inserção no trabalho dos pacientes psiquiátricos no contexto da cidade de Turim. Com esse objetivo foram coletadas as histórias de vida de uma pequena amostra de pacientes psiquiátricos, as quais foram adicionadas as narrações dos seus familiares e, para aqueles que estavam empregados, os testemunhos dos chefes e dos colegas. As entrevistas foram realizadas por dois entrevistadores, um pesquisador social e um paciente psiquiátrico que – reconhecido como tal pelos nossos interlocutores – devia ajudá-los na reconstrução das suas passagens biográficas mais dolorosas com um, às vezes explícito, outras vezes implícito, "comigo também aconteceu…" Juntamente com o resto do grupo de pesquisa, projetei o envolvimento de cinquenta pacientes psiquiátricos em duas entrevistas intervaladas uma da outra por um breve lapso de tempo (de um a dois meses). A amostra, composta por pessoas com idade compreendida entre 18 e 50 anos, foi desenhada seguindo a *lógica* do desenho "caso-controle", usado nos estudos epidemiológicos com o objetivo de submeter a controle uma hipótese eziológica[72].

---

71. Sobre a noção de "grau de incerteza", proposta por Gary King, Robert Keohane e Sidney Verba, voltarei infra.

72. O desenho de caso-controle é amplamente aplicado nos estudos epidemiológicos, nos quais é concebido para submeter a controle uma hipótese causal. A hipótese, normalmente, diz respeito à relação entre a exposição a um fator específico de risco, p. ex., a fumaça de cigarro, e a incidência de uma patologia, como, para continuar o exemplo, o carcinoma de pulmão. Os casos no exemplo adotado são recrutados entre os sujeitos afetados pelo carcinoma de pulmão, enquanto os controles são escolhidos de forma tal que representem o mais exatamente possível a população em estudo. Entre os casos, assim como entre os controles, será tomada nota do número de fumantes, e da comparação entre as cotas de fumantes nos casos e nos controles serão extraídas informações úteis para decidir sobre a relação causal entre fumo e carcinoma de pulmão [Ahlbom e Norell, 1993: 61-67]. No estudo referido no texto foram considerados casos os pacientes psiquiátricos (temporariamente) excluídos do mercado de trabalho, e controles, não uma amostra representativa de pacientes psiquiátricos, mas os pacientes psiquiátricos que estão empregados. A comparação entre casos e controles, entre pacientes empregados e pacientes desempregados, é concebida para identificar na configuração das trajetórias biográficas dos nossos interlocutores os fatores responsáveis, quer da participação, quer da exclusão do mercado de trabalho.

Nesse caso, porém, a amostra é desenhada com o propósito não de submeter uma hipótese a controle, mas com finalidades exploratórias, ou seja, com o propósito de *formular* uma hipótese sobre a relação entre distúrbio psíquico e trabalho [King, Keohane e Verba, 1994: 141ss.]. Concordaram com a realização da segunda entrevista 20 homens e 21 mulheres. Para nove casos não foi possível dispor da segunda entrevista de aprofundamento, em um caso pela morte de um paciente, de que tomamos conhecimento algumas semanas depois da realização do primeiro colóquio, para os outros oito casos a segunda entrevista não aconteceu diante da decidida e irremovível recusa dos nossos interlocutores em prosseguir com a colaboração iniciada com a primeira entrevista. Pela análise da primeira e única entrevista realizada com esses oito pacientes e pelas razões com as quais o convite para prosseguir no estudo é declinado, nos convencemos que a recusa deveria ser atribuída ao profundo constrangimento, não suficientemente reduzido pela presença do entrevistador-paciente, dos sofrimentos e das derrotas sofridas. A partir disso emergiram os limites do instrumento entrevista, ao menos os seus limites com os sujeitos mais acometidos pela doença mental[73]. Além disso, surgiu, sob a forma de um involuntário experimento de campo, a dificuldade e a dor dessas pessoas de falar de si; uma dor que as reticências do primeiro colóquio e a recusa do segundo documentaram com dramática eficácia.

Ao lado desses aspectos relativos à adequação epistêmica do método, na fase de reconstrução do desenho da pesquisa torna-se ainda possível um balanço sobre a sua adequação pragmática. Superadas as considerações críticas sobre a viabilidade do estudo (cf. supra, par. 1.3), abre-se o espaço para uma completa reflexão sobre os aspectos éticos. As soluções adotadas para os problemas prefigurados (p. ex., a proteção da privacidade), assim como as elaboradas para enfrentar os dilemas inesperados fornecidos pelo trabalho de campo, podem agora ser avaliadas e, tanto quanto possível, defendidas pela sua adequação.

Até aqui vimos o aperfeiçoamento das argumentações traçadas na prefiguração do percurso de pesquisa. Quanto à complementação da argumentação persuasiva que sustenta o trabalho de pesquisa, os lugares atravessados dizem respeito à eloquência da documentação empírica e aos seus limites, indicados de forma compacta pelo "grau de incerteza" das conclusões que sustenta. A qualificação da eloquência, *lato sensu*, da documentação empírica está intimamente ligada à reconstrução da concreta indicação do método de pesquisa usado e, de modo geral, da relação observativa estabelecida com o próprio objeto. A flexibilidade dos métodos qualitativos, a constante harmonização dos procedimentos de construção do dado às características do objeto ao qual

---

73. Um limite talvez insuperável colocando aquele tipo de interlocução dentro de uma relação de confiança construída com uma côngrua participação nas atividades do Departamento de Saúde Mental às quais os pacientes se remetem, portanto, inserindo as entrevistas dentro de um estudo etnográfico.

se aplicam (cf. supra, cap. 1), faz com que não se tenha apenas um modo – o certo – de conduzir uma entrevista, um grupo focal ou de fazer etnografia, mas que se tenham diversos modos, cada um com prerrogativas e limites próprios. A indicação da técnica de pesquisa adotada, a relação observativa dentro da qual toma forma, contribuem de forma relevante à estruturação da eloquência dos materiais empíricos que fornecem. Na qualificação de um coro – do tipo daqueles estudados por Eastis (cf. supra, par. 1.2) – orientado à elevação das competências de cada corista mais do que à construção de uma *performance* capaz de suscitar intensas emoções entre o público, faz diferença termos chegado a essa conclusão guiados pelo juízo do diretor do coro, pelas opiniões recolhidas entre os músicos, pela competente participação em um ensaio do coro ou nos ensaios de toda a temporada. Esses elementos, evidentemente diferentes entre si, têm origem a partir do mesmo tipo de experiência do objeto de estudo, a observação participante, mas a sua capacidade de sustentar a cogência da conclusão para a qual são convocados como provas empíricas é igualmente diferente. A partir daqui vê-se a necessidade de fornecer, na fase de reconstrução do desenho da pesquisa, um relato detalhado do modo em que cada uma das técnicas de pesquisa utilizadas foi abordada, em sintonia com as indicações formuladas – ainda que a partir de uma perspectiva epistemológica diferente daquela adotada neste volume – por David Altheide e John Johnson [1994: 489], para os quais os pesquisadores são obrigados a "fundamentar as suas interpretações e os seus resultados com um **relato reflexivo** relativo a si próprios [como instrumentos de pesquisa] e aos processos constitutivos da sua pesquisa"[74]. Esse relato desempenha uma função análoga à expressa na pesquisa quantitativa pela definição operacional: indica à comunidade científica o modo no qual o pesquisador "mediu" o próprio objeto, mostrando, juntamente aos pontos fortes, também os limites do percurso metodológico percorrido. É necessário esclarecer – prosseguindo no jogo analógico – que na pesquisa qualitativa a "definição operacional" apresenta-se apenas na conclusão do trabalho de pesquisa, constituindo-se mais como um resultado do que como um dispositivo disciplinar que organiza o seu modo de operação[75]. O relato reflexivo permite uma qualificação diferencial do poder probante do material empírico obtido, a sua capacidade de nos conduzir, de forma mais ou menos segura, em direção à resposta às nossas perguntas. Voltando a Eastis, o poder probante dos indícios que levam a qualificar um coro como orientado à elevação das competências de cada cantor varia se extraídos do juízo – que admitimos não desinteressado – do maestro do coro, ou da observação mais

---

74. A moldura epistemológica dentro da qual Altheide e Johnson [1994: 489] elaboram a própria proposta é a do "realismo analítico".

75. Sobre esse tema remeto a dois dos meus trabalhos obsessivamente dedicados ao tema do relato reflexivo como instrumento para a construção da objetividade da pesquisa qualitativa [Cardano, 2001, 2014].

próxima, repetida e competente (e Eastis nos assinala com um parêntese a sua competência de ex-corista) dos ensaios de toda a temporada.

O poder probante da documentação empírica pode ser acrescentado posteriormente através da sua inserção em um desenho argumentativo que prevê, além da defesa das conclusões fornecidas pelo estudo, também uma comparação com as principais explicações/interpretações alternativas do fenômeno apresentado. A argumentação, nesse caso, assume a forma de uma disputa virtual, na qual apenas um orador tem a responsabilidade de mostrar as boas razões para sustentar a própria tese e as razões da tese contrária, mostrando como a documentação empírica obtida lhes oferece um suporte menos robusto[76].

O último elemento da argumentação extrai, por assim dizer, os fios das reflexões críticas desenvolvidas mais acima, chegando à qualificação sintética do "grau de incerteza" [King, Keohane e Verba, 1994: 31-33], que caracteriza as conclusões a que chega o estudo. Trata-se de um juízo que leva em conta, ao mesmo tempo, as condições às quais o pesquisador pôde experimentar o próprio objeto e a qualidade do diálogo instituído "entre dados e ideias", entre a documentação empírica e a moldura teórica na qual é inscrita [Becker, 1998 – trad. it., 2007: 88]. Na pesquisa quantitativa esse juízo é formulado utilizando os instrumentos da teoria da probabilidade, e é expresso ora nos intervalos de confiança referidos a uma estimativa (p. ex., a cota de consensos ao partido de oposição expressa por $m \pm n$ %), ora na significatividade dos parâmetros de um modelo estatístico. Na pesquisa qualitativa a mesma função pode ser desempenhada utilizando a teoria da argumentação, com instrumentos talvez menos compactos, mas nem por isso menos eficazes.

---

76. Isso, que é um traço da retórica clássica, resulta em conformidade com as indicações metodológicas de Hans Georg Gadamer [1960 – trad. it., 1990], para o qual o trabalho interpretativo requer que se mostre não apenas as razões que tornam apropriada a interpretação proposta, mas também aquelas que consideram inadequadas as interpretações alternativas: "De fato, é constitutivo do saber não apenas o julgamento de algo como certo, mas também, e pela mesma razão, a exclusão do não correto" [p. 421]. Em tudo isso é necessário evitar a chamada "falácia do espantalho", ou seja, o confinamento da comparação às únicas fracas alternativas, incapazes de desafiar realmente a interpretação proposta, para tornar realmente fortes as interpretações/ explicações excluídas.

3
A observação participante

No primeiro capítulo deste volume, a pesquisa qualitativa foi definida como uma forma peculiar de fazer pesquisa social, reconhecível por dois traços distintivos: o privilégio concedido de uma observação mais próxima e o empenho em adaptar os próprios procedimentos de construção e análise do dado às características do objeto. Pois bem, esses traços mostram-se com particular nitidez na observação participante: uma técnica de pesquisa na qual a proximidade com o objeto transforma-se no compartilhamento da experiência das pessoas envolvidas no estudo; e na qual a harmonização do método ao objeto expressa-se em um estilo de pesquisa interativo, graças ao qual o pesquisador coordena os próprios "movimentos" com os das pessoas que participam do estudo[1].

Na taxonomia das técnicas de pesquisa qualitativa proposta neste volume (cf. infra, cap. 1, par. 3) a observação participante faz parte da ilha habitada pelas técnicas que geram dados naturalistas, ou seja, capazes de superar o "teste do cientista social morto", de Jonathan Potter [1997: 148-149, 2002: 541], e representados por meio da interlocução.

A observação participante é a **principal técnica para o estudo da interação social**, do agir de indivíduos reciprocamente presentes uns aos outros. O agir é aqui observado diretamente, no seu fazer, e não reconstruído por meio do relato de quem participou da interação. É evidente que participar de um ritual esotérico [Cardano, 1997a], assistir ao congresso de um partido político [Navarini, 1999] ou participar da mais banal conversa entre proprietários de cães em um parque [Robins, Sanders e Cahill, 1991] é uma coisa; outra é fazer com que um devoto, um militante ou um proprietário de um cão conte o que aconteceu[2]. A reconstrução de um evento do qual se participou é necessariamente sempre parcial. Dentro dos limites ditados pelo funcionamento da nossa memória, cada um de nós reconstrói a experiência vivida a partir do próprio ponto de vista, quer dizer, pelo que pôde ver, e interpreta essa experiência à luz do próprio

---

1. É evidente a sintonia com a definição proposta pelo antropólogo James Clifford, que qualifica a observação participante como uma prática baseada em uma observação mais próxima, empírica e interativa [Clifford, 1997 – trad. it., 1999: 73].

2. Um interessante ponto de referência sobre a relação entre o que as pessoas dizem e o que fazem constitui-se a antologia a cargo de Irwin Deutscher, para a qual se remete [Deutscher, 1973].

modo de ser no mundo e em razão da natureza do envolvimento no evento narrado. Enfim, tendo que relatar a própria experiência a quem não participou dela, cada um de nós molda a narração em razão da imagem que se fez do próprio interlocutor (o narratário) e do que considera apropriado comunicar-lhe naquele momento, provavelmente sob a "ameaça" de um gravador. Enquanto todos os problemas epistemológicos que recaem sobre a delicada passagem da ação à sua representação em um texto permanecem ali onde estão, com toda a sua aspereza, pelo menos as dificuldades próprias da passagem da narração à história, da reconstrução do evento feita por uma testemunha, ao próprio evento, dissolvem-se com a observação em primeira mão do que aconteceu[3].

Com a observação participante a interação social é observada, em um **contexto natural**, no contexto onde habitualmente toma forma. Sob esse perfil a observação participante distingue-se de todas as técnicas de observação da interação social que têm o próprio paradigma no experimento de laboratório, no qual o pesquisador *tem a oportunidade de observar* a interação social no seu fazer, mas ao preço de uma grande modificação do contexto dentro do qual toma forma. A interação social observada em um laboratório tem como teatro um ambiente artificial que – por razões ora práticas, ora éticas – só pode se afastar dos contextos de vida comuns[4]. Além disso, a interação observada carece de profundidade histórica: quer porque de curta duração, quer porque envolve sujeitos recíproca e deliberadamente estranhos.

A observação referida mais acima faz alusão, por diferença, a outra característica da observação participante, a **profundidade temporal**. Na comunidade dos antropólogos, a que se deve a elaboração dessa técnica de pesquisa, durante a primeira metade do século passado era comum considerar um ano como a duração mínima de uma boa pesquisa de campo. Sustentava-se que – e diria com boas razões – para o estudo de sociedades tribais, cuja organização era estreitamente ligada aos ciclos das estações, era necessário permanecer com os "nativos" pelo menos um ano solar, para poder tomar nota das peculiares formas de entrelaçamento entre natureza e cultura: nas atividades produtivas, nos rituais, na organização política e social. As razões que naquele momento sustentavam a necessidade de uma observação de longa duração não eram banalmente quantitativas, ditadas pela necessidade de acumular "tantos dados". A utilização de uma observação de longa duração era motivada pela exigência de dispor de um relato preciso dos processos de geração dos fenômenos culturais, de como, den-

---

3. O tema da passagem da ação à sua representação em um texto foi discutida com profunda atenção por Clifford e Marcus [1986] e por Geertz [1988].

4. No âmbito da pesquisa qualitativa a marca do experimento de laboratório é reconhecida, embora decisivamente atenuada, nas técnicas de jogo e de grupo focal, onde a interação que se pode observar possui – justamente pelas modalidades de constituição do *setting* observativo – as características da artificialidade.

tro, por assim dizer, de um mutável cenário natural, os eventos se combinassem entre si (p. ex., uma seca prolongada) e as ações individuais e coletivas (p. ex., a utilização de rituais dirigidos a propiciar a chuva). Essas razões, obviamente, não se aplicam ao estudo de sociedades complexas, nas quais o ciclo das estações, com certeza, não constitui um *relais* capaz de guiar os processos sociais. O tempo prolongado da observação conserva, de qualquer forma, vantagens inegáveis. Permanecendo ali por muito tempo, ao pesquisador é dada a possibilidade de reconstruir de forma completa os processos sociais que tomam forma no contexto social em estudo, de reconstruir – observando-os no seu movimento – os "mecanismos" [*sensu* Elster, 1989 – trad. it., 1993, cap. 1] que ligam cada estado e cada evento ao que acontecem a eles. Com uma observação de longa duração torna-se possível, portanto, dispor de um **relato narrativo dos processos causais** capaz de explicar o caráter múltiplo e contingente da causação social [Becker, 1998 – trad. it., 2007: 77-88; Hammersley, 2008: 80-84][5]. Além disso, o tempo é o "melhor remédio" para a relação que liga o observador aos participantes. O tempo transcorrido torna possível a construção de relações de confiança que, por assim dizer, fazem baixar a guarda dos participantes, empenhados em defender a própria imagem do olhar indiscreto do pesquisador [Douglas, 1976: 121]. Ainda, com o passar do tempo reduz-se a perturbação – especialmente a perturbação observativa[6] – que pode ser atribuída à presença de um pesquisador no campo. Com o tempo as pessoas envolvidas no estudo se habituam à presença do pesquisador, até se esquecerem das razões que o levaram a estar entre elas [p. 20].

---

5. Essas peculiaridades mostram-se de forma mais clara aproximando essa classe de explicações causais àquelas elaboradas com as técnicas de pesquisa quantitativa mais convencionais. A forma canônica de explicação causal, baseada no modelo de regressão, admite que as variáveis independentes ajam sobre a variável dependente *simultaneamente*, compondo uma "história" sem tempo, que se consome no instante no qual todos os fatores causais relevantes estão presentes simultaneamente. As coisas mudam ligeiramente com o uso dos mais sofisticados modelos longitudinais, onde a ideia do movimento, da processualidade social é expressa pela aproximação de um conjunto – por vezes numeroso – de uma única imagem que retrata os casos (indivíduos, famílias, instituições) em um específico momento do tempo, sem mostrar a transição de uma imagem a outra [Ruspini, 2004: 81]. Com argumentos menos elaborados do que os apresentados por Howard Becker e Martyn Hammersley, Goldthorpe [2000] também reconhece a capacidade da etnografia de fornecer relevantes contribuições à explicação causal dos fenômenos sociais. Portanto, é necessário lembrar aqui o alerta de Andrew Abbott que convida a um uso crítico das informações de que se dispõe em um período de tempo relativamente extenso. A esse respeito, Abbott fala de "armadilha da duração" para a qual "cada coisa que dura por todo contato etnográfico parece [*erroneamente*] permanente" [Abbott, 2004 – trad. it., 2007: 65].

6. As noções de perturbação observativa e interativa foram discutidas no capítulo 1. Aqui me limito a mencionar uma definição compacta delas. Tem-se perturbação observativa sempre que os sujeitos envolvidos no estudo estão conscientes das atenções que o pesquisador dirige a eles; tem-se, ao contrário, perturbação interativa quando é a simples presença do pesquisador – não percebido como tal – no contexto observado a induzir alterações no comportamento dos outros presentes, simplesmente pelo fato de estar entre elas.

Portanto, esses são os **traços distintivos da observação participante**, uma técnica de pesquisa que tem como objetivo a representação da interação social, obtida quando toma forma e descrita fornecendo a ela uma oportuna profundidade temporal. Tudo isso se torna possível pela **participação** do pesquisador na vida das pessoas envolvidas no estudo. Uma participação que prevê graus diferentes de envolvimento, que vão desde o **viver como eles**, até o **viver com eles**, interagindo com as pessoas envolvidas no estudo enquanto "fazem o que fazem" [Delamont, 2004]. No meu estudo, *Lo specchio, la rosa e il loto* [Cardano,1997a], uma etnografia comparada, a que farei referência outras vezes nestas páginas, tive oportunidade de experimentar sucessivamente essas duas formas de participação, expressas – permito-me dizer – nas formas mais radicais. O estudo, dedicado à sacralização da natureza, baseia-se na comparação entre duas comunidades, Damanhur e Gran Burrone, escolhidas para ilustrar (no sentido expresso supra, cap. 2, par. 1.2.2) as inclinações, respectivamente, espiritual e laica, dessa experiência[7].

Em Gran Burrone vivi com eles e, em muitas ocasiões, como eles, contribuindo nas atividades agrícolas, na cozinha, no cuidado com as crianças, envolvido em uma modalidade de participação que, na verdade, foi imposta a mim. A plena participação na vida comunitária é requisitada a todos que os visitam, e isso por duas razões: a *reciprocidade*, para a qual a cada um é solicitado que contribua com o próprio esforço pessoal à produção de ao menos uma parte daquilo que consome, e a *exemplaridade*: os elfos desejam que os seus hóspedes experimentem outro modo de vida, para que desse contágio, por assim dizer, possam extrair a energia para mudar a sua vida ou pelo menos para enfrentar igualmente a vida de sempre. Em Damanhur, ao contrário, por razões ligadas às peculiaridades culturais da comunidade, uma comunidade esotérica que hospedava um não iniciado, não pude viver como eles, mas mais modestamente com

---

7. Os elfos de Gran Burrone vivem nas encostas de um vale nos Apeninos italianos, reunidos em quatro aldeias de montanha. Quando o estudo foi realizado a comunidade contava com mais de cinquenta pessoas, entre jovens e adultos. Gran Burrone define-se como uma comunidade coerentemente anárquica, na qual o livre-agir de cada um encontra unicamente os obstáculos da natureza e da vontade coletiva. O estilo de vida dos elfos é semelhante, sob muitos pontos de vista, ao dos camponeses do século passado. Os elfos habitavam em casas desprovidas de eletricidade, aquecidas a lenha e iluminadas pela luz suave das velas. Viviam em uma condição de simplicidade voluntária, de "pobreza racional", expressando desse modo, nos pequenos comportamentos cotidianos, uma ética de profunda responsabilidade em relação à natureza. Damanhur é uma das maiores comunidades esotéricas da Europa, situada em Valchiusella, a poucos quilômetros de Ivrea. Quando realizei a pesquisa viviam em comunidade pouco menos de duzentas e cinquenta pessoas entre crianças, jovens e idosos. A organização social da comunidade baseia-se na combinação de duas estruturas de governo formalmente autônomas, uma ocupa-se da esfera espiritual; a outra, da esfera temporal. A natureza sacralizada em Damanhur é uma natureza abstrata, a qual os damanhurianos se aproximam não na cotidianidade do trabalho agrícola, mas por meio do mito, na ritualidade e, principalmente, por meio da imaginação mágica que leva a reconhecer a ligação "sutil" que os une à natureza.

eles, excluído de todas as práticas rituais, em particular as de magia teúrgica, reservadas apenas aos que tinham escolhido abraçar o ensinamento da guia espiritual da comunidade.

A participação – qualquer que seja a sua intensidade – mostra as suas virtudes em dois planos, intimamente relacionados, mas que por finalidades expositivas considerarei separadamente, o cognitivo e o pragmático. No **plano cognitivo** a participação consiste essencialmente em aprender um (outro) "ver algo como algo" [Wittgenstein, 1953 – trad. it., 1967, parte II, seção xi: 255ss.][8]. Em outras palavras, a participação implica uma forma, embora parcial, de socialização à cultura em estudo [Sparti, 1992: 170-171; Emerson, Fretz e Shaw, 1995: 2ss.], a aprendizagem – não necessariamente o compartilhamento – das normas, dos valores, dos preceitos comportamentais próprios do contexto social em estudo. Trata-se de um processo que, para os antropólogos, passa primeiramente pela aprendizagem da língua da sociedade em estudo, mas que não se resume apenas ao plano da semântica e da gramática da língua falada nas Ilhas Trobriand ou entre os zandes. O que é solicitado, de acordo com Piasere [2002: 27], é a abertura a um **experimento de experiência** no qual colocamos à prova as nossas categorias interpretativas e fazemos isso utilizando a nossa pessoa, o nosso corpo como instrumento observativo, submetendo-o, como sugere Goffman [1989 – trad. it., 2006: 109], ao conjunto de contingências que atravessam a vida dos nossos hóspedes[9]. Ao longo desse percurso, o pesquisador (mas de forma análoga também as pessoas envolvidas no estudo) tem a oportunidade de elaborar uma teoria do outro que cresce em exatidão com a continuidade da interação, colocada à prova no contexto das interações sociais a que se tem oportunidade de participar [Wikan, 1992 – trad. it., 2009: 112-114][10].

No **plano pragmático**, a participação constitui um importante – embora não decisivo – teste para avaliar a adequação da própria interpretação das regras e das práticas que guiam as formas de interação social para as quais é dirigida a

---

8. A essa específica dimensão da experiência referem-se as indicações do meu informante em Damanhur, Quercia, que me convidou a ler o ensaio de Carlos Castaneda, *Viaggio a Ixtlan* [1972], com o objetivo explícito de me direcionar a uma chave de leitura da experiência deles que passava pela aprendizagem de como ver as coisas do mundo de outra forma. Essa noção manifestou-se de forma clara por ocasião de um dos encontros de *backtalk* organizados em Damanhur, nos quais Quercia definiu o coração da experiência damanhuriana, a magia, nos termos referidos a seguir. "Magia, em minha opinião, é principalmente uma visão. Vivendo a lógica da sincronicidade, vivi precisamente em outro mundo, diferente de quem vive no mundo da causa-efeito [...]. Se não se tem a visão não se pode agir daquela forma [a da sincronicidade], e ter a visão mágica já é uma forma de ação. Ou seja, a visão mágica é em si uma forma de ação" [Cardano, 1997a, par. 1.2.1].

9. As observações referidas no texto são desenvolvidas nas reflexões de Michael Jackson (homônimo do famoso músico), que, na esteira de Merleau-Ponty, atribui à experiência vivida pelo pesquisador um papel fundamental para a compreensão da cultura em estudo [Jackson, 1989: 4].

10. Unni Wikan, antropóloga finlandesa, define como *"passing theories"*, teorias provisórias, o saber construído no contexto da interação social.

atenção [Sparti, 1992: 170]. Essa peculiar virtude da participação mostra-se a todos nós – nos seus aspectos negativos – cada vez que nos aventuramos, ainda que apenas como turistas, em um país estrangeiro ou, melhor ainda, exótico. Ali seguramente encontraremos formas específicas de cumprimentar, de estar à mesa, de fazer compras em uma feira e, se não tivermos sorte, incorreremos em mais de uma gafe, usando a mão errada para pegar comida de um prato à mesa, negociando ou não negociando sobre o preço de um produto que pretendemos adquirir. O que acontece nesses casos pode ser definido com a involuntária violação de uma regra de conduta, que coloca em evidência a nossa "inadequação" dentro daquela específica forma de vida[11]. Apercebemo-nos da gafe observando a reação de quem está ao redor, em particular os membros competentes daquela cultura, que, com um gesto de irritação ou com uma manifestação de surpresa mais controlada, comunicam a nossa violação da etiqueta. Com o tempo e, principalmente, pedindo esclarecimentos sobre as razões do embaraço produzido pelo nosso comportamento e sobre qual deva ser a conduta mais apropriada, aprendemos a coordenar a nossa ação com a dos outros, primeiramente de forma puramente mimética, depois sempre mais conscientemente, guiados por uma adequada compreensão do que é necessário fazer nas diversas contingências a que a nossa viagem nos submete.

O que foi dito mais acima vale também para a observação participante, atividade na qual a nossa capacidade de coordenar as nossas ações com as das pessoas envolvidas no estudo constitui um indício decisivo, embora não uma prova, da nossa compreensão da regra que rege as interações sociais de que, dia após dia, participamos. Com um acréscimo: como pesquisadores, e não como turistas, o que nos interessa não é apenas evitar as gafes, mas ter acesso a uma compreensão profunda da sintaxe que guia as interações de que fazemos parte, acessando-as em um registro crítico, capaz de chegar também ao porquê, à explicação da regra [p. 174][12]. O registro pragmático evidencia um aspecto relevante da observação participante e nem sempre considerado adequadamente, o fato de que o observador esteja naquele lugar não apenas com as próprias cognições teóricas e metodológicas, mas com toda a sua pessoa e principalmente com o seu corpo, submetido ao conjunto de contingências que constituem o

---

11. A esse respeito, Sparti [1992: 197-202] fala de *breakdown*, o surgimento de uma interrupção no fluxo da interação social devido à incapacidade de quem o provoca de reconhecer a regra que rege a ação naquela específica situação.

12. David Altheide [1976, apud Douglas: 1976: 18, 124] propõe um critério eficaz, útil para estabelecer a adequação da nossa compreensão das normas que regem o contexto social em estudo, a nossa capacidade de brincar com as pessoas envolvidas no estudo. Vão na mesma direção as observações de Salvatore La Mendola (comunicação pessoal), para o qual a participação permite a *interpretação* das regras que regem o contexto em estudo em uma acepção dramatúrgica, quer dizer, a encenação de uma interação competente.

seu "experimento de experiência". Um corpo que não é apenas o apoio móvel de um aparelho observativo, mas que se torna ele mesmo instrumento de aprendizagem, fornecendo um suporte à disposição que James Spradley atribui ao observador participante, "aprender com as pessoas" [Spradley, 1980: 3][13].

A observação participante constitui o coração e o traço distintivo da **pesquisa etnográfica**, onde essa técnica combina-se com outras técnicas de pesquisa, principalmente a entrevista discursiva e a observação de documentos naturais. Na pesquisa social, particularmente no contexto norte-americano, acontece, não raramente, ver o termo etnografia utilizado para designar de forma extensiva a pesquisa qualitativa. Aqui, em sintonia com Hammersley e Atkinson [1995], esse termo será utilizado em uma acepção mais restritiva: usarei o termo etnografia para designar exclusivamente as pesquisas (obviamente qualitativas) nas quais a observação participante desempenha um papel fundamental para a produção da documentação empírica.

Além disso, a esse respeito é necessário observar como a presença da observação participante como principal instrumento de pesquisa tem importantes implicações sobre o uso das técnicas de pesquisa que a acompanham – entrevistas, grupo focal, observação de documentos – e sobre o modo no qual podem ser abordadas. A participação nas interações sociais que constituem o contexto social para o qual dirigimos a atenção impõe restrições e oferece recursos específicos para o uso das outras técnicas de pesquisa. Os recursos dizem respeito ao conhecimento do que Aron Cicourel [1974] define "**contexto etnográfico**", ou seja, a familiaridade com os códigos linguísticos difusos naquele contexto social, com as gírias, com as práticas sociais específicas do contexto em estudo (p. ex., os rituais) que as pessoas entrevistadas e os documentos consultados, respectivamente, usam e fazem referência. Em Damanhur, por exemplo, os membros da comunidade utilizam, também no contato com os não iniciados, uma linguagem específica, às vezes um pouco complicada, que encontramos

---

13. Na minha experiência com os elfos de Gran Burrone o plano da corporeidade teve um papel decisivo, seja pela aceitação da minha presença entre eles, seja pela compreensão da experiência deles. O compartilhamento da fadiga do trabalho nos campos (o que me rendeu o apelido de "intelectual com a enxada"), do sentimento de comunhão – primeiramente entre corpos – no ritual da sauna, passaram através de uma submissão do meu corpo a condutas e modalidades de apresentação pública (penso especificamente à nudez) que não me eram familiares, mas que, apesar da brevidade da minha permanência com os elfos, aproximaram-me profundamente às peculiaridades daquela singular forma de vida. Na monografia que explica aquela experiência [Cardano, 1997a], interpretei este aspecto – corpóreo – da minha experiência fazendo referência às palavras de Don Juan, o xamã mexicano de quem o controverso antropólogo peruano, Carlos Castaneda, torna-se discípulo. Em um diálogo entre os dois, lemos: "Agora [diz Don Juan] vou lhe dizer algo que deixará a sua mente em paz quanto ao motivo de estar aqui. A razão pela qual continua a vir me visitar é muito simples; todas as vezes que esteve comigo o seu corpo aprendeu certas coisas, mesmo contra a sua vontade. E, no fim, o seu corpo precisa voltar para mim para aprender ainda mais" [Castaneda, 1972 – trad. it., 1973: 167].

nos escritos da guia espiritual. Sem aquele mínimo de familiaridade com noções como "sincronicidade", "física esotérica", "programação das reencarnações", adquirida ao compartilhar com os damanhurianos alguns momentos de vida cotidiana, não teria conseguido realizar as minhas entrevistas discursivas com os devotos que se tornaram disponíveis. O fato de que os meus interlocutores me reconhecessem como um intruso a quem, de qualquer forma, tinha sido dado o privilégio de participar de alguns momentos rituais, permitia a eles fazer referência explícita àqueles eventos para ilustrar, exemplificar o que decidiram me comunicar sobre a sua relação com o mundo da natureza. A isso se acrescenta um recurso peculiar que a permanência no contexto em estudo pode alimentar: a confiança[14]. Este último recurso, alimentado pelo conhecimento recíproco e – mais uma vez – pelo reconhecimento do pesquisador como uma pessoa capaz de sincronizar as próprias ações com as dos próprios hóspedes, pode contribuir para atenuar formas de ocultação e/ou de alteração das representações de si que devemos considerar como empenho, tão oneroso quanto inevitável de qualquer comunicação entre o pesquisador e os participantes do estudo [Douglas, 1976: 9].

A familiaridade cognitiva (conhecimento do contexto etnográfico) e relacional (construção de relações de confiança) permite também a utilização de técnicas de pesquisa que impõem as maiores cargas de perturbação, interativa, como no caso do *shadowing*; observativa, como no caso da entrevista discursiva e do grupo focal, obtendo uma sua "naturalização" (cf. nota 6). O *shadowing*, assim como a entrevista discursiva e o grupo focal, pode entrar no campo, por assim dizer, de forma mais leve, como parte das consolidadas formas de relação entre o pesquisador e os participantes, de uma forma que podemos definir informal ou casual [Lofland, 1971]. Ou seja, o etnógrafo pode entrevistar os próprios hóspedes no decorrer de uma conversa normal[15], pode recorrer ao *shadowing* seguindo como uma sombra um dos próprios hóspedes, pedindo-lhe para que seja cicerone entre os recônditos da organização da qual ele faz parte. De forma análoga, o etnógrafo pode solicitar um grupo natural para a discussão de um tema de seu interesse.

---

14. A relevância dessa dimensão relacional é apresentada de forma explícita por Asher Colombo na introdução da sua etnografia sobre a economia dos imigrantes clandestinos em Milão: "Definir uma relação de confiança e ser aceito constituem pré-requisitos imprescindíveis para o desenvolvimento de uma pesquisa etnográfica, e são o resultado de um longo processo de conhecimento recíproco que se obtém apenas transcorrendo muito tempo entre os atores sociais do mundo estudado e compartilhando, tanto quanto possível, alguns momentos da vida do dia a dia. A construção de tal relação de confiança e o meu próprio envolvimento no mundo estudado constituíram as principais ferramentas da pesquisa" [Colombo, 1998: 13].

15. Na comunidade dos elfos de Gran Burrone, p. ex., realizei uma das entrevistas mais bem-sucedidas acompanhando Giovanna ao longo das trilhas do vale à procura de Tito, o touro da comunidade que não tinha retornado ao estábulo.

As restrições decorrem, embora não exclusivamente, da proteção dos recursos de que se falou mais acima. Em uma pesquisa etnográfica é, se não impossível, ao menos decididamente inoportuno pensar em delegar a uma pessoa, que não seja o etnógrafo, a condução de entrevistas e grupo focal. O recém-chegado não disporia de um adequado conhecimento do contexto etnográfico nem poderia tirar proveito da confiança conquistada por outros. Isso faz com que o etnógrafo ou, mais raramente, *os* etnógrafos envolvidos no campo devam assumir o papel de banda de um homem só (*one-man-band*), ocupando-se pessoalmente – sem nenhuma possibilidade de delegação a terceiros – de todas as práticas de construção do dado que se façam necessárias[16].

As referências à participação, à relevância das competências relacionais do pesquisador, à sua capacidade de conquistar a confiança das pessoas envolvidas no estudo podem alimentar uma acepção do trabalho etnográfico que não pretendo apoiar, a que Jack Douglas [1976: 50] define, não sem uma ponta de sarcasmo, como "concepção romântica da observação participante" (*participant-observation romanticism*). Douglas atribui essa disposição à primeira Escola de Chicago, caracterizada por uma clara ingenuidade epistemológica que levava os estudiosos daqueles anos heroicos a instituir uma conexão necessária entre acesso ao contexto em estudo, criação de relações de confiança e cooperação dos participantes na construção de uma representação "verdadeira" da sua experiência[17]. A esse "modelo cooperativo" de realização da pesquisa, frequentemente ditado por um compromisso ético em relação aos *underdogs*, aqueles que se encontram em situação de desvantagem na sociedade [p. 42], Douglas contrapõe uma abordagem alternativa, rotulada como "modelo investigativo". O adjetivo "investigativo" faz referência não a uma acepção policialesca ou disciplinar da pesquisa social, mas sim ao jornalismo investigativo, que Douglas vê emblematicamente representado por Lincoln Steffens, autor de importantes reportagens sobre a corrupção política e econômica da América do início do século passado. A proposta de Douglas – cabe salientar – não leva a uma subestimação da cooperação dos participantes, da instituição de relações amigáveis e de confiança [p. 133]. O que Douglas encoraja é, antes de tudo, a adoção de uma disposição crítica, de uma forma de ceticismo sistemático

---

16. Na maior parte dos casos o pesquisador, por assim dizer, enfrenta sozinho o trabalho etnográfico, seguindo o modelo que Jack Douglas define realisticamente de "O cavaleiro solitário", no qual o etnógrafo, além de ser uma banda de um homem só, arrisca também a tornar-se o "faz-tudo das habilidades relacionais", um estudioso obrigado – contra a sua vontade – a envolver-se em um conjunto amplo e heterogêneo de atividades relacionais sobre as quais as suas competências nem sempre são adequadas [Douglas, 1976: 192]. Nessas bases, Douglas encoraja a utilização do trabalho de grupo, solução sustentada com motivações análogas também no campo antropológico por Salzman [1994].

17. "Uma vez obtido o acesso ao campo, o pesquisador deveria instaurar, sem nenhum problema, relações de confiança com os membros, e dessas relações de confiança decorrerá a verdade da qual fazem parte" [Douglas, 1976: 47].

("though-minded suspicion" [p. 147]) em relação ao que as pessoas envolvidas no estudo, e das quais conquistamos a confiança, nos dizem e nos permitem observar. Douglas remete o núcleo dessa disposição a uma máxima: "existem muito mais coisas duvidosas e imorais do que aparecem sob os nossos olhos" [p. 66]. As razões desse ceticismo baseiam-se na convicção de que na sociedade americana – complexa, conflitual, problemática – "todas as pessoas, em algum grau, têm boas razões para esconder dos outros as suas ações e mentir a seu respeito", e isso principalmente quando o outro é um pesquisador [p. 55]. Talvez não seja nem o caso de dizer que o que foi dito por Douglas para a sociedade americana pode ser estendido à maior parte dos contextos sociais, e isso em sintonia com a lição goffmaniana que mostrou a importância que o "gerenciamento da impressão" (*management impression*) suscitado nos outros, a proteção da própria identidade com uma máscara, desempenha nas interações cotidianas. No plano operacional a proposta de Douglas consiste em um aperfeiçoamento dos procedimentos de senso comum que todos nós, na vida cotidiana, usamos para entender – nem sempre conseguindo – se quem está na nossa frente está nos fazendo acreditar em uma mentira [p. xi, 167, 180]. Retificada por uma datada referência à noção de "verdade científica", a qual, sem prejuízo, podemos substituir às mais laicas noções de precisão e plausibilidade, a proposta de Douglas conserva todo o seu frescor e a ela farei referência – ora explicitamente, ora implicitamente – na minha apresentação do trabalho etnográfico[18].

Dentro desse registro, quais objetivos podem ser legitimamente perseguidos por uma pesquisa baseada no emprego da observação participante? A resposta obrigatória a essa pergunta é conhecida: o objetivo é reconstruir o perfil da *cultura* que une as pessoas envolvidas no estudo. Essa vocação holística, totalizante, talvez apropriada em alguns contextos onde a cultura torna-se o conjunto de valores e de crenças compartilhados por um pequeno grupo isolado no mundo (esse pode ser o caso do estudo de Festinger e colegas sobre a seita apocalíptica guiada por Marian Keech; cf. supra, cap. 2, nota 4), responde muito pouco às práticas mais comuns de pesquisa, nas quais, na maioria das vezes, o pesquisador limita-se a responder a uma pergunta (às vezes mais de uma) sobre o contexto social em estudo [Hammersley, 2008: 50, 135]. Como observa Vincenzo Matera, a atribuição deste objetivo – a descrição de uma cultura – à pesquisa etnográfica constituiu nada mais do que um expediente com o qual os primeiros antropólogos empíricos respondiam à questão sobre qual seria o objeto da sua ciência [Matera, 2004, cap. 1, esp. 23-27]. Ao responder às próprias perguntas (sobre cujo perfil concentra-se o cap. 1 deste volume) o pesquisador será obrigado a mover-se interativamente do detalhe ao todo, renunciando, portanto, à

---

18. O *incipit* do primeiro capítulo do volume de Douglas, eloquentemente intitulado *Verità nella ricerca sociale*, soa assim: "O objetivo de toda pesquisa social é descobrir, compreender e comunicar verdade sobre os seres humanos em sociedade" [Douglas, 1976: 1].

ambição descabida de uma "visão total dos mundos de vida humanos" [Clifford, 1986a – trad. it., 1997: 46][19].

Nesse vaivém entre detalhes e visão do todo (cf. infra), o pesquisador propõe-se primeiramente a reconstruir o ponto de vista dos participantes, as formas em que cada um deles representa a própria experiência, elabora as "definições da situação" [*sensu* Thomas e Znaniecki, 1918-1920] que orientam o agir. No entanto, a etnografia não é apenas isso, a sua tarefa não se esgota na construção de uma sofisticada paráfrase de como as pessoas envolvidas no estudo veem o próprio mundo. Isso já era claro em Malinowski, que em *Argonauti del Pacifico occidentale* indicava nos territórios fora da consciência dos "nativos" um espaço complementar à reconstrução pontual do seu ponto de vista [Malinowski, 1922]. Com a observação participante nos propomos, na verdade, a explicar também o **conhecimento tácito** que constitui o cenário da interação social [Altheide e Johnson, 1994: 492-493], das "regras" que regem a interação social para além da consciência dos atores sociais e que tem o seu modelo mais eloquente na língua, onde, como observa Mary Douglas [1966], são muitos aqueles que a utilizam de forma competente, sem ao menos conhecer as regras gramaticais que regem o seu uso[20].

O uso dessas estratégias cognitivas, dirigidas ora a compreender, ora a transcender o ponto de vista dos participantes, permite chegar ora a precisas descrições da sintaxe de pessoas reciprocamente presentes (é o caso, p. ex., do estudo de Humphreys [1975] sobre os *tearooms*), ora à compreensão do sentido colocado no próprio agir pelos casos em estudo (é o caso, p. ex., do estudo de Wacquant [2000] sobre os pugilistas), ora à explicação das relações que unem propriedades importantes em um contexto social específico (é o caso, p. ex., do estudo de Eastis [1998] sobre as atividades dos coros).

Os objetos a que essa técnica pode ser aplicada com proveito são os mais diversos: da aldeia de uma ilha do Pacífico à empresa de alta tecnologia; do bairro de uma grande cidade ao minúsculo banheiro público, teatro de encontros duvidosos; o que os une é a acessibilidade da experiência direta do pesquisador, a possibilidade da sua participação – em diferentes formas e intensidade – na vida cotidiana de cada um dos contextos indicados. Isso faz com que, normalmente, a observação participante e a pesquisa etnográfica se apliquem ao estudo de contextos sociais desde os limites espaciais delimitados, que coincidem com a extensão das formas de interação social a que o observador tem o direito de participar. Até aqui a observação participante foi examinada em um registro analítico, considerando antes de tudo as suas peculiaridades epistêmicas; daqui

---

19. Sobre o tema desenvolvi uma reflexão mais pontual em Cardano [2009a] para o qual remeto.

20. De forma geral Mary Douglas observa: "nenhum membro da sociedade é necessariamente consciente do modelo global mais do que alguém que diz saber ser explícito em relação aos modelos linguísticos que utiliza" [Douglas, 1966 – trad. it., 1993: 263].

para frente transferiremos a atenção sobre os aspectos práticos do seu uso, examinados decompondo as fases do trabalho etnográfico nas quatro etapas canônicas: *desenho, construção da documentação empírica, análise e escrita* [Cardano, 2003: 33-35]. Dispostas, por finalidade expositiva, em uma ordem que prevê um antes, um durante e um depois [Semi, 2010], essas quatro fases de trabalho etnográfico são de fato ligadas entre si por uma relação circular que prevê um frequente vaivém entre o trabalho de campo e a especificação do desenho do estudo; entre a análise e o trabalho de campo; entre a escrita, a análise e, de novo, o trabalho de campo. Tudo isso é explicado de forma resumida pela figura 3.1.

Figura 3.1: **Representação esquemática da relação entre as fases de uma pesquisa baseada no uso da observação participante**

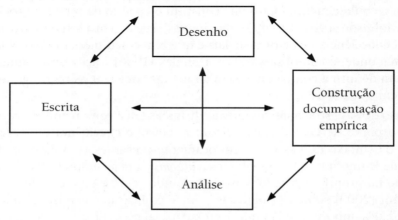

1 O desenho na observação participante

A fase do desenho da pesquisa foi amplamente examinada no capítulo 2, no qual as duas acepções dessa atividade, a *prefiguração* e a *reconstrução*, foram descritas em um registro geral, totalmente aplicável à pesquisa etnográfica. Aqui me limitarei a considerar os aspectos do desenho da pesquisa específicos da observação participante que dizem respeito essencialmente ao papel observativo recoberto pelo pesquisador. Quanto às fases de análise e escrita, ambas serão examinadas no capítulo 6, com o qual se encerra este volume, onde, ao lado da apresentação dos procedimentos que unem as técnicas de pesquisa para as quais o manual dirige a atenção, serão analisadas as características específicas de cada uma. Antes de passar à ilustração crítica do trabalho de campo, coração da pesquisa etnográfica, resta examinar o quanto de específico apresenta o seu desenho.

A flexibilidade do desenho da pesquisa qualitativa mostra-se de maneira mais evidente nos estudos baseados no uso da observação participante, nos quais o desenho da pesquisa define os próprios contornos progressivamente, alcançando apenas no final do estudo a própria forma definitiva. Nesse processo, as especificidades do trabalho etnográfico sobre as quais são necessários alguns esclarecimentos referem-se às implicações pragmáticas da relação entre o pesquisador e o caso ou os casos em estudo, e a escolha do papel observativo, que pode ser relacionado – ao menos em um primeiro momento – à oposição entre **pesquisa encoberta** e **pesquisa revelada**.

O primeiro aspecto diz respeito, em última análise, à possibilidade de instituir relações amigáveis e de confiança com os participantes ou, mais simplesmente, à possibilidade de instituir qualquer relação. Nessa última acepção – mais radical – a questão envolve a pessoa do pesquisador, o seu corpo, do qual é necessário avaliar a adequação ao contexto em estudo. A questão envolve, antes de tudo, o que Ulf Hannertz [1980 – trad. it., 1992: 279] define "**atributos discriminantes de papel**", quer dizer, as características não modificáveis do "instrumento observativo", como o sexo, a idade, a cor da pele, que não permitem ao pesquisador assumir um papel, mesmo o mais secundário, no contexto social em estudo. Martin Sánchez Jankowski, autor de um estudo monumental sobre as gangues de Nova York, Los Angeles e Boston, na introdução da sua monografia narra as suas dificuldades em dirigir a atenção para as gangues de brancos pela cor "errada" da sua pele.

> Visto que não sou branco (o segmento polonês do meu nome provém do meu pai adotivo), fui mais facilmente aceito pelas gangues não brancas de latinos ou afro-americanos, mas tive dificuldades com as gangues brancas e asiáticas. O fato de que eu não era asiático ou italiano impediu o acesso a essas gangues. As gangues irlandesas eram uma anomalia interessante. Teria esperado que elas também tivessem impedido a realização do meu estudo, visto que eu não era irlandês, mas visto que não era porto-riquenho (um dos grupos étnicos rivais) não fui percebido como uma ameaça, e por isso me permitiram o acesso [Jankowski, 1991: 10-11].

A cor da pele de Jankowski constituiu entre as gangues de italianos uma razão de exclusão para a participação nas suas atividades, qualificando-se nesse caso como um atributo que impedia assumir qualquer tipo de papel, mesmo aquele mais distante espectador.

O outro lado da medalha dos problemas relacionais diz respeito à dificuldade do pesquisador de desempenhar, no contexto social em estudo, o papel que lhe é atribuído. No seu manual sobre as técnicas investigativas, Jack Douglas [1976] cita em vários lugares um estudo realizado com Paul Rasmussen e Carol Ann Flanagan em uma praia de nudismo, teatro de frequentes relações sexuais (quase) impessoais [Douglas e Rasmussen, 1978][21]. Obviamente que a reali-

---

21. O estudo, publicado dois anos depois do lançamento de *Investigative Social Research*, é indicado neste último texto como prestes a ser publicado.

zação daquele estudo exigiu que os três estudiosos frequentassem a praia sem roupas. Se essa "condição de engajamento" [Sparti 1992] não fosse admissível para os pesquisadores – em razão, por exemplo, de um enraizado senso de pudor – o estudo não poderia ser realizado. Essa última consideração leva ao tema mais geral da chamada sustentabilidade emocional das relações que, no campo, o pesquisador se verá envolvido [Lofland, 1971: 99]. Qualquer que seja a forma de observação adotada, encoberta (o observado age incognitamente) ou revelada (o observador revela a própria identidade aos "nativos"), é necessário que as características pessoais do observador e dos seus hóspedes não prejudiquem a possibilidade de uma convivência agradável. Não podemos fazer observação participante acompanhados de uma constante sensação de profundo desconforto ou de repulsa em relação aos próprios hóspedes. Tampouco podemos nos iludir de conseguir manter esses sentimentos sob controle: com o passar do tempo o desconforto se apresenta, com graves consequências no plano relacional, e, de qualquer forma, os esforços requeridos pela dissimulação dos próprios sentimentos tiram energia dos esforços, já onerosos, da pesquisa [p. 99].

O segundo aspecto – especificamente etnográfico – do desenho da pesquisa diz respeito à escolha do papel observativo. O tema foi amplamente discutido na literatura metodológica, onde dois modelos analíticos já se tornaram referências clássicas: a **classificação dos papéis observativos** de Gold [1958] e a de Spradley [1980]. Em extrema síntese, Gold distingue quatro papéis, em razão do peso relativo de observação e participação: participante completo, participante na qualidade de observador, observador na qualidade de participante e observador completo. Spradley articula posteriormente a classificação proposta por Gold, considerando conjuntamente o grau de participação e o nível de envolvimento. Com base nisso Spradley distingue cinco papéis: a observação não participante, representada pelo que o autor define como estudo etnográfico das transmissões televisivas; a participação passiva, típica dos estudos realizados em locais públicos; a participação moderada, própria dos contextos em que o pesquisador se esforça em manter um equilíbrio entre o papel de membro e de observador; a participação ativa, que vê o pesquisador compartilhar a maior parte das experiências vividas pelos próprios hóspedes; e, por último, a participação completa, que ocorre quando o pesquisador se envolve no estudo etnográfico de um contexto do qual faz parte [p. 58-62]. Ambas as classificações apresentam distinções relevantes que, no entanto, para as finalidades do nosso discurso não resultam pertinentes. Seja a classificação de Gold, seja a de Spradley, efetivamente, atravessam os limites do campo da observação participante, incluindo papéis próprios da observação naturalista[22]. Além

---

22. Possuem estas características em Gold, o papel do observador completo, e em Spradley a participação passiva. O que Spradley rotula como observação não participante – ao menos pelos exemplos que propõe – parece, ao contrário, atribuível à observação de documentos naturais ou, em razão do *focus* da análise, à análise das conversações.

disso, em um mesmo estudo, é possível que o pesquisador assuma papéis observativos diferentes, adequando a intensidade da sua participação em razão do tipo de interação social sobre o qual focaliza a atenção, das condições de acesso que lhe são atribuídas pelos seus hóspedes e pelos seus interesses cognitivos.

Movendo-se a partir dessas premissas, a única distinção que me parece relevante – abordada de forma diversa por Gold e Spradley – é a que opõe a observação encoberta à observação revelada. A observação é **encoberta** se o pesquisador interage [*sensu* Delamont, 2004] com as pessoas envolvidas no estudo, ocultando *a todos* a própria identidade de pesquisador. A observação é **revelada** quando não existe a dissimulação da própria identidade e dos próprios objetivos, ou seja, quando a negociação do acesso ao campo viu o pesquisador se qualificar como tal diante dos próprios interlocutores. Isso faz com que, no contexto em estudo, *alguns* e às vezes – ainda que raramente – todos os participantes tenham consciência de que estão interagindo com um pesquisador social[23].

O estudo de Laud Humphreys, *Tearoom Trade* [1975], constitui um caso de observação encoberta seguramente relevante. Humphreys focalizou a atenção sobre uma peculiar forma de interação face a face, as relações sexuais impessoais que têm como teatro os banheiros públicos (*tearooms*). O interesse de Humphreys era dirigido a uma forma de comportamento sexual específica do universo masculino, o encontro erótico homossexual consumado rapidamente, sem nenhum tipo de envolvimento ou obrigação, em duas palavras: "sexo instantâneo" [p. 1]. Essa interação que – observa Humphreys – vê protagonistas, seja homens com uma identidade homossexual, seja homens com uma identidade heterossexual, acontece em diversos contextos: "na galeria de uma sala cinematográfica, nos carros, atrás de um arbusto – mas poucos oferecem a esses homens as oportunidades oferecidas por um banheiro público" [p. 2]. Observar a interação social dentro de um *tearoom* é permitido apenas àqueles que compartilham aqueles espaços com as mesmas finalidades: consumar uma relação

---

23. Os itálicos presentes no texto pretendem chamar a atenção para a não oposição das características dos dois tipos de observação. Se, para qualificar uma atividade observativa como encoberta é necessário que nenhuma das pessoas envolvidas no estudo esteja consciente de estar interagindo com um cientista social, para defini-la revelada não é necessário que todas as pessoas envolvidas no estudo reconheçam no observador um cientista social. William Foote Whyte [1943], no seu clássico estudo sobre Little Italy, era certamente conhecido como pesquisador pela família que o hospedou, por Doc e pelo seu círculo de amigos, mas não por todas as pessoas do bairro, às quais bastava saber que William estava com Doc e que ele lhe dava garantia, nada mais. De forma análoga, no meu estudo em Gran Burrone [Cardano, 1997a], negociei a minha participação nas atividades da comunidade como cientista social, ou seja, realizei uma observação revelada. Entretanto, próximo do fim da minha permanência, quando decidi realizar algumas entrevistas, deparei-me com uma pessoa, com pseudônimo de Carla, que reagiu com surpresa à minha solicitação: "eu não pensava que estivesse fazendo isso, pensava que fosse um como nós..." Embora não tendo feito nada para esconder a minha identidade, Carla, uma pessoa que estava longe de ser insignificante na comunidade, não tinha conhecimento dos meus objetivos.

sexual. Para desenvolver o próprio estudo Humphreys teve que fazer com que as pessoas com quem compartilhou os espaços reduzidos dos doze banheiros públicos acreditassem que ele fosse homossexual. Humphreys, que não era homossexual, teve que conseguir uma posição, um papel dentro daquele contexto social que lhe permitisse apenas olhar. Nos *tearooms* estudados por Humphreys esse papel podia ser exercido legitimamente pela figura do guardião (*watchqueen*) que protege os encontros sexuais de olhares indiscretos. Entre as diversas variantes possíveis desse papel [p. 24-30], Humphreys escolheu aquele de *voyeur*, um papel para o qual não era necessária a adoção de comportamentos abertamente sexuais e que permitiu a esse singular pastor protestante concluir o próprio estudo.

Outro exemplo, eticamente menos problemático, de observação encoberta é constituído pelo estudo de Douglas Robins, Clinton Sanders e Spencer Cahill [1991] sobre as interações entre proprietários de cães em um jardim público, o Westside Park, situado em uma cidade não identificada da costa oeste americana. O estudo examina as dinâmicas de inclusão dos recém-chegados dentro de um grupo muito unido de proprietários de cães, apresentando uma forma particular de violação do preceito goffmaniano da "desatenção civil" que normalmente regula as relações entre estranhos em lugares públicos. O estudo teve um início totalmente casual: Douglas Robins acompanha Max, o seu bassê alemão, em um parque nunca antes visitado e ali encontra um grupo de cães, uma dezena, que brincam livres (sem guia, nem focinheira), em um espaço não cercado, enquanto os seus proprietários conversam entre si. Curioso em relação ao que observa, da construção de uma pequena contrassociedade que impõe aos outros frequentadores do parque a presença barulhenta de um bando de cães, Robins decide iniciar o estudo como membro *bona fide*, exercendo o único papel compatível naquele contexto, o de proprietário de um cão [p. 7]. Robins inicia assim a reconstruir as regras que regem aquela comunidade temporária, concentrando-se particularmente sobre as estratégias com as quais o grupo se autoalimenta recrutando novos membros, ao ponto de constituir aquela "massa crítica" necessária a impor no parque a presença de cães que brincam livres. O ensaio ilustra em detalhe o processo de inclusão de novos membros – neste caso Robins e o seu cão Max –, um processo iniciado pelos membros estáveis da comunidade que se utilizam do cão como expediente para entrar em contato com o seu proprietário (*bridging device to its owners*) [p. 9], ou seja, como dispositivo que autoriza a suspensão do ritual da desatenção civil. O ritual de inclusão prevê a aproximação por parte de um membro da comunidade de cinófilos ao recém-chegado, aquele se dirige ao cão – ao cão e não ao seu proprietário – e o convida para se unir ao grupo dos outros cães. A isso segue uma fase de observação dos recém-chegados, do cão e do seu proprietário, útil para estabelecer se subsistem as condições que permitem a inclusão deles no grupo (o cão deve ser sociável e o proprietário não deve ser superprotetor). Superado esse teste, abre-se para o recém-chegado uma fase inicial, na qual não é mais um estranho, mas ainda não é um membro com plenos direitos. Durante essa fase as interações não preveem nem a transmissão nem a aquisição de informações pessoais: as conversas dizem respeito exclusivamente à relação com o próprio cão, assim como a chegada ao grupo e a despedida preveem saudações dirigidas ao cão ("oi Max, tudo bem?") e não ao seu proprietário. Essa fase se encerra com a plena inclusão do recém-chegado no grupo, consagrada pelo compartilhamento de informações pessoais e pela atribuição de um nome próprio ("Douglas" e não mais "papai de Max").

Mais comuns são as pesquisas baseadas no uso da observação revelada, fazem parte desse âmbito boa parte das etnografias referidas nestas páginas e nos capítulos anteriores, a de William Foote Whyte [1943] sobre a Little Italy de Boston, a de Fine [2009] nas cozinhas dos restaurantes e, visto que sou eu que escreve estas páginas, o que me possibilita a escolha dos textos para fazer referência, também o meu estudo em Damanhur e em Gran Burrone [Cardano, 1997a].

Nessa perspectiva, a escolha entre uma ou outra forma de observação constitui um aspecto qualificante do desenho da pesquisa e determina aspectos relevantes do trabalho de campo, tanto no plano metodológico quanto no ético. Trata-se, entretanto, de uma escolha que ocupa apenas em parte o pesquisador por toda a duração do estudo. O pesquisador pode, na realidade, iniciar o seu estudo com uma observação encoberta para depois mudar, no caminho, o próprio papel, qualificando-se como um pesquisador social para com os seus interlocutores (obviamente o contrário não é possível). Em parte, isso é o que acontece sempre que o pesquisador, antes de decidir realizar o próprio estudo em um específico contexto social, procura ter uma primeira ideia básica dos seus contornos com uma visita informal, por exemplo, participando de um encontro público organizado pela organização política ou sindical que suscitou o seu interesse, assistindo ao ritual de uma igreja para a qual pretende dirigir a atenção, infiltrando-se no local incerto que poderia se tornar o teatro da sua investigação. Em outros casos, a passagem de um papel observativo a outro pode prever um esforço considerável em ambos [Douglas, 1976: 32]. Há alguns anos um estudante meu, particularmente brilhante, realizou um estudo etnográfico em um grupo de Jogadores Anônimos, atuante na sua cidade de origem. Os Jogadores Anônimos são um grupo de auto e mútua ajuda que, na esteira dos mais conhecidos Alcoólicos Anônimos, propõem-se a oferecer apoio aos jogadores compulsivos, dando-lhes suporte no seu percurso de libertação dessa forma de dependência. O estudante, que aqui chamarei Eugenio, mesmo não sendo um jogador compulsivo, tinha o hábito de apostar em corridas de cavalos, Totobola e algumas vezes tinha sido seduzido pelo videopôquer e pretendia adquirir um maior controle sobre a sua propensão ao jogo de azar, sem, no entanto, querer renunciar totalmente a isso. Confiante da sua competência como apostador, Eugenio se aproximou do grupo de jogadores pré-escolhido fingindo querer se libertar da própria compulsão por jogo. Participou, o mais disfarçado possível, de algumas sessões, sem conseguir, porém, eximir-se do ritual de autoapresentação: "boa noite, sou Eugenio, jogador compulsivo..." Por um conjunto diversificado de razões, depois de alguns meses frequentando de forma incógnita, decidiu comunicar ao responsável do grupo a própria identidade, qualificando-se como um jogador não propriamente compulsivo e especialmente como um estudante universitário, que chegou ali satisfazendo uma curiosidade genérica por aquele mundo e que agora – à luz da experiência adquirida – pretendia fazer dos Jogadores Anônimos o objeto da sua tese. O responsável do grupo levou um tempo para decidir se daria ou não permissão a Eugenio para continuar frequentando – na nova qualidade – o grupo. Por último, a permissão é dada mediante um solene compromisso de Eugenio para a proteção da privacidade dos membros do grupo, compromisso reforçado pela promessa de mostrar ao responsável a tese, antes da definitiva entrega à comissão examinadora, para que lhe fosse possível controlar os seus conteúdos. Eugenio respeitou os pactos e concluiu brilhantemente o próprio estudo. O caso descrito é sem dúvida crítico, especialmente também e talvez no plano ético, entretanto exemplifica eficazmente como é possível – também em condições particularmente adversas – o *"coming out* etnográfico" e com isso a passagem do papel de observador encoberto ao de observador revelado.

Dito isso, resta examinar mais de perto as **implicações metodológicas e éticas das duas modalidades de observação.** No plano metodológico as diferenças entre observação encoberta e revelada dizem respeito essencialmente a três aspectos: o acesso ao campo, o tipo de perturbação determinada pela presença do pesquisador e o grau de flexibilidade com que este último pode conduzir o próprio trabalho. A escolha entre uma ou outra modalidade observativa determina de forma rigorosa as modalidades de acesso ao campo. No caso da observação revelada, o pesquisador deverá negociar as condições da própria participação no contexto social em estudo com aqueles que protegem os seus limites, que comandam o acesso. Essas pessoas – na literatura metodológica, *gatekeeper*, **guardiões** – dispõem de um poder discricionário em relação ao pesquisador que nem sempre coincide com o poder que podem exercer no contexto social de que fazem parte. Ou seja, podem fechar a porta que dá acesso ao campo, sejam porteiros ou contínuos, sejam titulados responsáveis pelas relações exteriores, líderes políticos ou religiosos, dirigentes empresariais. Se a última autorização à realização do próprio estudo só pode ser dada por quem, no contexto social em estudo, dispõe de um real poder de veto, é também verdadeiro que os guardiões com menos condecorações podem de qualquer forma impedir o pesquisador de entrar em contato com quem é encarregado da última decisão. Na observação revelada o pesquisador deve ganhar a confiança dos guardiões, primeiramente persuadindo-os do caráter inofensivo da sua presença entre eles, de como não devem ter nada a temer pela agregação de um estudioso nos seus postos de trabalho que, por algum tempo, irá se intrometer nas coisas deles. Obviamente que no caso da observação encoberta todos esses problemas desaparecem. Como "infiltrado", o pesquisador deverá conquistar o direito de desempenhar um papel dentro do contexto em estudo, preferencialmente um papel que lhe permita desenvolver ao máximo o seu trabalho. Também nesse caso o pesquisador deverá ganhar a confiança dos próprios hóspedes, assim como acontece em qualquer relação social. Essa confiança, entretanto, não tem aqui como objeto o uso que o pesquisador poderá fazer das informações obtidas participando da vida das pessoas envolvidas no estudo.

A segunda dimensão apresentada, o tipo de perturbação, separa os dois tipos de observação em razão do impacto do pesquisador no contexto em estudo. A utilização da observação revelada gera – limitadamente entre aqueles que estão conscientes da identidade e dos objetivos do pesquisador – perturbação observativa. Conscientes das finalidades do observador, as pessoas envolvidas no estudo podem, especialmente nas suas primeiras fases, modificar o seu comportamento moldando-se aos padrões que consideram apropriados para aquele contexto interativo. Ou seja, podem se propor a mostrar ao pesquisador uma imagem, de si e do contexto social de que fazem parte, coincidente com a imagem pública que gostariam de transmitir ou, de qualquer forma, tal que não os coloque em dificuldade. No caso da observação encoberta, à perturbação observativa segue a perturbação interativa. Interagindo com os próprios hóspedes, o pesquisador não poderá ser a proverbial "mosca na parede", mas com a própria presença modificará – talvez apenas um pouco – o tecido interativo de que se tornou parte. Em ambos os casos, o da observação revelada e, ainda mais, o da observação encoberta, a perturbação não configura exclusivamente, nem principalmente, uma forma de *bias*, de distorção. Ao contrário, torna-se matéria para uma reflexão desenvolvida quase sobre um registro experimental. Observando como os nossos hóspedes reagem à introdução de um recém-chegado no campo das suas relações – um pesquisador ou um membro *bona fide* –, podem-se extrair informações relevantes sobre as normas, sobre os valores, sobre as práticas habituais compartilhadas por eles. O modo no qual é, por assim dizer, digerida a nossa presença, oferece, portanto, importantes indicações sobre o perfil do contexto social em estudo.

A flexibilidade na organização do trabalho de campo constitui a terceira e última dimensão ao longo da qual pode-se compreender as diferenças que separam a observação encoberta da revelada. Esta última é a modalidade observativa que garante ao pesquisador a maior liberdade de movimento dentro e fora do campo. A participação, como pesquisador, oferece ao etnógrafo a oportunidade de extrair do trabalho de campo uma quantidade mais rica e, sobretudo, mais diferenciada de informações e experiências. Livre das prescrições próprias de um específico papel na sociedade, o observador tem uma notável possibilidade de movimento no campo que lhe permite estar presente em numerosas situações sociais, aproximar-se de diversos papéis na sociedade, até de participar de formas de interação social que as normas daquela sociedade querem reciprocamente separadas. Sendo hóspede de uma comunidade religiosa, por exemplo, poderá participar das formas de ritualidade reservadas aos mais jovens, para logo depois escutar as discussões políticas dos idosos que governam a comunidade, parte de uma assembleia da qual os jovens são rigorosamente excluídos. Legitimado no seu papel de estudioso, o observador poderá se dedicar à redação cotidiana das próprias anotações de campo com serenidade, sem ter que se esconder sabe-se lá onde, constantemente envolto pelo temor de ser desmascarado. Além disso, poderá recorrer, de forma bem mais ampla do que permitido ao observador encoberto, ao *"backtalk"*[24], ou seja, poderá interpelar os seus hóspedes sobre a adequação das próprias interpretações da cultura deles e sobre a adequação dos procedimentos observativos usados. E, ainda, a participação como pesquisador permite ao etnógrafo associar o uso de outras técnicas de pesquisa à observação participante, atividades não justificáveis para um membro comum. Enfim, último fator de flexibilidade, o observador, nessa qualidade, pode mais facilmente modular a sua presença entre os seus hóspedes, alternando a permanência no campo com breves períodos de trabalho em casa, com os próprios livros e próprios interlocutores científicos. Essa flexibilidade deixa de existir no caso da observação encoberta, na qual aquilo que o pesquisador poderá experimentar é ditado – em medida mais ou menos rigorosa – pelas expectativas sociais que caracterizam o papel recoberto. Se decidir estudar as relações sindicais em uma grande empresa metalomecânica, sendo admitido como encarregado das prensas poderá participar das assembleias sindicais da empresa, mas certamente não poderá sentar-se à mesa do conselho de administração para tomar nota das decisões que ali são tomadas. Quanto ao *backtalk*, a sua utilização não é totalmente vetada, mas definitivamente limitada pela exigência de não deixar cair a própria máscara. Como recém-chegado, em um grupo religioso (penso no estudo de Festinger) ou entre as filas de uma "comunidade silenciosa" sediada em um local público (penso no estudo de Humphreys), o pesquisador entrará no próprio papel como um novato e, enquanto tal, poderá solicitar esclarecimentos aos membros mais antigos sobre como se comportar, sobre o significado de palavras ou condutas que encontra pela primeira vez. Porém, não poderá ir além desse limite, nem poderá aspirar por muito tempo o reconhecimento do *status* de novato, transformando a sua legítima curiosidade em algo que os seus hóspedes certamente vão julgar como suspeito. A utilização da observação encoberta, da dissimulação da própria identidade do pesquisador diante da totalidade ou de uma parte da população em estudo, identifica um cenário no qual os problemas éticos a que fizemos menção no capítulo dedicado ao desenho da pesquisa (supra, cap. 2, par. 1.3) assumem uma peculiar consis-

---

24. A expressão *backtalk* [Lanzara, 1988] designa o conjunto das observações e dos comentários elaborados pelos participantes no que se refere à relação observativa ou às interpretações do contexto social em estudo, elaboradas pelo observador.

tência [Adler e Adler, 1994: 387-389][25]. A adoção da chave interpretativa mais rígida, a ditada pelo registro kantiano, considera inadmissível qualquer forma de observação encoberta, pelo engano, a mistificação que está na sua raiz. Um engano que faz com que o pesquisador use os seus interlocutores, ou, pelo menos, use a confiança que eles depositaram nele como membro *bona fide*, para os seus próprios objetivos, sejam eles os mais nobres, ou seja, o crescimento do conhecimento científico. Esse preceito oferece um guia seguro todas as vezes em que é possível realizar um estudo etnográfico, podendo-se escolher – ainda que com resultados diferentes – entre o uso de uma ou de outra forma de observação. Em todos esses casos deve-se preferir a observação revelada à observação encoberta. A questão é mais complicada quando a observação encoberta resulta a única modalidade de pesquisa possível. É esse o caso da quase totalidade dos estudos que têm como objeto comportamentos desviantes, qualquer que seja o seu teor, do grande crime financeiro aos pequenos abusos da professora desmotivada em prejuízo dos próprios alunos. Nesses contextos o pesquisador fiel aos preceitos da ética kantiana enfrenta, por ordem, dois problemas. O primeiro, decisivo, é o do acesso: não é fácil que as pessoas envolvidas em atividades desviantes ou criminais aceitem entre elas um pesquisador que, muito provavelmente, será identificado como espião. O segundo problema apresenta-se quando – por razões sobre as quais valeria a pena refletir – o pesquisador obteve o acesso. Nesse caso, o risco de ser exposto ao que Van Maanen [1979 – trad. it., 1995: 40] rotula como "dados apresentados", àquele conjunto de mentiras, de comportamentos evasivos, de falsas aparências que Douglas [1976, cap. 4] nos chama a atenção, é realmente muito alto. A sociologia deve renunciar a se ocupar de tudo isso? Deve fazê-lo utilizando apenas as técnicas de pesquisa não invasivas, observando apenas "dados naturalistas", impedindo de enriquecer a própria interpretação observando a ação onde ela se desenvolve, falando com as pessoas envolvidas nos processos em estudo?

Essas perguntas encontram uma resposta – ainda que discutível – na moldura ética alternativa, a utilitarista. Aqui, um passo em direção a uma reabilitação – ainda que não incondicional – da observação encoberta passa pela desconstrução da oposição entre autenticidade e dissimulação de si mesmo. A esse respeito merece ser observado como cada interação social, portanto, também as que empenham o pesquisador e as pessoas envolvidas no estudo, caracteriza-se por uma medida variável de ficção e dissimulação [Shaffir, 1991:

---

25. Como já foi dito no capítulo dedicado ao desenho da pesquisa, os problemas éticos que recaem sobre a pesquisa social são representados dentro de duas distintas molduras teóricas. A primeira, utilitarista, os enfrenta considerando, em um ideal equilíbrio, os custos e os benefícios que acompanham a realização de uma pesquisa social. Nessa perspectiva uma pesquisa é eticamente admissível se os custos morais suportados pelos participantes são compensados pelos benefícios que os conhecimentos fornecidos pelo estudo oferecem à sociedade no seu conjunto. A segunda posição, de inspiração kantiana, contesta à raiz a argumentação utilitarista e considera que nenhum fim possa justificar o uso de um indivíduo como meio para a sua realização.

72]. Nessa esteira coloca-se a argumentação fundamental da abordagem utilitarista que sugere que se considerem as implicações éticas da utilização da observação encoberta principalmente em termos de consequências para as pessoas envolvidas no estudo. O caso da pesquisa de Humphreys, pela delicadeza do tema enfrentado e pela imparcialidade do desenho da pesquisa, pode novamente oferecer úteis pontos de reflexão. À reconstrução das formas de interação social nos banheiros públicos, Humphreys associou uma atividade quase policial: tomou nota dos números da placa dos carros dos frequentadores dos *tearooms*, e pelo número da placa chegou ao nome e ao endereço de uma centena de indivíduos. A metade dos sujeitos assim identificados foi envolvida – de forma absolutamente anônima – em uma pesquisa por amostragem sobre a saúde e sobre os estilos de vida, destinada a uma amostra mais ampla. A pesquisa por amostragem permitiu a Humphreys obter informações sobre a posição social e sobre o estado civil dos entrevistados, documentando como as práticas sexuais a que tinha assistido envolvessem não apenas a comunidade homossexual, mas uma cota consistente de heterossexuais, de maridos e pais exemplares. Humphreys se preocupou em proteger com o máximo rigor o anonimato dos sujeitos em estudo, cuja identidade permaneceu conhecida somente a ele. Além disso, na monografia que reúne os resultados do estudo, nenhum indício pode levar o leitor a identificar os banheiros públicos, objeto de estudo, e os seus frequentadores habituais. Humphreys muito dificilmente teria podido realizar o próprio estudo de uma forma diferente[26], e temos boas razões para acreditar que os sujeitos envolvidos não tenham sofrido nenhum dano, nem durante o estudo nem com a publicação dos resultados da pesquisa. Esses elementos permitem a cada um elaborar a própria avaliação ética pessoal – particularmente necessária onde não existam específicos comitês éticos para tratar do assunto – sobre o estudo de Humphreys e, de forma geral, sobre os estudos baseados na observação encoberta, considerando caso a caso dois aspectos: a viabilidade de uma estratégia de pesquisa alternativa e a extensão do dano causado aos próprios interlocutores.

Com isso pode-se dizer concluída a reflexão sobre as especificidades que o tema da elaboração do desenho da pesquisa assume no contexto da observação participante. O trabalho de campo constituirá o tema do próximo parágrafo.

2 O trabalho de campo

O trabalho de campo constitui o coração da experiência etnográfica: neste parágrafo prosseguirei à apresentação dos "movimentos" elementares de que se compõe, começando pela negociação do acesso, para logo passar às atividades

---

26. Ele não poderia bater na porta das pessoas que havia identificado – como observa o próprio Humphreys – e se dirigir a elas de forma clara: "Excuse me, I saw you engaging in a homosexual act in a tearoom last year, and I wonder if I might ask you a few questions" [Humphreys, 1975: 41].

de observação e escrita que seguem ao acesso do pesquisador ao campo. Boa parte das considerações que se seguem refere-se ao trabalho de campo entendido no sentido mais geral, deixando em segundo plano a distinção entre observação encoberta e revelada, a que farei referência explícita apenas quando necessário. Para cada "movimento" serão apresentadas as principais opções, examinadas principalmente em um registro epistêmico, em razão da sua capacidade de oferecer uma contribuição para uma representação precisa do contexto social em estudo. Uma parte consistente do parágrafo é dedicada à apresentação de uma série de "heurísticas" [Abbott, 2004] pensadas para ajudar a resolver um dos problemas mais espinhosos do trabalho etnográfico, a dificuldade de reconhecer a figura no tapete, de focar, dentro de um conjunto heteróclito de materiais empíricos os elementos úteis para fornecer uma resposta às perguntas a partir das quais se move a pesquisa e às que se apresentam pelo caminho. Essas heurísticas serão introduzidas adotando a forma de expressão proposta por Becker [1998]: serão propostas como "truques" úteis primeiramente para representar os problemas de pesquisa que se encontram no campo, para extrair da própria experiência um enigma digno de nota, mas também como expediente para individuar para cada problema, para cada pergunta, uma resposta convincente[27]. Cada truque será indicado com o nome de uma pessoa, escolhido – não sem arbitrariedade – para evocar de forma concisa o espírito do procedimento proposto.

2.1 O acesso

O acesso ao campo é moldado pela escolha do papel observativo, ou seja, em razão da escolha realizada pelo pesquisador entre observação encoberta e revelada. No caso da observação encoberta podemos individuar duas variantes dignas de nota. Na primeira, o pesquisador decide introduzir-se no contexto social para o qual pretende dirigir a atenção; na outra, o pesquisador já faz parte daquele contexto e decide aproveitar os privilégios decorrentes do seu pertencimento àquele contexto para realizar um estudo etnográfico. Da primeira categoria fazem parte o estudo de Humphreys referido mais acima e a pesquisa de Festinger, Riecken e Schachter [1956] sobre uma seita apocalíptica da região dos grandes lagos[28]. Em ambos os casos os pesquisadores se "infiltraram" no contexto em estudo expressamente para realizar a própria pesquisa. O estudo de Julius Roth [1963] sobre a vida cotidiana em um sanatório, ao contrário, entra na segunda categoria. Roth realizou esse estudo submetendo as suas finalidades de pesquisa a um evento de vida certamente não procurado, a sua internação

---

27. A uma reflexão mais sistemática sobre o fio condutor que une as propostas de Abbott e Becker é dedicado o meu ensaio [Cardano, 2008d] para o qual se remete.

28. O desenho do estudo de Festinger Riecken e Schachter é apresentado de forma mais extensa no capítulo 2 deste volume (cf. a nota 4).

em um sanatório no qual foi tratado para a tuberculose. Roth, portanto, não teve que se infiltrar no sanatório a que dedicou a sua monografia, mas se limitou a acrescentar ao seu papel de paciente o de observador. Enquanto Roth não teve que se empenhar em nenhuma atividade de negociação para obter o acesso ao contexto em estudo, seja Humphreys, seja Festinger e colegas, tiveram que ganhar a confiança das pessoas para as quais dirigiram a atenção e, em seguida, assumirem entre elas um papel compatível às suas finalidades de pesquisa: o guardião-*voyer* para Humphreys, os devotos da seita apocalíptica para Festinger, Riecken e Schachter.

No caso da observação revelada, o acesso ou a permanência no campo serão objeto de específicas negociações, com interlocutores diferentes em razão do tipo de contexto em estudo e do seu grau de estruturação. A situação canônica é aquela que prevê o acesso a um contexto social caracterizado por limites vagamente definidos e povoado por uma população relativamente estável. É o caso típico do estudo de um vilarejo exótico para um antropólogo ou de uma empresa ou uma seita religiosa para um sociólogo. Nesses contextos o pesquisador encontra um ou mais guardiões, às vezes investido daquela função de forma oficial (é o caso do responsável pelas relações com o público em uma empresa) ao qual deverá apresentar as finalidades do seu estudo e negociar as condições da sua realização. Onde os requisitos indicados acima – a presença de limites dentro dos quais reside uma população relativamente estável – deixam de existir, o pesquisador será chamado a negociar o seu direito de permanecer no campo sempre que expressar de forma clara os próprios objetivos, por exemplo, sempre que pedir a colaboração das pessoas com quem interage para realizar uma entrevista. Essa é, razoavelmente, a situação em que se encontraram Douglas, Rasmussen e Flanagan, no seu estudo em uma praia de nudismo [Douglas e Rasmussen, 1978]. Os três pesquisadores não tiveram que negociar o acesso ao campo, para eles foi suficiente se adequarem à regra que tornava legítima a sua presença: tirar as suas roupas. A negociação os envolveu, ao contrário, todas as vezes em que, para coletar informações não passíveis de adquirir desempenhando o papel de membros (*insiders*), revelaram a sua identidade. Esta condição de dilatação no tempo da negociação se aplica também aos estudos realizados em contextos que reproduzem a forma do vilarejo. A negociação das condições com as quais compartilhar a sua experiência acompanha todas as fases do trabalho de campo, endereçando-se em direção a novas e inesperadas aberturas (quando nos é permitido o que antes nos era proibido), mas também de fechamentos, ditados – tanto umas quanto outros – não apenas por eventos contingentes, mas também pela capacidade do pesquisador de construir e conservar relações de confiança.

É difícil propor uma receita capaz de garantir um acesso rápido e indolor ao campo. Algumas indicações mais gerais podem ser úteis de qualquer forma e a elas é dedicado o que se segue. A primeira e mais elementar indicação diz respeito ao esforço em **agradar as pessoas** com as quais pretendemos realizar o nosso estudo [Douglas, 1976: 136]. É necessário tentar se sintonizar o mais rapidamente possível com as formas de sociabilidade e de apresentação de si, apropriadas ao contexto em estudo. O meu primeiro contato com os elfos de Gran Burrone constituiu, sob esse perfil, um desafio sob vários pontos de vista. Um desafio perdido, quando cheguei a sua sede impondo à minha velha Fiat Uno um longo percurso em uma estrada de terra, para descobrir no olhar de quem me acolheu uma resignada reprovação. Um desafio que me parece ter sido vencido quando não me surpreendi ao descobrir que durante os três dias do meu primeiro período de permanência (mas depois também a seguir) teria que usar os campos como banheiro e também quando, à margem de uma festa, me passaram um *cyloom**, e eu – não fumante em todos os sentidos – decidi então dar uma tragada. Talvez não deva nem ser lembrada a importância da vestimenta para a qual, assim como para os outros aspectos referidos mais acima, não são necessárias as virtudes do *Zelig* de Woody Allen, expressas por uma capacidade mimética surpreendente[29]. Entretanto, é necessário, por exemplo, evitar uma roupa com um decote muito generoso se queremos nos aproximar de um grupo de puritanos, ou uma pele de *vison* nos primeiros contatos com um grupo de defesa dos animais.

"**Não tenha pressa!** Continue com pequenos passos!" é a segunda indicação, que Douglas formula utilizando uma eficaz metáfora erótica: "o pesquisador, assim como o sábio amante, nunca insistirá com a própria amada ao ponto em que um explícito "não" seja possível" [p. 33]. Na negociação é necessário medir a intensidade da participação solicitada à confiança conquistada. Isso quer dizer que não é necessário pedir e obter imediatamente o nível de inclusão que consideramos necessário para concluir o nosso estudo. Se aquilo que queremos é poder segui-los como uma sombra durante todo o dia, poderíamos começar pedindo para passar alguns momentos do dia juntos, aqueles durante os quais a nossa presença causa menos incômodo. Depois de passar algum tempo com eles naquelas condições, certos do crédito de confiança adquirido, podemos pedir uma extensão dos tempos de observação, até alcançar – pouco a pouco – o nível compatível com os nossos objetivos. É conveniente prosseguir de forma análoga sobre o objeto do estudo, declarando, desde o início, um interesse genérico pelos aspectos da vida cotidiana dos nossos interlocutores sobre os quais é razoável presumir que – por aquilo que podemos entender e pela nossa experiência das coisas do mundo – eles se sintam menos ameaça-

---

* Cf. glossário.

29. Refiro-me ao filme escrito e interpretado por Woody Allen, *Zelig*, de 1983. Leonard Zelig, personificado por Allen, é acometido por uma rara doença psicossomática que o faz assumir os traços somáticos das pessoas com quem se relaciona: crescem-lhe os cabelos e a sua pele fica bronzeada em uma conversa com um índio americano, engorda na presença de um obeso, e assim por diante.

dos. Se aquilo que nos interessa são as atividades dos bastidores, é conveniente começar pedindo a eles para poder participar do que acontece sobre o palco. Se o que nos interessa estudar configura-se como algo que os nossos hóspedes não consideram propriamente edificante, é melhor começar pedindo-lhes para participar dos aspectos altos e nobres das suas vidas, para depois prosseguir, conquistado um grão da sua confiança, sobre os terrenos mais acidentados. Por exemplo, se da organização do trabalho de cozinha [Fine, 2009] nos interessa especialmente reconstruir as práticas que atravessam os limites, não apenas do bom gosto, mas também os da higiene, será conveniente negociar a nossa participação no trabalho de cozinha declarando um interesse pelas expressões mais elevadas da arte culinária. Isso nos permitirá colocar os pés na cozinha, iniciar a construção de relações de confiança sempre mais estreitas, certos de que, no devido tempo, poderemos assistir àquelas pequenas práticas desviantes (o aproveitamento das sobras, a devolução rápida de um bife caído no chão) que tanto nos interessa observar. Dar e ganhar tempo quer dizer também ajudar os nossos interlocutores na celebração de um ritual comum na pesquisa de campo, a inversão dos papéis, no qual é o observador a ser observado justamente por aqueles para os quais o estudo pretende dirigir a atenção. Fiz essa experiência de forma quase escolástica no meu estudo sobre Damanhur [Cardano, 1997a], onde as minhas solicitações para realizar um estudo sobre a experiência do sagrado da natureza naquela comunidade foram primeiro recusadas com garbo, mas com resoluta firmeza, para serem em seguida congeladas, à espera de obter informações pontuais sobre as minhas motivações e sobre a minha pessoa. Com esse objetivo fui direcionado para o Centro de Pesquisas Horus de Turim, apêndice da comunidade dirigida aos não iniciados. Aqui fui submetido a um verdadeiro exame no qual me foi pedido para indicar "a hipótese" que guiava o meu trabalho e para motivar, em um registro humano, pessoal, as razões do meu interesse pela comunidade. O exame continuou nos dias que se seguiram, quando me permitiram participar do ritual do solstício de verão. Ali encontrei Azalea, a primeira "guardiã" na recepção da comunidade que me saudou com: "Vejo que conseguiu, superou as provas de iniciação!"

Durante essas tratativas – ainda é Douglas a nos sugerir – pode ser útil assumir um perfil discreto, mostrando-se não excessivamente arguto e competente (Douglas [1976: 169] usa a gíria "fazendo-se de bobo"), e por isso incapaz de constituir uma ameaça, uma vez conquistado o direito de observar a vida dos nossos interlocutores. Lendo o passo de Douglas que sugere esse expediente, a primeira imagem que se impôs em minha mente não tem a marca da alta literatura, mas a menos nobre das séries de TV. Veio em minha mente o Tenente Colombo, protagonista da série de TV "Os Detetives", personificado por Peter Falk. O *script* dos episódios da série coloca frequentemente o nosso investigador diante de homens ricos e potentes, suspeitos de crimes hediondos. Colombo brinca com eles mostrando-se imbecil, incapaz, em última análise, inofensivo. Isso lhe permite entrar nas vidas dos investigados, de fazer várias visitas aos seus apartamentos, alegando os motivos mais improváveis, ou melhor, mais idiotas; tudo isso até lhes desmascarar, obtendo as provas que mostram, sem sombra de dúvida, a sua culpa. A variante menos romanceada do "truque do Tenente Colombo" é indicada por Douglas na qualificação do próprio trabalho – ao menos enquanto a idade o permite – como o exercício de um estudante exigido por maus professores a passar em uma prova [p. 143, 164-165]. Obviamente que nem sempre o **"truque do Tenente Colombo"** é conveniente e praticável, mas é verdade que a conduta contrária, aquela de quem mostra saber compreender as características profundas da cultura dos seus hóspedes apenas com um rápido olhar, pode ser contraproducente.

Duas últimas indicações encerram a série dos conselhos da avó. A primeira, quase óbvia, diz respeito ao *aplomb* com o qual é conveniente receber a recusa à realização do estudo. Esse comportamento pode favorecer uma reflexão dos nossos interlocutores, no caso de decidirmos voltar ao ataque. Ao contrário, sentir-se ofendido em relação àqueles que se permitirem obstruir o radioso caminho da ciência pode constituir um sério obstáculo no caso de decidirmos desviar a atenção para um contexto social análogo àquele cuja porta nos foi fechada, especialmente se os dois mundos estão em contato entre si e se a notícia sobre a nossa reação à recusa não propriamente educada pode chegar aos ouvidos do novo alvo. A outra indicação recai sobre a fase do trabalho de pesquisa entre o final da negociação do acesso e as primeiras fases do trabalho de observação. Na espera de obter um conhecimento mais pontual do contexto em estudo, das relações de poder que estruturam o seu campo é conveniente, por assim dizer, ter as mãos livres, evitar estabelecer alianças demasiadamente estreitas com grupos ou pessoas que depois poderão prejudicar futuras relações com outras pessoas, relações mais úteis aos nossos objetivos. Ficar com as mãos livres quer dizer também manter – por mais um tempo – em suspenso as nossas finalidades cognitivas, para ter como redefini-las no devido tempo.

Antes de passar à ilustração do que se segue a uma negociação bem-sucedida do acesso, o trabalho de campo, é conveniente dirigir a atenção para outra figura envolvida no jogo, além do etnógrafo, dos guardiões e do resto das pessoas para as quais se decidiu dirigir a atenção. Trata-se da figura do mediador cultural, sobre o qual o pesquisador pode contar para alcançar os próprios objetivos. O mediador cultural é uma pessoa que tem a confiança da população em estudo e que, pelas suas características culturais e de personalidade, é facilmente acessível ao pesquisador. O mediador cultural ideal é uma pessoa que tem sólidas ligações com ambas as culturas protagonistas do encontro etnográfico, a do pesquisador e a dos seus hóspedes, e que conhece esta última com suficiente profundidade. Na prática de pesquisa, os mediadores culturais têm, na maioria das vezes, uma ligação estreita com uma das duas culturas, e uma ligação mais fraca com a outra. Podem fazer parte do contexto social sobre o qual se pretende realizar o estudo, confundindo-se com a figura do informante, assim como podem se limitar a manter – de fora – boas relações com os seus membros. Na perspectiva adotada neste parágrafo o mediador cultural é a pessoa que apresentará o observador aos guardiões e procurará tranquilizá-los sobre os seus propósitos. Se, por assim dizer, colocamos os primeiros passos da nossa pesquisa em suas mãos, devemos ter boas razões para acreditar: a) que o nosso interlocutor tenha realmente a confiança da população e b) que, aos seus olhos, a nossa pessoa tenha pelo menos a mesma confiança. Por essa razão a escolha do mediador cultural deve ser feita com cuidado e, principalmente, sem pressa, considerando os prós e contras de cada candidatura. Em alguns contextos sociais, caracterizados por divisões profundas que separam e às vezes opõem diversos segmentos sociais, pode-se tornar necessário recorrer a mais de uma figura de mediador: uma para cada um dos segmentos nos quais o contexto em estudo seja fragmentado.

De tudo isto, da relação com o mediador cultural (ou os mediadores) e dos primeiros contatos com a cultura, é necessário tomar nota com o mesmo cuidado que será reservado às fases sucessivas do trabalho de campo. Isso porque a análise do modo em que a sociedade enfrentou e resolveu os problemas de estabilidade e controle causados pela chegada do etnógrafo fala-nos de forma particularmente eloquente das características da sua cultura.

2.2 Participação, observação, diálogo

No campo, confiante em um papel que justifica a sua permanência, o pesquisador prossegue entrelaçando observação, participação e diálogo, e representando os principais aspectos da sua experiência nas notas etnográficas. Tudo isso tem por objetivo a elaboração de uma resposta às perguntas que inspiraram o estudo e às que progressivamente se apresentam ao longo da sua realização. A elaboração dessas respostas, e da argumentação que sustenta a sua plausibilidade (cf. supra, cap. 2), cresce e se consolida no decorrer do trabalho de campo através de uma série, por assim dizer, de "repetidas medições", por exemplo, da estrutura de poder de uma comunidade espiritual ou do sentido colocado no encontro com o sagrado da natureza, que adquirem no tempo sempre maior precisão, sempre maior "validade" [Kirk e Miller, 1986][30]. Mostra-se aqui, sob outro perfil, o valor de um estilo de pesquisa que se desenvolve a longo prazo, que permite – prosseguindo no uso da linguagem quantitativa – aprender a medir de forma mais apropriada o que nos interessa medir, individuando o "grupo de operações" [Bridgman, 1965] mais eficaz e construindo relações sociais ao redor dele que permitam a sua utilização.

---

30. Desenvolvi de forma analítica o paralelismo entre a prática etnográfica e as operações de "mensuração" próprias da pesquisa quantitativa em um ensaio meu, para o qual remeto [Cardano, 2001, par. 5.1].

A participação então, como já foi dito, oferece a oportunidade de colocar à prova "teorias provisórias" [Wikan, 1992 – trad. it., 2009: 112-114], que com o tempo veem crescer a própria exatidão. Participação, observação e também diálogo, já foi dito; diálogo porque, como observa Dan Sperber, as ideias, as intenções dos nossos interlocutores, não se observam, mas se intuem através de uma interação discursiva [Sperber, 1982 – trad. it., 1984, cap. 1]. O diálogo no campo assume, não diversamente da vida cotidiana, uma pluralidade de formas; porém, para os nossos objetivos é suficiente distinguir três variantes. Da primeira fazem parte as interlocuções informais que acompanham as atividades cotidianas que envolvem o pesquisador: desde o "passe-me a concha, por favor", pronunciado por Fine na cozinha de um restaurante, ao "onde posso me sentar" pronunciado claramente no barulho de uma sala de ensaio por Eastis. Da segunda fazem parte as interações discursivas, sempre informais, mas focalizadas. Têm essa característica as entrevistas "casuais" [Lofland, 1971] ou o *backtalk*, escondidos, por assim dizer, entre os recônditos de uma interação habitual, na qual convidamos o nosso interlocutor a nos contar o que aconteceu naquele momento ou lhe solicitamos esclarecimentos sobre o significado de um ritual ou sobre as razões de uma discussão, apresentando humildemente as nossas hipóteses interpretativas. Fazem parte dessa categoria também os procedimentos que Douglas define "investigativos" [1976: 146ss.], como o controle de coerência intertextual baseado no confronto entre as versões de um mesmo evento apresentadas por diversas pessoas e o controle de coerência intertextual baseado no confronto entre as versões de um mesmo evento apresentadas – em tempos diferentes – pela mesma pessoa. Da terceira e última variante fazem parte as interações discursivas formalizadas como, por exemplo, uma entrevista discursiva ou um grupo focal, ou um procedimento de *backtalk* qualificado como tal aos olhos dos nossos hóspedes.

O modo de operação do trabalho de campo pode ser representado como um contínuo vaivém entre observação em geral e focalização sobre um pequeno detalhe. O movimento de *zoom* virtual que guia as atividades observativas é ditado, por um lado, pelas contingências do campo, pelos eventos que se sucedem, pelos encontros que fazemos; por outro lado, pelo progressivo amadurecimento das respostas às perguntas da pesquisa. Uma receita sobre a combinação mais apropriada de estilos observativos parece, portanto, inapropriada[31]; a ela – como já foi dito – substituirei uma série de sugestões, de "truques", que definem igualmente exercícios de "ver-como" [Wittgenstein, 1953 – trad. it., 1967: parte II, seção xi: 255ss.], aos quais recorrer quando houver necessidade, sem uma ordem preestabelecida e sem nenhuma restrição ao uso de todos os truques propostos.

---

31. Nas minhas tentativas anteriores de ilustração do trabalho etnográfico [Cardano, 1997a, 2003] utilizei a tripartição proposta por Spradley [1980], em observação descritiva, focalizada e seletiva. Com o tempo, para que conste, eu me persuadi da sua artificialidade, chegando à proposta apresentada no texto, adaptada, realmente, à experiência cotidiana de observação.

2.3 Heurísticas da observação, truques para ver de outra forma

O primeiro truque proposto, útil também para iniciar o trabalho de campo, é chamado de Usbek, o príncipe persa protagonista, juntamente com Rica, do epistolário imaginário *Lettere persiane*, publicado por Montesquieu em 1721. Montesquieu recorre a um eficaz expediente narrativo que consiste em colocar um príncipe persa na Paris do século XVIII, cuja estranheza lhe permite compreender os aspectos da sociedade e da cultura parisienses escondidos na superfície da vida cotidiana. Usbek constitui uma série de radicalizações do estrangeiro schütziano, capaz de entender, por força da própria radical estranheza à cultura francesa, o que os "nativos" consideram óbvio[32]. O **"truque de Usbek"** consiste em enfrentar a experiência do contexto em estudo colocando em discussão, problematizando todos os seus aspectos, até os menores [Douglas, 1976: 120]. Se, por exemplo, nos aventurássemos na observação de uma aula na universidade guiados pelo truque de Usbek, poderíamos começar nos perguntando por que existem umas sessenta pessoas sentadas com o olhar fixo (não todas, mas a maior parte) em direção a uma outra pessoa que fala sobre coisas complicadas, mas sem se dirigir a nenhum dos presentes em particular. Além disso, por que, poderíamos nos perguntar, esses monólogos com público são acompanhados por uma frenética atividade de escrita por parte dos presentes, e por que a cada 45 minutos aproximadamente – não antes e nem depois – todos se levantam com um ar aliviado e pegam comidas, bebidas ou cigarros? O truque de Usbek nos convida a olharmos ao redor sem considerar nada óbvio, a descrever as interações sociais a que assistimos, tentando abandonar os critérios de relevância mais comuns, aqueles que naquela sala com um orador e uns sessenta ouvintes nos levariam a dizer: "nada de novo, é a aula de sempre..."[33]

O segundo truque guia o olhar de outra forma: sugere desviar a atenção do primeiro plano ao plano de fundo e vice-versa. O chamarei o **truque de Henrí Cartier-Bresson**, do nome do famoso fotógrafo francês morto há alguns

---

32. Mais recentemente, em um âmbito próximo àquele do qual se ocupa este capítulo, o mesmo expediente foi usado por Melvin Pollner [1987 – trad. it., 1995: 40-46, 274-279], que atribui a duas pessoas estranhas ao nosso mundo, a dois "estrangeiros transcendentais" (ou talvez, "antropólogos transcendentais"), a tarefa de mostrar os postulados que constituem a prática científica.

33. A aplicação do truque de Usbek poderia parecer, pelo menos à primeira vista, bastante simples: ao observador é solicitado que olhe ao seu redor para então descrever nas próprias notas etnográficas aquilo o que vê, que ouve, aquilo do qual, de um modo geral, experimenta. Essa imagem reconfortante da descrição etnográfica, entretanto, não lhe faz jus. A descrição de uma cultura, assim como de qualquer outro objeto, não é simplesmente uma questão de observação e relato do que foi observado; a descrição é, de acordo com Sen [1986], o exercício – muitas vezes difícil – de uma *escolha*, na seleção dentro de um conjunto infinito de afirmações descritivas possíveis, de um subconjunto de afirmações *relevantes*. A observação do contexto social em estudo deve, portanto, ser acompanhada por uma reflexão teórica, destinada a tornar explícitos e, portanto, comunicáveis os critérios que orientam a seleção das afirmações descritivas.

anos. Um dos exemplos mais eficazes de uso desse truque é constituído pela pesquisa de Arlie Russel Hochschild [1983] sobre o "trabalho emocional". Na sua análise do trabalho das comissárias de bordo, Hochschild desvia a atenção dos aspectos técnicos e organizativos dessa profissão, colocados normalmente em primeiro plano, ao que, ao contrário, jaz sobre o plano de fundo, as práticas corporais, proxêmicas com as quais se induzem nos passageiros os estados de ânimo apropriados, precisamente o "trabalho emocional"[34]. O truque de Henrí Cartier-Bresson não é em um único sentido, não prevê exclusivamente a emersão do que está sobre o plano de fundo, mas também o movimento contrário, com o qual o olhar se dirige com determinação sobre o que está sob os nossos olhos que, frequentemente, justamente porque evidente – como a carta roubada da história de Poe – não se consegue ver.

Como reconhecimento da contribuição de Howard Becker ao esquema lógico deste parágrafo, um dos truques propostos nestas páginas é dedicado a ele. Trata-se precisamente do "**truque de Howard Becker**", usado sapientemente por esse estudioso na sua pesquisa sobre o consumo de maconha, com o qual desviou a atenção dos indivíduos às práticas [Becker, 1963][35]. A eficácia e a lógica subjacentes a esse truque mostram-se de forma particularmente evidente no estudo de Katherine Frohlich, Louise Potvin, Patrick Chabot e Ellen Corin sobre a iniciação ao tabagismo em pré-adolescentes [Frohlich et al., 2002]. Uma das interpretações – se não a mais acreditada, pelo menos não totalmente desacreditada – atribui a cada um, ao indivíduo, a responsabilidade pela adoção daqueles que, na literatura epidemiológica, são definidos "estilos de vida insalubres". No plano ético (com evidentes reflexos sobre as políticas de dissuasão do hábito de fumar), esse modelo analítico se traduz na culpabilização da vítima, na atribuição da responsabilidade do comprometimento da própria saúde *exclusivamente* ao fumante e, nesse caso, ao fumante pré-adolescente[36]. Frohlich, Corin e Potvin [2001] recorrem – na realidade – ao "truque de Becker" desviando a atenção da ação individual às práticas coletivas e conceitualizadas como "estilos de vida coletivos". Nessa moldura os comportamentos insalubres, de condutas individuais, tornam-se *práticas sociais* que tomam forma em um específico contexto de vida, em formas ditadas pelas regras culturais e pelos recursos que o caracterizam; práticas que, por sua vez, contribuem para a configuração do contexto [p. 785]. Desviando o olhar do indivíduo – o pré-adolescente – à prática coletiva e daqui ao contexto a ela recursivamente relacionado, Frohlich

---

34. A qualificação do estudo de Hochschild como ilustração desse truque, dessa peculiaridade heurística, é formulada por Abbott em *I metodi della scoperta* [2004 – trad. it., 2007: 123-124].

35. Abbott [2004 – trad. it., 2007: 113] relaciona o procedimento de Becker a uma forma peculiar de heurística do argumento, a inversão.

36. A uma reflexão crítica sobre o uso desse modelo analítico, especialmente na explicação das desigualdades de saúde, é dedicado um ensaio meu [Cardano, 2008a, esp. par. 2].

e colegas identificam algo de diferente da acrasia, da falta de vontade de explicar a iniciação precoce ao tabagismo[37]. Na região de Quebec, na qual realizaram o seu estudo, identificaram um conjunto diversificado de fatores para sustentar o estilo de vida coletivo tematizado. A presença de uma tabacaria que – em desacato à legislação local – vendia cigarros aos pré-adolescentes, a disponibilidade de um local aberto – o muro – no qual os pré-adolescentes podiam fumar sem encontrar a reprovação dos adultos. Quanto à proibição do fumo nos prédios escolares, em vigor para a escola primária, mas totalmente ausente nas escolas do ciclo sucessivo, frequentadas por jovens de 12-13 anos. Desviando a atenção do indivíduo à prática coletiva e ao contexto social que a sustenta, Frohlich e colegas oferecem uma explicação do fenômeno em estudo que é, ao mesmo tempo, empírica e eticamente sólida.

Um truque semelhante ao de Becker deve o seu o nome ao estudo de uma antropóloga e de um economista sobre o mundo das coisas: "**truque de Mary Douglas e Baron Isherwood**" [Douglas e Isherwood, 1979][38]. Esse truque convida a focar a atenção sobre os aspectos da cultura material do contexto social em estudo; pedindo às coisas para nos falarem das interações sociais dentro das quais tomam forma e da qual contribuem para determinar a forma [Tilley, 2001][39]. O uso desse truque impõe a adoção da sensibilidade do arqueólogo, o empenho de ler – em um registro indiciário – a "linguagem das coisas" [Gagliardi, 1996], que, silenciosas, nos falam. Dirigir o olhar sobre o mundo das coisas quer dizer prestar atenção às roupas que usam os nossos interlocutores, aos objetos que usam na sua vida cotidiana, à arquitetura dos seus espaços de vida, aos móveis e também aos sinais que sobre esses objetos documentam a intensidade e o modo do seu uso, por exemplo, o grau de desgaste dos pisos de um museu ou dos livros de uma biblioteca [Webb et al., 1966]. Além disso, observando o mundo das coisas é possível reconstruir as restrições que a sua corporeidade impõe à ação: uma armadura, ao movimento; um escritório organizado como *open space*, à privacidade; a iluminação fraca de uma sala de mágicas, à visão do truque [Gagliardi, 1990, 1996].

---

37. Frohlich e colegas extraem da teoria da estruturação de Giddens e da noção de *habitus* elaborada por Bourdieu a ideia da recursividade entre práticas e estrutura social.

38. O truque faz parte daquele repertório proposto por Becker [1998 – trad. it., 2007: 65], que, nesse campo, convida a considerar os objetos como o resíduo concreto das atividades das pessoas.

39. O estudo dos artefatos tem raízes profundas na pesquisa antropológica do século passado, onde uma parte relevante do trabalho de reconstrução da economia e da organização de uma sociedade tribal era realizada através do exame atento dos utensílios e dos artefatos utilizados e produzidos nas atividades agrícolas e artesanais. Em épocas mais recentes a análise dos artefatos foi enriquecida com uma perspectiva teórica, rotulada por Tilley como objetificação, que atribui às coisas uma específica agência, que as torna não apenas produtos da ação social, mas também agentes capazes de moldar as formas de sociabilidade "não no sentido de que elas possuem mentes e intenções, mas enquanto produzem *efeitos* sobre as pessoas" [Tilley, 2001: 260].

Além disso, nas coisas é possível compreender – enraizados na sua materialidade – muitos elementos do conhecimento tácito que caracteriza o contexto social em estudo. Na disposição das cadeiras e da cátedra das nossas salas de aula universitárias está incorporado o modelo ideal de transmissão do saber, uma transmissão principalmente vertical (do docente ao discente) e mediada primeiramente pelo dizer e não pelo fazer. Todos os objetos têm algo de interessante para nos dizer, mas alguns, aqueles esquecidos, longe das luzes da interação social, podem oferecer pistas, indícios interpretativos por vezes surpreendentes, especialmente do ponto de vista "investigativo" da pesquisa social sugerida por Douglas [1976]. Essa estratégia de leitura dos objetos era aquela usada pelo crítico de arte Giovanni Morelli, ao qual se deve a elaboração de um método para a atribuição das obras de arte baseado no exame dos "particulares mais insignificantes e menos influenciados pelas características da escola a que o pintor pertencia: os lóbulos das orelhas, as unhas, a forma dos dedos das mãos e dos pés" [Ginzburg, 1979: 60]. A partir daqui a indicação para dirigir o olhar, não apenas em direção aos objetos cuja presença ou cuja disposição respondem primeiramente às exigências de encenação dos nossos interlocutores, em uma palavra, à "sala bonita", mas também aos lugares e aos objetos que os nossos hóspedes não tenham investido, o porão no fundo das escadas, onde, como ensinam os melhores filmes policiais, não se exclui encontrar um cadáver.

Relacionando os truques a formas peculiares de "ver-como", não podia faltar entre os seus padrinhos Ludwig Wittgenstein, do qual reproponho a seguir dois truques, dois experimentos mentais que me parecem expressar bem o espírito analítico do filósofo vienense. Ambos podem ser relacionados às heurísticas do argumento propostas por Abbott [2004 – trad. it., 2007: 107], configurando "modos de transformar argumentos velhos e familiares em argumentos novos e criativos".

O "**primeiro truque de Wittgenstein**" propõe a transformação mais radical do nosso ver, guiando a uma inversão do que se impõe como óbvio, evidente aos nossos olhos. Becker oferece numerosos exemplos desse modo de proceder, entre os quais o mais eloquente propõe-se a considerar, na esteira de Everett Hughes, as funções positivas da prostituição [Becker, 1998 – trad. it., 2007: 132-137]. No meu estudo sobre a comunidade de Damanhur [Cardano, 1997a], o uso desse truque poderia levar a considerar aquela microssociedade, não como um lugar de autorrealização pessoal, de expressão do divino que habita cada um dos seus membros, mas sim como um enorme dispositivo disciplinar, dirigido ao controle panóptico da vida dos devotos. Obviamente a alavanca da inversão não opera exclusivamente na oposição bem/mal, moral/imoral, democracia/tirania. Um interessante exemplo de inversão que se move em outra direção é o proposto por Charles Perrow [1984], construído sobre a oposição entre necessidade e contingência [Abbott, 2004 – trad. it., 2007: 135-136]. Em *Normal Accidents*, Perrow examina os acidentes tecnológicos e, entre esses, os mais severos, comumente imaginados como o resultado de contingências indesejáveis. A essa imagem Perrow opõe àquela da normalidade do acidente, produzido pela configuração sistêmica das organizações complexas. Esse truque mostra a própria fecundidade em todos aqueles casos em que o observador é particularmente sintonizado com os valores e as crenças das pessoas envolvidas no estudo, expondo-se, por isso, a uma inoportuna atenuação do próprio senso crítico.

O "**segundo truque de Wittgenstein**", um outro experimento mental, é utilizado para separar os traços constitutivos de um fenômeno social daqueles acessórios. Trata-se de um exercício de subtração que Becker [1998 – trad. it., 2007: 175] exemplifica eficazmente com esta fórmula: "O que permanece de um evento ou um objeto X se tiro a qualidade Y?" A aplicação do truque prevê dois tipos de "movimentos". Com o primeiro tipo de movimento nos propomos a identificar os traços constitutivos do fenômeno em estudo, fazendo cair, tirando os elementos não essenciais, supérfluos. Nessa variante, o truque foi usado por Becker em um exercício, solicitado pelas próprias experiências pessoais, dirigido a identificar o que torna alguém um colecionador de arte. O que distingue um colecionador de arte de uma pessoa qualquer que, como Becker, reúne na própria casa um grande número de quadros de objetos de arte? Pois bem, aplicando o truque de Wittgenstein, Becker elimina do colecionismo de arte justamente o que parece mais óbvio, o manter junto de si, sempre e cuidadosamente, os objetos colecionados. A esse respeito, Becker observa como frequentemente os colecionadores sabem se afastar das obras de arte que adquiriram para confiá-las a museus e galerias de arte que se utilizam delas para organizar mostras abertas ao público em geral. Através de uma série de passagens que não é necessário reproduzir aqui, Becker conclui que o traço distintivo do colecionador de arte deve ser procurado na posse de um específico "capital cultural" [*sensu* Bourdieu, 1979] que lhe permite "escolher e adquirir objetos que, em seguida, parecerão ter representado as tendências mais importantes da arte moderna" [Becker, 1998 – trad. it., 2007: 177]. O mesmo truque é reconhecível, mas não visivelmente, na etnografia organizacional de Joyce Fletcher [1999], que dirige a atenção para um conjunto diversificado de práticas organizacionais – normalmente realizadas por mulheres – com que se mantém unidas as pessoas em uma empresa, "cria-se uma equipe", resolvem-se as divergências, promovendo formas de mutualidade que permitem a cada um a própria autorrealização. Essas práticas relacionais, observa Fletcher, cruciais para o bom funcionamento de uma organização, permanecem encerradas em um cone de sombra, invisíveis não pela sua irrelevância pragmática, pela sua ineficácia, mas porque estão associadas àquelas práticas organizacionais chamadas *soft*, femininas, em conflito com o modelo hegemônico do trabalho organizado. Fletcher se pergunta – eis o truque de Wittgenstein – o que aconteceria se as mulheres parassem de sustentar o crescimento das organizações com o seu trabalho relacional. A resposta surge de forma indireta, através da reconstrução dessas práticas no campo e a documentação da sua crucialidade. Como segundo movimento analítico, a subtração é usada com finalidades opostas àquelas ilustradas mais acima: com as finalidades próprias do raciocínio contrafatual [Abbott, 2004 – trad. it., 2007: 138-140]. Nesse caso, o que o experimento mental tenta subtrair é, por assim dizer, o coração do fenômeno em estudo, a característica que determina o seu modo peculiar de ser. A esse respeito, o exemplo canônico é a retirada de Hitler da história da Alemanha pós-Weimar: "Teria havido algo como a Alemanha nazista *sem* Adolf Hitler?" [p. 138]. Se existem boas razões para considerar que *sem* Adolf Hitler a Alemanha não teria sido entregue às atrocidades do nazismo, então é razoável – lamentavelmente – considerar crucial o autor de *Mein Kampf* para a constituição daquele regime tirânico. A reprodução, quase o molde, desse procedimento passa através do exercício de retirada do líder carismático (ou presumido como tal) da organização em estudo: "Teria havido algo como a comunidade de Damanhur *sem* a sua guia espiritual?" Essa que foi exemplificada não é, entretanto, a única forma de uso desse exercício analítico. Podem-se fazer experimentos mentais que subtraem eventos (a descoberta de um apóstata a respeito da existência do templo subterrâneo de Damanhur), artefatos (o templo subterrâneo), molduras culturais (a localização da comunidade no país onde se encontra o Vaticano) e tudo aquilo em cuja decisividade se esteja disposto a apostar.

Uma específica indicação do espírito *cético* sugerido por Douglas é constituída pelo truque em homenagem a Michel Foucault. O "**truque de Foucault**" sugere examinar as produções discursivas elaboradas no contexto social em estudo à luz de uma pergunta crucial: "Quais relações de poder sustentam esse discurso?" Reencontramos essa sensibilidade analítica no trabalho de Joyce Fletcher [1999] referido mais acima, com um complemento que permite especificar melhor a pertinência desse truque. Fletcher presta atenção, seja aos discursos que legitimam o modelo hegemônico – masculino – de organização do trabalho, seja aos silêncios. Perguntando-se sobre quais interesses servem a um e outro, sobre quais interesses um e outro silenciam [p. 16]. Comum na análise do discurso [Potter, 1997; Mantovani 2008], essa abordagem pode ser utilmente utilizada também no contexto etnográfico, onde o "truque de Foucault" pode ser aplicado na análise dos documentos naturais (p. ex., nos textos sagrados de uma comunidade religiosa), assim como nos discursos comuns, nas produções discursivas compartilhadas que servem de plano de fundo para as ações sociais dos indivíduos.

Sobre um terreno, ao menos à primeira vista, mais pacificado se coloca o truque dedicado a Clifford Geertz. O "**truque de Geertz**" consiste em guiar o próprio ver-como em direção à construção de um dispositivo metafórico. Como se sabe, é a Geertz que se deve uma das mais afortunadas metáforas usadas para descrever o trabalho etnográfico, referida a seguir.

> Fazer etnografia é como tentar ler (no sentido de "construir uma leitura de") um manuscrito – estrangeiro, meio apagado, repleto de elipses e de incongruências, de emendas suspeitas e de comentários tendenciosos, escrito não em caracteres alfabéticos convencionais, mas sim com exemplos fugazes de comportamento em conformidade com um modelo [Geertz, 1973 – trad. it., 1987: 47].

O uso desse truque, já durante o trabalho de campo, guia à elaboração de uma imagem sintética do contexto social em estudo, à elaboração de um primeiro núcleo de "explicação semântica", entendida, de acordo com Abbott, como o processo de *tradução* de uma configuração de significado em outra [Abbott, 2004 – trad. it., 2007: 13][40]. Todas as vezes que participei de um dos momentos rituais celebrados na comunidade dos elfos de Gran Burrone, o que mais me surpreendia era a exiguidade das disposições litúrgicas e a notável variabilidade que caracterizava a representação do mesmo ritual em momentos e contextos diferentes. Movendo-se de uma concepção um pouco escolástica dos comportamentos rituais, muitas vezes pensei que aquilo a que assistia e de que participava não podia – a rigor – ser considerado "ritual". Consegui colocar ordem nessas experiências recorrendo a uma metáfora que alguns eventos de vida completamente independentes do meu estudo tinham me sugerido. Alguns anos atrás minha sobrinha (nascido de pais mais velhos, pude ser tio muito cedo) tinha defendido uma tese de história da música sobre Bruno Maderna, um compositor contemporâneo, aos meus ouvidos, quase impossível de ouvir. A peculiaridade desse tipo de música é a de se basear em uma partitura simples que deixa aos executores ampla liberdade de interpretação, deixando ao acaso, ao destino a forma assumida pela *performance* musical. Isso faz com que cada execução seja programaticamente única, diferente das anteriores e das sucessivas. A música de Maderna, que mais tarde – na fase da escrita – associei a dupla *play/game* proposta por Eco [Cardano, 1997a: 231] – forneceu-me uma chave de leitura da ritualidade dos elfos que se adaptava, pelo menos assim me pareceu, à orientação política e ética da comunidade, o anarquismo. Essa referência biográfica é útil também para explicar o processo que leva à geração de uma representação metafórica. O depósito a partir do qual extraímos as metáforas é constituído pela nossa experiência intelectual e, de forma geral, pessoal. A partir daqui a sugestão de Charles Wright Mills [1959 – trad. it., 1995: 208ss.], retomada depois por Abbott [2004 – trad. it., 2007: 197ss.], à amplitude e à heterogeneidade das leituras e, de forma geral, à disposição de colocar a própria experiência de vida a serviço do próprio trabalho intelectual [Mills, 1959]. Isso, no entanto, não quer dizer que qualquer dispositivo metafórico seja igualmente eficaz. As metáforas estão para a pesquisa qualitativa assim como os modelos estão para a pesquisa quantitativa. De ambos é necessário avaliar a fecundidade heurística, refletindo

---

40. Sobre a importância da tradução no trabalho etnográfico cf. Borutti [1991].

sistematicamente sobre as convergências e sobre as divergências entre metáfora/ modelo e objeto a que se aplica. Sobre esse tema voltarei no capítulo dedicado à análise da documentação empírica com a ajuda das reflexões de Mary Hesse [1966] desenvolvidas a propósito dos modelos e das analogias nas ciências naturais, aqui me limito a indicar a direção dessas reflexões críticas que, no caso em exame, levam, por exemplo, a considerar a diferença entre uma aleatoriedade projetada (Maderna) e outra não (a ritualidade dos elfos). Concluo com a recomendação de Matthew Miles e Michael Huberman, que sugerem recorrer ao que aqui rotulei como "truque de Geertz" apenas depois de ter amadurecido uma côngrua experiência do contexto social em estudo [Miles e Huberman, 1985: 221-222]. Isso para evitar transformar o dispositivo metafórico adotado em uma viseira que dirige de forma rígida e unilateral a nossa experiência[41].

Dado que – já foi dito – o trabalho etnográfico requer, além da observação, também o diálogo, tornam-se úteis alguns truques que, no registro investigativo proposto por Douglas, ajudam a "fazê-los dizer" aquilo que nos interessa saber. Obviamente que o nome utilizado para designar esses truques só pode ser o de Jack Douglas.

O "**primeiro truque de Douglas**" tem uma eficaz representação, ainda que extrema, no "jogo da confiança" encenado no filme de David Mamet, *O jogo de emoções*, de 1987. O filme conta a história do encontro – que se revelará tudo, menos acidental – entre uma reconhecida psicoterapeuta e um bando de estelionatários. Maggie, a psicoterapeuta, aproxima-se desse mundo com o objetivo de ajudar um paciente seu, sobrecarregado por pesadas dívidas de jogo. O encontro com Mike, a alma do grupo de estelionatários, desencadeia uma curiosidade que poderíamos definir etnográfica, a realização de um estudo sobre a profissão de estelionatário, "sobre como um vigarista pode exercer a sua profissão". Mike aceita mostrar os seus truques à ingênua psicanalista, e com esse objetivo começa justamente com o jogo da confiança, do qual, descobriremos ao final da narração, é vítima a própria Maggie. Mike ilustra com poucas frases o núcleo do jogo: "A ideia base é esta: se chama jogo da confiança. Por quê? Porque tu me dás a tua confiança?! Não! Porque *eu* te dou a minha". O jogo é encenado em uma agência da Western Union, onde Mike finge esperar a chegada de um vale postal de 300 dólares, questionando repetidamente o empregado no guichê a respeito. Dali a pouco chega à agência um fuzileiro naval à espera – realmente – de um vale postal que, como no filme parece habitual, está atrasado. Mike se aproxima do soldado, a quem conta que foi roubado e que está à espera do seu vale há horas. O jogo continua com Mike, que faz amizade com o soldado, dizendo que ele também serviu na Marinha. Mike pergunta então ao fuzileiro para que serve o dinheiro que está esperando e se oferece – no caso do seu vale

---

41. Miles e Huberman [1985: 221] fazem referência à noção de "fechamento prematuro" usado nos estudos de psicologia cognitiva.

chegar primeiro – para lhe emprestar os 40 dólares necessários para comprar a passagem do ônibus com a qual o soldado deve chegar à base. Como tinha planejado, o vale do fuzileiro chega primeiro e este, retribuindo a confiança da qual havia desfrutado, oferece-se para emprestar a Mike um pouco do dinheiro que necessita. Mike não aceita, mas com a sua *performance* mostrou a Maggie – que assistiu toda a cena – a eficácia do truque. Aplicado ao contexto etnográfico – obviamente com finalidades mais nobres – o truque requer que o observador fale sobre si mesmo aos seus interlocutores, até mesmo detendo-se sobre algum pequeno "pecado", do tipo que se quer pedir a confissão [Douglas, 1976: 173], para desencadear a reciprocidade de quem está diante de nós. Algo parecido me aconteceu no estudo sobre os elfos de Gran Burrone, onde não fui eu a desencadear o jogo da confiança, mas Paolo – o qual já tinha encontrado no papel de guardião – no momento em que decidi envolvê-lo em uma entrevista discursiva. Quando propus a Paolo que me contasse a história da sua vida, ele secamente me respondeu: "Por que antes não me conta a *sua* história?" Decidi naquele momento difícil acolher a sua solicitação, e isso me permitiu superar as barreiras defensivas de Paolo, que – para além do que decidiu me dizer – de qualquer forma aceitou ser entrevistado.

O "**segundo truque de Douglas**" tem um recorte mais policial, que torna o seu uso perigoso no campo da construção/conservação das relações de confiança. O truque consiste em considerar óbvios comportamentos, eventos, situações de que se quer apurar a consistência, perguntando – realmente – não *se*, mas *como* [p. 179-184]. Douglas recorre a esse truque no seu estudo na praia de nudistas [Douglas e Rasmussen, 1978], com o objetivo de "arrancar" da boca de um policial a admissão da falta de esforço das forças policiais para fazer respeitar uma lei excessivamente severa que punia a nudez. Depois de ter se aproximado de dois policiais motociclistas e iniciado uma conversa sobre a aplicação da lei que os seus interlocutores estavam ali para fazer respeitar, Douglas se dirigiu a um deles, considerando óbvio o que pretendia obter. Esta foi, em síntese, a conversa entre os dois interlocutores:

> Douglas: Bem, do que pude sentir, até os policiais não são muito a favor desta lei e não consideram ter a mão de obra para que seja efetivamente respeitada.
>
> Policial: Olha, eu também gosto de tomar banho nu e a última coisa que eu quero fazer é ser o primeiro imbecil que prende alguém porque toma banho nu [Douglas, 1976: 183].

O uso desse truque, como eu disse, pode ser perigoso, pois se o nosso interlocutor descobre o blefe, a confiança conquistada aos seus olhos corre o risco de desmoronar.

Os últimos dois truques propostos nestas páginas iniciam o processo de controle das nossas interpretações dos traços que contradistinguem o contexto social em estudo. O primeiro truque dessa série é dedicado a Robert Ezra Park, em razão das suas reflexões teóricas sobre a figura do homem marginalizado [Park, 1928]. O "truque de Park" permite colocar à prova a própria leitura do contexto social para o qual se dirigiu a atenção, confrontando-a com a de quem ocupa uma posição marginalizada no seu interior e, justamente por isso, crítica. A ideia subjacente que inspira a utilização desse truque tem relação com a representação do indivíduo marginalizado como a de um indivíduo que é ao mesmo tempo membro e observador, que está tanto dentro quanto fora do grupo do qual faz parte e que dessa posição tem uma maior perspicácia. O homem e, de forma geral, a figura marginalizada é capaz, pela própria condição, de desconstruir as representações culturais elaboradas por quem, no contexto em estudo, é mais integrado, mais, por assim dizer, alinhado. A escuta do pária, do rebelde, de quem está às margens pode ajudar a ver de outra forma aquilo que experimentamos, não tanto com vistas a uma "conversão" do seu modo de ver, mas para poder dirigir autonomamente o olhar em direção aos aspectos menos edificantes do contexto social que experimentamos. Esse procedimento, usado no estudo dos elfos de Gran Burrone, fez-me encontrar Rodolfo, colocado à margem pela sua reivindicação de uma posição especial dentro da comunidade, em razão do seu saber e dos seus interesses desenvolvidos nos campos das religiões orientais e da prática da macrobiótica. Depuradas do rancor de que estavam impregnadas, as suas observações críticas me fizeram refletir sobre dois aspectos que naquele momento me pareceram centrais. O primeiro refere-se à distinção entre liberdade e permissão, ou seja, à separação entre os comportamentos que podem ser atribuídos ao esquema anárquico, igualitário da comunidade e aqueles que, mais propriamente, expressavam a defesa de interesses personalíssimos e pequenos privilégios. A segunda questão refere-se às desigualdades de gênero, ao fato de que, também na comunidade – anárquica e igualitária – dos elfos, as mulheres desempenhassem um papel secundário[42].

Conclui o repertório dos truques aquele dedicado a Alfred Lindesmith, pai da indução analítica, definido de forma sucinta por Becker [1998 – trad. it., 2007: 112] com a fórmula que sugere "identificar o caso que pode colocar em discussão as suas ideias e ir procurá-lo". O "truque de Lindesmith" sugere a utilização de comparações críticas entre os contextos que o pesquisador experimentou (p. ex., indivíduos, grupos, práticas sociais) e dos quais elaborou a própria leitura provisória, e outros contextos, escolhidos pela sua capacidade de colocar à prova essas "teorias provisórias" [Wikan, 1992 – trad. it., 2009: 112-114]. Becker descreve o uso desse truque no estudo realizado com Blanche Geer e Everett Hughes, no campus da Universidade do Kansas [Becker, Geer e Hughes, 1994]. Em uma fase do estudo de Becker e Geer decidem abordar a

---

42. A propósito, apenas este último aspecto, o da desigualdade de gênero, foi desenvolvido na minha monografia [Cardano, 1997a: 51].

questão do líder do campus. Com esse objetivo iniciam uma série de entrevistas com os jovens na chefia das irmandades (*fraternities* e *sororities*). As entrevistas revelam como a conquista daquelas posições exigiu de cada um deles um trabalho árduo de negociação e "manobras" políticas. Isso levou – limitadamente à população masculina – à elaboração da teoria provisória pela qual o acesso aos cargos de direção da vida universitária, exigia um árduo trabalho político. Para colocar à prova essa primeira leitura da vida universitária, os três estudiosos identificaram na comparação com as mulheres colocadas em posição análoga o caminho mais óbvio. As entrevistas com as mulheres forneceram indicações de uma natureza completamente diferente, nesse caso os pesquisadores não reuniram histórias de pactos, complôs, manobras políticas. Esse resultado, obviamente, induziu-os a repensar as próprias conclusões, no mínimo, evidenciando as especificidades de gênero. O que, nesse exemplo e, de forma geral, em todas as aplicações do "truque de Lindesmith", guia a individuação das comparações pertinentes é em parte inscrito no desenho da pesquisa (cf. supra, cap. 2) e, no caso de resultados inesperados, do produto daquela dimensão de serendipidade que sempre atravessa a pesquisa qualitativa [Barbour, 2007: 14], o guia é constituído pela imaginação sociológica do pesquisador ou, mais modestamente, pelas coisas que ele sabe do mundo. A essa última categoria é razoável relacionar a decisão de uma comparação entre homens e mulheres: é notório na literatura que os percursos de carreira de homens e mulheres são diferentes e, portanto, um resultado obtido apenas com a população masculina não pode evitar uma comparação com um homólogo extraído da análise da população feminina.

2.4 Os informantes e o *backtalk*

Na pesquisa etnográfica, especialmente em antropologia, é comum a utilização de **informantes** "nativos", de pessoas com as quais o observador estabelece uma relação privilegiada, por vezes também de amizade, e das quais obtém preciosas informações sobre a sociedade em estudo. A observação pode – normalmente – contar com a colaboração de dois informantes: institucionais e não institucionais. Os informantes institucionais são pessoas a quem a sociedade hóspede confiou formalmente a tarefa de estabelecer relações com o exterior. A investidura pode preceder ou coincidir com o início da pesquisa, sem que isso possa modificar substancialmente a natureza da relação que o observador institui com o informante. Frequentemente os informantes institucionais são as mesmas pessoas que o etnógrafo conheceu no papel de guardiões. Essas pessoas mostram, em geral, uma elevada identificação com o grupo responsável pela sua investidura, normalmente o grupo dominante, e nem sempre sabem dar prova de senso crítico. Os informantes não institucionais são pessoas desprovidas de uma investidura formal que oferecem ao observador a própria colaboração mais ou menos espontaneamente[43]. A esse respeito é bom levar em consideração o fato de que nem sempre as pessoas mais disponíveis a cooperar são também as mais informadas. A presença do etnógrafo atrai frequentemente a atenção das pessoas relegadas a uma posição marginal, que reconhecem no recém-chegado uma pessoa que finalmente dará atenção a elas. Isso leva a duas considerações gerais, válidas para ambas as figuras de informantes. Dado que a relação privilegiada com uma pessoa que faz parte do contexto social em estudo abre algumas portas ao observador, mas pode também fechar outras ("se aquele sujeito... o sociólogo faz conluio com aquele, por certo não posso confiar nele!"), é bom consolidar a relação com um informante apenas depois de ter permanecido algum tempo na sociedade hóspede. Quando a imagem do contexto social em estudo começa a sair do abstrato, tem-se como entender quais são as portas que nos interessa abrir e quais são as pessoas que poderiam obstruir a nossa tarefa.

A pessoa do informante e a relação instituída com ela são parte integrante da relação observativa e, portanto, devem ser submetidas a um exame rígido. É necessário entender qual é a posição social do nosso interlocutor e principalmente quais são as razões que o motivam a colaborar. Com esse propósito talvez valha a pena lembrar que o crescimento do conhecimento científico é um objetivo raramente perseguido pelos informantes, estimulados mais frequentemente pelo desejo de instaurar uma relação de amizade ou por algum interesse pessoal. No meu estudo sobre a sacralização da natureza, a figura do informante desempenhou – em ambos os contextos – um papel crucial, especialmente nas primeiras fases do trabalho de campo [Cardano, 1997a: 37-41]. Seja em Damanhur, seja no Vale dos Elfos, os meus informantes foram pessoas com um perfil social semelhante, por idade e interesses, ao meu. Isso, mais uma vez, mostra a importância que as características pessoais do pesquisador assumem no trabalho etnográfico. Quando não é remunerado – condição comum à quase totalidade dos estudos sociológicos – o informante torna-se disponível principalmente em razão da sintonia que consegue estabelecer com o pesquisador, cuja flexibilidade em agradá-lo (cf. supra) é necessariamente limitada pelo seu modo de ser no mundo, pela sua corporeidade. A partir daqui há a necessidade de considerar com senso crítico a contribuição dos informantes, necessariamente inscrita em uma relação que modela a sua direção[44].

---

43. Na pesquisa antropológica os informantes recebem, por vezes, uma compensação em dinheiro em troca dos seus serviços.

44. Um grão dessa consciência mostra-se nas considerações com que encerro o parágrafo metodológico sobre os meus informantes: "Em Damanhur, assim como no Vale dos Elfos, disponibilizaram-se a cooperar com a pesquisa no papel de informantes as pessoas que eram mais semelhantes a mim por idade, gênero e formação cultural. Com eles olhei a vida de comunidade e a relação com a natureza do ponto de vista das pessoas mais cultas e sofisticadas" [Cardano, 1997a: 40].

No campo, o vaivém entre observação geral e focalização sobre o detalhe é acompanhado por uma forma especial de diálogo com os participantes, o *"backtalk"* [Lanzara, 1988], expressão que designa o conjunto das observações e dos comentários elaborados por participantes e referidos ora à relação observativa, ora às interpretações da cultura elaboradas pelo observador. Desse conjunto fazem parte, sejam os comentários expressos espontaneamente pelos nossos hóspedes, sejam os explicitamente solicitados pelo observador nas conversas informais ou nas entrevistas; os comentários verbais, assim como aqueles expressos por escrito[45]. Esses comentários oferecem ao pesquisador a oportunidade de submeter a exame crítico os procedimentos observativos de que se utilizou e as "teorias provisórias" [Wikan, 1992 – trad. it., 2009: 112-114] que elaborou. Uma pergunta ou uma presença que os nossos hóspedes nos assinalam como inoportuna nos obriga a prestar atenção àquele ato observativo específico, para então decidir não utilizá-lo mais ou para fortalecer a nossa determinação de escavar – com mais garbo ou com um pouco mais de astúcia – aquele terreno que justamente o veto dos nativos torna promissor. De forma análoga, os comentários dos nossos hóspedes sobre as teorias provisórias que, dia após dia, construímos e decidimos lhes comunicar, oferecem novo material empírico sobre o qual refletir. Isso vale, seja para os comentários que sustentam a interpretação proposta, seja para os que a colocam em discussão. De cada um será necessário perguntar-se o porquê: "Por que o meu interlocutor me diz que consegui ver bem ou por que me diz que estou enganado?" Será necessário então considerar o comentário quanto ao mérito, ora recebendo-o como prova da veracidade ou da falácia do nosso relato, ora aproveitando-se dele para dirigir de forma conveniente o trabalho de campo ou a análise da documentação empírica. Normalmente os *backtalk* podem constituir "provas" para decretar a adequação ou inadequação de uma afirmação somente quando se trata de afirmações descritivas. Um informante que nos faz recordar que a cor da vestimenta usada para a celebração de um ritual não é vermelha, como nós pensávamos, mas roxa, deve ser levado a sério, especialmente se nos resta a oportunidade de conferir pessoalmente a adequação da informação. Outro caso é o do informante que, por exemplo, contesta a nossa interpretação – não exatamente celebrativa – do seu mundo. Nesse caso o comentário, a forma e os argumentos adotados nos exigem que repensemos a nossa interpretação para reformulá-la ou para reafirmá-la sobre bases – se possível – ainda mais sólidas. A sensibilidade cética sugerida por Douglas leva, até mesmo, a ler a recusa às nossas interpretações como um sinal – ao menos em primeira instância – do seu fundamento.

---

45. No caso da observação encoberta, a utilização de procedimentos de *backtalk* é submetida aos limites do papel desempenhado pelo etnógrafo. Os papéis relacionados com a figura do "novato" ou do "aprendiz" são aqueles que permitem em maior escala a utilização do *backtalk*.

Se o trabalho investigativo foi desenvolvido corretamente e o relatório explica isso fielmente, normalmente esse texto irá conter muitas coisas sobre o mundo deles que os membros iriam preferir que não fossem reveladas [...]. Contrariamente ao *member test* de validade, peculiar ao do modelo cooperativo, essa mesma recusa é uma validação *prima facie* do próprio trabalho investigativo [Douglas, 1976: 126].

A referência de Douglas ao modelo cooperativo (cf. supra) questiona uma modalidade de uso das observações das pessoas envolvidas no estudo que aqui não se pretende ratificar. Refiro-me ao uso do parecer dos participantes como teste da adequação das nossas interpretações do seu mundo. Trata-se do que na literatura metodológica é comumente definido com as expressões inglesas "**member test of validity**", "member verification", "respondent validation", "host verification" e outras expressões de mesmo teor [Gobo, 2008b: 268-269]. Confiar aos nossos interlocutores a última palavra sobre a adequação do nosso trabalho equivale a fazer da etnografia nada mais do que uma tradução na obscura linguagem sociológica do seu senso comum, abraçando na prática aquela "concepção romântica da observação participante" estigmatizada – com boas razões – por Douglas [1976: 50]. Em outras palavras, poderíamos usar as observações e os comentários dos nossos interlocutores como teste final da adequação das nossas interpretações apenas se dispuséssemos de boas razões para lhes atribuir a capacidade de uma visão imperturbável do seu mundo (de que seriam capazes de discorrer sobre os mínimos detalhes) e, ao mesmo tempo, apenas se pudéssemos excluir a mentira como uma das formas possíveis das suas comunicações. Isso que o pesquisador experimenta no campo é documentado – ainda que em forma estenográfica [Cardano, 1997b, par. 2] – nas notas etnográficas que constituem, seja o lugar da primeira análise geral daquela experiência, seja o depósito que, mais tarde, o pesquisador recorrerá para obter uma resposta às perguntas a partir das quais o seu estudo teve início e às que se apresentaram durante o percurso. Essa atividade, a redação metódica das próprias anotações de campo, é parte integrante da observação participante. Faz-se observação participante apenas se a participação, a vivência com e como eles, é acompanhada pelo trabalho cotidiano de redação das notas etnográficas. Ao trabalho de elaboração das notas etnográficas é dedicado o parágrafo a seguir.

3 A redação das notas etnográficas

A escrita é o *leitmotiv* de qualquer pesquisa etnográfica: ela a acompanha em todas as suas fases, dos primeiros contatos com as pessoas que se pretende envolver no estudo ao momento em que – virtualmente – escreve-se a palavra "fim" sobre a própria monografia. A elaboração das notas etnográficas representa o primeiro passo nesse complexo processo com o qual transformamos a vida delas em um texto [Clifford, 1986a; Geertz, 1988]. Inicialmente procedemos à composição de um texto "privado", as notas etnográficas, pensado para ser lido apenas por quem o escreveu. A partir desse texto heterogêneo, em seguida extraímos a nossa monografia, individuando as respostas às perguntas que dão forma ao nosso trabalho. Todos os "truques" ilustrados mais acima (cf. supra, par. 2.3) levam necessariamente à redação de um texto que explica o que surgiu a partir do exercício daquele particular ver-como. As notas etnográficas registram essa *experiência* tornando-a – ao menos sumariamente – novamente evocável a quem a viveu, ou seja, ao etnógrafo. É importante evidenciar que aquilo que é representado nas notas etnográficas é antes de tudo a experiência do observador, feita de interações de que participou, de vozes que ouviu, de lugares em que viveu. Isso leva a afirmar que as notas etnográficas não são o "espelho" no qual se reflete o que aconteceu no campo, mas sim um "**filtro**" que organiza materiais selecionados pelos critérios de relevância que guiam o olhar antes e depois da caneta do pesquisador [Emerson, Fretz e Shaw, 1995: 66]. A escrita das notas etnográficas, além de selecionar aquilo que merece ser colocado preto no branco, contribui para colocá-lo em forma. É o que emerge, ao menos na minha leitura, do trecho retirado da Introdução de *Argonauti del Pacifico occidentale*, de Bronislaw Malinowski, apresentado a seguir.

> Pela minha experiência pessoal posso dizer que muitas vezes um problema me parecia resolvido e cada coisa bem firme e clara enquanto eu não começava a escrever um breve esboço preliminar dos meus resultados. Somente então percebia as enormes deficiências, que me indicavam onde havia novos problemas e me guiavam a um novo trabalho [Malinowski, 1922 – trad. it., 1973: 40].

No trecho citado acima emerge, nas entrelinhas, também outro aspecto da escrita etnográfica (sob esse ponto de vista semelhante a qualquer forma de escrita analítica), o de ser um **instrumento de descoberta** [Richardson, 1994: 516]. Realmente, é começando a representar a nossa experiência, aquilo que fizemos, vimos, ouvimos, que, aproveitando da distância analítica que a escrita nos faz ganhar, frequentemente reconhecemos contornos que naquele momento, no seu desenrolar, não tínhamos detectado. A escrita das notas de campo é, para o etnógrafo, uma atividade cotidiana. Lofland [1971: 102] identifica nesse exercício a *raison d'être* do observador, o traço que separa o seu ser naquele momento como membro, flanador, curioso de estar com eles no papel de pesquisador social. Assim como todos os dias devemos nos dedicar à escrita das notas de campo, todos os dias esses materiais devem ser lidos e relidos, dado que da sua leitura podem chegar úteis indicações de como proceder com o próprio trabalho de observação e diálogo, ora aprofundando, ora controlando a solidez das "teorias provisórias" que dia após dia elaboramos. Realmente, relendo as nossas notas é que podemos extrair indicações sobre o que, no dia seguinte, é bom observar com mais atenção, sobre as pessoas com quem é bom fazer (outras) conversas, de forma geral, sobre como dirigir a nossa experiência de forma a tornar mais robusta a "teoria provisória" que estamos elaborando.

Sobre como escrever e ler as próprias notas etnográficas é difícil propor uma receita, semelhante às que são reunidas em um livro de culinária. Aqui também me limito a indicar alguns princípios gerais que deverão ser necessariamente adaptados à especificidade do contexto social em estudo. Com esse objetivo, é útil a definição de observação participante (*fieldwork*) expressa por Jack Douglas [1976: 16], que define a observação participante como uma técnica que tem como objetivo o estudo da interação social realizado utilizando a interação entre o observador e as pessoas para as quais ele dirige a atenção como o principal instrumento de investigação. Para dizer isso com um *slogan*: a observação participante estuda a interação social *com* a interação social. Movendo-se a partir dessa definição é possível individuar, ao menos em um plano estritamente analítico, dois objetos: as **interações sociais de que são protagonistas as pessoas em estudo**; a **interação social entre elas e o observador**. As notas etnográficas são o lugar no qual esses dois tipos de interação (com aquilo que está ao redor da interação) são representados e onde a relação entre eles é sistematicamente apresentada, dado que "aquilo que o etnógrafo descobre é intrinsecamente ligado à forma com que o descobre" [Emerson, Fretz e Shaw, 1995: 11]. Em outras palavras, as notas etnográficas deverão explicar o que acontece naquele lugar e as condições que o observador tem oportunidade de experimentar, deverão explicar aquilo que o etnógrafo observa (descrição do objeto) e a atividade observativa do pesquisador (descrição da observação). A finalidade desta última atividade observativa, uma observação de segunda ordem, é eminentemente crítica, serve para delimitar, por assim dizer, o poder probante da documentação empírica obtida. Afirmar por experiência própria que a cor da vestimenta ritual daqueles que celebram o ritual do solstício de verão é vermelha é diferente de afirmá-lo com base no testemunho de alguém que diz que participou do ritual (cf. infra). Sobre como combinar a representação desses dois aspectos nas notas etnográficas, existem, na literatura, opiniões diferentes. Quem insiste sobre a necessidade de uma clara separação deles, encorajando a utilização de dois diversos registros (dois cadernos, dois arquivos) para a sua anotação; quem, ao contrário, insiste na oportunidade de um contínuo entrelaçamento – no mesmo texto – entre eles. A escolha entre uma ou outra solução depende, em grande parte, de como é a cabeça de quem escreve as próprias notas. O que conta, em última análise, é a capacidade de distinguir os dois planos analíticos e de colocá-los sistematicamente em conexão.

No trecho de notas etnográficas referido a seguir, relacionado a um estudo meu (não publicado) em um Serviço Psiquiátrico de Diagnóstico e Tratamento, a solução adotada é a combinação no mesmo texto dos dois tipos de observações, separadas, mas utilizando ora incisos, parênteses ou notas de rodapé. O estudo foi concebido com o objetivo de reconstruir o processo que, desde o primeiro surgimento de uma patologia psíquica severa, leva ao amadurecimento da consciência da própria condição. Com esse objetivo segui os passos de um jovem paciente, na época com pouco mais de 18 anos, que aqui chamarei de Piero, internado em uma unidade hospitalar da minha região depois da manifestação de um delírio persecutório a que o responsável pela estrutura sanitária atribuiu a um excessivo envolvimento em um jogo de RPG e à ingestão de algumas substâncias psicoativas. Piero está envolvido em uma batalha com as forças do mal (identificadas por vezes com satanás ou com "aqueles do plano inferior"), personificando-se, nessa luta, na figura de alguns super-heróis, protagonistas de um desenho animado japonês. O trecho referido a seguir descreve uma manhã que passamos juntos.

Terça-feira, 11 de julho.

Chego ao hospital às 10h e vou ao consultório médico, perto da entrada, onde encontro o Dr. Bianchi, que me recebe de forma cordial. Peço notícias de Piero e fico sabendo que exatamente hoje interrompeu o *briefing* matutino, irrompendo no quarto e declarando que aquele seria para ele o último dia de internação. No corredor encontro Piero, que parece agradavelmente surpreso por me encontrar: nós nos abraçamos e em seguida ele vai ao seu quarto para pegar o livro ilustrado que lhe dei de presente no sábado anterior e me mostra o carro de corrida que gostaria de ter. Deixa o livro no quarto e diz que quer fazer as malas para sair. O enfermeiro (aquele um pouco sério que me deu a senha de acesso à internet [descobrirei em seguida que se trata de Sergio]) diz a Piero que é bom falar primeiro com o Dr. Rossi, assim que ele puder atendê-lo. À espera da conversa com Rossi, proponho a Piero sair para tomar alguma coisa no bar. Juntos, vamos ao Dr. Bianchi para lhe pedir permissão. Bianchi me diz que não tem problema, visto que já saí com ele na semana anterior. Saímos (a porta do hospital está aberta) e caminhamos ao longo do corredor. Caminhando, Piero me diz que naquele momento é Falco, Licantropo e Goku (Goku e Falco são personagens dos *cartoons* japoneses, talvez o Licantropo também seja[46]) e que essas três transformações (a expressão transformações não é de Piero, mas é coerente com a crença de que me coloca a par) lhe permitem combater o seu inimigo, satanás, o demônio ou como se queira chamá-lo. Piero é Falco de dia, Licantropo de noite e Goku sempre, em qualquer momento do dia. Ele me diz que pode se transformar quando quer (a transformação é uma das prerrogativas do personagem dos desenhos animados Goku) e me mostra ali mesmo uma transformação: coloca-se em uma das janelas do corredor, deixa os olhos entreabertos, assume uma expressão agressiva, arqueia os braços, imitando de forma muito eficaz o personagem dos *cartoons*. Contrai os músculos do rosto e fica todo vermelho. Ele me pergunta se a cor dos seus olhos mudou. Decido naquele momento contentá-lo, ao menos em parte,

---

46. Procurando no Google as três palavras juntas (Falco, Goku, Licantropo) se é endereçado a numerosos fóruns nos quais os participantes encenam batalhas com esses e outros personagens. Talvez Piero tenha participado desses fóruns.

dizendo que com os reflexos da luz os seus olhos tinham assumido uma nuança diferente. Piero parece muito satisfeito e me diz que sente a necessidade de lavar o seu rosto: "todas as vezes que me transformo sinto a necessidade de lavar o meu rosto, não sei por quê". Vamos juntos aos banheiros ao longo do corredor, fico fora para esperá-lo. Piero volta pouco tempo depois com o rosto e as mãos úmidas e diz algo como "estou melhor". Ele me faz um sinal – depois dirá de forma mais explícita em seguida – de querer ir comigo a uma biblioteca onde se encontram livros e revistas em quadrinhos, para me mostrar quem é de verdade. Eu lhe peço explicação sobre os seus embates com o demônio que tanto o tinha preocupado nos dias anteriores, diz que o tinha derrotado com a "lança de Longino" (a lança que o soldado romano Longino usou para ferir Jesus. Lança que – dizem – em contato com o sangue de Cristo adquiriu enormes poderes. A pesquisa de notícias sobre a lança de Longino no Google leva a páginas dedicadas ao nazismo esotérico), uma lança – diz Piero – que pode ser esticada até 36 metros. [...]

Entramos novamente no hospital e juntos fomos falar com o Dr. Rossi. Este me cumprimenta muito cordialmente e, com um jogo de olhares e de sinais, acordamos sobre o fato de que eu poderia ficar e assistir à conversa. Piero diz a Rossi: "confio neste senhor (ou talvez diga "no professor"), mais do que no senhor!" Respondo com um "Oh!" de surpresa. Piero reitera o seu pedido para ter alta, mas o tom não é categórico e Rossi o leva a explicar esse aspecto da comunicação entre eles: "Você tem uma justificativa para esse pedido?" Piero acena que sim com a cabeça. Enquanto isso, chega a Dra. Verdi que lembra, em tom de brincadeira, a entrada violenta de Piero no quarto em que faziam a reunião, para dizer a todos que aquele seria o seu último dia de internação. Verdi diz que Piero é um bom rapaz, bem-educado, mas, às vezes, esquece essa boa educação. À sua solicitação de sair, Verdi diz que para isso é necessário ter força de vontade dentro de si. Diz que não vê essa força de vontade na cabeça dele, brinca ao procurar vê-la aproximando-se da cabeça de Piero, então senta-se à mesa do Dr. Rossi e diz: "é pequena, é necessário usar a lente! Ou sou eu que não vejo bem". A questão é enfrentada de forma direta por Rossi: "Senhor Piero, esta noite o senhor, pela primeira vez, dormiu toda a noite. Isso me parece um resultado importante, que nos diz que o senhor está melhorando, mas não podemos dizer que o senhor pode receber alta hoje mesmo". Após, Rossi faz menção às aventuras amorosas do final de semana de Piero, sem receber dele qualquer comentário (o tom de Rossi não era de reprovação, referia-se a esses eventos como a algo de relevante, que – de certo modo – interrompeu a rotina de Piero), prossegue então explicando a terapia a que Piero está submetido: "agora iniciamos a terapia com um regulador de humor (diz o nome), ontem tomou meio comprimido, hoje tomará um, amanhã um e meio, e depois veremos como fica". Nessa ocasião, assim como durante toda a entrevista, Piero mostra-se muito condescendente: assume em muitos momentos um olhar e movimentos infantis, talvez também um pouco sedutor, assim como sedutor pode ser um bebê.

Nos incisos, nas observações entre parênteses ou em uma nota de rodapé, explico coisas como a minha relação com a equipe de saúde: "o Dr. Bianchi que me acolhe de forma cordial"; "Rossi me cumprimentou muito cordialmente, com um jogo de olhares e de sinais acordamos sobre o fato de que eu poderia ficar e assistir à conversa". Com instrumentos análogos menciono no texto algumas explicações em relação aos personagens e aos eventos a que Piero se refere: os poderes de Goku, as prerrogativas da lança de Longino, a ligação entre esses e temas análogos nos fóruns da internet. Sem recorrer a nenhuma marca expressiva, as notas incorporam duas observações minhas que descrevem respectivamente: a minha interação com Piero e a dos psiquiatras com ele. A primeira explica – talvez com excessiva sobriedade – a minha resposta à pergunta de Piero em relação à autenticidade das suas transformações (e com isso a consistência do seu delírio), uma resposta que não é nem um "sim" nem um "não", mas que Piero evidentemente interpreta como um inequivocável "sim". As observações sobre a interação social com os dois psiquiatras, o Dr. Rossi e a Dra. Verdi (esses também nomes fictícios), estão contidas na última parte da transcrição e evidentes no encerramento onde descrevo a condescendência de Piero e o registro da sua conduta sedutora, talvez jogada como última carta para receber alta do hospital.

Resta agora enfrentar a questão prática da composição desses textos, da redação das notas etnográficas[47]. A esse respeito é útil distinguir dois diferentes momentos da escrita: a escrita de poucas frases, registradas no caderno de anotações que levamos conosco para o campo; e o mais meditado trabalho de elaboração daqueles apontamentos das notas etnográficas propriamente ditas.

As **anotações rápidas** – algumas frases, o nome de uma pessoa ou de um lugar que se teme esquecer – registradas no nosso caderno, integram as anotações mentais que constituem um dos maiores empenhos do trabalho de campo. O caderno, portanto, melhor se for de bolso, deveria constituir o primeiro instrumento de trabalho com o qual enfrentar o trabalho etnográfico; um objeto que, mais do que qualquer outro, define o papel do etnógrafo, assim como o estetoscópio define o do médico [Semi, 2010: 67]. Mas como fazer uso dele? Como prosseguir na redação das notas de campo? Também nesse caso a escolha desse pequeno aspecto do método é ditada em grande parte pelas características do contexto – mutável – do qual o observador faz parte. Existem situações nas quais fazer alguma anotação, rabiscar um caderno é a mais óbvia das ações. Quando participamos de uma reunião da equipe de uma estrutura de saúde, na

---

47. Uma eficaz introdução ao trabalho de redação das notas etnográficas encontra-se em Semi [2010: 76-85].

qual todos têm diante de si algumas folhas para escreverem as próprias observações, fazer a mesma coisa não deveria causar surpresa. Outro caso é, obviamente, se para escrever somos apenas nós e fazemos isso diante deles, recordando com esse gesto o objetivo que nos levou a estar entre eles: observá-los. Esse gesto, diferente daquele das pessoas que estão ao nosso redor, pode, portanto, desencadear o aspecto mais perturbador da perturbação observativa, a impressão de ser vigiado ou estar sob exame. Tudo isso leva a sugerir que confiemos as nossas anotações ao caderno apenas quando estivermos sozinhos, aproveitando os momentos em que essa condição ocorre ou criando-a com um breve e justificado pedido de licença. Era assim que, no estudo sobre o Serviço Psiquiátrico de Diagnóstico e Tratamento referido mais acima, eu fazia as minhas anotações de campo. Quando esse caminho não pode ser seguido e não se quer correr o risco de esquecer um particular digno de nota, diria então que a melhor coisa a fazer seja enfatizar aquele gesto com um "isso eu realmente não quero perder! Devo realmente fazer uma anotação rapidamente". Evidentemente que esta última possibilidade diminui obviamente quando o estudo é realizado utilizando uma forma de observação encoberta.

Quanto às **notas etnográficas** propriamente ditas, o problema da publicidade da escrita normalmente não se aplica. Essas notas, normalmente, são escritas no nosso escritório ou em um lugar afastado, diante da tela de um computador[48]. Talvez não seja nem o caso de dizer que essa condição de privacidade torna-se particularmente preciosa quando o estudo é realizado de forma encoberta. A redação das notas etnográficas deve acontecer cotidianamente não apenas para combater a natural erosão das lembranças, mas para permitir que se disponha das oportunidades de plena compreensão e descoberta possibilitadas pela escrita. Sobre o tempo para dedicar à escrita, todos os manuais concordam: grosso modo é necessário dedicar à escrita o mesmo tempo dedicado à observação. A reconstrução, nas próprias notas, de um evento que se realizou em poucos minutos pode requerer horas e horas de escrita [Emerson, Fretz e Shaw, 1995: 39][49].

A carga desse trabalho autoriza um estilo de escrita não elaborado, com o qual se persegue principalmente a riqueza dos detalhes (cf. infra) e, com certe-

---

48. Obviamente nem sempre é possível dispor de um local afastado e da possibilidade de usar um computador portátil. Foi o que me aconteceu, p. ex., na comunidade dos elfos de Gran Burrone, onde decidi enfrentar o problema escrevendo as minhas notas em um caderno, na rua, expondo-me deliberadamente ao olhar dos meus hóspedes com o objetivo de vencer as suas suspeitas em relação ao trabalho etnográfico. Cheguei até a oferecer a possibilidade de ler as minhas anotações a quem me perguntava o que eu estava escrevendo, um blefe que – para minha sorte – nenhum deles decidiu vir olhar. Para constar, essa atividade me fez conquistar o título de *homo scrivanus*, com o qual em algumas ocasiões zombaram carinhosamente de mim [Cardano, 1997a: 35].

49. A observação que solicitou as notas referidas mais acima, relativas ao Serviço Psiquiátrico de Diagnóstico e Tratamento, ocupou-me pouco menos de duas horas e meia. A escrita das notas (pouco menos de 3.400 palavras) ocupou-me pelo menos três horas, escrevendo, mais ou menos de impulso, aquilo que me parecia pertinente daquele dia particularmente intenso.

za, não a elegância da prosa. Isso porque, como já foi dito, as notas etnográficas são documentos privados, que no máximo são compartilhados com o próprio orientador da tese ou com os colegas mais próximos aos nossos interesses.

As regras para a redação de boas notas etnográficas podem ser reduzidas a uma: as notas de campo devem funcionar como um **roteiro** composto com o nível de detalhe suficiente para permitir a quem o redigiu ser capaz – virtualmente – de colocar em cena os aspectos importantes das interações que teve a oportunidade de observar. Com esse objetivo, é útil a **regra do bom jornalismo**, a dos "5 w", aquela das *question words* em inglês: *who?* (quem), *what?* (o quê), *where?* (onde), *when?* (quando), *why?* (por quê), às quais é comum acrescentar um "h", de *how?* (como, de que forma). Um bom roteiro deve explicar a maior parte desses aspectos, qualificando a ação, colocando-a no tempo e no espaço, identificando os atores que a realizam e – quando possível – atribuindo-lhes os motivos do seu agir (cf. tab. 3.1). Dos "5 w", o quinto, aquele que convida a explicar o porquê da ação, é o mais difícil. Requer, por assim dizer, entrar na cabeça dos nossos interlocutores para ter acesso ao sentido do seu agir; o que nem sempre é possível ou conveniente fazer ao longo da observação.

Tabela 3.1. A regra dos 5W + H

When?	Quando?
	Quando acontece a ação?
Where?	Onde?
	Onde ocorre a ação?
Who?	Quem?
	Quem está envolvido na ação?
What?	O quê?
	O que faz cada um deles? Que forma assume a interação entre eles?
How?	Como? De que forma?
	Como se desenvolvem os eventos narrados?
Why?	Por quê?
	O que leva os agentes a fazer aquilo que fazem?

Nas notas referidas mais acima, a título de exemplo, o tempo e o espaço são qualificados, respectivamente, pela data indicada no início (terça-feira, 11 de julho) e pelos detalhes – alguns dos quais omitidos para preservar a privacidade dos meus interlocutores – que identificam os lugares em que as diversas cenas se desenvolvem (o corredor do hospital onde se situa o SPDC e o consultório do Dr. Rossi).

Os protagonistas da interação, no referido texto, são simplesmente indicados: Piero, os doutores Bianchi, Rossi e Verdi, um enfermeiro, primeiramente identificado com uma expressão que o associa a uma ação (aquele um pouco sério que me deu a senha de acesso à internet), e depois em nota com o seu nome: Sergio. Para todos os cinco personagens, aquela descrita *não* é a primeira entrada em cena e isso torna supérflua a descrição dos seus perfis naquela página das minhas notas, dado que a resposta à pergunta "quem?" aparece nas páginas que descrevem as minhas experiências anteriores junto ao SPDC. Isso permite explicitar um pouco melhor a regra do "quem", que sugere qualificar com todos os detalhes, úteis à representação da ação, o perfil de cada um dos protagonistas que faz o seu primeiro ingresso nas nossas notas. O respeito a essa regra me obrigou, por exemplo, a fazer uma descrição de Piero em seguida do nosso primeiro encontro. Naquela ocasião escrevi um retrato seu com base nas informações que podia dispor, relativas à idade, às características físicas, à vestimenta, mas também ao modo de se comportar em relação a mim e às indicações expressas pelo Dr. Rossi sobre as causas prováveis do seu "desequilíbrio". Ao longo do trabalho de campo, conversando com ele quase todos os dias, tive a oportunidade então de completar e retificar o seu perfil que – na sua totalidade – encontra-se disseminado em diversos lugares das minhas notas de campo. A chave que – no caso de Piero, assim como de todos os personagens da narração – permite unir os fragmentos das descrições distribuídas nas notas de campo é o nome dos protagonistas dos eventos narrados. O nome deles, no entanto, pode não ser conhecido desde o início, mas isso não nos isenta da obrigação de atribuir a uma pessoa, de forma unívoca, as ações individuais (que se tornarão depois segmentos do nosso roteiro) descritas. A solução é simples: quando não sabemos o nome de quem age no campo o que podemos fazer é substituí-lo por um apelido, uma imagem, qualquer coisa que nos permita identificá-lo, pelo menos provisoriamente, para completar depois – assim que possível – aquela descrição com um nome [p. 70-71]. No texto das notas usado como exemplo, esse procedimento é usado para o enfermeiro, que, embora já tivesse feito a sua entrada em cena antes daquela terça-feira, 11 de julho, data a que se referem as notas, não tinha deixado em mim uma marca suficiente para memorizar o seu nome. Aquele nome surgirá depois: Sergio, e dali em diante as suas presenças em cena serão identificadas com o seu nome. Para ligar aquele nome (Sergio) ao pseudônimo (o enfermeiro um pouco sério que me deu a senha de acesso à internet) usei o instrumento das notas de rodapé, acrescentadas posteriormente, tal como aparece na transcrição. É melhor, no meu modo de ver, acrescentar – uma vez descoberto – o nome ao pseudônimo, e não substituí-lo, porque no pseudônimo pré-escolhido está contida a primeira impressão que aquela pessoa nos causou, e tomar nota disso pode ser útil para a qualificação da relação observativa (cf. infra).

A ação, cuja descrição é requerida por "o quê?" e "como?", é expressa com mais detalhes. As notas representam a ação de Piero, envolvido na "transformação" em Goku, descrita através de uma referência externa ("imitando de forma muito eficaz o personagem dos *cartoons*"), os desenhos animados japoneses da saga de Goku, em que os vários personagens encenam repetidamente uma sequência de gestos e vocalizações semelhante à demonstrada por Piero. Essa modalidade expressiva baseada no argumento da analogia, ou seja, a referência no próprio "roteiro" de um *script* descrito em outro lugar, pode tornar mais fácil e precisa a redação das próprias notas, desde que a referência – a sequência de um filme, o trecho de um romance ou qualquer outro *script* – seja clara e detalhada[50]. A descrição da transformação de Piero é acompanhada por uma, talvez demasiado sóbria, observação sobre a minha conduta, especificamente sobre a escolha de não tomar posição sobre os conteúdos do delírio do qual Piero era acometido. A ação também é descrita com a reconstrução da interação entre Piero e os dois psiquiatras, acompanhada pela reprodução – entre aspas – de algumas das frases pronunciadas na cena. A esse respeito duas observações parecem oportunas. A primeira tem a ver com a necessidade de separar, nas próprias notas, as frases que, com limitadas margens de incerteza, podemos atribuir aos personagens que interpretam a cena; das reconstruções mais sumárias da interação discursiva. A forma mais simples para separar os dois tipos de conteúdo, quer dizer, o discurso direto do discurso indireto, são as aspas reservadas para o primeiro [Sperber, 1982 – trad. it., 1984: 29ss.]. Nas notas, a distinção mostra-se clara na reconstrução da interação entre Piero e o Dr. Rossi:

> Piero reitera o seu pedido para ter alta, mas o tom não é categórico e Rossi o leva a explicar esse aspecto da comunicação entre eles: "você tem uma justificativa para este pedido?"

Se o objetivo é dispor de um roteiro o mais detalhado possível, maior é a utilização do discurso direto ou, melhor ainda, do diálogo [Emerson, Fretz e Shaw, 1995: 74-79], maiores são as probabilidades de uma eficaz representação. No caso exemplificado mais acima – se eu dispusesse das informações pertinentes – poderia ter descrito a interação de forma mais eficaz, mais ou menos assim:

> PIERO: Agora me sinto realmente melhor e quero ir para casa, gostaria de ter alta [dito sem determinação].
> DR. ROSSI: Você tem uma justificativa para esse pedido?

A segunda observação, sugerida por Spradley, diz respeito à necessidade de reproduzir nas próprias notas as mesmas diferenças de usos linguísticos que caracterizam a sociedade em estudo [Spradley, 1980: 66]. No caso escolhido como exemplo essas diferenças dizem respeito, primeiramente, à linguagem usada para descrever a doença mental: "desequilíbrio", "delírio", "psicose" pelos psiquiatras; "esgotamento", "transformação", "ideias estranhas" pelos pacientes.

---

50. Pode funcionar dizer: "os dois olharam-se fixamente por um bom tempo como no duelo de um clássico filme de faroeste"; mas é ainda melhor dizer: "os dois olharam-se fixamente por um bom tempo como El Indio e o Coronel Mortimer no duelo final de *Per qualche dollaro in più* [Por uns dólares a mais], de Sergio Leone".

Quanto ao último aspecto da regra do bom jornalismo, a especificação do porquê, as notas referidas a título de exemplo são relativamente evasivas, limitando-se a identificar os termos das questões que o estudo deveria abordar: Por que Piero torna-se um super-herói que se coloca o objetivo de eliminar o mal e as injustiças do mundo? Por que a interação entre Piero e os psiquiatras assume a forma paternalista ilustrada pelas notas? A partir daqui uma menor peremptoriedade do convite para explicar em *cada uma* das cenas evocadas pelas notas, o porquê da ação; mas o convite a fazer isso no conjunto das notas redigidas ao longo do trabalho de campo.

Concluo com duas considerações que dizem respeito à elaboração do "roteiro" de um ponto de vista mais geral. A primeira diz respeito à necessidade de **exuberar nos detalhes** mesmo correndo o risco – como sugere Goffman – de cair em uma narrativa cheia de adjetivos [Goffman, 1989]. A segunda diz respeito à oportunidade de **contar** (ainda que a nossa "fé" na pesquisa *qualitativa* esteja entre as mais sólidas), para explicar de forma mais precisa possível quantos são aqueles "tantos", "poucos" ou "alguns" pacientes, psiquiatras, enfermeiros que fazem aquilo que fazem. Isso porque, como se sabe, a utilização de uma técnica de pesquisa qualitativa não implica a renúncia de qualquer capacidade numérica [Miles e Huberman, 1985: 215; Seale, 2004: 415ss.; Barbour, 2009: 216]. Até aqui vimos uma descrição das interações sociais de que são protagonistas as pessoas em estudo, do que acontece lá no campo. No que se segue a atenção desvia-se para a descrição – também constitutiva da redação das notas etnográficas – da interação entre o observador e os próprios hóspedes, ou seja, da relação observativa. A importância dessa atividade é reiterada em um dos clássicos da etnografia, *Argonauti del Pacifico occidentale*, de Bronislaw Malinowski, já citado anteriormente. Na *Introdução* da própria monografia Malinowski escreve o seguinte.

> Ninguém sonharia em dar uma contribuição experimental à física ou à química sem fornecer um relato detalhado de todos os preparativos dos experimentos e uma descrição exata dos instrumentos utilizados, da forma em que as observações foram realizadas, do seu número, da quantidade de tempo dedicada a ela e do grau de aproximação com que foi executada cada mensuração [Malinowski, 1922 – trad. it., 1973: 30].

Para depois acrescentar, um pouco mais adiante:

> Também, nenhum historiador pretenderia ser levado a sério se fizesse mistério sobre as suas fontes e falasse do passado como se o conhecesse por adivinhação [p. 31].

Hoje, muitas das teses apresentadas naquele ensaio mal se adaptam à mudança do contexto epistemológico; no entanto, aquela subjacente ao trecho citado – o convite a um meticuloso relato das condições às quais o observador concluiu o próprio "experimento de experiência" [Piasere, 2002: 27] – conserva um indubitável frescor. A evocação do historiador, ao lado do físico e do químico, torna mais pertinente a referência à noção de "área de autenticidade", introduzida no capítulo 2 deste volume. Jerzy Topolski [1973 – trad. it., 1975: 501] a introduz a propósito dos procedimentos de crítica do documento e a define como a "soma daquelas perguntas (problemas) que aquela fonte de dados é capaz de responder de forma verdadeira" Pois bem, a qualificação das "cenas" representadas nas notas etnográficas em razão das condições em que o etnógrafo fez a sua experiência é o que permite estabelecer – juntamente com outros elementos – se a nossa resposta a uma pergunta é suficientemente fundamentada. Em outras palavras, a qualificação no plano da relação observativa de cada representação – preto no branco – das interações sociais de que participamos permite estabelecer qual é o conjunto das perguntas a que esse peculiar *corpus* textual pode responder de forma eloquente e plausível. Se, por exemplo, a pergunta que nos interessa responder é "por que os psiquiatras adotam em relação a Piero e, de forma geral, aos pacientes internados, uma modalidade de interação paternalista?", a plausibilidade da nossa resposta variará (também) em razão do tipo de material empírico que a sustenta: numerosas observações diretas da interação apresentada, apenas uma observação, a opinião de um grande número de internados, somente a opinião de Piero.

Se o etnógrafo quer que as conclusões a que chega com o próprio estudo sejam levadas a sério pela comunidade científica, não pode – especialmente se for principiante – contar exclusivamente com a própria reputação de cientista social sério e rigoroso. Para que a comunidade científica possa avaliar (e eventualmente reconhecer) a plausibilidade dos resultados a que chega, o pesquisador deverá acompanhá-los de um detalhado "**relato reflexivo**" [Altheide e Johnson, 1994] sobre as condições que levaram à sua produção, um relato que não pode se reduzir ao geertziano "estive lá" [Geertz, 1988]. Embora a questão da plausibilidade dos resultados se coloque de forma categórica apenas no momento de iniciar a redação do relato etnográfico, é necessário chegar àquele encontro preparado, e não apenas no plano teórico-epistemológico. Especificamente, é necessário tomar nota, dia após dia, das condições em que se realiza a própria pesquisa, das práticas que estruturam a sua experiência da sociedade em estudo [Cardano, 2014]. Para dispor dos elementos necessários para estratificar, por assim dizer, o *corpus* textual que reúne as notas etnográficas em razão da solidez empírica dos materiais de que se compõe a descrição da atividade observativa, o relato reflexivo deverá passar, pelo menos, por estes seis momentos:

► as modalidades de negociação do acesso;

► o comportamento dos participantes em relação ao nosso trabalho;

► as condições de recrutamento (na sua possível evolução no tempo);

► o tipo e a intensidade da perturbação (percebida ou constatada por meio de *backtalk*);

► a natureza das relações pessoais de confiança/desconfiança instauradas com os participantes (percebidas ou constatadas por meio de *backtalk*);

► o tipo de fonte a partir do qual derivam as caracterizações do contexto em estudo reunidas nas notas etnográficas.

A reconstrução das condições de acesso ao campo, qualquer que seja o papel observativo desempenhado (observação encoberta ou revelada), oferece eloquentes indícios que são úteis para caracterizar o ponto de vista e, de forma geral, as condições em que o observador pôde experimentar o contexto social em estudo. A esse respeito, desempenha um papel fundamental a qualificação das condições em que foi construído (ou se falhou na construção) o primeiro núcleo de relações de confiança com os participantes[51]. Isso se liga ao segundo dos aspectos listados, o comportamento deles em relação ao estudo, útil para qualificar a motivação e a relevância da cooperação dos participantes para a realização dos nossos objetivos. As condições de recrutamento do pesquisador na sua evolução no tempo definem, de maneira bastante rigorosa, o ponto de vista pelo qual foi possível ao etnógrafo experimentar o contexto em estudo. Por exemplo, no meu estudo sobre a sacralização da natureza em uma das duas comunidades, Damanhur, tive a oportunidade de desempenhar o papel – construído naquele momento – de "sociólogo adjunto", porém, visto que não tinha abraçado a doutrina espiritual compartilhada pelos meus hóspedes e, consequentemente, não havia sido colocado a par dos secretos rituais mágicos praticados na comunidade, tive que me contentar em observar a vida dos meus hóspedes de um ponto de vista relativamente externo[52]. A percepção do tipo (observativa ou interativa) e do grau de perturbação causado, por vezes previsível, por vezes observável através do *backtalk* com os nossos hóspedes, oferece elementos úteis à qualificação do "grau de incerteza" [King, Keohane e Verba, 1994: 31-33] que recai sobre as "teorias provisórias" que elaboramos a partir dos materiais empíricos obtidos.

---

51. O primeiro capítulo do meu livro *Lo specchio, la rosa e il loto* descreve com riqueza de detalhes a negociação e as condições de recrutamento entre os elfos de Gran Burrone e em Damanhur [Cardano 1997a: 16-26].

52. Damanhur é uma das maiores e mais longevas comunidades espirituais da Europa, conta com menos de 400 devotos, que aderiram ao projeto espiritual da comunidade com um juramento solene, que os consagrou aos mistérios da magia horusiana (Hórus é uma divindade do antigo Egito), da qual o fundador da comunidade – morto em 2013 – foi intérprete. A este saber secreto os membros da comunidade têm acesso de forma gradual, em razão da maturidade espiritual conferida a eles pelo mestre, e expressa por um específico "grau esotérico". Mais alto é o grau, maiores são os conhecimentos a que se pode ter acesso. Damanhur é, portanto, uma comunidade iniciática, nesse aspecto semelhante a muitos outros novos movimentos religiosos, como, entre os mais conhecidos, a Igreja da Cientologia. As artes mágicas praticadas em Damanhur têm uma específica finalidade: a recomposição de uma entidade divina da qual os próprios damanhurianos consideram-se parte. Aquela praticada em Damanhur é, portanto, uma magia "teúrgica", que encontra no templo subterrâneo, construído na comunidade, o lugar mais importante do próprio exercício [cf. Cardano e Pannofino, 2015: 33-49].

A análise desses aspectos nos leva a nos perguntar, ora sobre a possível presença de barreiras de acesso às informações que nos interessam obter, ao que Douglas [1976: 73-80] rotula como *front*, ora sobre as alterações da conduta dos nossos hóspedes atribuíveis ao seu legítimo desejo de "manter as aparências" aos nossos olhos. A presença de barreiras de acesso é reconhecível todas as vezes que encontramos no nosso caminho obstáculos sociais ("isto não lhe diz respeito!") ou físicos (um muro, uma porta literalmente fechada). A questão é mais complicada para as barreiras invisíveis, construídas através de uma "conspiração de mentiras" que os nossos hóspedes – todos juntos – decidem interpor à nossa experiência do seu mundo. Durante os primeiros anos de visitas frequentes a Damanhur muitas vezes eu tive a suspeita de que, além do que me diziam, houvesse algo por baixo dos panos, mas nunca imaginaria que o que havia por baixo era nada menos que um templo subterrâneo, que os membros da comunidade estavam construindo sem o conhecimento dos não iniciados e, portanto, também sem o meu conhecimento! Quanto à perturbação observativa causada pela nossa presença entre eles, às vezes é possível dispor de alguns indícios quando, aproximando-nos de um grupo de pessoas que discute animadamente, vemos cair uma cortina de silêncio assim que a nossa figura entra no seu campo visual. Em outros casos podemos dispor de indícios igualmente eloquentes quando nos é dada a possibilidade de confrontar observações sobre uma forma recorrente de interação social que obtemos, ora sem que eles notem a nossa presença, ora quando a nossa presença seja percebida. O que mais eloquentemente nos fala do montante de confiança conquistada (montante que pode também ser nulo) é o nosso envolvimento em situações relativamente críticas. A esse respeito, vem em minha mente William Foote Whyte [1943], que é solicitado a votar várias vezes em ocasião de uma consulta eleitoral. Os convites à cautela aqui nunca são demais, porque o envolvimento do pesquisador em uma conduta desviante pode assinalar o tributo de um crédito de confiança em relação a ele, mas também a adoção de um comportamento instrumental que leva a colocar alguém em dificuldade que, no final das contas, "não é dos nossos". A última observação, relativa à caracterização das fontes, é a do perfil metodológico mais nítido. Aqui a questão diz respeito à distinção, para todos os elementos das "5W + H" (cf. tab. 3.1), do tipo de experiência que permitiu a elaboração de uma resposta. O que reportamos nas nossas notas a propósito do quando, onde, quem, o quê, como e por quê de cada evento decorre da nossa experiência direta ou não? Vimos/ouvimos isso com os nossos olhos? E, se não se trata da nossa experiência, o que anotamos decorre da experiência direta do nosso interlocutor, ou ele nos refere experiências de terceiros? E em que contexto o nosso interlocutor nos colocou a par daquele evento ou situação? Em um contexto informal: uma conversa, uma observação casual? Uma conversa entre nós e ele, ou em uma conversa que envolveu também outras pessoas? Em um contexto formal: uma entrevista discursiva, um grupo focal, um momento de *backtalk*? Por último, quais são os elementos que nos permitem considerar confiável a nossa testemunha? Quais são as razões na base da sua disponibilidade de cooperar com a realização dos nossos objetivos cognitivos? Obviamente que nem sempre é possível enfrentar todas essas perguntas e não existe uma fórmula que permita ordenar hierarquicamente as diversas condições de obtenção das informações. Não é dito, por exemplo, que devendo escolher entre o que surge da nossa experiência direta em um ritual e o que nos diz quem participou várias vezes daquele ritual, a escolha deve recair sempre sobre as indicações provenientes da experiência direta. Refletir sobre esses aspectos ajuda, de qualquer forma, a considerar criticamente os materiais empíricos que obtemos, superando ao mesmo tempo, seja a "concepção romântica da observação participante" [Douglas, 1976: 50], seja o mito – a que Douglas parece aderir – da superioridade absoluta da experiência direta [p. 7, 108-109].

Concluo com algumas observações sobre o **perfil epistêmico** desses materiais. Em uma pesquisa realizada com o uso prevalente ou exclusivo da observação participante, as notas etnográficas constituem a base empírica em que apoiamos os principais resultados a que chega o estudo. Esses materiais, entretanto, revelam por inteiro o próprio significado somente àqueles e àquelas que os redigiram, ao observador, para o qual aquelas anotações, além do seu conteúdo literal, evocarão específicas lembranças, fragmentos de uma experiência *pessoal* que apenas o seu autor é capaz de recompor com exatidão. Nisso está uma das prerrogativas e talvez um dos limites da pesquisa etnográfica, o fato de fundamentar as afirmações que elabora sobre uma base empírica não transparente aos olhos daqueles que *não* contribuíram à sua construção. Fazem referência a essa característica as observações de Ricolfi [1997b: 28] sobre a "**não inspecionabilidade da base empírica**". Ricolfi traz a noção de inspecionabilidade de um texto do primeiro Wittgenstein, *Osservazioni sui fondamenti della matematica*. Nesse texto o filósofo vienense identifica na inspecionabilidade um requisito central das demonstrações matemáticas: para serem aceitas deve ser possível dominá-las como um todo [p. 28]. Ricolfi afirma que falta esse requisito à pesquisa etnográfica, onde "é justamente a possibilidade de 'dominar a base empírica como um todo' que falta para o leitor, mas não para o autor da pesquisa" [p. 28]. Ricolfi parece nos dizer algo aqui que para mim torna-se claro utilizando a noção de Wolfang Iser de "texto virtual", uma noção desenvolvida em relação, não ao mundo da matemática, mas ao da literatura. Iser sustenta que o ato da leitura comporte para o leitor a escrita, por assim dizer, de um texto virtual que toma forma a partir do encontro, por vezes do desencontro, entre a *intentio operis* e a *intentio lectoris**. Quando lemos, diz Iser, na nossa mente, escrevemos outro texto compondo as suas partes em um ato de síntese, ora seguindo, ora violando as instruções para a produção do significado contidas no texto; texto que, lê-se

---

* Cf. glossário.

em *L'atto della lettura*, "não pode em nenhum momento ser compreendido como um todo" [Iser, 1978 – trad. it., 1987: 175]. Para o gênero de escrita para o qual Ricolfi dirige a atenção, as notas de campo, o que ocorre é que a sua leitura gera em quem as escreveu um texto virtual muito mais rico, denso, sugestivo do que aqueles textos (mais de um) que podem compor, a partir da sua leitura, quem "não esteve lá". Quem esteve lá, lendo as próprias notas de campo, escreverá um texto virtual combinando o saber que ele conseguiu (ou quis) explicitar nas próprias notas juntamente com um robusto núcleo de saber tácito (parte das instruções para a produção dos significados do texto), sedimentado graças à participação na vida das pessoas sobre as quais e com as quais realizou o próprio estudo. Tudo isso, obviamente, cria problema no momento em que o etnógrafo é chamado a defender a plausibilidade das afirmações extraídas da sua experiência no campo, tornando pública a base empírica sobre a qual se apoiam. Aquelas anotações não terão um significado unívoco. Em um mundo em que a dúvida sobre a subdeterminação das teorias ainda não tenha se apresentado [Boniolo e Vidali, 1999: 609-625], no qual seja possível considerar que um conjunto de observações seja compatível com uma única interpretação teórica, o problema pareceria particularmente insidioso. Mas deixemos de lado essa última complicação, para dirigir a atenção para as condições que, com o uso de outras técnicas de pesquisa, tornam disponíveis textos completamente inspecionáveis.

Isso acontece, de forma exemplar, com as técnicas de pesquisa baseadas no uso da interlocução entre um entrevistado e um entrevistador: a entrevista guiada pelo questionário e a entrevista discursiva. O uso dessas duas técnicas de pesquisa leva à constituição de documentos com significado que, decididamente, podemos definir unívoco. Em um caso, o significado dos códigos numéricos reunidos em uma matriz de casos x variáveis é ditado a partir do livro código, uma espécie de dicionário que, variável por variável, indica as respostas designadas pelos diversos códigos numéricos, também daqueles usados para indicar a ausência de uma resposta. Algo de análogo se observa com a transcrição ortográfica de uma entrevista discursiva, um texto, acompanhado de específicos símbolos gráficos que representam a interação entre entrevistado e entrevistador sobre os registros linguísticos, paralinguísticos e extralinguísticos (cf. Apêndice 2). Em ambos os casos, a leitura, ora de uma matriz de dados, ora de uma transcrição de entrevista, sofre pouca ou nenhuma influência do saber tácito de quem esteve lá, de quem realizou uma ou outra forma de entrevista. Isso porque em um caso, o da entrevista com questionário, quem coleta o dado e quem o analisa *sempre são* duas pessoas diferentes; no outro, o da entrevista discursiva, quem solicita e quem analisa as produções discursivas *podem ser* duas pessoas diferentes. Essa atraente condição de plena inspecionabilidade se obtém através de um conjunto de expedientes técnicos e metodológicos que merecem uma reflexão, pensando especialmente nos seus custos. A radical simplificação do contexto para o qual o pesquisador dirige a própria atenção constitui o primeiro e mais importante expediente. O que se observa é um indivíduo que – separado do contexto de que faz parte – responde às perguntas de um pesquisador, cuja presença naquele pequeno recorte de sociedade não pode deixar de introduzir importantes efeitos de perturbação observativa. No caso da entrevista guiada por um questionário, acrescenta-se a isso uma outra simplificação: a limitação das modalidades nas quais o entrevistado pode se expressar. A essa redução do espaço social corresponde, como consequência inevitável de todas as técnicas que requerem uma elevada cooperação dos sujeitos em estudo, a diminuição da duração da observação. O segundo expediente – nesse caso técnico – tem a ver com a adoção de um procedimento de gravação dos eventos (linguísticos) observativos, simultâneo ao seu acontecimento, dificilmente utilizável em outros contextos observativos e, talvez, não desprovido de consequências em termos de perturbação observativa. Dessas observações surge – pelo menos assim me parece – um quadro mais complexo, no qual as indiscutíveis vantagens da inspecionabilidade são obtidas pagando o preço de uma decisiva simplificação da experiência observativa (tanto em extensão quanto em duração) e de uma sua consistente perturbação. Portanto, é a riqueza da experiência etnográfica, a sua extensão no espaço e no tempo social, a sua capacidade de modelar o saber tácito do pesquisador [Goffman, 1989] a tornar as notas de campo não inspecionáveis. O que surge, portanto, é um *"trade off*"* **entre completude** (ou, se preferirmos, complexidade) **e inspecionabilidade**: a pergunta a partir da qual se move o estudo e o objeto de cuja observação se espera uma resposta guiarão a escolha entre uma ou outra opção (cf. supra, cap. 1, par. 1.1).

Essas últimas observações nos levaram à última fase do trabalho etnográfico, a análise da documentação empírica e a redação da nossa monografia. Ambos os temas serão tratados no capítulo dedicado à análise da documentação empírica obtida com uma pesquisa qualitativa, onde – quando necessário – serão identificadas as especificidades da observação participante. Aqui, antes de encerrar o capítulo, limito-me a reiterar a importância de iniciar de imediato a análise da documentação empírica que aos poucos vamos reunindo. Com esse objetivo é aconselhado, pelo menos uma vez por semana, ler, da primeira à última página, as próprias notas etnográficas, obviamente tomando nota das sugestões suscitadas por essa leitura, hipotizando pontos de vista alternativos a partir dos quais observar e descrever novamente o que se assistiu.

---

* Cf. glossário.

4
A entrevista discursiva

O termo *entrevista*, na sua acepção mais extensiva, designa um tipo de relação social, uma modalidade peculiar de expressão da sociabilidade [Hughes, 1984 – trad. it., 2010: 367-377]. Essa forma especial de interlocução tem na mídia a sua máxima difusão, onde o diálogo entre entrevistado e entrevistador assume principalmente duas formas: o jogo da experiência (*experience game*) [Silverman, 2007: 124] e o que, por semelhança, podemos definir como o jogo da sociabilidade. Nesta última acepção a entrevista serve eminentemente ao objetivo do entretenimento, pondo, um diante do outro, dois interlocutores brilhantes que enfrentam um tema relevante ou que falam de si de forma divertida, bem-humorada, principalmente com o objetivo de arrancar uma risada ou um aplauso do público[1]. Na outra acepção, a entrevista torna-se o formato que permite ter acesso à "experiência autêntica" dos entrevistados que – ora em primeiro plano, ora de costas e com uma voz modificada – fornecem ao público em casa o drama da sua existência. A difusão dessas duas formas de interlocução levaram Paul Atkinson e David Silverman [1997] a criar a expressão sociedade da entrevista (*interview society*) para descrever uma das peculiaridades das modernas sociedades ocidentais. Dessa forma de entrevista nos ocuparemos mais adiante apenas de passagem, à margem do debate metodológico sobre o alcance dos materiais de entrevista (cf. infra, par. 1). Ao contrário, concentraremos a atenção sobre a entrevista de pesquisa, na qual a relação entre entrevistado e entrevistador toma forma em um contexto mais reservado e não defronte a um público, e é destinada à aquisição de material empírico útil para responder a uma específica pergunta cognitiva[2].

A **entrevista de pesquisa** (de agora em diante simplesmente "entrevista") constitui o instrumento de "escavação" privilegiado por um grupo amplo de sociólogos e cientistas sociais [Hughes, 1984 – trad. it., 2010: 367; Atkinson e Silverman, 1997: 304; Rapley, 2004: 15; Fideli e Marradi, 1996: 71]. Existem, como se sabe, duas acepções de entrevista, diferentes em razão das modalidades

---

1. O *David Letterman Show* na CBS [rede de televisão norte-americana] constitui um exemplo eloquente dessa modalidade de interlocução.

2. Na entrevista de pesquisa, do público, comparece apenas, por assim dizer, a sombra ameaçadora, enfrentada com as garantias habituais sobre o anonimato das respostas.

de interlocução entre entrevistado e entrevistador: a **entrevista estruturada** e a **entrevista discursiva**[3]. Na entrevista estruturada – face a face ou por telefone – a interação entre entrevistado e entrevistador é guiada por um "roteiro", o questionário, no qual comparecem as frases do entrevistador (as perguntas que ele deve apresentar ao entrevistado) e o conjunto das frases entre as quais o entrevistado pode escolher aquela que melhor se aplica a ele (as respostas às questões que lhe foram dirigidas). Na entrevista discursiva, a interação entre entrevistado e entrevistador é determinada nos conteúdos, mas as modalidades nas quais a interlocução toma forma, as palavras com as quais apresentar as questões e as usadas para articular uma resposta, não são predeterminadas, mas se definem, a cada momento, no decorrer da interação. No que se segue a atenção recairá sobre a entrevista discursiva, específica do campo explorado neste volume, o da pesquisa qualitativa.

A técnica de pesquisa que será examinada nas páginas seguintes, além de uma consistente popularidade, pode contar com uma coleção de expressões encarregadas de denominá-la. Essa forma de entrevista é assim definida: ativa, biográfica, conversacional, em profundidade, dialógica, focalizada, informal [Rapley, 2004: 15], e ainda, hermenêutica, qualitativa, inclusiva, narrativa e, talvez ainda, de outras formas que se unem ao que é proposto neste manual, entrevista discursiva. Cada uma das expressões listadas apresenta um aspecto específico dessa técnica, indicando, na designação de uma característica, o todo do qual faz parte. A essa regra não se subtrai nem a definição proposta: entrevista discursiva, que dirige a atenção para a forma assumida pela documentação empírica obtida. O bom dessa situação, talvez um pouco caótica, é que se entende, de qualquer forma, que todos os rótulos propostos, em uso na nossa comunidade linguística, funcionam – efetivamente – como sinônimos[4]. Dito isso, e tendo expressado de qualquer forma uma preferência, nestas páginas recorrerei de forma consistente à expressão entrevista discursiva. E é a consistência a única condição que me permito sugerir: uma vez escolhida a expressão que se considera mais adequada, é bom permanecer fiel à própria escolha[5]. Dito isso, só nos

---

3. A expressão "entrevista discursiva" deve-se a Rositi [1993: 198].

4. No texto faço implicitamente referência às teses do segundo Wittgenstein, para o qual o significado de um termo dá-se no uso que a comunidade dos falantes faz dele. Sob esse ponto de vista, termos com uso equivalente podem ser legitimamente entendidos como sinônimos.

5. Na longa lista de rótulos, alguém terá observado, não aparecem as designações que assumem a forma da litotes, que definem esse tipo de entrevista pela ausência dos traços que caracterizam a entrevista estruturada, aquela realizada com um questionário, própria da pesquisa por amostragem. Pertencem a esse âmbito expressões como "entrevista não estruturada", "entrevista não dirigida", "entrevista semiestruturada". Expus as razões do meu desconforto em relação ao uso da litotes na comunicação científica, especificamente para os processos de designação terminológica no capítulo 1 (par. 1), para o qual se remete. Trata-se evidentemente de questões de gosto, enfraquecidas pela constatação de que o uso dessas expressões não impede, de qualquer forma, sermos entendidos.

resta prosseguir na ilustração mais pontual das características dessa técnica de pesquisa que, no mapa das técnicas de pesquisa qualitativa proposto no capítulo 1 (par. 3), caracteriza-se pela geração de dados provocados e pelo desencadeamento de uma forma de perturbação observativa. Em outras palavras, a entrevista discursiva é uma técnica que gera a interação social para a qual dirigir a atenção; uma interação na qual os entrevistados estão – necessariamente – conscientes de estar interagindo com um pesquisador.

A **entrevista discursiva** é uma forma realmente especial de conversação, regida por uma "ordem cerimonial" [Goffman, 1967 – trad. it., 1988, cap. 4] que prevê para os locutores que dela se ocupam, o entrevistado e o entrevistador, tarefas e prerrogativas profundamente dissímeis[6]. Ao entrevistador compete a definição do tema da conversa, assim como a decisão, durante o seu desenvolvimento, de desviar ou não do tema proposto. Ainda ao entrevistador compete a tarefa de apresentar as perguntas ao entrevistado na forma e no momento em que considera mais conveniente. A isso corresponde o direito do entrevistado de ser o centro das atenções, de desempenhar de forma estável o papel de "*prima-dona*" [p. 135], desde que pague o preço de responder – de uma forma ou de outra – às questões ou às solicitações que provêm do entrevistador. Essa disparidade de tarefas e responsabilidades mostra-se de forma evidente nas transcrições da entrevista caracterizadas normalmente por turnos de interlocução brevíssimos para o entrevistador e longuíssimos para o entrevistado[7]. Diferente também é a remuneração, por assim dizer, que recebem os dois protagonistas dessa interação discursiva. A remuneração do entrevistador varia em razão do papel que desempenha no grupo de pesquisa. Na situação, se não mais comum, ao menos mais desejável, na qual o entrevistador faz parte do grupo de pesquisa que analisará os materiais obtidos e escreverá a tese, o artigo ou a monografia que reúne os resultados dessa análise, a sua remuneração *principal* consiste na obtenção de elementos empíricos úteis para elaborar uma resposta à pergunta que dá impulso ao estudo[8]. Quando, ao contrário, o entrevistador é um colaborador externo ao grupo de pesquisa a sua *principal* remuneração é mais prosaica e coincide com o pagamento combinado para a realização da entrevista. A remuneração do entrevistado é mais diversificada. Primeiramente, é necessá-

---

6. Steinar Kvale [1996] fala a esse respeito de uma específica assimetria de poder entre entrevistado e entrevistador.

7. Como prova do caráter especial desse tipo de conversação basta pensar no que aconteceria se a distribuição das tarefas que constituem a entrevista fosse proposta em uma de nossas conversas cotidianas. Bem poucos estariam dispostos a tolerar "*prima-donas*" que não cedem o palco nem por um momento, nem interlocutores pouco ou nada disponíveis a retribuir a confiança dos outros, conquistada com a narração de si mesmo. A conversação iria rapidamente à deriva, alcançaria a condição que Goffman [1967 – trad. it., 1988, cap. 4] rotula como "alienação".

8. A ênfase no texto sobre "principal" faz menção à presença de outras fontes de remuneração que decorrem do prazer cognitivo e emocional da interação com os entrevistados.

rio considerar a gratificação emocional que decorre do fato de ter participado de uma interação na qual se foi o centro das atenções, na qual foi possível manifestar as próprias convicções, a própria personalidade de uma forma não usual que não expõe ao risco de ser contrariado ou rejeitado [Hughes, 1984 – trad. it., 2010: 372]. Trata-se de um tipo de gratificação cujo valor varia em razão do *status* do entrevistado: é elevado para os sujeitos a quem o privilégio do palco é concedido apenas raramente, é menos elevado para quem transcorre a maior parte da própria vida ao centro das atenções públicas. À gratificação emocional é necessário associar, diferenciada apenas no plano analítico, a gratificação cognitiva que decorre do fato de ter concluído um trabalho satisfatório "autenticamente teórico" sobre si próprio [Bourdieu, 1988, apud Kaufmann, 2007 – trad. it., 2009: 58]. Guiado e apoiado pelo entrevistador, o entrevistado pode observar a própria vida, as próprias rotinas cotidianas com um olhar crítico, identificando conexões inesperadas, pensando em uma ou mais formas diferentes de si mesmo, das próprias experiências ("me tornei um dirigente de sucesso, mas o que teria sido de mim se eu tivesse seguido a minha inclinação em direção à pintura?"). Em alternativa ou em acréscimo às descritas mais acima, podem-se imaginar outras formas de remuneração, que têm raízes não na relação entre entrevistado e entrevistador, mas no contexto social mais amplo de que os entrevistados fazem parte[9]. A remuneração, nesses casos, decorre da importância que se considera que possa decorrer da participação na entrevista. Em paralelo à gestação deste manual iniciei um estudo sobre os dissidentes da comunidade de Damanhur. A ideia do estudo tomou forma com a publicação de um volume que reúne as intervenções dos dissidentes da comunidade publicado em dois fóruns on line[10]. Os autores do volume – também dissidentes – deram-me uma cópia e me pediram uma opinião a respeito. Um pedido motivado em virtude do meu comportamento, se não crítico, ao menos não celebrativo em relação à comunidade da qual tinham se afastado, manifestado no estudo em que coloquei lado a lado a comunidade de Damanhur e a dos elfos de Gran Burrone [Cardano, 1997a]. A leitura do texto incitou a minha curiosidade científica e decidi então iniciar uma pesquisa sobre a experiência de desconversão dos damanhurianos, baseada na utilização de entrevistas discursivas. O contato com os meus interlocutores foi mediado por alguns dos dissidentes com quem, no decorrer do trabalho de campo em Damanhur e depois na sequência, havia estabelecido boas relações. Contei com a colaboração deles para o recrutamento de boa parte dos entrevistados, prosseguindo autonomamente apenas para alguns. Pois bem, entre as vinte pessoas que entrevistei, mais de uma aderiu ao estudo movida

---

9. Trata-se do que Kahn e Cannel [1957b], tendo em mente principalmente a entrevista estruturada, definiram como "motivação extrínseca".

10. O livro, com tiragem limitada, intitula-se *Damanhur alla rovescia – Testimonianze*, e reúne uma seleção das intervenções nos fóruns organizados, um da Revista *Focus*, e o outro do Centro de Estudos sobre Abusos Psicológicos. O estudo é realizado em colaboração com Nicola Pannofino.

principalmente pelo desejo de mostrar, como disse uma delas, "a verdadeira face de Damanhur", reconhecendo na entrevista – ou melhor, no que se seguiria à mesma: a publicação de um ensaio – a oportunidade para uma denúncia dos abusos sofridos e causados, dirigida também a impedir que outras pessoas, especificamente aquelas que orbitam em torno da "nebulosa místico-esotérica" [Champion, 1995], repitam o que hoje, com os olhos do apóstata, definem como erros. Oposta à remuneração descrita mais acima está a possibilidade de se eximir da sanção que decorre da recusa à entrevista. Essa é uma situação em que podemos nos encontrar no âmbito de um estudo etnográfico ou uma pesquisa-ação dentro de uma organização. Em casos desse gênero pode acontecer de se contar com o apoio dos dirigentes, associado a uma mais fraca motivação entre os subordinados. Estes últimos podem encontrar na proteção contra a censura ou contra qualquer outra sanção proveniente da administração uma boa razão para vencer a própria resistência a aceitar a nossa entrevista. Em geral, não penso que seja possível separar sem hesitação as boas formas de remuneração do entrevistado daquelas não muito boas[11]. Menos ainda é possível pensar em poder controlar a motivação dos nossos interlocutores em uma direção ao invés de em outra. O que é conveniente fazer, ao contrário, é uma reflexão crítica, quando tudo estiver concluído, sobre qual, entrevista por entrevista, possa ter sido a motivação para cooperar, dado que esse conhecimento – no caso em que se possa obtê-lo – pode ajudar na interpretação dos discursos que nos são fornecidos.

Além disso, a conversa entre entrevistado e entrevistador é especial de outro ponto de vista. Em muitos casos – embora não em todos – as duas pessoas em uma entrevista são reciprocamente estranhas, ou melhor, antes daquele encontro diante de um gravador tiveram apenas poucos contatos, na sua maioria telefônicos, necessários para marcar a entrevista que agora os coloca um defronte ao outro. A entrevista, nesses casos, configura uma singular violação da esfera privada dos participantes, chamados a contar, para um estranho, aspectos por vezes muito delicados das suas vidas, como por exemplo o surgimento do sofrimento mental nas suas existências [Cardano, 2007, 2008b]. Em outros casos a entrevista coloca defronte, não estranhos, mas duas pessoas que já tiveram outras oportunidades de interação. Isso acontece, tipicamente, quando a entrevista faz parte de uma pesquisa etnográfica (cf. supra, cap. 3), na qual o encontro envolve duas pessoas que compartilharam – ainda que de forma diferente – a

---

11. No texto não considero as formas de retribuição em dinheiro ou com os mais comuns "vales-combustível", usados pelas empresas de *marketing*, visto que se trata de formas de apoio da motivação do entrevistado pouco difundidas na pesquisa acadêmica. Nada impede, entretanto, de pensar em um emprego também no âmbito de uma pesquisa social, tendo cuidado, no entanto, de não utilizar esse tipo de incentivo para o recrutamento das pessoas a entrevistar, recorrendo, p. ex., a anúncios nos jornais ou na internet. Se a amostra for constituída por pessoas que aceitam a entrevista apenas em razão da retribuição que é prometida a elas, a solidez dos resultados obtidos corre o risco de ser profundamente comprometida.

experiência do mesmo contexto social. De forma mais limitada, essa situação ocorre em todos os casos de entrevista repetida, quando essa forma peculiar de interação torna-se um encontro que se repete muitas vezes no contexto de um estudo longitudinal, como aconteceu, por exemplo, na pesquisa de Laura Bonica e Viviana Sappa sobre as escolas profissionais [Bonica e Sappa, 2008][12]. Talvez não seja o caso de dizer que a forma assumida pela interação discursiva, assim como os discursos que no seu interior se expressam, variem sensivelmente em razão do grau de familiaridade/estranheza que une o entrevistado ao entrevistador. Cada situação tem prós e contras específicos que são necessários avaliar caso a caso[13]. Se a recíproca estranheza pode favorecer a abertura, a narração de si, diante de uma pessoa que demonstra atenção e plena aceitação, mas que muito provavelmente não se encontrará nunca mais; a familiaridade permite uma maior compreensão dos conteúdos dos discursos que nos são fornecidos e, para o entrevistado, a possibilidade de substituir as garantias expressas pela estranheza com o surgimento de relações de confiança[14].

Essas últimas reflexões levam a reconsiderar um tema ao qual – em outro registro – já tínhamos nos aproximado com a análise das peculiaridades da observação participante (cf. supra, cap. 3). Ali eu tinha analisado os limites que decorrem da adoção acrítica do que Jack Douglas define como "**modelo cooperativo**" da pesquisa social, uma acepção da pesquisa de campo que hesita na celebração romântica da relação entre pesquisador e participantes, o que Douglas, em tom sarcástico, define "concepção romântica da observação participante" [Douglas 1976: 43-54]. Para a entrevista discursiva, a sombra desse estilo de pesquisa mostra-se em dois âmbitos: epistêmico e relacional. Do primeiro, o epistêmico, irei me ocupar de forma extensiva no parágrafo 1 deste capítulo, dedicado à reconstrução do debate sobre o estatuto da documentação empírica obtida com essa técnica de pesquisa, da sua capacidade de explicar, além da relação colocada entre entrevistado e entrevistador, a vida das pessoas que consentem em participar dos nossos estudos.

Aqui, a seguir, pretendo, ao contrário, abordar o outro aspecto do problema, aquele que recai sobre a relação entre entrevistado e entrevistador. Na literatura

---

12. Bonica e Sappa [2008: 184] envolveram os jovens que participaram do estudo em cinco entrevistas discursivas durante vinte meses. Para uma reflexão sobre a peculiaridade da pesquisa qualitativa longitudinal cf. Saldaña [2003].

13. Sobre esse aspecto não concordo com Salvatore La Mendola [2009, cap. 5] quando sustenta que a realização de uma entrevista com uma pessoa que se conhece exponha a dificuldades, de forma que seja desaconselhável a sua utilização.

14. Richard Krueger oferece um exemplo das oportunidades de abertura (*self-disclosure*) oferecidas pela recíproca estranheza lembrando uma experiência comum a todos nós, a da confidência recebida por um passageiro com o qual se compartilhou uma longa viagem de trem. Este, certo de que não nos encontrará mais, nos conta detalhes da própria vida que jamais compartilharia com outros [Krueger, 1994: 12-13].

pertinente é comum representar essa relação evidenciando os aspectos de entendimento, de perfeita sincronização do sentir. Duas imagens, retiradas, por assim dizer, em dois momentos diversos do debate local sobre a pesquisa qualitativa, ilustram de forma eficaz essa disposição. A primeira é aquela proposta por Claude Javeau, que define a entrevista como um encontro de "duas subjetividades que se unem para devolver a objetividade do social" [Javeau, 1987: 188]. A segunda, proposta por La Mendola em uma moldura epistemológica que se afasta do realismo do estudioso francês, descreve a entrevista como uma dança executada sobre a construção de um entendimento, um balanceamento entre "entrevista-ator e narra-ator" [La Mendola, 2009: 118].

A experiência descrita mais acima, especialmente pela forma na qual é definida, é uma experiência insólita, mas não impossível. Repensando na minha experiência de mais de vinte anos de entrevistas discursivas, em mais de uma oportunidade tive a *impressão* de ter tido um entendimento profundo com os meus interlocutores, de uma breve, mas intensa *folie à deux**. Uma experiência que é mais provável nas entrevistas a sujeitos marginalizados, deserdados, *honteux* como dizem os franceses, ou *underdog*, como se diz nos países de língua inglesa. O que me interessa dizer aqui é que essa condição especial não pode ser entendida como a norma que nos permite distinguir as boas entrevistas das que não são tão boas ou são ruins, individuar temas e tipos de pessoas com as quais é profícuo o uso dessa técnica de pesquisa. Não consigo imaginar uma entrevista minha a um especulador financeiro, a um estelionatário ou a um colaborador de justiça como o encontro de "duas subjetividades que se unem para devolver a objetividade do social" [Javeau, 1987: 188] ou como uma dança elegante ou um "transe socializado" [La Mendola, 2009, cap. 4]. Nesses casos – não de todo hipotéticos [Cottino, 1998] – o registro que parece mais apropriado é aquele investigativo [Douglas, 1976]; um registro que se move a partir da consciência de que o nosso interlocutor, programaticamente procurará escapar, dissimular a própria identidade, alterar a reconstrução das próprias experiências. Além de uma dança, a entrevista pode ser também um elegante encontro de esgrima. Nesse caso também o pesquisador deverá adaptar o registro da técnica que utiliza às especificidades do contexto, ora procurando, ora suspeitando da magia de uma perfeita sintonia entre interlocutores.

O que foi dito até aqui permite qualificar a experiência que a entrevista permite adquirir. A entrevista discursiva fornece ao pesquisador não apenas um conjunto de informações sobre o entrevistado com as quais preencher uma hipotética matriz de dados para submeter a análise, mas também, e diria em primeiro lugar, *discursos*. Ao responder às nossas perguntas, o entrevistado compõe **narrações** e **argumentações**; institui relações de sentido entre eventos dispostos em uma sequência temporal, expõe as razões que tornam forte o que afirma ou

---

* Cf. glossário.

explicita as fragilidades daquilo a que pretende se opor[15]. Reporto a seguir a transcrição ortográfica de dois breves excertos de uma entrevista realizada por uma aluna minha, Giulia Lepori, a Eugenio – o chamaremos assim –, um "ouvidor de vozes". As perguntas da entrevistadora são reportadas em negrito, as respostas de Eugenio em corpo normal[16].

> 1) Ok... see quer me contar a história da sua vida.
> 2) Sim.
> 3) Partindo de onde quiser...
> 4) Parto de quando me tornei um ouvidor de vozes, ou seja, há vinte e sete anos, tinha 21 anos e me tornei um ouvidor de vozes em seguida de uma desilusão amorosa muito forte: a minha namorada me deixou quando já se falava em casamento eeee de repentee ouvii principalmente a voz da minha namorada, que me levou a fazer coisas, inclusive bastante inadequadas, como fugir do serviço militar. Uma noite de folga ouvii a sua voz defronte aaa... defronte a uma agência que alugava carros, que me dizia: "vai embora daí, volta para casa". Peguei o carro e percorri a Itália duas vezes, não me lembro de nada daqueles dois dias ali, depois fui parar em um jardim emm um pátio sentado em um banco // (clareia a sua voz). Meu pai ficou muito mal com isso, disse que para mim havia Gaeta [referia-se à prisão militar]... Depois me reformaram porque eu tinhaa... entenderam que eu tinha problemas psíquicos... E assim iniciou a minha história de ouvidor. Depois as vozes ficaram mais densas, mais numerosas e mais insistentes, até que fui internado pela primeira vez porque tinha perdido o equilíbrio do meuu... da minha estrutura psíquica./As vozes me mandavam fazer coisas, não fazer coisas, elas me diziam blasfêmias, palavrões e tudo / (pronunciado como uma cantiga) essee ressoar na cabeça de... de vozes *porque as vozes são pensamentos que se fazem vozes não sei como defini-los, às vezes são lembranças de pessoas que retornam, que reafloram, e é a voz daquela pessoa ali* [...].

A primeira frase (turno 4), que coincide com o *incipit* da entrevista, demonstra de forma clara o entrelaçamento entre narração e argumentação. Eugenio inicia o discurso com a narração do surgimento das vozes na sua vida,

---

15. Reporto a seguir duas definições concisas, respectivamente, de narração e argumentação, úteis para complementar o que foi dito no texto. Extraio a definição de narração do glossário organizado por Olagnero e Cavaletto [2008], em particular do verbete *Narração*, escrito por Santina Parrello e Barbara Poggio, que reporto a seguir. "A narração pode ser definida de modo sintético como uma forma específica de discurso (entendendo seja o processo ou o resultado), que – a partir de um ponto de vista pessoal (perspectiva) e usando um repertório cultural (canonicidade) – coloca os eventos em relação temporal (sequencialidade)" [Parrello e Poggio, 2008: 127]. Recorro à definição de argumentação de Van Eemeren e Grootendorst [2004 – trad. it., 2008: 13]: "A argumentação é uma atividade verbal, social e racional voltada a convencer um crítico razoável a respeito da aceitabilidade de uma tese mediante um conjunto de proposições que são apresentadas para provar ou refutar a proposição expressa na tese".

16. Sobre as regras de transcrição cf. o Apêndice 2.

ordena os eventos que decide contar em uma sequência da qual transparece também uma relação causal: uma desilusão de amor que desencadeia a crise. Eugenio prossegue com a reconstrução de alguns pequenos, mas significativos detalhes: a voz da namorada, o seu perambular pela Itália e depois a perplexidade do pai, que o surpreende sentado em um banco no jardim de casa. Eugenio prossegue com a reconstrução vívida do ataque à agência cometido pelas vozes, então interrompe a narração para esboçar uma primeira explicação da própria experiência; ali a narração cede lugar à argumentação (indicada em itálico na transcrição) e as vozes tornam-se a cristalização das lembranças, dos eventos passados. Esse registro mostra-se de forma mais clara no segundo trecho da entrevista, quando Eugenio, solicitado pela entrevistadora, apresenta-lhe uma primeira explicação das vozes.

> 1) **E qual explicação dá às vozes... isto é, por quê...**
> 2) Ah! Isso é um mistério... Isso é um mistério. Em geral se iniciam depois de ummm fatoo doloroso ou um luto ou um forte desgosto uma desilusão uma coisa do gênero para mim foi uma desilusão de amor, mas para alguns foi a morte do pai ou da mãe ou da namorada ou da esposa ou de um filho e não existe nem uma idade em que se é mais provavelmente sujeito a ouvir as vozes, porque há quem ouça as primeiras vozes com quinze anos, há quem as ouça com cinquenta...

Também aqui observamos a interligação entre argumentação e narração: Eugenio propõe uma definição que é compartilhada entre os ouvidores de vozes sobre a origem dessa experiência, enraizada na biografia e não na biologia dos indivíduos. No coração da própria argumentação, Eugenio insere uma observação narrativa (indicada em itálico na transcrição), indicando como – para ele – o "fato doloroso" tenha sido uma desilusão sentimental.

Ao elaborar o próprio discurso, o entrevistado recorre a um específico registro expressivo, *escolhe* (uma oportunidade que não é dada a quem responde às perguntas de um questionário) as palavras, o idioma, a linguagem com que dizer o que pretende. Eugenio fala de vozes e não de alucinações verbais auditivas, torna eficazmente presente a primeira das vozes ouvidas, a da sua namorada, utilizando o discurso direto: "vai embora daí, volta para casa", imitando o seu timbre e a sua entonação em uma peculiar forma de ventriloquismo[17]. Os discursos que nos são fornecidos pelos nossos interlocutores são também caracterizados por uma específica **coloratura emocional**, feita de raiva, alegria, pacata resignação etc. É o tom da voz, a postura, a imprimir essas cores ao discurso que pode eloquentemente abrir-se ao riso, ao choro, ao silêncio. Eugenio – expoente histórico, por assim dizer, do movimento italiano dos ouvidores de vozes – conta a sua história com uma surpreendente tranquilidade,

---

17. Com base nisso se pode entender a dimensão da *performance* dos discursos solicitados com a entrevista [Riessman, 2008: 112ss.].

como se estivesse dizendo ao entrevistador algo de óbvio, banal, um traço que surge na parte final do primeiro excerto, no qual a experiência das vozes, "As vozes me mandavam fazer coisas, elas me diziam blasfêmias, palavrões e tudo mais", é inscrita em um módulo expressivo, aquele da cantiga que exprime, ou talvez quisesse exprimir, destaque.

Ainda, nos discursos que nos são fornecidos pelos nossos interlocutores, surge a **posição do locutor**, na forma em que se apropria ou se distancia das coisas que diz[18]. Esse aspecto mostra-se de forma particularmente evidente nas narrações de doença, nas quais o entrevistado escolhe, por exemplo, definir-se – talvez com uma ponta de orgulho – esquizofrênico ou se distanciar dessa condição dizendo-se portador de esquizofrenia. No discurso o locutor pode modular a sua presença, ora atribuindo-se a paternidade ou a responsabilidade de uma ação com um "eu", ora distanciando-se ou anulando a própria presença para deixar o campo a outros atores, a outros "eles"; pode falar de si como uma mônada isolada do mundo, assim como pode criar laços mais ou menos estreitos com outros através da utilização do "nós". O fragmento da entrevista a Ada, parte da pequena amostra de pacientes psiquiátricos sobre os quais concentrei a atenção em um estudo meu [Cardano, 2007], oferece alguns exemplos *in vivo* do que foi dito mais acima. Ao longo da reconstrução da própria história de vida, Ada relata o que se segue.

> Quando eu tinha as minhas crises, depois de anos que você faz análise e psicanálise no início você sonha e pensa que não lhe entenderão mais, então não há nada a fazer, se uma pessoa tem esse distúrbio... – não sei se é o caso de dizer: /eu sou bipolar/ (dito com ênfase) – deve-se administrar isso, porém uma pessoa não deveria se assustar aos primeiros sintomas. Embora não devesse, eu sempre me assusto, porque não é muito fácil administrar a situação também porque, depois... enfim, você pensa na casa e a uma espécie de isolamento que se cria ao redor. Eu digo a nós doentes que, quando estamos mal, há um pouco de exclusão. Talvez sejamos nós mesmos que nos autoexcluímos de alguma forma, não sei!

No inciso "não sei se é o caso de dizer: eu sou bipolar", Ada se apropria, por assim dizer, da própria diferença; diferente, sob esse aspecto, da maior parte dos outros entrevistados que tende a afastar de si a doença mental que *possuem*, mas que não são, e que definem atenuando o seu alcance, utilizando – tecnicamente de forma imprópria – expressões como "depressão", "esgotamento nervoso" ("tive um grave esgotamento") para rotular experiências relacionadas ao mais severo quadro psicótico. Além disso, Ada, também sob este aspecto diferente dos outros participantes, usa o pronome nós – "nós doentes" – para se referir a quem, como ela, é acometido por doença mental, estabelecendo, ao menos no

---

18. No texto aludo à análise das formas de enunciação que se movem a partir das reflexões do linguista francês Émile Benveniste [1966; Manetti, 2008]. Uma apresentação crítica da linguística da enunciação e das suas relações com a teoria do ator é encontrada em Sormano [1999].

campo da linguagem, uma relação de solidariedade que se abre à reivindicação dos direitos coletivos.

Por último, uma análise atenta do discurso pode nos permitir compreender **os vestígios de conflitos interiores** assinalados por *lapsus* linguísticos ou por outras perturbações na linguagem. Nesse terreno – definitivamente escorregadio – Didier Demazière e Claude Dubar nos oferecem um exemplo eloquente ao realizar uma entrevista com Sophie, uma jovem que por amor renunciou à própria carreira profissional e que, através da linguagem, faz transparecer o próprio arrependimento. Na monografia, que apresenta os resultados de um estudo sobre a ocupação dos jovens com médio-baixa escolaridade, os autores comparam três estratos da entrevista a Sophie, nos quais a perturbação da linguagem surge sob a forma de erros no acordo entre substantivo e adjetivo e no uso da forma pronominal: reporto a seguir os primeiros dois, aqueles de mais imediata legibilidade.

> Porque, ahn, por razões **familiares** [*familiaux*, na língua original. O adjetivo é, portanto, erroneamente acordado ao masculino em vez de ao feminino], diria, vim aqui para Vendeia.
> Digamos que sou feliz, bem, porque a minha vida **em si mesmo**, **em si mesmo** sou feliz [Demazière e Dubar, 1997 – trad. it., 2000: 167].

Nesses "erros", Demazière e Dubar reconhecem os sinais de um conflito interior: Sophie seguiu o seu companheiro até Vendeia, onde trabalha em uma criação de codornas, renunciando às suas oportunidades profissionais para apoiar as razões do companheiro, que "em si mesmo" é, ao contrário, plenamente satisfeito [p. 183-185]. Mais acima assinalei as condições escorregadias desse terreno, mais familiar ao clínico que ao pesquisador social. O risco a que nos expomos ao atravessá-lo é o de um clamoroso equívoco. Imaginando que pudéssemos excluir sem incertezas que as perturbações da linguagem observadas não sejam atribuíveis a simples problemas na gravação, para fazer desse gênero de indícios linguísticos uma prova do traço profundo ao qual imaginamos que aludam, é necessário encontrar no texto outros elementos menos – por assim dizer – sutis à sua sustentação. Ou seja, é necessário individuar no *corpus* textual algum outro elemento para sustentar a nossa leitura, outros lugares da transcrição na qual a interpretação sugerida da perturbação da linguagem pareça fundamentada. A transcrição da entrevista com Sophie, reportada na íntegra pelos autores [p. 146-154], mostra em outros lugares a indiferença de Sophie com o seu trabalho, a delegação ao seu companheiro das decisões assumidas também em seu nome, o que autoriza os autores a concluir que "Sophie é destinatária da vida de outro" [p. 185].

Os discursos de que até aqui traçamos a forma não caem do céu, nem surgem das profundidades mais secretas do ser; ao contrário, são construídos e recebidos dentro de um contexto interativo específico [Riessman, 2008: 105]. A **relação entre entrevistado e entrevistador** presta-se a dois tipos de leitura. A primeira, minimalista, serve-se da interação entre entrevistado e entrevistador para interpretar o sentido dos discursos que – juntos – os dois interlocutores constroem. Serve a esse objetivo, por exemplo, a análise da metacomunicação que o entrevistado pode utilizar durante a entrevista. Um parêntese como: "digo-te estas coisas porque sei que posso confiar em ti", ou um mais brusco: "com certeza, você é muito corajoso para me perguntar estas coisas!", podem oferecer um guia útil à interpretação dos discursos que em cada contexto interativo tomam forma. Com a segunda leitura, a interação entre entrevistado e entrevistador torna-se o centro das atenções; os discursos do entrevistado tornam-se frases de uma *performance* voltada a um público que, em primeira instância, é constituído pelo entrevistador. É essa a chave de leitura adotada por Riessman [p. 108-116] na análise da entrevista com Burt – seu pseudônimo –, um operário acometido de esclerose múltipla que interpretou, nesse caso na acepção teatral, a entrevista como uma oportunidade para encenar a própria masculinidade, atacada pela patologia da qual sofria.

Em um plano formal, taxonômico, podemos distinguir três **tipos de interação entre entrevistado e entrevistador**, ilustrados esquematicamente na figura 4.1.

Figura 4.1 Formas de interação na entrevista discursiva

		Entrevistado	
		Individual	Dupla ou pequeno grupo
Entrevistador	Individual	Entrevista convencional	Entrevista de grupo
	Dupla	Entrevista em tandem*	

A entrevista rotulada como convencional identifica a forma de interação mais comum e, ao mesmo tempo, a forma pura daquele tipo de sociabilidade que constitui a entrevista. Nas outras formas de interação à díade simmeliana constitui-se a tríade e, por vezes, formas sociais mais complexas, com algumas importantes implicações metodológicas que vale a pena deter-se brevemente sobre elas. Na entrevista em tandem [Fideli e Marradi, 1996: 73], o terceiro que se adiciona à díade desempenha a função de mediador, facilitando a comunicação entre entrevistado e entrevistador. O apoio do mediador (ou segundo entrevistador) pode abranger diversos aspectos da interação social, dos quais dois me parecem mais facilmente distinguíveis: um apoio emocional e um cognitivo. Pessoalmente, experimentei as duas formas de apoio em duas pesquisas profundamente diferentes entre si, mas que tinham em comum o uso da entrevista discursiva. O primeiro estudo abordava a relação entre organização da empresa,

---

* Cf. glossário.

ou melhor, entre cultura organizacional da segurança e infortúnios. O estudo previa a utilização da entrevista discursiva como instrumento para a elaboração de um questionário estruturado dirigido a cinco figuras estratégicas nas políticas empresariais para a segurança: o diretor de pessoal, o diretor de produção, o chefe de seção, o representante dos trabalhadores para a segurança e o responsável pelo serviço de prevenção e proteção. Realizei as entrevistas em uma pequena amostra de empresas com um engenheiro mecânico que me acompanhava na conversa com os nossos interlocutores, vindo em meu socorro todas as vezes que a discussão tomava um rumo técnico que ia além da minha competência. Nesse caso o mediador oferece um suporte cognitivo à relação de entrevista. O segundo estudo [Cardano, 2005], já citado em vários lugares deste volume (cf. supra, cap. 2, par. 2), abordava a relação entre perturbação psíquica e trabalho. Com esse objetivo foram realizadas cinquenta entrevistas discursivas repetidas para as quais foram envolvidas dez duplas de entrevistadores, constituídas por um pesquisador social e por um paciente psiquiátrico em tratamento junto aos serviços da região. O segundo entrevistador – neste caso um paciente – desempenhou uma função de mediação relevante principalmente no plano emocional, permitindo – apenas com a sua presença – que se transmitisse aos nossos interlocutores a ideia de poder ser compreendido, facilitando, com isso, o compartilhamento das suas experiências, muitas vezes de sofrimento, referidas, ora ao mal mental, ora ao trabalho. Um simples "para mim também foi difícil", pronunciado pelo segundo entrevistador, torna a comunicação mais fluida em diversos momentos.

A entrevista de grupo configura uma situação interativa peculiar, na qual o entrevistador pode observar, juntamente com os discursos dos próprios interlocutores, também as relações entre eles. Isso acontece quando, por exemplo, com a entrevista, nos dirigimos a uma família, na qual o casal ou todo o núcleo familiar estão presentes diante do entrevistador (que nesse caso é mais apropriado que seja apenas um). Pessoalmente, experimentei esse tipo de entrevista no estudo sobre a relação entre perturbação psíquica e trabalho, citado mais acima, com a realização de entrevistas aos familiares dos pacientes entrevistados e depois, alguns anos mais tarde, realizando as primeiras entrevistas de uma monumental dissertação de mestrado sobre a dislexia, realizada em paralelo por três estudantes meus, estudo este que previa a realização de entrevistas a ambos os pais do/a jovem disléxico/a[19]. Em ambos os casos a tomada da palavra pelos interlocutores, a duração do turno da sua interlocução, a divisão do trabalho na produção do discurso, oferecem *indícios* eloquentes sobre as relações familiares – especialmente nos casos das modalidades de cuidado dos componentes do casal. E isso, às vezes, desde as primeiras frases da entrevista, como acontece no trecho reportado a seguir, referente à entrevista com os pais de Gustavo (pseudônimo), um jovem disléxico:

---

19. Os trabalhos de conclusão de curso, defendidos no ano acadêmico 2009-2010, foram elaborados por Michele Cioffi, Serena Lasagno e Donatella Saraco para o curso de mestrado em Sociologia da Universidade de Turim.

1) **Aqui está. Agora estááá gravando... ahn, // [tosse]. Bem eh, queria começar pedindo a vocês para contar a história do Gustavo do seu ponto de vista, pela maneira como viveram isso...**
2) Mãe: Hum. Quer começar você?
3) Pai: Humm, sim.
4) Mãe: // [sorri]
5) Pai: Ok, começo eu. Eeeh... obviamente ten-, tendo menos competência no campooo pedagógico [alude às maiores competências pedagógicas da esposa, que trabalha no setor educativo] ao fato que, eh... nnnão sabia, não conhecia a dislexia, era uma palavra que tinha ouvido, mas nnão sabia que significado pudesse ter, na realidade, eu a relacionava à leitura, não a outros distúrbios.

Essas poucas frases antecipam a estrutura da entrevista e a divisão do trabalho adotada pelo casal, na qual a esposa desempenha o papel de especialista e de principal responsável pelo tratamento do filho, enquanto o marido cumpre as tarefas de comunicação em nome da família.

No plano técnico, uma distinção digna de nota diz respeito às modalidades de direção da conversa a que o entrevistador pode recorrer. Esse aspecto da interação entre entrevistado e entrevistador assume diferentes formas em razão do tema da entrevista e do estilo de interlocução próprio de cada um dos interlocutores. As formas concretas da interação se dispõem dentro de um *continuum* ideal que tem em um extremo a entrevista que tem início a partir de uma pergunta o mais aberta possível (p. ex.: "conte-me a história da sua vida começando por onde quiser") e no outro o tipo de entrevista que polemicamente Demazière e Dubar [1997] definem **questionário disfarçado**, ou seja, uma sequência de perguntas abertas a que o entrevistado é levado a responder com poucas palavras, uma entrevista na qual a extensão dos turnos de interlocução do entrevistado tende a coincidir com a dos turnos do entrevistador[20]. As entrevistas que se posicionam em torno desse extremo do *continuum* são – na verdade – entrevistas malsucedidas, cujo insucesso é atribuído primeiramente ao planejamento do roteiro e, depois, a uma inadequada "socialização" do entrevistado ao seu papel[21].

---

20. Rita Bichi [2007: 153-157] exprime o que foi dito no texto com a noção – sem dúvida mais compacta – de grau de diretividade.

21. A inadequação do roteiro pode ter origem no número – excessivo – de perguntas de que se compõe e da sua formulação, dirigida – como em um questionário – a solicitar respostas secas e não discursos (p. ex.: "em que ano entrou em Damanhur?" em vez de: "Gostaria que tentasse reconstruir o momento em que decidiu se tornar um cidadão de Damanhur"). Quanto ao processo de socialização ao papel de entrevistado, o erro consiste em aceitar, com resignada passividade, sem nenhuma tentativa de aprofundamento, as primeiras respostas lacônicas expressas pelo entrevistado. Este aprenderá que a forma apropriada de cooperação consiste em fornecer respostas breves e adotará esse estilo de interlocução para o resto da entrevista. Sobre esses temas voltarei no parágrafo dedicado à realização da entrevista (infra, par. 4.2).

Dentro da gama das entrevistas propriamente discursivas (as entrevistas que não são "questionários disfarçados") é possível distinguir entre duas formas: a entrevista livre e a entrevista guiada[22]. Na **entrevista guiada** o entrevistador conduz a conversa seguindo um roteiro que reúne um conjunto de temas a respeito dos quais considera importante obter respostas; para esses temas o roteiro prefigura (mas não predetermina) uma sucessão ideal e individua alguns possíveis estímulos verbais. O **roteiro** desempenha uma função equiparável à do *canovaccio*** na comédia da arte italiana: sugere ao entrevistador os temas a tratar, a formulação linguística mais apropriada, mas deixa a este último a faculdade de definir a ordem de sucessão dos temas e a formulação linguística mais apropriada – em razão da evolução da interação – para lhes solicitar. Na **entrevista livre** o entrevistador limita-se a apresentar ao seu interlocutor o tema da conversação, introduzindo-o com uma pergunta, para após dispor-se em uma atitude de escuta, deixando o entrevistado a construir por si só o seu discurso. De forma resumida podemos definir a entrevista guiada como a combinação de um conjunto de microentrevistas livres, cada uma das quais aborda o tema sobre o qual nos interessa obter respostas.

Quanto aos temas, a entrevista discursiva pode ser aplicada com proveito no estudo de tudo o que tem a ver com o mundo interno dos indivíduos, com o que – em outras palavras – está dentro da cabeça deles. Antes de prosseguir, como de hábito, à apresentação dos passos que compõem uma pesquisa baseada no uso da entrevista discursiva, é conveniente abordar uma questão crucial, simbolizada nas observações críticas de Atkinson e Silverman sobre a sociedade da entrevista com as quais se abriu este capítulo: Do que nos falam, e com que autoridade, as nossas entrevistas?

1 Do que (e com que autoridade) nos falam as nossas entrevistas?

No início da epopeia da progressiva afirmação da pesquisa qualitativa, no fim dos anos de 1960, a resposta a essa pergunta era óbvia: as entrevistas discursivas permitem acessar o ponto de vista dos entrevistados, a sua "definição da situação" e de obter informações úteis sobre o contexto social em que vivem. Nisso – considerava-se – residia a vantagem competitiva da entrevista discursiva em relação à entrevista estruturada. Somente com a entrevista discursiva – dizia-se – pode-se compreender *realmente* o ponto de vista deles e a partir daí explicar o seu agir. A essa virtude epistêmica associava-se uma virtude ético-política: a capacidade de *dar voz aos nossos interlocutores*, em particular aos sujeitos desacreditados, marginalizados, *honteux*. Sobre as virtudes epistêmicas da entrevista, em tempos recentes, iniciou-se um debate vivaz que, juntamente

---

22. A expressão "entrevista guiada" deve-se a Pizzorno [1958: 147, nota 7].

* Cf. glossário.

a posições mais flexíveis, vê contrapor-se duas orientações: a celebração romântica da entrevista e a crítica radical da entrevista.

A primeira posição, a que polemicamente Atkinson e Silverman qualificam como **celebração romântica da entrevista**, apoia-se em um ponto essencial que está longe de ser específico da comunidade dos pesquisadores sociais, o valor da experiência vivida e, especialmente, a sua indiscutível autenticidade. Essa duvidosa consideração está na base – como já foi dito acima – da difusão nos meios de comunicação de massa e, em particular, na televisão de *formato* que usam a entrevista como dispositivo que permite o acesso às experiências mais estranhas, inacreditáveis, dramáticas daqueles que aceitam participar deste peculiar jogo da experiência "*experience game*" [Silverman, 2007: 124]. Tudo isso toma forma movendo-se de um contrato narrativo implícito que pressupõe que os entrevistados encenem, em benefício do público, uma representação autêntica de si mesmo, sem fingimentos, sem grandiosas mediações de especialistas. Atkinson e Silverman observam, com tristeza, como essa característica decadente da sociedade da entrevista permeie também a pesquisa social que vê na entrevista de pesquisa a própria "máquina da verdade". Os dois estudiosos invocam, para esse fim, a sedimentação dessa concepção de entrevista em alguns manuais de metodologia da pesquisa, entre os quais se destaca *The Long Interview*, no qual McCracken atribui a essa técnica de pesquisa a capacidade de nos fazer acessar o mundo interno dos nossos interlocutores, de nos fazer ver o seu mundo assim como eles mesmos o veem [McCracken, 1988: 9, apud Atkinson e Silverman, 1997: 310]. Essa disposição tem raízes variadas identificáveis, ora na chamada "*received view*", ora no que mais se opõe a ela. Com "*received view*", pretendo me referir ao núcleo de concepções metodológicas e epistemológicas típicas da primeira Escola de Chicago, caracterizada por profunda *naïveté** epistemológica e por uma implícita concepção realista do conhecimento social. Paradoxalmente uma referência igualmente forte à ideia de autenticidade da experiência decorre do contexto cultural que, mais do que qualquer outro, contraria o realismo, não apenas aquele ingênuo, mas também aquele mais sofisticado, o pós-modernismo. No capítulo 1 (par. 2) fiz menção a três vias não epistêmicas de base da pesquisa social: beleza, solidariedade e sinceridade. É nesta última solução, na defesa do valor da experiência vivida, expressa por meio da autoetnografia, que podemos encontrar – ao menos em minha opinião – a retomada do mito romântico da autenticidade[23].

---

* Cf. glossário.

23. Sobre esta específica forma de *experience game* a crítica de Silverman assume a mais inequívoca das formas através da utilização das palavras com as quais o filósofo Harry Frankfurt encerra o seu breve e irônico ensaio *On Bullshit* [2005 – trad. it., 2005]. "A contemporânea proliferação das besteiras tem também origens mais profundas em várias formas de ceticismo, segundo as quais não temos nenhum acesso confiável a uma realidade objetiva, e, portanto, não podemos conhecer a realidade das coisas […]. As consequências dessa perda de confiança foram o abandono da

A segunda posição, aquela que chega a uma **crítica radical da entrevista**, move-se de uma consideração que – ao menos em um primeiro momento – é difícil não compartilhar: a entrevista, como nos ensinou Aaron Cicourel [1964], é uma forma de interação, situada no tempo e no espaço social e condicionada na sua forma e nos seus conteúdos pelas peculiaridades do contexto interativo. A tese de Cicourel é radicalizada pelos fautores da crítica radical à entrevista que sustentam o quanto do que a entrevista fornece ao pesquisador é estritamente determinado pela contingência irrepetível de cada entrevista, uma contingência construída na interação entre entrevistado e entrevistador[24]. Essa tese é expressa em termos radicais por Stephen Hester e David Francis [1994: 679] com a noção de *thisness**, que circunscreve a eloquência de cada entrevista a nada mais do que o contexto interativo que envolveu entrevistado e entrevistador: somente disso, dessa específica interação localizada, pode falar eloquentemente uma entrevista. Contribuem para substanciar essa tese as reflexões de Jonathan Potter e Alexa Hepburn [2005], que recaem sobre o modo de operação de um conjunto de elementos que conspiram em restringir o poder referencial dos materiais obtidos com as entrevistas discursivas a uma só interação linguística entre entrevistado e entrevistador. Potter e Hepburn chamam a atenção para quatro aspectos:

> 1) O caráter seletivo da memória (nem todos os eventos que o entrevistado experimenta deixam vestígios na memória);
> 2) O caráter seletivo da comunicação daquilo que o entrevistado tem memória (nem todas as lembranças pertinentes são compartilhadas com o pesquisador);
> 3) O impacto do processo de "gerenciamento da impressão", que envolve o entrevistado (a escolha de dizer algo ao entrevistador e da maneira na qual fazê-lo é subordinada à necessidade de manter as aparências);
> 4) A dupla influência do entrevistador sobre os discursos do entrevistado, moldados pela representação que este faz do entrevistador e das modalidades de interlocução adotadas pelo entrevistador para sustentar as produções discursivas do entrevistado.

---

disciplina requerida pela fidelidade ao ideal da exatidão e a adoção de uma disciplina de gênero totalmente diferente, imposta pela busca do ideal alternativo da sinceridade. Em vez de tentar chegar primeiramente a representações precisas de um mundo compartilhado, o indivíduo volta-se à tentativa de fornecer uma representação sincera de si mesmo [...] não existe nada na teoria e, por certo, nada na experiência a sustento do extraordinário juízo que a verdade sobre si mesmo seja a mais simples de conhecer. Os fatos sobre nós mesmos não são particularmente sólidos e resistentes à dissolução do ceticismo. As nossas naturezas são, ao contrário, evasivamente inconsistentes – notoriamente menos estáveis e menos dotadas de uma própria intrínseca realidade em relação à natureza das outras coisas. E se isso é verdade, a sinceridade é em si uma besteira" [p. 60-62, apud Silverman, 2007: 138-139].

24. Para uma ilustração mais clara dessas teses cf. Hammersley [2008, cap. 5].

* Cf. glossário.

Tudo isso concorre – sustentam os autores – para levantar fortes dúvidas sobre o poder referencial dos materiais de entrevista, sobre a sua capacidade de representar tanto o mundo interno dos entrevistados quanto o seu contexto de vida. São evidentes as implicações metodológicas e epistemológicas dessa crítica que chega a resultados maximalistas: dado que estão presentes muitos fatores capazes de perturbar a produção discursiva do entrevistado, não podemos aceitar como verdadeiro nada do que nos diz de si e da sua vida, para, ao contrário, limitar-nos unicamente à consideração da forma assumida por aquela singular interação discursiva constituída pela entrevista.

Se, por um lado, as observações críticas, definitivamente pungentes, apresentadas pela crítica radical à entrevista não podem deixar de nos impor um afastamento do mito da autenticidade próprio da concepção romântica da entrevista discursiva; por outro lado, a redução da entrevista discursiva a um jogo de interação (*interaction game*), a um contexto no qual o único exercício analítico praticável está limitado ao estudo dos movimentos discursivos que envolvem o entrevistado e o entrevistador – irrepetíveis com base na noção de *thisness* –, extrai desse instrumento a sua principal função, aquela de nos ajudar a entender como vão as coisas no mundo. Há, todavia um modo para superar essa situação de impasse, um modo que passa através da plena devolução da entrevista às práticas mundanas a que os fautores da crítica radical a compararam.

Na vida cotidiana – como observa Martin Hammersley [2008: 96ss.] – encontramo-nos frequentemente às voltas com interlocutores envolvidos em delicadas operações de gerenciamento da impressão, que misturam reconstruções precisas da sua experiência, com mentiras ora estudadas, ora inconscientes, que explicam o seu passado filtrando-o à luz dos traços do seu presente inconcluso. Cada um de nós desenvolveu – em diferentes graus – um conjunto diversificado de habilidades com as quais enfrentar essas situações, aprendendo a ler nas entrelinhas o que nos é dito, dirigindo a atenção para as incongruências dos discursos que escutamos, tensionando a linguagem das palavras com a do corpo, usando um conjunto de instrumentos indiciários que, não raramente (embora nem sempre), tem resultados satisfatórios. Diante dos discursos solicitados com a entrevista, essa disposição ao ceticismo deve somente ser reforçada e – o quanto possível – mais sistematizada[25]. A condução da entrevista deverá, portanto, ser caracterizada por uma orientação crítica com a qual a *criação* das perguntas (cf. infra) para apresentar aos nossos interlocutores seja guiada *também* pelo propósito de acrescentar eloquência ao material empírico que submeteremos à análise. O entrevistador desempenha essa função quando procura vencer a hesi-

---

25. A esse respeito Hammersley [2008: 99] esclarece de forma conveniente a curvatura dessa disposição cética, dirigida não sobre o plano epistemológico, na negação da possibilidade de um conhecimento fundamentado das coisas do mundo, mas sobre o metodológico, no convite a considerar com particular cautela as informações adquiridas momento a momento.

tação do próprio interlocutor em torno de uma questão que se apresenta como relevante ou quando – com elegância – chama a sua atenção sobre as variações de significado que caracterizam o discurso do entrevistado ("Nas primeiras frases da entrevista a senhora definiu a sua experiência com o grupo religioso do qual se afastou como um pesadelo; mais adiante, então, lembrou-se de alguns aspectos positivos da própria experiência. Quer me ajudar a entender como as duas coisas se mantêm juntas?"). Essa disposição crítica deverá guiar, também, o delicado trabalho de transcrição das entrevistas para se transformar depois em um entre os princípios-guia que orientam a análise da documentação empírica. Nesse âmbito, a valorização da disposição cética que guia as interações cotidianas pode contar com uma vantagem específica. No decorrer da análise cada discurso pode ser lido (e ouvido) várias vezes. É possível confrontar de forma analítica o que cada entrevistado diz nos vários turnos de interlocução à medida que se sucedem. O que é dito pode então ser colocado ao lado das informações relativas ao contexto interativo (à relação entre entrevistado e entrevistador) dentro do qual o que foi dito toma forma. Além disso, nos é dada a possibilidade de confrontar as questões específicas e discursos da totalidade dos nossos interlocutores, examinando consistências e inconsistências na forma (os *scripts*, as modalidades discursivas adotadas) e nos conteúdos do que é dito e feito com as palavras. A tudo isso se acrescenta o teste de verossimilhança proposto por Howard Becker, baseado no confronto entre o que nos é narrado e o que sabemos do mundo: "Não aceitamos histórias que não são confirmadas por dados que temos à disposição" [Becker, 1998 – trad. it., 2007: 31]. Ou seja, é necessário ler os textos que construímos com as nossas entrevistas com a sensibilidade do historiador, avaliando, por assim dizer, a "área de autenticidade" [Topolski, 1973 – trad. it., 1975: 501], individuando para cada um deles as perguntas a que é capaz de fornecer uma resposta eloquente. Se, movendo-nos a partir da transcrição das nossas entrevistas, interessa-nos reconstruir a representação dos eventos narrados elaborada pelos nossos interlocutores, incluída a representação de si, é crucial prestar atenção às condições de produção do discurso, à interação entre entrevistado e entrevistador, mas também à coerência interna de cada narração e à sua relação com as outras narrações. A análise da interação entre entrevistado e entrevistador oferece indícios úteis a uma estimativa do impacto da perturbação observativa induzida pelo uso dessa técnica de pesquisa ou, em outras palavras, permite avaliar, ainda que sumariamente, o alcance do gerenciamento da impressão. A coerência interna de cada discurso, entre o que é dito em vários lugares e entre o que, em algum lugar, é dito com a linguagem das palavras e do corpo, constitui um indício – ainda que fraco – da sua verossimilhança[26]. A coerência entre as narrações expressas por diversos entrevistados a respeito de um mesmo evento dirige-se à identificação de matrizes narrativas

---

26. Como se sabe, nada é mais coerente que o relato – bem construído – de um mentiroso.

comuns, à individuação de *scripts* compartilhados, usados para representar a própria experiência. Pensemos, por exemplo, à experiência das vozes ou, mais simplesmente, às alucinações verbais auditivas. Pois bem, reconhecer no próprio *corpus* textual um *leitmotiv* que atribui as vozes a um diálogo com Deus ou um outro que as liga ao corpo atormentado do ouvidor, obrigado a escutar a voz do adulto que abusou dele/dela na infância não nos ajuda a decidir o que realmente tenha acontecido, mas nos dirige à identificação do que, no contexto em estudo, parece ser as formas mais apropriadas para elaborar aquela singular experiência. Indícios, seguramente não provas certas, que, todavia, podem ser corroborados posteriormente recorrendo a outra documentação empírica, à narração de outras pessoas testemunhas dos mesmos eventos (p. ex., os familiares de um ouvidor), mas também a documentos naturais (p. ex., fichas clínicas) e à coleta, em primeira mão, dos dados observativos.

Às vezes também pode ser conveniente atribuir-se objetivos mais desafiadores (ao menos no plano epistemológico), como a reconstrução do contexto no qual se colocam os eventos narrados [Hammersley, 2008: 99]. Poderíamos, por exemplo, aventurarmo-nos na reconstrução do perfil de uma instituição inteira, por exemplo, um manicômio, movendo-nos a partir do relato da vida cotidiana apresentado por quem, por um tempo, esteve internado ali. Nesse caso – além de uma cuidadosa análise das condições de produção dos discursos obtidos – será necessário avaliar, para cada entrevistado, quais recursos dispunha naquele momento para acessar as informações que nos transmite: Ele nos fala do manicômio em geral, mas em quais setores ele foi internado, quando e por quanto tempo? Será necessário considerar também – o quanto possível – as razões pelas quais cada interlocutor tem bons motivos quer para se calar sobre alguns eventos, quer para falar deles e de fazer isso justamente conosco. O conjunto desses procedimentos permite avaliar, caso a caso, a eloquência dos materiais textuais obtidos e dispor – em um registro indiciário – de elementos úteis para qualificar o seu alcance referencial, ou seja, a sua capacidade de nos falar do mundo.

Tudo isso sugere cautela na passagem do texto à vida e/ou ao contexto social a que ele se refere, mas, ao mesmo tempo, garante – ao menos assim me parece – a possibilidade de um uso dos materiais obtidos com entrevistas discursivas que não se esgota na análise da irrepetível interação entre entrevistado e entrevistador que gerou o texto em análise. Nessa delicada passagem, a entrevista discursiva pode contar com uma relevante vantagem competitiva em relação à própria equivalente quantitativa, a entrevista com questionário. No caso da entrevista discursiva, a interpretação do comportamento linguístico do entrevistado repousa sobre uma quantidade riquíssima de indícios, de fato, anulados quando a resposta do entrevistado é estendida sobre uma escala Likert ou sobre os termos de uma lista predefinida.

Definida, ainda que sumariamente, a eloquência dos materiais de entrevista, no que se segue vou expor o conjunto das decisões metodológicas a que é chamado quem pretende realizar uma pesquisa com essa técnica, indicando as implicações de cada uma. Com esse objetivo me servirei do esquema analítico já utilizado pela observação participante, esquema que – como já foi dito – subdivide o processo de pesquisa em quatro fases: o desenho da pesquisa, a construção da documentação empírica, a análise e a comunicação dos resultados. A fase do desenho da pesquisa foi amplamente examinada no capítulo 2, no qual as duas acepções dessa atividade, a prefiguração e a reconstrução, foram descritas em um registro geral, totalmente aplicável a uma pesquisa baseada no uso de entrevistas discursivas. Aqui – novamente – vou me limitar a considerar apenas os aspectos do desenho da pesquisa – dois – específicos da entrevista discursiva: i) a prefiguração da forma que deverá assumir a interação entre entrevistado e entrevistador, identificável pelo tipo de roteiro; ii) a conclusão da argumentação proléptica (cf. supra, cap. 2) em defesa da eloquência da amostra, elaborada na fase de reconstrução do desenho da pesquisa. É isso que ilustram os parágrafos que se seguem.

2 O roteiro da entrevista

Forma e conteúdos da interação entre entrevistado e entrevistador decorrem essencialmente das perguntas a que nos propomos a responder e da prefiguração dos procedimentos de análise da documentação empírica que, para tanto, considera-se necessário adotar. As perguntas a partir das quais se move a pesquisa, obviamente, individuam os conteúdos sobre os quais o entrevistado será interpelado. Quanto ao tipo de análise prefigurada, crucial é a importância que os procedimentos individuados atribuem à autonomia do entrevistado ao definir os temas do próprio discurso e a sua sucessão. Isso acontece, tipicamente, nos estudos que se propõem a solicitar narrações [Poggio, 2004; Czarniawska, 1997, 2004; Riessman, 2008], um tipo de discurso no qual a sequência dos eventos narrados e o espaço (tecnicamente o tempo do discurso) dedicado a cada um são cruciais quando, por meio da análise dessas narrações, pretende-se acessar a representação de si ou da organização colocados no centro da história. Começar a falar de si a partir do próprio ingresso no mundo do trabalho, ou do encontro com o/a companheiro ou, ainda, da inscrição em um partido político faz diferença. Escolhendo uma ou outra coisa, o entrevistado nos comunica qual "carreira" [Olagnero, 2004: 121-125], naquele momento da sua vida, considera crucial ou, no mínimo, a qual carreira, no contexto interativo da entrevista, considera mais conveniente ancorar a própria narrativa autobiográfica. Esse tipo de informação deixa de existir se decidirmos organizar a entrevista com uma série de perguntas que abordem, em sequência, a carreira familiar (casamento, filhos, eventuais separações), a profissional (formação escolar, primeiro emprego, progressão de carreira) e, por último, a participação social (adesão a organizações políticas, religiosas, culturais). Quando esses aspectos têm relevância em vista de uma análise das narrativas desenvolvidas no registro descrito mais acima, a forma da entrevista só pode ser livre, apoiada por um roteiro mais do que essencial, ou seja, constituído por um único pedido com o qual se pede para começar a narração: "Conte-me a história da sua vida, começando por onde quiser"[27].

Constituído por uma única pergunta ou por mais de uma, o **roteiro da entrevista** requer, de qualquer forma, um específico trabalho de planejamento, cuja natureza pode ser mais bem-entendida esclarecendo o que acontecerá depois, na interação discursiva entre entrevistado e entrevistador. Diante do próprio interlocutor, o entrevistador solicitará a produção das *respostas* que lhe interessa obter essencialmente de duas formas: apresentando-lhe as perguntas planejadas para sugerir alguns dos discursos esperados (relativos, p. ex., à sua relação com o sofrimento que o aflige) e inventando ali mesmo, em razão da evolução da conversa, as perguntas mais adequadas. Jean-Claude Kaufmann [2007 – trad. it., 2009: 52] expressa essa sugestão com particular clareza quando observa como "a melhor pergunta" não é necessariamente aquela sugerida pelo nosso roteiro, mas aquela que o entrevistador inventa no momento "a partir do que recém foi dito pelo informante [leia-se: pelo entrevistado]". Essa observação permite uma primeira qualificação do roteiro de entrevista: não se trata de uma lista das perguntas que deverão ser lidas diante do entrevistado, mas de uma espécie de pró-memória para obter temas e possíveis formulações das questões, mas sem se deixar bloquear pelas próprias prefigurações. Em outras palavras, o que conta não são as perguntas, mas as respostas; não é necessário ler todas as perguntas planejadas ao entrevistado, mas obter respostas pertinentes para os nossos objetivos: algumas respostas abordarão questões que, desde o planejamento do estudo, atribuímos relevância, outras recairão sobre aspectos cuja relevância surgiu no momento, durante a interlocução.

Outro aspecto para o qual é conveniente dirigir a atenção diz respeito ao **papel** que, com a entrevista, é **atribuído ao entrevistado**, interpelado ora como protagonista, ora como observador/testemunha, ora como especialista[28]. O pa-

---

27. É necessário observar, de acordo com Bourdieu, que também nessa forma extremamente enxuta, essencial, impõe-se uma direção ao discurso do entrevistado, pressupondo "que a vida seja uma história" [Bourdieu, 1994 – trad. it., 2009: 71ss.].

28. A observação desenvolvida no texto move-se a partir da distinção proposta por Gérard Genette entre dois diferentes "comportamentos narrativos", ou melhor, entre dois tipos de relação entre o narrador e a sua história. O primeiro, o relato homodiegético, vê a presença – em diversos graus – do narrador na história. Nesse caso o narrador pode ser, seja o protagonista da história que relata, seja um observador mais destacado, uma testemunha dos eventos narrados. O segundo tipo de relação, o relato heterodiegético, vê o narrador relatar eventos dos quais não participou. Adaptei e simplifiquei essas distinções – trazidas por Manetti [2008: 142-147] – relacionando-as aos três papéis a que o entrevistado pode ser chamado; papéis caracterizados pela constituição de uma específica relação entre o locutor/entrevistado e o seu discurso.

pel de **protagonista** é tipicamente atribuído ao entrevistado quando se pede a ele para contar a história da sua vida. O papel de **observador/testemunha** é atribuído quando se pede a ele para contar eventos que aconteceram no seu contexto de vida, por exemplo, as mudanças organizacionais da empresa da qual faz parte, a evolução das relações interculturais no bairro onde vive. Eventos, nesse caso, que o narrador pode ter apoiado ou sofrido, mas que – por definição – teriam ocorrido mesmo sem a sua participação. O entrevistado é chamado a desempenhar o papel de **especialista** quando o discurso que é solicitado com a entrevista não diz respeito a eventos de que participou, mas a eventos remotos no espaço e/ou no tempo (que nesse caso pode incluir também o futuro), por exemplo, o conflito no Darfur, a taxa de desemprego dos jovens em 2020, ou quando é solicitado avaliar um estado de coisas, por exemplo, a presença ou não de limites aos sofrimentos que um ser humano pode infligir a um outro ser humano, ou a individuar receitas, remédios, para resolver um problema social, por exemplo, o da crise energética.

Todos os três papéis indicados mais acima são legítimos; o que conta é que, no momento do planejamento da entrevista, esteja claro ao pesquisador a natureza da associação entre o perfil dos próprios interlocutores e o papel requerido a eles. É necessário, por exemplo, que o entrevistado no papel é especialista disponha do saber necessário (saiba, p. ex., onde é o Darfur e o que esteja acontecendo lá). É necessário ter bem claro o uso dos discursos que nos fornecerão os entrevistados chamados a desempenhar o papel de observadores/testemunhas. Se o que nos interessa obter é a sua representação dos eventos narrados, será suficiente assegurarmo-nos de que eles tenham experimentado aqueles eventos. Ao contrário, se os entrevistados no papel de observadores/testemunhas são usados – como às vezes acontece – para extrair dos seus discursos indícios úteis para reconstruir os eventos narrados, então, além das cautelas necessárias que decorrem do uso das informações, por assim dizer, de segunda mão, será necessário munir o colóquio com perguntas dirigidas para nos fornecer informações úteis para qualificar a confiabilidade dos nossos interlocutores. Se, por exemplo, o tema é a mudança organizacional de uma empresa e com as entrevistas pretendemos reconstruir os seus contornos, será necessário no mínimo perguntar aos nossos interlocutores há quanto tempo trabalham naquela empresa e em que função. Além disso, seria útil saber algo sobre a presença de rancor, insatisfação, hostilidade que residem nos nossos interlocutores, para levarmos em consideração quando extrairmos dos seus discursos a reconstrução do acontecido. A distinção entre os papéis atribuídos ao entrevistado é útil, também, para ler a modalidade – tecnicamente a perspectiva – com que os nossos interlocutores elaboram os seus discursos. Em uma entrevista que chama o nosso interlocutor para desempenhar o papel de protagonista da narração, acontece, não raramente, que ele deslize para o papel de especialista, substituindo a narração dos eventos que marcaram a sua trajetória biográfica com generalizações abstratas.

Temos esse tipo de deslize quando o nosso interlocutor diz algo como: "todas as pessoas que ouvem vozes sofreram um abuso na sua infância, quer se recordem, quer não", em vez de: "a minha família esteve envolvida em um grupo organizado de sádicos pedófilos que abusou de crianças e participou de práticas sadomasoquistas extremas. A consequência de um abuso tão extremo e intenso é devastadora" [do testemunho de Jaqui Dillon, apud Romme et al., 2009: 180]. Em geral, qualquer que seja o papel atribuído ao entrevistado, particularmente quando ele é interpelado como protagonista ou como testemunha/observador, é bom que o roteiro (e a sua sucessiva "encenação") o leve a explicar os eventos concretos dos quais experimentou, aquele conjunto de fatos e pequenos fatos da vida cotidiana, na base da sua mais abstrata definição da situação. Entendamo-nos: não é que o resultado dos processos inferenciais [*sensu* Nisbett e Ross, 1980] dos nossos interlocutores, a forma na qual extraem uma consideração geral ("todas as pessoas que ouvem vozes sofreram um abuso na sua infância") a partir da sua experiência sobre um conjunto de pequenos eventos, não nos interessa. Tudo o mais, nos interessa. Mas junto com isso também nos interessa dispor de informações sobre o conjunto concreto de eventos que alimentaram aquelas generalizações.

Essas observações podem ser traduzidas em algumas indicações de máxima relativas à redação do roteiro. É conveniente organizar o roteiro a partir de um conjunto de temas – indicativamente uns dez ou até menos – em torno dos quais desenvolver a conversação com o entrevistado, reconhecendo, para cada um, o papel que a sua discussão atribui ao entrevistado (protagonista, observador/testemunha, especialista). Para cada área temática pode ser conveniente preparar algumas formulações linguísticas úteis para solicitar a produção discursiva do entrevistado. Uma vez preenchida a lista das áreas temáticas e as perguntas úteis para solicitar a sua discussão, é conveniente instituir uma hierarquia entre as mesmas. Ou seja, trata-se de individuar aqueles três ou quatro temas sobre os quais se considera fundamental solicitar a discussão de todos os entrevistados, separando-os dos outros cujo desenvolvimento ao longo da entrevista será ditado pelo andamento da conversa. Essas indicações se expressam no roteiro de entrevista elaborado para o estudo sobre os dissidentes de Damanhur referido mais acima. Damanhur, como vimos, é uma comunidade esotérica que se constituiu no final dos anos de 1970, que conta com cerca de trezentos adeptos. Como qualquer outra comunidade espiritual, também Damanhur está sujeita ao fenômeno representado pela imagem da porta giratória: ao longo do tempo, fluxos de novos ingressos combinam-se com fluxos de dissidentes. Nos últimos dez anos, o fluxo de saída presenciou o abandono de algumas pessoas que ocupavam posições políticas e espirituais de relevância dentro da comunidade. Daí o meu interesse por esse processo de desconversão que procurei analisar utilizando o roteiro reportado no quadro 4.1.

Quadro 4.1 Roteiro de entrevista para o estudo sobre os dissidentes de Damanhur

1) A adesão a Damanhur

• Quando e como, pela primeira vez, você se aproximou de Damanhur?

• Quais foram as razões na base da sua adesão a Damanhur?

• Ao aderir a Damanhur, o que você deixou para trás (trabalho, família...)?

• Voltemos a Damanhur, como você a via naquele momento, como descrevia a você mesmo aquele lugar singular, talvez mágico, no qual tinha passado a viver?

2) O surgimento da crise

• Ao longo do tempo essa imagem mudou, por assim dizer, de cor, contorno, quer tentar me dizer como?

• Tudo isso fez amadurecer a decisão de deixar Damanhur. Quer me contar como as coisas aconteceram?

• O que o impedia de deixar Damanhur?

• Você teve como compartilhar com outros membros da comunidade as dúvidas, as perplexidades que progressivamente se apresentavam?

3) A participação nos fóruns críticos

• Neste percurso situa-se a organização dos fóruns de "Focus" e do Cesap; que papel teve essa experiência na sua decisão de deixar Damanhur?

4) O ponto de virada

• Lembra o dia em que o seu afastamento de Damanhur tornou-se oficial?

• Lembra o dia em que deixou definitivamente Damanhur?

• Quais custos espirituais, sociais, psicológicos ou econômicos comportou esta sua decisão?

5) A vida longe de Damanhur

• O que faz agora?

• O que ficou da experiência de Damanhur (dimensão espiritual, social...)?

6) Um balanço

• As coisas poderiam ter sido diferentes? Em que condições o projeto Damanhur poderia se realizar?

• No período que transcorreu em Damanhur, aconteceu de ter feito algo de que hoje se arrependa? Vem em sua mente algum episódio em particular?

O roteiro é organizado em torno de seis áreas temáticas, para cada uma das quais são previstas perguntas-estímulo, às quais recorrer em razão do andamento da entrevista. Com uma única exceção, todos os temas tratados interpelam os entrevistados no papel de protagonista da narração. A exceção é constituída pela pergunta, parte da última área temática, que convida os entrevistados a uma reflexão contrafatual: "As coisas poderiam ter sido diferentes? Em que condições o projeto Damanhur poderia se realizar?" Essa pergunta coloca os entrevistados em um papel suspenso entre o da testemunha/observador e o do especialista, isso em razão do modo no qual a solicitação proposta é recebida pelo entrevistado. Das seis áreas temáticas três foram consideradas cruciais: a adesão a Damanhur, o surgimento da crise, a vida longe de Damanhur. As outras três, a participação nos fóruns críticos, o ponto de virada, um balanço, foram consideradas como acessórias: a elas, ao longo do período de entrevistas já concluído, eu e Nicola Pannofino, com quem realizei o estudo, recorremos de forma descontínua, em razão do perfil dos nossos interlocutores e, sobretudo, em razão da evolução da conversa com cada um deles. As perguntas efetivamente dirigidas aos nossos interlocutores, aquelas gravadas nos arquivos de áudio e depois transcritas, assemelham-se às planejadas, mas raramente coincidem com elas. Além disso, às perguntas previstas foram acrescentadas outras, às vezes com bons resultados. A um dos meus interlocutores, que no decorrer da entrevista evocou a própria paixão filosófica por Plotino e os místicos medievais, pedi para comparar a proposta filosófica daqueles pensadores com a doutrina damanhuriana; a outro, crítico em relação a quem – um tempo aos vértices da comunidade – agora a olha com rancor, pedi a sua opinião sobre as razões que levaram essas pessoas a criticar a estrutura de poder que elas mesmas contribuíram para o seu funcionamento. Esses e outros desvios do roteiro, quer com a reformulação de uma das questões originárias, quer com o acréscimo de novas perguntas, não configuraram erros, desvios (seriam se fosse um questionário a guiar a interlocução), mas mostraram in vivo o funcionamento de um dos traços distintivos das técnicas de pesquisa qualitativa, a harmonização do seu uso ao contexto (cf. supra, cap. 1, par. 1.2). Essa concepção de roteiro e do seu uso impõe uma condição que é preciso evidenciar. É necessário que aqueles que realizam a entrevista tenham consciência do desenho da pesquisa, das perguntas a que o estudo propõe-se a responder. Somente dessa maneira será possível escolher conscientemente a formulação mais apropriada de uma questão e elaborar perguntas pertinentes. Em outras palavras, essa concepção do roteiro impõe a utilização de entrevistadores que façam parte do grupo de pesquisa, que não sejam meros leitores de perguntas predefinidas e hábeis operadores de um gravador.

A solicitação ao fornecimento do que mais acima defini como fatos e pequenos fatos da vida cotidiana, dirigida a estimular os nossos interlocutores no terreno da particularidade próprio do registro narrativo, pode ser obtida utilizando formulações linguísticas que têm uma função análoga à atribuída ao "truque de Usbek" (cf. supra, cap. 3, par. 2.3), ou seja, a de induzir o entrevistado a observar a própria vida em um registro crítico, dissolvendo a banalidade das rotinas e pensando nos pontos críticos e nas formas diferentes da própria trajetória biográfica. Essa função pode ser desempenhada por um conjunto variado de solicitações verbais. Aqui me limitarei a recordar duas – escolhidas pela sua eficácia – utilizadas principalmente nos estudos organizacionais: a técnica da entrevista ao sósia [Oddone, Re e Briante, 1977; Re, 1990] e a dos incidentes críticos ou cruciais [Flanagan, 1954; Chell, 2004][29].

A técnica da **entrevista ao sósia** foi elaborada pela primeira vez por Ivar Oddone, Alessandra Re e Giovanni Briante no âmbito de um estudo sobre os delegados sindicais de fábrica, dos quais os autores propunham-se a reconstruir a experiência e as competências. Com esse objetivo os estudiosos projetaram um tipo de entrevista que solicitava aos delegados uma reconstrução analítica, particularmente detalhada da sua atividade laborativa. A solicitação assumiu a forma reportada a seguir.

> Se você tivesse que ser substituído por um sósia na fábrica, de forma que não fosse possível perceber a substituição, que instruções você lhe daria para o seu comportamento em relação à atividade, em relação aos colegas de trabalho, em relação à hierarquia da empresa, em relação à organização sindical (ou a outras organizações dos trabalhadores)? [Oddone, Re e Briante, 1977: 58].

Chamados a fornecer instruções comportamentais detalhadas a um hipotético sósia que, seguindo as mesmas, teria passado inobservado entre os colegas de trabalho, os entrevistados forneceram relatos detalhadíssimos das suas jornadas de trabalho, carregadas daqueles fatos e pequenos fatos da vida cotidiana dos quais mais acima sustentei a relevância. As indicações ao sósia de Giuseppe M. são, sob esse perfil, particularmente instrutivas.

> Moro perto da fábrica, eu me levanto meia hora antes do início do turno, às cinco e quarenta e cinco pego o ônibus, e no máximo em quatro minutos chego à fábrica. Vou em seguida bater o cartão e depois me dirijo ao vestiário; sempre chego três ou quatro minutos antes que a linha de produção inicie, pego a caixa das ferramentas que temos à disposição, porque o meu é um trabalho de revisão e preciso de todas as ferramentas necessárias para desempenhar a minha função. A primeira coisa que controlo quando chego ao posto de trabalho é como estão os automóveis sobre a linha de produção: se estão ou não como nós os deixamos... Ao término do turno deixamos sobre a linha de produção dez automóveis prontos, de forma que a produção permaneça a mesma e sobre a linha haja trabalho já executado. Essa é a primeira coisa que o sósia deve controlar; a segunda coisa é controlar o pessoal: quando falta o pessoal, diminui-se a produção; portanto, é necessário controlar que o pessoal seja proporcional à produção requerida [p. 156-157].

---

29. Para uma descrição sobre o uso da técnica dos incidentes críticos cf. Butterfield e colegas [2005].

Com alguns estudantes[30], envolvidos na realização do seu trabalho de conclusão de curso de graduação, eu também recorri à mesma técnica com o objetivo de solicitar a reconstrução das atividades acadêmicas a uma pequena amostra de disléxicos, ou seja, jovens entre 9 e 13 anos, com dificuldade de leitura e escrita. Nesse caso a técnica da entrevista ao sósia foi indicada considerando dois aspectos específicos da população em estudo: a idade dos entrevistados e o peso emocional da tarefa atribuída. Interlocutores tão jovens, como aqueles que tínhamos a intenção de interpelar, não dispõem – normalmente – de grandes capacidades narrativas. Além do mais, aquilo que deveriam nos contar podia ser particularmente pesado para eles do ponto de vista emocional, porque deveriam nos contar como as suas dificuldades se traduziam em rendimentos escolares mais modestos, ou de qualquer forma considerados como tal pelos seus professores. O expediente da entrevista ao sósia foi pensado justamente para superar o impasse de descrições estereotipadas da atividade escolar e para permitir aos nossos jovens interlocutores que falassem das próprias dificuldades em terceira pessoa, transferindo-as ao sósia ao qual forneciam as suas instruções. Além disso, a técnica das instruções ao sósia foi realizada em um registro divertido, atraente, com o qual o entrevistador – na verdade – autorizava os entrevistados a pensar na escola como um lugar do qual, de vez em quando, é útil afastar-se para umas férias repousantes[31]. Especificamente imaginamos que a necessidade de um sósia tinha origem no prêmio – imaginário – de umas férias de duas semanas em um parque de diversões, Gardaland, aonde os nossos interlocutores iriam se dirigir, acompanhados por um dos pais. Para tornar mais verossímil a ficção, entregamos um cupom colorido para cada entrevistado que indicava o seu nome e que dizia de forma enfática: "Caro [nome entrevistado/a] você ganhou umas férias de duas semanas em Gardaland, para você e para um acompanhante!!! Parte-se na próxima segunda-feira!!! Não falte!!!" O texto que solicitava a produção das entrevistas ao sósia é reportado a seguir.

> Agora vou lhe pedir para imaginar uma situação um pouco especial. Você ganhou um prêmio extraordinário, duas semanas de férias em Gardaland, para você e para um acompanhante (a mãe ou o pai) [mostrar o cupom]. Deve partir na próxima segunda-feira, quando ainda há aula, mas os organizadores desse fabuloso concurso oferecem a você e ao seu acompanhante a possibilidade de ir a Gardaland sem que ninguém perceba a sua ausência no trabalho e na escola. Receberá dois robôs perfeitos, um para você e um para o seu acompanhante. Os robôs serão totalmente iguais a você e a sua mãe/ao seu pai. Eles irão ao trabalho e à escola no lugar de vocês, mas para que ninguém perceba o

---

30. Trata-se de Michele Cioffi, Serena Lasagno e Donatella Saraco: todos as três defenderam a dissertação de mestrado em Sociologia, em julho de 2010.

31. Sobre a entrevista com crianças e adolescentes uma eficaz introdução é constituída por Freeman e Mathison [2009].

truque é necessário treinar de forma correta os dois robôs. Por exemplo, a mãe/o pai deverá ensinar o robô o que fazer no trabalho, com quem falar, quando fazer o intervalo para tomar café... Você deverá fazer a mesma coisa ensinando o seu robô como deve se comportar na escola, se deve chegar atrasado ou pontual, como deve se comportar com os colegas, quem são os seus amigos, a quem deve dar atenção, como deve se comportar com os professores, quais são as matérias nas quais deve ir bem e aquelas nas quais não muito bem – tudo isso para fazer com que ninguém perceba o truque. Também deve lhe explicar como fazer com as provas escritas e orais.

Em mais de um caso, esse expediente permitiu aos nossos interlocutores que expressassem as suas dificuldades em palavras, o sofrimento de ter que participar das atividades de uma instituição que não consegue valorizar a sua diferença[32].

A **técnica dos incidentes críticos** (*critical incident technique*), elaborada pela primeira vez nos anos de 1950 por John Flanagan [1954], dirige a atenção sobre os eventos ou sobre as situações consideradas cruciais, críticas (tanto no sentido negativo quanto positivo), enfrentadas pelas pessoas em estudo em um período de tempo relativamente extenso, normalmente nos últimos cinco anos [Chell, 2004: 48]. Especificamente, é solicitado aos entrevistados que pensem aos últimos cinco anos da sua vida, para individuar os eventos que constituíram para eles um desafio, que os colocaram à prova na área de vida em estudo, o trabalho, as relações sociais, a vida familiar etc.[33] Identificados os eventos críticos, o entrevistado é convidado a dirigir a atenção para um seu subconjunto, indicativamente dois ou três, sobre os quais prosseguir uma detalhada reconstrução do que aconteceu, das pessoas envolvidas no evento, do contexto mais amplo que serviu de teatro ao evento crítico e das consequências daquele evento nos anos seguintes, até ao presente momento da entrevista. Nesse caso também o entrevistador prosseguirá solicitando não apenas a opinião do entrevistado sobre os eventos dos quais escolheu dirigir a atenção, mas especialmente a reconstrução daquele conjunto de fatos e pequenos fatos da vida cotidiana dispostos em torno de cada evento crucial. Encerro este parágrafo com uma última observação sobre os materiais empíricos que essa abordagem ao planejamento e ao uso do roteiro fornece. Concluído o período de entrevistas, os materiais obtidos dificilmente poderão ser relacionados à típica matriz de casos por variáveis, usada na pesquisa por amostragem. Enquanto é razoável esperar-se que, para as áreas temáticas cruciais (no roteiro referido mais acima, aquelas que se relacionam à adesão a Damanhur, ao surgimento da crise e à vida longe de Damanhur) seja

---

32. Para um outro e mais bem documentado uso da técnica da entrevista ao sósia em sociologia, cf. Gherardi [1990].

33. Chell sugere que se forneça aos entrevistados uma folha em branco com uma flecha que representa o tempo e que se convide a colocar sobre aquele *continuum* os eventos críticos que cada entrevistado recorda [Chell, 2004: 48ss.].

possível dispor das respostas de todos os nossos interlocutores, essas respostas terão origem a partir de perguntas formuladas de forma diferente, definidas na sua formulação linguística pelas características do contexto discursivo dentro do qual tomaram forma ("Antes você me falou da sua paixão pela filosofia medieval, gostaria agora de lhe propor uma pergunta um pouco estranha..."). Além disso, cada entrevista será caracterizada pela presença de temas específicos, constituídos pelas perguntas que, por diferença, definimos não cruciais colocadas aos nossos interlocutores, mas também em razão das perguntas criadas naquele momento dentro daquela específica interlocução. Tudo isso faz parte das regras do jogo da entrevista, um jogo no qual a exigência de colocar em confronto discursos e pessoas é perseguida permanecendo fiel à exigência de cobrir, por assim dizer, uma específica área temática, mas não à exigência de padronizar os procedimentos de interlocução. Tudo isso permite traçar, de outra perspectiva, a diferença entre uma pesquisa genuinamente discursiva do que mais acima, de acordo com Demazière e Dubar, defini "questionário disfarçado". Isso em sintonia com as observações de Tim Rapley que, a esse respeito, observa o que segue.

> Você não deve apresentar a mesma pergunta da mesma forma em cada interação. Os temas do seu estudo são abrangidos em entrevistas diferentes, quer porque são os entrevistados a enfrentá-los, quer porque é você mesmo a fazer disso o objeto da conversa. Esse é um aspecto fundamental da realização de entrevistas qualitativas – que permite obter conversações complementares e contrastantes sobre o mesmo tema ou sobre a mesma questão [Rapley, 2004: 18].

3 A amostragem

Em uma pesquisa baseada no uso da entrevista discursiva, o perfil dos participantes é ditado pela pergunta a partir da qual se move o estudo, em particular pelas expectativas de solidez e extensibilidade dos resultados que nos propomos a obter com o estudo. Essas expectativas, delineadas no desenho da pesquisa (em particular cf. cap. 2, par. 1.2.1), identificam o "potencial comparativo" [Barbour, 2007: 53] que a amostra interpelada deve garantir. A princípio, o perfil dos entrevistados é definido através de um processo de tipificação [*sensu* Schütz, 1960 – trad. it., 1974: 262-267] que identifica categorias, "gente como eles", a que atribuímos as propriedades que consideramos relevantes para a finalidade do nosso estudo. Fazem parte dessa categoria, por exemplo, o paciente psiquiátrico com uma patologia grave, que desempenha uma atividade laboral (cf. supra) ou o apóstata que deixou Damanhur sem particulares ressentimentos. Para entrar em contato com as pessoas que, para as finalidades do nosso estudo, deverão representar essas categorias utilizamo-nos de informações a nós acessíveis que remetem – com diferentes graus de precisão – a pessoas com um nome e um sobrenome, a quem iremos propor – diretamente ou com a ajuda de um mediador – para participar do estudo. No caso do paciente psiquiátrico com uma patologia severa e ocupado em uma atividade laboral, o acesso ao nome e sobrenome do nosso interlocutor não é – ao menos no papel – particularmente problemático. Trata-se de interpretar os termos que identificam os traços intensionais da categoria-alvo, operação que nos coloca diante de um conjunto diversificado de candidatos à entrevista de fácil identificação. Consideramos pacientes psiquiátricos as pessoas "em tratamento" em um Centro de Saúde Mental, graves os que entre eles possuem uma patologia relacionada, por exemplo, ao quadro psicótico; e empregados os que trabalham em uma empresa ou em uma cooperativa social recebendo um salário de, por exemplo, no mínimo 400 euros. A passagem do tipo de pessoa ao entrevistado em carne e osso (da unidade ao caso) é mais complicada no segundo caso simplesmente porque o atributo intensional "deixar Damanhur sem particular ressentimento" nem sempre é atribuído sem uma entrevista ou, no mínimo, sem dispor de informações que não se encontram escritas sobre algo que se assemelhe a uma ficha clínica, ou a um contracheque (faço referência obviamente à figura do paciente empregado). Em casos como esse, a passagem do tipo de pessoa à pessoa em carne e osso assume, por assim dizer, a forma de uma aposta cujo resultado depende em grande parte da confiabilidade das fontes que nos guiaram ao nosso interlocutor, por exemplo, um outro apóstata que o conhece mais ou menos bem. Esclarecidos esses aspectos, o processo de construção da amostra na base de uma pesquisa que recorra a entrevistas discursivas é totalmente equiparável à elaboração de uma adequada "argumentação proléptica" [Walton, 2009], concebida para defender a solidez dos resultados esperados e a legitimidade da sua extensão a contextos análogos.

Em um estudo baseado no uso de entrevistas discursivas não é raro que o perfil da amostra dos participantes seja aperfeiçoado, por assim dizer, em movimento, mesmo quando não é programaticamente projetado com esse objetivo[34]. A necessidade de uma segunda fase de amostragem [Barbour, 2007: 73] tem origem essencialmente em dois fatores. O primeiro refere-se ao fato de que, normalmente, o processo de amostragem leva à identificação de pessoas, mas que depois, na fase de análise dos textos (e dado que esse procedimento é realizado paralelamente à condução das entrevistas), o que é colocado em comparação são experiências e discursos. Assim, pode acontecer – e às vezes acontece – que, com base nas informações obtidas em torno das experiências e dos discursos dos nossos interlocutores, seja necessário complementar a nossa amostra com outras entrevistas, realizadas com outras pessoas identificadas mais eficazmente pelas experiências de que são portadoras. Por exemplo, pode acontecer que sejam selecionados os dissidentes de um grupo religioso em razão do período no qual se afastaram do grupo e em razão do sexo, imaginando que uma coisa e outra tenham relevância para qualificar a

---

34. No texto aludo ao procedimento de construção da amostra própria da *grounded theory* [Glaser e Strauss, 1967], que relaciona o processo de progressiva definição da amostra à noção de "saturação teórica". Os limites intrínsecos à ideia-guia de tal procedimento, especificamente, aqueles que se referem à noção de "saturação teórica" (discutidos supra, cap. 2, par. 1.2.3), estão na base da minha decisão de não apresentar nestas páginas a proposta de Barney Glaser e Anselm Strauss.

experiência de desconversão. Realizando as entrevistas e analisando as transcrições pode, entretanto, surgir um novo e relevante fator de diferenciação digno de nota, por exemplo, a posição do ex-devoto na hierarquia do grupo. Se, por uma razão qualquer, a amostra originária não garanta uma homogeneidade suficiente sob este último aspecto (se, p. ex., os entrevistados estão todos, exceto um ou dois, colocados no vértice da hierarquia), é necessário prosseguir a uma complementação com novos sujeitos, selecionados, desta vez, em razão do fator cuja relevância para a experiência de desconversão surgiu no decorrer do trabalho. Ao segundo fator já fiz referência no capítulo dedicado ao desenho da pesquisa (supra, cap. 2, par. 2). Durante a análise da documentação empírica podem surgir novas perguntas, novas porque não prefiguradas na elaboração do desenho da pesquisa. Para responder a essas perguntas pode ser necessário, em alguns casos, complementar a própria documentação empírica com a realização de novas entrevistas. Da análise das entrevistas aos dissidentes de um grupo religioso pode surgir, por exemplo, uma questão que se refere ao modo no qual os ex-devotos afastaram-se do grupo religioso, conservando as relações com os ex-coirmãos ou cortando completamente os laços com o seu passado. Talvez o primeiro tipo de desconvertido seja mais difícil de encontrar se não vamos à sua procura. Uma segunda fase de amostragem, ditada pelas questões surgidas a partir da análise da documentação empírica, poderia ir à procura dessa figura de desconvertido, cuja experiência será colocada em confronto com as de quem, tendo ido embora dali, fechou a porta atrás de si. Não é nem o caso de dizer que as razões que guiam a segunda fase da amostragem devem ser explicitadas e defendidas com apropriadas argumentações.

4 A construção da documentação empírica

A fase de construção da documentação empírica compõe-se de três operações em sequência: o contato com os entrevistados e a apresentação da pesquisa, a realização da entrevista, e, por último, a sua transcrição. Sobre essas três fases explica o que se segue.

4.1 O contato e a apresentação da pesquisa

Para realizar uma entrevista discursiva é necessário primeiramente obter o consentimento dos nossos interlocutores que deverão colocar à disposição uma parte – normalmente não exígua – do seu tempo para as finalidades da pesquisa[35].

---

35. No âmbito da pesquisa etnográfica (cf. supra, cap. 3) às vezes é possível realizar uma entrevista discursiva sem que o nosso interlocutor esteja consciente disso. Lofland [1971: 110] define esse tipo de interação discursiva "entrevista casual" (*casual interviewing*). Nesses casos os temas da entrevista são introduzidos pelo etnógrafo dentro de uma conversa comum com o próprio interlocutor. Da sua parte, o etnógrafo, no papel de entrevistador casual, não poderá recorrer ao gravador.

O contato com os candidatos a participar do estudo pode ser feito diretamente pelo grupo de pesquisa ou ser iniciado contando com a colaboração de um mediador (ou mais de um), uma pessoa que está em contato com a população em estudo e pode apresentar aos potenciais participantes as finalidades da pesquisa e, quando conveniente, motivar a sua adesão. A esse respeito cabe salientar como a utilização da figura do **mediador** ofereça vantagens, mas, ao mesmo tempo, exponha também a alguns riscos. A principal vantagem oferecida pela utilização do mediador refere-se à sua capacidade de aproximar populações escondidas, ou de qualquer forma não facilmente contatáveis, sem se expor ao risco de comprometer, no contato, as chances de realizar a entrevista. À primeira categoria, a das populações escondidas, podem se relacionar os estudos realizados com pessoas que pretendem, justamente, ocultar a atividade que desenvolvem ou a condição em que vivem. Trata-se, no primeiro caso, de indivíduos empenhados em práticas desviantes; no segundo caso, de pessoas que mesmo sem ter cometido crime algum são, de qualquer forma, obrigadas a se esconder para evitar os rigores da lei, como é o caso, por exemplo, dos imigrantes clandestinos ou dos que pedem asilo político em trânsito em um país diferente daquele que almejam alcançar[36]. Essas pessoas são acessíveis somente com a ajuda de um mediador, dado que um contato direto ("Ouvi dizer que você é um traficante de heroína, ficaria muito agradecido se quisesse me dar um pouco do seu tempo para a realização de um estudo sociológico...") os obrigaria a esconder ainda mais a sua atividade ou o seu *status*, temendo que por trás da figura do sociólogo esconda-se um policial, um assistente social ou alguém que quer lucrar com ele. A outra categoria é constituída por pessoas cuja conduta ou cujo *status* não tem nada de reprovável, mas que não podem ser abordadas sem que se denuncie a obtenção de informações, por assim dizer, sensíveis sobre elas. Um desconhecido, por exemplo, não pode parar em frente à entrada de um Centro de Saúde Mental e se aproximar das pessoas para a realização de uma entrevista sobre a experiência da doença mental. Nem mesmo pode telefonar discretamente às pessoas candidatas a participar do estudo, dizendo que souberam pelo seu médico (obrigado por lei a manter sigilo quanto às informações *confidenciais*) que estão em tratamento por um problema de saúde mental e lhes propor para participar a um estudo sociológico. Tive que enfrentar um problema do gênero em um estudo que realizei na minha cidade, Turim, no período de fevereiro de 2013 a dezembro de 2014 (o qual já mencionei supra, cap. 2, par. 2) [Cardano, 2005]. O estudo foi concebido para examinar a relação entre trabalho e distúrbio psíquico, mais precisamente para identificar os fatores capazes de promover a inserção no trabalho dos pacientes psiquiátricos. Com esse objetivo foram reunidas as histórias de vida de uma pequena amostra de pacientes psiquiátricos com idade entre 18 e 50 anos (em idade de trabalhar), composta por metade de pessoas empregadas e metade de pessoas excluídas do mercado

---

36. Um requerente de asilo que pretenda se dirigir, p. ex., à França, mas que no momento encontre-se na Itália, fará o possível para não ser interceptado pelas forças de ordem e obrigado a usar a sua única carta de pedido de asilo político em um país diferente daquele no qual pretende se dirigir.

de trabalho. Os sujeitos que participaram do estudo foram selecionados contando com a colaboração dos profissionais dos serviços de saúde mental da região de Turim. A essas pessoas, na sua maioria psiquiatras, foi pedido para comunicar ao grupo de pesquisa o nome e o contato das pessoas, com idade entre 18 e 50 anos, que – informadas sobre as finalidades do estudo – poderíamos contatar para a realização das entrevistas. Cada um dos nomes foi acompanhado pelas informações necessárias para a sua qualificação em relação às exigências do plano de amostragem: idade, sexo, posição em relação ao trabalho, perfil diagnóstico, experiências anteriores de internação em um Serviço Psiquiátrico de Diagnóstico e Tratamento. No total nos foram indicados 104 nomes, dos quais, com base no plano de amostragem adotado, inspirado no desenho de caso-controle (cf. a nota 71 do cap. 2), e na disponibilidade dos nossos interlocutores, selecionamos as 50 pessoas envolvidas no estudo.

Posto que é impossível obter informações pontuais sobre como teriam sido as coisas se eu não tivesse recorrido aos mediadores, de qualquer forma, é possível desenvolver algumas considerações sobre as possíveis implicações dessa escolha. Podemos razoavelmente imaginar que a solicitação de colaboração não tenha sido aceita de forma uniforme entre os operadores de cada Departamento de Saúde Mental (de agora em diante DSM). Ao lado de fatores comuns a cada contexto, como o uso civil ou profissional do mediador, a sintonia com o grupo promotor da pesquisa, a disponibilidade de tempo para dedicar ao trabalho de mediador, podemos imaginar que tenha atuado também a imagem do sofrimento psíquico. Não me surpreenderia ao descobrir que os menos ativos a contatar os pacientes tenham sido aqueles que abraçam uma concepção rigidamente biológica da doença mental, céticos a respeito da eficácia de uma intervenção social que apoie os pacientes psiquiátricos. Além disso, podemos imaginar que os pacientes afetados por um profundo ressentimento em relação aos profissionais de saúde tenham tido menos chances de ser contatados para a realização do estudo, justamente para evitar que as suas lamentações – não necessariamente legítimas – pudessem se tornar de domínio público. Por último, podemos imaginar que a seleção tenha sido guiada também pela representação – mais ou menos realista – da carga emocional e cognitiva associada à participação em uma pesquisa social, com a conseguinte exclusão dos pacientes que cada mediador considerou não suficientemente preparados para sustentá-la. Esse exemplo nos permite extrair indicações mais gerais sobre os riscos associados à utilização da figura do mediador no estabelecimento do contato com as pessoas que constituirão a nossa amostra. Ao mediador – na realidade – delegamos a escolha das pessoas a quem propor a participação no estudo e nada garante que os critérios que ele usa para individuá-los coincidam com aqueles que, no seu lugar, nós utilizaríamos. Além disso, ao decidir se aderir ou não à proposta apresentada pelo mediador, as pessoas contatadas podem ser influenciadas mais pela reputação deste último do que pela reputação da instituição ou da pessoa que promove o estudo. Em alguns casos isso pode ser útil, em outros não. Tudo isso, na medida do possível, deve ser levado em consideração na argumentação com a qual, quando a pesquisa estiver concluída, prosseguiremos na defesa da eloquência dos materiais empíricos obtidos e das nossas aspirações à extensão do alcance dos resultados obtidos.

Quando é o grupo de pesquisa a se colocar em contato com os participantes, a solicitação de colaboração pode ser apresentada de várias formas, por carta, por telefone ou pessoalmente; pode também decorrer de uma relação entre o pesquisador e os sujeitos em estudo, amadurecido em outro contexto de pesquisa. As pessoas a serem entrevistadas podem, por exemplo, ser recrutadas entre os sujeitos envolvidos em um estudo etnográfico, em um grupo focal, ou mesmo em uma pesquisa por amostragem. A escolha entre estas alternativas – contato telefônico, por carta ou pessoalmente – deve ser realizada considerando, primeiramente, as características dos candidatos à entrevista. Para alguns, uma carta formal, seguida de um telefonema pode constituir a melhor solução; para outros um contato face a face pode ser o único caminho a ser percorrido. Também nesse caso o pesquisador deverá decidir guiado pela sua sensibilidade sociológica, para depois explicar a escolha adotada no próprio relatório de pesquisa. No estudo sobre os pacientes psiquiátricos referido mais acima, as pessoas indicadas pelos mediadores foram contatadas pelos entrevistadores por telefone, combinando naquele momento a data e o lugar da entrevista.

Os primeiros contatos destinados a obter um encontro com os nossos interlocutores deverão fornecer a eles uma **informação** adequada sobre o estudo a que se pede que cooperem e um conjunto de **garantias** sobre a natureza da entrevista e sobre o uso que será feito do que quiserem dizer. Qualquer que seja a modalidade de contato adotada, de qualquer forma será necessário explicar como o entrevistador chegou ao nome da pessoa a que agora propõe que participe de uma pesquisa social. Nesse caso, deverá ser mencionado o nome do mediador que nos forneceu nome e contato do nosso interlocutor, ou as modalidades com as quais o grupo de pesquisa escolheu as pessoas para abordar e entre elas justamente aquela a que, naquele momento, o entrevistador dirige-se. A situação mais comum é aquela da obtenção de uma lista pública dos candidatos à entrevista, a lista dos diretores dos DSM obtida a partir do site de uma administração regional, a lista dos proprietários de uma atividade comercial, por exemplo, as padarias preferidas por Bertaux, retiradas das páginas amarelas da lista telefônica. Em outros casos, menos comuns, a lista dos candidatos é construída com a colaboração de uma testemunha qualificada que, todavia, não se envolveu em nenhuma atividade de mediação em relação aos candidatos à entrevista. Nesse caso será necessário revelar a cada uma das pessoas contatadas que o seu nome foi indicado por um conhecido em comum, o Fulano de Tal, que, obviamente não deverá ser malvisto por elas. Além disso, é necessário fornecer uma apresentação sucinta da pesquisa que, em razão do grau de sofisticação intelectual do nosso interlocutor, seja tão fiel quanto possível, motive a sua adesão e contribua a orientar, da forma esperada pelo pesquisador, a representação que o candidato à entrevista elaborará em relação aos conteúdos do diálogo no qual será envolvido. Neste último caso é necessário estabelecer se é preferível que os nossos interlocutores cheguem ao encontro tendo refletido sobre o tema em estudo e talvez, tendo se confrontado com o círculo de amigos e conhecidos, ou se é mais conveniente que o entrevistado enfrente, naquele momento, o coração da entrevista, posicionando-se de forma menos estudada, mais espontânea. Uma decisão, esta última, que decorre diretamente do desenho da pesquisa e das perguntas às quais, com o estudo, nos propomos a responder. Quanto às garantias, é importante especificar qual será o tom da entrevista: uma conversa sobre temas dos quais o interlocutor é competente e que poderá administrar como quiser. É de igual importância fornecer uma indicação aproximada acerca da duração da entrevista; isso por razões éticas e práticas. As pessoas a quem pedimos a colaboração devem ter bem claro qual é o volume de tempo que será usado delas e, com base nisso, marcarão um encontro compatível com os seus compromissos[37]. Se faltarem essas condições, se as expectativas do entrevistado ("resolvo em meia hora") não coincidirem com os tempos da entrevista, será esta última a ser sacrificada. O diálogo assumirá a forma de um interrogatório de polícia e as respostas serão formuladas pensando primeiramente em como evitar dar novos elementos às perguntas do entrevistador. Enfim, é necessário fornecer suficientes garantias de anonimato, explicando brevemente o modo em que as entrevistas serão analisadas e usadas no relatório de pesquisa.

Tudo isso configura o que pode ser definido como a **fase preliminar da entrevista**. O alcance dessas primeiras interações não é limitado à geração das condições que tornam possível o encontro entre entrevistado e entrevistador. O que acontece antes da entrevista propriamente dita contribui de qualquer forma para configurar o *frame* cognitivo dos dois protagonistas desse diálogo singular. Em particular, o entrevistado se abrirá à conversa com o entrevistador já dispondo de uma ideia – mais ou menos precisa – do que este último espera dele. No caso do estudo sobre pacientes psiquiátricos de Turim, a fase preliminar da entrevista, a apresentação da pesquisa e das suas finalidades, fez com que, chamados a contar a história da vida deles, os nossos interlocutores fornecessem discursos cujo centro era constituído pela doença mental e pela sua difícil conciliação com o trabalho. Isso nos leva a sustentar, de uma forma que se aproxima muito à de um *slogan* publicitário, que a entrevista começa *antes* da entrevista, que o que a precede contribui de forma relevante à estruturação da conversação entre entrevistado e entrevistador.

---

37. Em consideração a esses problemas o pesquisador pode examinar a possibilidade de subdividir a entrevista em dois ou mais encontros sucessivos, combinando com o entrevistado as formas e os tempos dessa solução.

4.2 A condução da entrevista

Com o primeiro contato a entrevista já começou, embora ainda não tenha deixado vestígios nos materiais que alimentarão a análise da documentação empírica, a gravação de áudio e depois a transcrição da interação entre entrevistado e entrevistador. Na mesma perspectiva coloca-se o primeiro contato entre entrevistador e entrevistado, quando o primeiro, na soleira da porta da casa do próprio interlocutor, apresenta-se – "sou Mario Cardano, estou aqui para a nossa entrevista" – e dá início às formas de socialização que precedem o momento decisivo, aquele no qual se inicia a gravação e a conversa é direcionada para os temas da pesquisa. Esses primeiros contatos prosseguem, desta vez através de uma interação face a face, o jogo iniciado com os primeiros contatos por telefone ou por carta. O entrevistado procura entender quem é a pessoa com quem deverá envolver-se em uma longa conversa, em particular, procurará entender se e quanto pode confiar nele e intuir o que o espera, perguntando-se talvez, sobre qual seja – em razão dos seus objetivos – a forma mais conveniente de apresentar o próprio ser. Quanto ao entrevistador, ele se vê envolvido novamente com o trabalho de informação e garantia do seu interlocutor, ao qual apresentará com mais detalhe o que os espera, tendo cuidado – o que nem sempre é fácil – de adiar a discussão dos temas no centro do estudo para o momento em que, com o gravador ligado, iniciará a entrevista "propriamente dita". Nisso tudo o entrevistador contribuirá à posterior configuração do *frame* cognitivo e emocional com que o entrevistado tomará lugar diante do gravador ao qual confiará os próprios discursos. Essas preliminares à entrevista são frequentemente inscritas dentro das formas de hospitalidade próprias dos nossos interlocutores, a visita a casa ou ao escritório, uma cerveja gelada, o chá ou o bolo feito em casa. É de bom--tom não se eximir desses rituais, úteis a lubrificar, por assim dizer, a relação social que está se construindo. O único limite é o da conservação, para si e para o próprio interlocutor, da lucidez suficiente para prosseguir com a entrevista.

Também faz parte das preliminares a negociação das condições de realização da entrevista: a individuação do lugar suficientemente silencioso e protegido de tal forma que garanta uma gravação de boa qualidade da entrevista, a sua duração e a definição das pessoas admitidas ou não para presenciar a entrevista. A negociação desses aspectos é crucial para a realização de uma boa entrevista, por isso um esforço nessa direção – ainda que penoso para o entrevistador – é imprescindível. É necessário obter o acesso a um lugar no qual o nosso interlocutor tenha a certeza de que o que diz será ouvido apenas pelo entrevistador. Para tal pode ser necessário afastar – com educação – as outras pessoas presentes no lugar da entrevista: a mãe ou o pai do adolescente que pretendemos entrevistar, o companheiro curioso (salvo os casos em que o desenho da pesquisa preveja a entrevista com o casal), o amigo ou o familiar que se oferece para nos ajudar. A essas pessoas – em um primeiro momento – pede-se para se afastarem, dizendo que não se quer roubar o tempo precioso delas também. No caso em que essa comunicação indireta não funcione, pode-se prosseguir, sempre com educação, fazendo apelo aos "padrões do método" que é solicitado que usemos. Nesses casos o documento de um supervisor atento que condenaria uma entrevista realizada de forma diferente "de como ele quer" pode dar suporte à nossa solicitação, atribuindo a outro – fora da cena – a responsabilidade pela rigidez que se procura impor. Quanto à duração da conversa é necessário assegurar-se de dispor do tempo necessário à realização da entrevista, sobretudo se, em razão da hora e dos compromissos que recaem sobre o nosso interlocutor, tememos que o tempo à nossa disposição não seja suficiente. Nesse caso será necessário renegociar a realização da entrevista, talvez propondo o seu início imediato e o prosseguimento em um segundo momento ou, na pior das hipóteses, programar a realização da mesma em outra data.

Mas aqui estamos nós, finalmente acomodados no lugar mais apropriado e somente com a presença das pessoas indispensáveis[38], está tudo pronto, mas antes de apertar a tecla *Rec*, é útil fornecer ao nosso interlocutor algumas indicações a respeito do que será solicitado durante a entrevista[39]. É necessário primeiramente esclarecer que não existem respostas certas ou erradas para as perguntas que lhe serão feitas, utilizando uma formulação que atenue o caráter explicativo dessa informação, por exemplo: "Evidentemente / Não é nem o caso de dizer / É óbvio que para as perguntas que lhe serão dirigidas não existem respostas certas ou erradas". Também é útil, especialmente quando o entrevistado é interpelado nos papéis de protagonista ou de observador/testemunha, convidá-lo a descrever, a narrar situações específicas que experimentou, a nos fornecer – como foi dito mais acima – aqueles fatos e pequenos fatos da vida cotidiana, indispensáveis à nossa análise. Por último, cabe lembrar o caráter confidencial da conversa que será iniciada. Salvatore La Mendola, pensando principalmente nas entrevistas direcionadas a solicitar a produção de uma narração autobiográfica, elaborou recentemente uma eficaz formulação linguística, que pode inspirar esta última passagem que antecede o início da entrevista: reporto-a em nota[40].

---

38. Essas não necessariamente coincidem apenas com o entrevistado. Em uma das primeiras entrevistas aos adolescentes disléxicos, o meu jovem interlocutor me impôs a presença da sua irmãzinha mais velha, sem a qual a entrevista não teria sido realizada.

39. Em alguns casos essas preliminares incluem o preenchimento de uma espécie de consentimento informado, frequentemente requerido no caso em que o estudo aborde temas considerados sensíveis, especialmente a saúde. No Apêndice 1 reporto o módulo utilizado com essa finalidade no estudo sobre os disléxicos adultos, realizado com a colaboração do Laboratório de Neuropsicologia do Arciospedale S. Maria Nuova de Reggio Emilia.

40. "Com esta entrevista, como você sabe, eu lhe peço para contar as suas experiências relativamente a [tema]... Justamente porque lhe peço para me contar as suas experiências, não existem respostas certas ou erradas, somente histórias; por isso, p. ex., não fornecerei a você, como acontece em outros tipos de entrevistas, uma lista de respostas para escolher: eu estou aqui para ouvir você, as suas histórias. Será você a me guiar nos vários momentos da sua vida; vou procurar

A mão move-se com cautela em direção à tecla *Rec*, mas eis que o nosso interlocutor nos olha espantado: "Não imaginava que tivéssemos que gravar!" Diante de um posicionamento dessa natureza, antes de recolocar obedientemente o gravador na bolsa e nos preparar para um árduo trabalho de anotação das respostas do nosso interlocutor, é conveniente tentar insistir. Em primeiro lugar é necessário reiterar a confidencialidade do colóquio, além disso, pode-se oferecer a possibilidade de recorrer – caso necessário – à suspensão da gravação quando se examinar questões que requeiram ainda mais garantias de confidencialidade do que as oferecidas. Pode-se também tentar comover o nosso rebelde interlocutor denunciando a nossa fraqueza de memória e, por isso, o risco de perder aspectos cruciais do seu discurso. Pode-se recordar o fato de que todas as outras entrevistas foram gravadas e que "o nosso supervisor" (cf. supra) não veria com bons olhos uma entrevista não gravada. Nada feito: ele não se sensibiliza, resta apenas uma última carta na manga. Iniciamos a entrevista armados de papel e caneta, impondo à conversa um andamento lento, imposto pela necessidade de anotar o que é dito. Depois de uns quinze minutos nesse ritmo, jogamos a última carta: "Isso que está me contando é realmente interessante e eu tenho medo de não conseguir acompanhá-lo, a não ser impondo-lhe mais tempo que o previsto, o que me diz se pedíssemos ajuda para o meu gravador?" Se nem esse último gesto desesperado tiver sucesso, não resta mais nada a fazer a não ser prosseguir com a redação de notas sintéticas, que depois deverão ser desenvolvidas imediatamente após a conclusão da entrevista[41].

Com as especificações referidas mais acima – não existem respostas erradas, o colóquio é confidencial, são necessários fatos e pequenos fatos da vida cotidiana – tem início o processo de **socialização**, por assim dizer, do nosso interlocutor **ao papel de entrevistado**, um papel que nem sempre lhe é familiar, ao menos não na própria acepção desse tipo – discursivo – de entrevista de pesquisa. Nesse sentido, são cruciais os primeiros cinco, dez minutos da entrevista durante os quais o entrevistado compreende – experimentando diretamente – a forma apropriada de participar à interação social na qual está envolvido. Daí a importância das primeiras frases, principalmente por aquilo que se refere à alternância de perguntas e respostas e a extensão dos turnos dos dois protagonistas da interlocução. Par-

---

somente lhe sugerir, de vez em quando, e apenas se for necessário, algum aspecto sobre o qual concentrar a atenção. Quanto mais me contar a respeito de situações específicas, em vez de me falar sobre o que acontece 'habitualmente', por meio de generalizações, mais me ajudará. Se quiser, se servir de ajuda, pode imaginar que eu devo fazer um filme e devo fazê-lo de forma que os atores sejam capazes de reproduzir as diferentes ações e as formas de estar nas situações específicas que me contará, portanto, saibam como se mover, o que expressar com as palavras, com o rosto, com o corpo etc. Por isso são importantes os detalhes da sua experiência. Tudo o que nos diremos permanecerá entre você e mim e será usado de forma a preservar a sua privacidade. Está de acordo? Obrigado. Então podemos começar..." [La Mendola, 2009: 122].

41. Fica subentendido que a transcrição de um colóquio não gravado deverá ser analisada considerando as condições da sua produção, o fato de a reprodução do discurso estar longe de ser literal.

ticularmente instrutivo a esse respeito é o início da entrevista a Luc, um jovem operário francês, transcrita na íntegra por Demazière e Dubar [1997 – trad. it., 2000: 108-116]. Nesse caso também, os turnos da entrevistadora estão evidenciados em negrito, enquanto os de Luc estão com corpo normal.

1) **O que eu gostaria, então, é que me falasse de você, do que faz, do que lhe aconteceu na vida.**
2) Ah, então não me faz perguntas. Assim é difícil, o que faço etcétera, não é muito preciso...
3) **Sim, nada de perguntas precisas, não é um interrogatório. Para mim, o que interessa é o que é importante para você. Então, os momentos importantes, importantes para você.**
4) Importante, por exemplo, naquilo que faço neste momento, ou?
5) **Sim, pode começar por aquilo que faz neste momento.**
6) A vida não está fácil. Não me lamento, não é esse o problema. Tenho sorte, de qualquer forma, visto que... trabalho. Não é o ideal. Não sou...
7) **[silêncio]**
8) Aqui e ali, assim. Me chamam. Dou uma mão, coisas assim. Então, é por isso que não é fácil me encontrar. Agora estou em P (nome da cidade). Trabalho em um apartamento pintando e trocando o papel de parede. São três semanas de trabalho. É necessário fazer tudo em um apartamento, seis peças. Lixar, retirar o papel das paredes etc. Assim estou em P (nome da cidade) da manhã à noite. Sábado e domingo também, visto que é urgente, e também não tenho muito trabalho para fazer em outro lugar. Então é assim, é dinheiro para viver...
9) **Para viver...**
10) Dado que não tenho um trabalho fixo, é preciso ganhar a vida, como se diz [fim do excerto] [p. 108][42].

O trabalho de socialização (ou ressocialização) ao papel de entrevistado mostra-se já no turno 3, quando a entrevistadora apresenta as regras do jogo que envolverá Luc: não se trata do jogo de "perguntas e respostas", típico da entrevista com questionário, mas de uma interação na qual se pede a Luc para construir o próprio discurso. Luc, todavia, não está ainda convencido e pede orientação sobre o que deve entender por "importante". A entrevistadora recorre ao que, na linguagem científica, chama-se eco ou espelho (cf. infra): repropõe a Luc as últimas palavras que ele pronunciou, comunicando-lhe dessa maneira que cabe a ele decidir o que é importante. Com o turno 6 Luc inicia o próprio discurso, mas logo depois o interrompe, como se perguntasse: "Estou indo bem?" A entrevistadora responde com um eloquente silêncio que significa: "cabe a você falar, não espere de mim sugestões ou 'perguntas precisas'". Mais tranquilo Luc prossegue com a produção de um

---

42. Para finalidades didáticas, a transcrição foi levemente modificada, com o acréscimo do turno 7 e a eliminação do tom interrogativo do eco da entrevistadora no turno 9.

primeiro discurso relativamente extenso (turno 8). Depois o interrompe novamente: está tentando entender se está fazendo as coisas certas e, ao mesmo tempo, construindo o seu discurso. A entrevistadora prossegue com a técnica do espelho: repete a Luc as últimas palavras que ele pronunciou, comunicando-lhe com isso que as ouviu, que está seguindo passo a passo o seu discurso, mas principalmente que cabe somente a ele construir o seu discurso. O que segue na transcrição da entrevista mostra como Luc tenha entendido o que se pede a ele: os seus turnos de interlocução fazem-se sempre mais extensos, assim como as intervenções da entrevistadora mais concisas. A entrevista com Luc teria, provavelmente, tomado outro caminho se na fala 7 a entrevistadora, em vez de responder com o próprio silêncio, tivesse escolhido preencher aquele vazio com uma pergunta, por exemplo (escolho intencionalmente um dos piores comportamentos linguísticos que a entrevistadora poderia adotar), "O que entende por ideal?", ou "Por que se considera afortunado?" Luc teria entendido que o jogo no qual estava se envolvendo era – além das declarações – o que mais acima defini como de "perguntas e respostas". Os seus turnos de interlocução teriam conservado a brevidade dos inícios e a entrevista – na realidade um "questionário disfarçado" – teria terminado rapidamente, por responsabilidade da entrevistadora.

Através dessas primeiras observações compreendem-se as características do estilo de condução de uma entrevista discursiva. Em uma primeira reflexão sobre esses temas utilizei, na esteira de Demazière e Dubar, a metáfora da maiêutica socrática [Cardano, 2003: 90], que hoje me convence cada vez menos, não tanto pela sua inadequação, mas pela sua incapacidade de explicar o trabalho da entrevista como um todo. Isso me parece mais eficazmente representado por uma imagem menos elevada, que leva a pensar na entrevista como uma prática que coloca em tensão duas direções do olhar, dirigido ora sobre a *performance* do entrevistado, ora sobre as questões que inspiram a realização do estudo. A entrevista é – em uma frase – uma forma de **estrabismo**, uma prática com a qual o olhar sobre a interlocução entre entrevistado e entrevistadores no seu fazer mutável cruza-se com o olhar dirigido às perguntas (essas também mutáveis) que inspiram o estudo. Na primeira e fundamental direção de atenção, a condução de uma entrevista discursiva é feita, acima de tudo, de **escuta, aceitação e apoio dos discursos** que o nosso interlocutor nos fornece. O entrevistador deve em primeiro lugar ajudar o entrevistado a construir livremente o seu discurso. As perguntas que o entrevistador faz têm como finalidade, primeiramente, estimular o entrevistado em direção à observação crítica de si e do próprio agir e, em segundo lugar, favorecer a articulação de um discurso que coloque em forma os resultados dessa análise. Essa modalidade relacional apoia-se, por assim dizer, em três pilares: o silêncio, o uso do que os analistas da conversação definem como continuadores (*continuator*) e a técnica do eco. O **silêncio**, acompanhado das expressões corporais adequadas (a procura do contato visual, o balanço da cabeça, a inclinação do tronco em direção ao interlocutor), constitui a modalidade mais simples de interação, à qual é conveniente recorrer o máximo possível. O silêncio é a modalidade interativa usada pela entrevistadora com Luc no excerto da entrevista reportada mais acima. Ao silêncio Luc responde prosseguindo o seu discurso, confiante da atenção e da aceitação da entrevistadora, mas pouco ou nada influenciado pela recepção desta última ao seu discurso. Os "**continuadores**", os "humm", "hmmm", "aah", desempenham uma função análoga: assinalam ao entrevistado a nossa participação no seu discurso e, de forma implícita, convidam-no a prosseguir. O excerto a seguir, uma entrevista que eu fiz a um ex-membro da comunidade de Damanhur, oferece um exemplo *in vivo* do uso dos continuadores.

> 1) **Mhm e… como, como tomou forma essa desafeiçãoo pelo projeto cultural, pelaa ahn… pelos aspectos filosóficos, espirituais… ahn…**
> 2) Eh! Aconteceu porqueee não bastava mais, era limitado demais
> 3) **Mhm**
> 4) E era /caótico demais/ (com a voz mais baixa)
> 5) **Mhm**
> 6) Eu tinha necessidadess e de qualquer forma… no meio houve uma crise /em geral sobre o problema da fé/ (rapidamente)
> 7) **Mhm**
> 8) Ou seja, da minha fé em alguma coisa quee… Quer dizer, provavelmente eu nunca teria tido essa crise /separada de todo o resto/ (evidencia com a voz) se fosse católico ou se fosse budista ou se fosse sei lá o quê
> 9) **Mhm**
> 10) /É muito difícil para mim/ (evidencia com a voz) dar uma representaçãoo figurada através de uma série dee, de representações… de um sentir e ordenar esse sentir em uma série de /práticas, disciplinas/ (como se fosse uma lista)

À pergunta, dirigida ao meu interlocutor no turno 1, segue-se nada mais do que um sinal de atenção, de interesse, que sustenta o discurso do meu interlocutor, sem dirigi-lo. Como observa La Mendola, é bom eliminar do repertório dos continuadores as modalidades de interlocução como "simmm", "certo…", que podem indicar, juntamente com a nossa atenção, também a nossa aprovação – pelo menos supérflua – para o que é dito [La Mendola, 2009: 145].

A **técnica do eco**, ou do espelho, acrescenta, mais do que o silêncio e os continuadores, a nitidez dos nossos sinais de atenção e de interesse pelos discursos que nos são fornecidos. O eco consiste na reproposição ao entrevistado das últimas palavras que ele pronunciou antes de se interromper, talvez procurando o nosso olhar para ter a segurança acerca da pertinência do que nos diz, ou pelo surgimento de um momento de embaraço, talvez de reticência. Com o eco não fazemos outra coisa além de dizer ao nosso interlocutor: "estou aqui, lhe escuto", mas também "é a sua vez de falar, não espere de mim sugestões…" Temos um exemplo eficaz de eco no turno 9 da entrevista de Luc referida mais acima: Luc se interrompe em um "para viver...", a partir do qual a entrevistadora faz eco limitando-se a repetir "para viver...", devolvendo, com isso, a palavra a Luc.

O excerto de entrevista com o dissidente de Damanhur é útil para ilustrar outra dimensão da atitude de escuta, a aceitação. É fundamental comunicar ao entrevistado a nossa aceitação – humana, moral, cultural – das escolhas de vida, do seu modo de ser no mundo que se manifestam nos discursos que nos fornece. No caso dos damanhurianos, essa aceitação diz respeito, seja à adesão a uma comunidade caracterizada por um sistema de crenças desacreditado no senso comum, seja a dissidência, a desconversão. A aceitação expressa-se principalmente por meio de uma disciplina da própria conduta verbal e não verbal: nenhuma exclamação de surpresa ou de espanto, nem olhos arregalados. A essa indicação de moderação, Howard Becker acrescenta uma outra: perguntar como e não por quê.

> Compreendi pela primeira vez que "Como?" era melhor do que "Por quê?" fazendo pesquisa de campo. Quando entrevistava as pessoas, perguntar a elas por que tinham feito uma determinada coisa provocava inevitavelmente uma resposta defensiva [...] às minhas perguntas sobre o "Porquê?" davam respostas breves, cautelosas, combativas, como se quisessem me dizer: "Então amigo, está bem assim para você?" Quando, ao contrário, eu perguntava como algo tinha acontecido – "Como foi que escolheu este trabalho?" "Como começou a dar aulas naquela escola?" – as minhas perguntas "funcionavam" bem [Becker, 1998 – trad. it., 2007: 78-79].

Perguntar como e não o porquê de uma escolha, de um processo, transmite a ideia de uma implícita aceitação. Nesse sentido perguntar como decidiu deixar Damanhur (mas o mesmo pode se dizer para o movimento de sentido inverso: aderir a Damanhur) não põe em discussão a legitimidade daquela escolha, dando implicitamente por óbvia a sua adequação, solicitando, por outro lado, a produção daqueles fatos e pequenos fatos da vida cotidiana sobre cuja importância eu insisti muitas vezes (cf. o excerto referido no turno 1).

Entre as modalidades de comunicação de escuta e aceitação faz parte, também, a **recapitulação** [Kahn e Cannel, 1957a – trad. it., 1967: 273-276], que consiste em relançar a conversa do nosso interlocutor movendo-nos a partir de um resumo do que entendemos do seu discurso. Trata-se – como observam Kahn e Cannel – de um procedimento para ser usado com particular cautela.

> Resumir o comportamento ou a opinião do entrevistado é, porém, muito difícil, requer muita intuição e muita habilidade. Os riscos próprios dessa técnica são relativamente grandes e o entrevistador deveria perceber isso. O perigo maior é, talvez, que as opiniões do próprio entrevistador sejam inadvertidamente incluídas na sua tentativa de resumir os comportamentos do entrevistado. Nesse caso, é provável que o entrevistado aceite o resumo como exato, em vez de contradizer o entrevistador negando a sua exatidão [p. 275-276].

A técnica da recapitulação pode criar problemas também quando a síntese proposta é apropriada. O entrevistado que ocupou o tempo do próprio interlocutor com um mar de palavras, nem sempre em conformidade com as regras da gramática, e que se vê restituir uma síntese sóbria, elegante e gramaticalmente perfeita pode experimentar um senso de inadequação, que pode preceder a uma mais perigosa desmotivação em cooperar com a entrevista. Por essas razões não posso deixar de desencorajar o uso da recapitulação quando a sua função é a de transmitir aceitação e apoiar a produção discursiva: os silêncios, os continuadores e o eco alcançam o objetivo tanto quanto a recapitulação, mas sem expor às contraindicações referidas acima. A recapitulação, ao contrário, pode ser utilmente usada com outras finalidades, principalmente – próprias do "modelo investigativo" [Douglas, 1976] – a de iniciar uma busca no sistema de crenças, nos modelos argumentativos dos nossos interlocutores, recorrendo, nesse caso, a recapitulações que iniciam a formulação de questões que, em outro contexto, Spradley definiu como perguntas de contraste (*contrast questions*) [1980: 125-128]: "Nas primeiras frases da entrevista você definiu a sua experiência com o grupo religioso do qual se afastou como um pesadelo; mais adiante, então, lembrou alguns aspectos positivos da própria experiência. Quer me ajudar a entender como as duas coisas se mantêm juntas?" (cf. supra, par. 1).

Ao registro da aceitação podem também ser relacionadas algumas formas de metacomunicação (de comunicação sobre a comunicação) que o entrevistador pode utilizar para autorizar, por assim dizer, as dificuldades emocionais ou cognitivas que podem acompanhar a participação em uma entrevista. Diante de um entrevistado que, repercorrendo alguns dos eventos mais dramáticos da sua vida, mal segura as suas lágrimas, algo como "entendo quanto cause sofrimento retornar a esses temas!" pode servir a esse objetivo. De forma análoga, reconhecer a complexidade do problema posto ao nosso interlocutor, mostrando com isso compreender a dificuldade de colocar em palavras uma resposta, comunica, em um outro registro, a nossa aceitação. Nesse registro, li o excerto de entrevista proposta por Kaufmann [2007 – trad. it., 2009: 59-60]:

> 1) **Existem assuntos que você e seu marido evitam conversar, por exemplo, sobre coisas que entre vocês não vão bem?**
> 2) Não, falamos de tudo, não muito, mas de muitas coisas.
> 3) **Mas, por exemplo, não lhe disse que não estava satisfeita que ele fizesse tão pouco?**
> 4) Oh, isso não adianta nada, digo isso a ele, mas não adianta nada.
> 5) **O que lhe diz? Em que momento diz isso a ele?**
> 6) Oh, isso, não sei, às vezes...
> 7) **Em circunstâncias particulares?**
> 8) Sim, em circunstâncias particulares.
> 9) **Você tem isso em mente, não é, mas é difícil ser preciso, dizer quando exatamente, não é? // (risada)**

A brevidade dos turnos da entrevistada juntamente ao tom insistente do entrevistador não fazem dessa entrevista um modelo a seguir, a não ser pela metacomunicação que comparece no turno 9, no qual o entrevistador desempenha aquele papel de segurança cognitiva a que fiz menção mais acima.

A escuta ativa, a atenção ao discurso que se constrói progressivamente, entrelaça-se – como já foi dito – com uma atenção descontínua, mas reiterada às questões que orientam o estudo. É através da aproximação entre o que é dito, naquele momento, pelo nosso interlocutor e a focalização sobre as perguntas – descritas de várias maneiras – que motivam aquele particular encontro, que o entrevistador pode escolher, a partir do próprio roteiro, as perguntas mais oportunas e – quando necessário – criar novas para seguir as sugestões fornecidas pela entrevista. Esse exercício – ao menos quando é bem-sucedido – torna o entrevistador capaz de formular a pergunta certa no momento certo, conferindo à conversa aquela especial fluidez que atenua, pelo menos aos olhos do entrevistado, a sua artificialidade [Montesperelli, 1998: 95][43]. Para fazer a pergunta certa no momento certo é necessário saber esperar, esperar que o discurso do entrevistado torne pertinente a questão que nos urge apresentar-lhe. Mas se esse momento demorar a chegar? Se simplesmente não ocorrer? Nesse caso o entrevistador pode jogar a carta da última pergunta antes do encerramento. Pouco antes dos agradecimentos e das despedidas habituais, o entrevistador pode começar com: "Antes de concluir, gostaria que se reportasse a um dos temas a que fez menção durante a entrevista, especificamente, gostaria de entender um pouco melhor...", mas também: "Antes de concluir queria convidar você a considerar uma questão sobre a qual não tivemos oportunidade de dirigir a atenção e que, no entanto, ao menos do meu ponto de vista, é particularmente importante, especificamente..." É bom que a última pergunta seja uma e não o início de outra entrevista, a menos que seja o entrevistado a nos levar naquela direção, reconhecendo na sugestão apresentada, no último momento, a ocasião para dizer o que mais lhe importava.

Concluída a entrevista, é útil complementar a gravação de áudio com algumas notas – em todos os sentidos equiparáveis às notas etnográficas – que expliquem a forma assumida pela interação entre entrevistado e entrevistador, e descrevam, enquanto a lembrança é ainda clara, os aspectos relevantes da comunicação extralinguística da interação, por exemplo, a agitação do nosso interlocutor na cadeira, o seu contínuo tamborilar na mesa e o contexto no qual a entrevista ocorreu.

Até as melhores entrevistas possíveis, aquelas que envolvem o mais experiente dos entrevistadores e o mais cooperativo dos entrevistados, são expostas

---

43. A atenção aos dois focos da interação discursiva, ao que foi dito e às questões que – naquela situação específica – o motivam, essa especial forma de estrabismo, deveria nos proteger contra um dos inconvenientes relacionais mais desagradáveis, aquele que consiste em apresentar ao nosso interlocutor as perguntas a que já respondeu [Barbour, 2007: 120].

ao risco de um impasse, que elimina a sua fluidez. O surgimento de uma emoção forte e incontrolável, manifestada por uma crise de choro ou por um acesso de raiva, pode induzir esse tipo de problema. Nesse caso, é requerido ao entrevistador – ao mesmo tempo – autocontrole e participação. É necessário evitar se deixar levar pelas emoções que revestem o discurso, mas também continuar a comunicar ao entrevistado a aceitação do que nos apresenta. Diante de uma crise de choro, um olhar mais intenso ou um gesto que transmita aproximação como pegar a mão do nosso interlocutor ou simplesmente se aproximar dele/dela com o tronco, podem servir a esse objetivo. É necessário também oferecer ao entrevistado a oportunidade de interromper a entrevista talvez, convidando-o a beber um copo de água. Estando disponíveis para interromper a entrevista, comunicamos ao nosso interlocutor a nossa participação na sua emoção e o fato de que não estamos ali para levar para casa – a qualquer custo – uma entrevista e que aquelas lamentações não são obstáculos desagradáveis que se interpõem ao nosso objetivo. Diante de uma explosão de raiva, os convites ao comedimento, ao autocontrole são certamente inconvenientes. O que me permito sugerir é oferecer um momento de suspensão da entrevista, com o gravador desligado. Dessa forma o nosso interlocutor poderá expressar, até com particular aspereza, a própria raiva, certo de não deixar vestígios na gravação de áudio. Tudo isso deveria favorecer a catarse e permitir a retomada da entrevista.

Uma segunda fonte de impasse é constituída pela violação da regra constitutiva do jogo da entrevista, a que reconhece somente ao entrevistador o direito de fazer perguntas. A regra é violada quando o entrevistado quer que se responda também às *suas* perguntas, iniciando – na prática – uma renegociação da relação que ele gostaria que fosse baseada na reciprocidade, no registro próprio das conversas comuns. Enquanto, diria, está fora de discussão o fato de que a entrevista possa mudar *completamente* de rumo para se transformar em uma conversa comum na qual nada garante que as finalidades cognitivas do encontro entre entrevistado e entrevistador possam ser perseguidas, a questão é se e como abrir dentro da entrevista um parêntese guiado por uma outra ordem ritual. Comecemos por *se*: considero que seja indispensável reconhecer a legitimidade de um parêntese feito de reciprocidade quando o que está em jogo é a conservação da relação de confiança e cooperação necessária à realização da entrevista. Isso quer dizer que nem sempre pode ser conveniente eximir-se a essa solicitação simplesmente fazendo referência às regras do jogo que atribuem a um a tarefa de perguntar e ao outro a de responder. Se o risco de ver comprometida a possibilidade de concluir a entrevista não pode ser excluído, então torna-se conveniente consentir na instituição do parêntese de reciprocidade requerido. Sobre o *como*, tem-se duas opções. A primeira propõe estabelecer de forma diferente a relação entre entrevistado e entrevistador no fim da entrevista. Ao entrevistado que pede ao entrevistador que fale de si, que conte as suas experiências, o entrevistador propõe uma moratória: "Se você quiser, conto sobre mim no fim da entrevista" "Depois, se você quiser, falo de mim, este é um tempo e um espaço dedicado à escuta das suas experiências..." [La Mendola, 2009: 153, 155][44]. Essa que é, sem dúvida, a melhor solução, nem sempre é praticável; em alguns casos o nosso interlocutor quer imediatamente a reciprocidade solicitada e, se se quer prosseguir com a entrevista, é necessário que o direito a perguntar seja-lhe dado imediatamente. Uma situação como a descrita mais acima se apresentou a mim na comunidade de Gran Burrone, quando propus a Paolo, a pessoa que na comunidade desempenha o papel de *gatekeeper* (cf. supra, cap. 3), para realizar uma entrevista. Paolo e eu nos conhecíamos há alguns meses e as nossas relações eram cordiais, porém, quando lhe pedi para me contar a história da sua vida, ele me respondeu, decidido: "Por que antes não me conta a *sua* história?" Evitar esse pedido não teria sido fácil e o risco de comprometer a possibilidade de obter a entrevista pareceu-me, naquele momento, muito alto. Decidi então aceitar o pedido de Paolo, contei-lhe a minha história detendo-me sobre os aspectos que – naquele momento – considerei mais capazes de transmitir um senso de aproximação. Sabia que Paolo não tinha tido uma vida fácil e, ao repercorrer a minha vida, detive-me sobre as dificuldades que eu também tive que enfrentar, a morte prematura dos meus pais, a universidade frequentada trabalhando, para concluir – em outro registro – com o atual recente envolvimento com o doutorado trentino. No fim do relato, depois do meu "e eis que estou aqui...", com extrema naturalidade, Paolo iniciou a contar-me a sua história em um clima de confiança e, diria, de recíproca estima. Não se pode excluir que o meu relato tenha influenciado a narração de Paolo, oferecendo-lhe um modelo no qual se basear[45], mas, pelo que me recordo dele, tenho a impressão de que se tivesse lhe oferecido o relato da minha vida apenas no fim da entrevista, esta última não teria acontecido. Então, para concluir, as solicitações de reciprocidade apresentadas pelos nossos interlocutores devem ser avaliadas caso a caso, escolhendo a modalidade de resposta que permita realizar a entrevista e conduzi-la da melhor forma possível, sem acrescentar a essa forma de interlocução outros elementos de perturbação. A densa rede de decisões que é necessário assumir, juntamente com a carga de incertezas que as acompanha, pode induzir a um mais do que compreensível desânimo em quem, pela primeira vez, aproxima-se dessa técnica de pesquisa. As palavras tranquilizadoras de um especialista parecem, a este ponto, definitivamente oportunas.

> Vocês encontrarão o seu estilo. Sejam vocês mesmos, o mais natural possível, atentos, mas não ansiosos, abertos, mas concentrados. Relaxem, vocês têm o direito de errar. O sucesso de uma entrevista depende de vocês, mas nunca saberão se poderiam ter feito melhor, procurem apenas fazer o seu melhor. O seu interlocutor os ajudará. Se aceitou

---

44. La Mendola, no lugar citado no texto, repropõe as modalidades de enfrentamento desse tipo de impasse adotadas, respectivamente, por Antonietta Migliore e Nuto Revelli.

45. Extraio essa sugestão de La Mendola [2009: 152-153].

encontrar vocês é porque de uma forma ou de outra encontra ali o seu ganho. Livrem-se do senso de culpa, porque vocês não são ladrões de vidas, mas suscitam testemunhos. Se for verdade que vocês pedem ajuda, é verdade também que fazendo isso vocês atribuem ao sujeito "reconhecimento social" que talvez não lhe seja concedido em outro lugar. Interpelando-o, vocês mostram que ele sabe de coisas que vocês, mesmo sendo "universitários", não sabem. Coisas que "a sociedade" não sabe [Bertaux, 1998 – trad. it., 1999: 76][46].

4.3 A transcrição da entrevista

A gravação de áudio do colóquio entre o entrevistador e o entrevistado transforma-se em um texto a partir da transcrição, uma atividade que se situa entre a construção da documentação empírica e a análise. Com a transcrição chega ao final o processo de constituição do *corpus* textual que será submetido à análise, à objetivação em um documento dos aspectos da interação entre entrevistado e entrevistador para os quais a análise dirigirá a atenção. A transcrição, por outro lado, é por si só um exercício analítico, guiado pelas expectativas teóricas do pesquisador e por um modelo – às vezes implícito – de comunicação [Sormano, 2008].

A passagem da encenação da interação discursiva entre entrevistado e entrevistador à sua representação em um texto escrito impõe – necessariamente – simplificações que deixam à sombra mais de uma das particularidades da interação vivida. Trata-se, no entanto, de um "sacrifício" necessário, sem o qual o objetivo que motivou a realização das nossas entrevistas: articular uma resposta convincente às nossas perguntas de pesquisa, não pode ser realizado. A análise dos materiais textuais requer frequentemente a passagem através de um procedimento qualquer de "miniaturização" [Bruschi, 1999: 63], indispensável para guiar a complexidade do material obtido. A transcrição constitui, nesse aspecto, um exercício de **miniaturização**. Além disso, nada impede também que, uma vez que as entrevistas tenham sido transcritas, retorne-se às gravações de áudio que, escutadas novamente sob a guia da sua transcrição, frequentemente mostram detalhes, a princípio, transcurados[47]. O texto que representa a interação entre

---

46. As observações de Bertaux reportadas no texto referem-se a uma particular versão da entrevista discursiva, a entrevista narrativa ou biográfica. A isso, deve-se acrescentar que Bertaux põe essa técnica a serviço de um programa de pesquisa com a intenção primeiramente de coletar os testemunhos dos sujeitos desfavorecidos, a dar voz a sujeitos que frequentemente, na sociedade mais ampla, não têm voz. Esses detalhes, entretanto, deixam intactas as indicações gerais de Bertaux relativas ao comportamento que é necessário adotar quando se começa a realizar uma entrevista discursiva.

47. Todas as vezes que me aventurei na análise da documentação empírica obtida com entrevistas discursivas, iniciei os trabalhos com a escuta – transcrição na mão – de todas as gravações de áudio. Essa medida, geralmente eficaz para restituir às entrevistas a riqueza que a transcrição retira

entrevistado e entrevistador deverá explicar: *i*) as modalidades comunicativas adotadas, ora pelo entrevistado, ora pelo entrevistador; *ii*) a interação entre os dois (ou mais) protagonistas da conversa; *iii*) os elementos do contexto da interação referidos de forma explícita ou implícita na conversa.

As modalidades comunicativas próprias do entrevistado e do entrevistador podem ser relacionadas a três dimensões: linguística, paralinguística e extralinguística [Bara, 1999]. O **nível linguístico** diz respeito ao *que é dito* durante a entrevista através do uso exclusivo da linguagem falada. O **nível paralinguístico** diz respeito às modalidades nas quais o que é dito é modulado por tom, timbre, intensidade, altura da voz. O **nível extralinguístico** tem relação com as formas de comunicação intencionais e não intencionais que se expressam com o que, de forma geral, podemos definir a linguagem do corpo, portanto, com a postura, os movimentos, mas também com o choro, o riso, a tosse e outros. Mais acima reportei o *incipit* de uma entrevista minha aos pais de Gustavo, um rapaz disléxico, na qual inicio o discurso com uma pergunta formulada como segue.

> Aqui está. Agora estááá gravando... ahn, // [tosse]. Bem eeh, queria começar pedindo a vocês paraaa contar a história do Gustavo do seu ponto de vista, pela maneira como viveram isso...

O conteúdo linguístico é percebido pelas palavras que compõem a transcrição, ou melhor, por aquilo que restaria do texto reportado mais acima depois do uso de um procedimento de correção ortográfica que transformaria "estááá" em "está", "eeh" em "eh" e "paraaa" em "para". Aquilo que o corretor ortográfico eliminaria diz respeito ao plano paralinguístico, relativo ao modo no qual o que foi dito é interpretado pela voz do locutor, com o ritmo, os tons, a altura da voz. No texto reportado mais acima, o ritmo é expresso pela utilização das reticências [...] que marcam uma pausa na fala. As vogais repetidas em "estááá" e "eeh" marcam a ênfase vocal impressa prolongando, ora o fim ora o início da palavra. A série "de-de-de" marca novamente o ritmo e a repetição faz pensar em uma modalidade de composição da pergunta que lembra mais a improvisação do que a execução de um *script* preordenado [Sormano, 2008: 336]. Se, talvez para chamar a atenção dos pais de Gustavo, eu tivesse decidido pronunciar as duas palavras que abrem a pergunta "Aqui está" com um tom de voz mais alto, esse aspecto paralinguístico da comunicação também deveria ser explicado na transcrição, por exemplo, indicando em maiúsculo as palavras pronunciadas em voz alta, desta forma: "AQUI ESTÁ". A dimensão extralinguística apresenta-se, no texto referido mais acima, na tosse inserida entre "Agora estááá gravando... ahn" e "Bem eeh". Uma transcrição mais detalhada do que a utilizada a título exemplificativo poderia incluir também uma observação sobre a linguagem do corpo. Poderia, por exemplo, ligar as palavras "Aqui está. Agora estááá gravando" à ação do entrevis-

---

delas, é de fundamental importância quando as entrevistas que analisamos foram realizadas por outros.

tador que primeiro examina o gravador e depois, assegurado, dirige o olhar aos seus interlocutores. Nesse caso a transcrição poderia assumir esta forma:

> /Aqui está. Agora estááá gravando.../ (olha primeiro o gravador e depois os entrevistados)

A representação da interação entre entrevistado e entrevistador – reduzida ao máximo – consiste na separação entre perguntas e respostas, na identificação das sobreposições entre os dois locutores (que pronunciam contemporaneamente uma ou mais palavras) e na numeração dos turnos de interlocução. O excerto – imaginário – apresentado a seguir exemplifica todos os três aspectos.

> 1) **Gostaria de reconstruir com você o momento em que chegou em...** **[Damanhur]**
> 2) [Damanhur]
> 3) **Isso, sim...**
> 4) Mas quer saber o quê? Como foram as coisas ou o que me... o que me...
> 5) **[impressionou]**
> 6) [impressionou]

A alternância entre perguntas e respostas é marcada – como já foi feito mais acima – pelo corpo do texto: negrito para as perguntas, corpo normal para as respostas. Os turnos de interlocução são numerados de forma progressiva, enquanto as sobreposições são identificadas pelos colchetes que, respectivamente, no fim de um turno e no início do sucessivo indicam as palavras (não necessariamente as mesmas) pronunciadas contemporaneamente pelos dois interlocutores. No texto de exemplo as sobreposições são duas. A primeira, sobre o nome da comunidade, pode ser interpretada como a manifestação do entrevistado de entrar no tema. A segunda, sobre a palavra "impressionou", documenta o que podemos considerar uma conduta imprópria do entrevistador: o sugestionamento.

Por último, a transcrição deve explicar os aspectos do contexto que serve de teatro à interação entre entrevistado e entrevistador limitadamente aos aspectos indispensáveis à compreensão do que os dois interlocutores dizem ou fazem com as palavras. Faz parte desses aspectos a presença ou a passagem de outras pessoas nas proximidades ou no local da entrevista. Essas importantes variações do contexto interativo não deixam vestígios na gravação de áudio (aquela mais usada geralmente para as entrevistas), mas podem induzir relevantes mudanças nos temas tratados ou no seu registro. Pensemos no adolescente que conta, satisfeito sobre como nos últimos meses gazeou a escola. Com passos silenciosos e protegendo-se atrás de uma bandeja com chá e bolinhos, eis que a mãe aproxima-se do quarto para repor os gêneros de conforto sobre a mesa e, limitando-se a um gesto que os convida a servir-se, despede-se. Enquanto isso, a descrição das técnicas de falsificação das assinaturas dos pais terá sido substituída por uma improvisada reconstrução do último tema de aula. A gravação reportará, um após o outro, dois discursos desprovidos de qualquer conexão, mais dois "obrigado!" que parecerão ter caído do céu. Dois parênteses na transcrição: "entra a mãe com o chá", "sai a mãe", darão sensatez à transcrição do áudio. Além disso, durante a entrevista pode acontecer que os dois interlocutores vejam ou ouçam algo (um som ao longe, um perfume) e dediquem um comentário a respeito. Pode acontecer, por exemplo, que durante a entrevista cheguem vozes indefinidas de alguém que – em um lugar próximo – está brigando, ou o aroma de um prato sendo preparado, mas também que o jardim onde é realizada a entrevista seja atravessado por um gato correndo. Solicitado por esses estímulos o entrevistado pode se sentir no dever de comentá-los. Na gravação podemos, portanto, escutar frases como: "brigam sempre, não os suporto mais!", ou "este é o meu prato preferido, minha mãe o prepara todos os sábados" ou, ainda, referido ao gato: "parece um foguete!" O sentido de frases como estas poderá ser compreendido apenas incorporando na transcrição uma breve descrição do evento que motivou o comentário gravado (p. ex.: "[ouvimos os gritos dos pais do entrevistado que estão brigando furiosamente no quarto ao lado]").

A elaboração de uma transcrição que explique todos os aspectos referidos mais acima requer a utilização de algum sistema convencional de notação, de um conjunto de símbolos gráficos usados para indicar o tom da voz, a tosse, a chegada do inoportuno, entre outros. Com esse objetivo foram elaboradas numerosas propostas [para um resumo cf. Diana e Montesperelli, 2005: 67-69], todas eficazes. Deve-se escolher entre elas a notação que se considera mais adequada às finalidades do próprio trabalho de análise e adotá-la de forma consistente. A exigência de elaborar um sistema de notação relativamente ágil apresentou-se a mim com a realização de uma pesquisa multidisciplinar sobre as transições biográficas. Naquela ocasião, juntamente com os colegas e as colegas do grupo, elaboramos um sistema de notação ortográfica que resultou convincente quando colocado à prova em vários tipos de entrevista. As regras de transcrição elaboradas naquele momento são reportadas no Apêndice 2, no fim do volume.

Concluo com uma observação operacional, que leva em conta a praxe comum de pesquisa de delegar a transcrição das entrevistas a colaboradores externos ao grupo de pesquisa. Portanto, é conveniente que, se não a transcrição, ao menos a revisão do texto transcrito seja realizada pelo entrevistador, o único capaz de reconstruir, a partir da escuta da gravação, as formas de comunicação não verbal.

Essas últimas observações nos levaram ao limiar do trabalho de análise do *corpus* textual obtido com a realização de entrevistas discursivas e, com o que se segue, a redação do texto que explica os resultados. Ambos os temas serão tratados no capítulo dedicado à análise da documentação empírica obtida com uma pesquisa qualitativa, onde – quando necessário – serão identificadas as especificidades da entrevista discursiva. No entanto, é conveniente reportar aqui uma última passagem, preliminar ao início do trabalho de análise da documentação empírica. Uma pesquisa baseada no uso de entrevistas discursivas fornece uma quantidade, no mínimo, consistente de material empírico. No caso do estudo sobre a desconversão de Damanhur referido mais acima, a realização de 20 entrevistas discursivas requereu pouco menos de 40 horas de gravação de áudio que, transcritas com a notação ATB (cf. Apêndice 2), geraram um arquivo com pouco menos de 2.443.000 frases que, formatadas no formato deste manual, ocupariam cerca de 800 páginas. Gerenciar um *corpus* textual de tais dimensões, abarcar com apenas um olhar os seus traços relevantes, pode ser particularmente difícil. Para remediar esses inconvenientes é útil recorrer a alguma forma de "miniaturização" do material empírico, útil para manter juntos em um primeiro sumário confronto o *corpus* textual obtido. Dois procedimentos servem a esse objetivo: a redação de um **resumo temático** e, limitadamente para os materiais narrativos, o preenchimento de uma ficha de síntese biográfica. A seguir é exemplificado o uso desses dois instrumentos aplicados à entrevista com Brigida (seu pseudônimo), uma mulher jovem que vive a transição à pobreza. Essa transição constitui o objeto de estudo de Manuela Olagnero [2008, esp. p. 269-277], a cujo texto remeto para uma reconstrução mais pontual do contexto teórico.

O resumo temático (quadro 4.2) sintetiza em poucas frases os conteúdos da entrevista a Brigida, lida principalmente à luz da pergunta que inspira o estudo, os processos de transição à pobreza. O texto compõe a síntese da pesquisadora com algumas citações (*quotations*) retiradas da entrevista, que fornecem alguns fragmentos do perfil de Brigida.

Com o outro instrumento, a **ficha de síntese biográfica**, os eventos narrados na entrevista são ordenados em um quadro sinótico que os descreve, oferecendo, para cada um, três informações de contorno, o ano de ocorrência do evento, a idade da narradora e a definição do evento expressa por esta última. A tabela 4.1 reporta a ficha de síntese biográfica, extraída da entrevista a Brigida por Manuela Olagnero [p. 271]. A narração de Brigida, assim como qualquer outra, levada à estrutura da ficha de síntese biográfica é desprovida das informações relativas às escolhas narrativas da sua autora que, na entrevista, inicia a sua narração – auxiliada pela modalidade de entrevista – a partir da idade adulta, especificamente, a partir da sua chegada a Turim e do nascimento do primeiro filho.

> Eu estou há doze anos aqui, vim do sul, e, depois de dois dias aqui eu já estava trabalhando, encontrei um trabalho, mas depois fiquei grávida dele [faz referência ao filho que está presente na entrevista] e parei (Brigida).

A perda dessa informação, porém, é amplamente compensada pela oportunidade de confrontos imediatos entre a narração de Brigida e a das outras mulheres envolvidas no estudo e, de modo geral, entre as narrações que fazem parte do mesmo *corpus* textual.

Quadro 4.2 Resumo temático da entrevista com Brigida

Brigida é uma mulher divorciada de 36 anos, nascida em uma modesta família na Província de Avellino ("Uma cidadezinha do interior, sabe, onde não tem trabalho, não tem nada"). Depois de alguns anos transcorridos em colégio interno, perde precocemente os pais e passa a viver com a irmã. Inicia trabalhando com ela como camareira nas temporadas ao redor da Itália ("Minha irmã tinha se tornado a minha tutora. Se eu estava com minha irmã, eu devia estar com ela, então, se ela fosse trabalhar eu deveria ir também"). Ela teve problemas muito sérios de saúde nos olhos, que foram resolvidos graças a uma cirurgia, realizada na Suíça, paga por meio de uma campanha de arrecadação de fundos organizada pela cidade. Com 17 anos conhece o marido em uma festa da cidade e, pouco tempo depois, casa-se, embora não plenamente convicta ("Realmente eu não decidi nada, então, visto que ele não queria que eu trabalhasse na temporada porque pensava que me perderia de vista, e teria sido melhor se me perdesse de vista mesmo, sei lá, fez todo um estratagema para que eu ficasse com ele "), mas obrigada, depois da fuga que o namorado tinha organizado para colocar a família diante do fato consumado. Transfere-se para Turim. Em seguida o marido revela-se um boa-vida e acaba preso ("Porque ele não tinha intenção de trabalhar, encontrava os caminhos mais fáceis, mais cômodos"). Brigida fica vivendo por um determinado tempo na casa dos seus sogros, que se ocupam também da sua manutenção, dispondo de adequados meios econômicos. Entretanto, as relações, especialmente com a sogra, não são boas. Brigida, por sua vez, continua trabalhando como diarista até ficar grávida; enquanto isso, o marido entra e sai da prisão e manifesta comportamentos violentos. O elemento desencadeador, que leva Brigida a decidir-se pelo divórcio, é o fato de que o marido também faça uso de drogas na prisão ("Vi que ele traficava drogas e decidi que devia terminar"). A violência sobre ela e sobre os filhos põe em causa o Tribunal para os menores e determina o início de uma série de averiguações ("O Tribunal tinha decidido que o pai não devia ver os filhos. Ver seu filho voltar para casa dizendo que foi agredido, e que não quer voltar a ver o pai, é muito difícil. Isso marca as pessoas. Não é que eu tenha tido uma infância feliz, mas ver os meus filhos sofrerem também não me faz bem. Comportava-se mal"). A intervenção da assistente social permite a Brigida conquistar certa autonomia: recebe não apenas um subsídio, mas também contribuições para a escola dos filhos e para as outras atividades escolares. Infelizmente a assistente social não é capaz de satisfazer uma expectativa específica de Brigida, a de ter um trabalho fixo. Por isso Brigida continua realizando trabalhos precários ou temporários, como de diarista em casas de família. No momento da entrevista mora em uma habitação popular, em um edifício muito degradado. O apartamento é insalubre, úmido, com banheiros muito descuidados ("Eu não pago mais aluguel de jeito nenhum, para viver como porcos, que me despejem, que me mandem embora; chovia dentro de casa"). Uma ajuda importante chega da paróquia que oferece um apoio, seja econômico, seja de ajuda para as crianças. Existem muitas iniciativas reservadas a pais e filhos e o ambiente é limpo e sereno ("Lá é um ambiente limpo e frequentado por gente limpa"). Também a escola dos filhos é para Brigida uma oportunidade de encontro e de apoio, seja porque as professoras têm uma boa relação com ela e cuidam com prazer dos seus filhos, seja porque a escola é para Brigida um lugar importante para o futuro das crianças ("Sim, eu digo sempre aos meus filhos que eles devem ir em frente com o estudo"). O elemento mais crítico continua o trabalho, que poderia lhe permitir projetar um futuro mais tranquilo para ela e os filhos ("Olhando o amanhã preferiria um futuro melhor, um trabalho, uma casa, não digo uma mansão, mas uma casa decente, para viver com os meus filhos; talvez, se tivesse algo de meu, ah... estaria realizada; mas sabe, com 36 anos não a contratam mais, contratam os estagiários porque lhe pagam menos.

Tabela 4.1 Ficha de síntese biográfica de Brigida

Ano	Idade	Tipo de evento/transição	Definição da situação (situação = configurações das relações)
1964		Nascimento em Avellino (Campania, Itália)	
1967	3	Um irmão é mandado ao colégio interno e depois adotado por outra família	Minha mãe não conseguia criá-lo, colocou-o no colégio interno e praticamente o abandonou
1968	4	Morte súbita do pai. Ela e a irmã entram para o colégio interno	
1972	8	Sai do colégio	
1980	16	Morte da mãe Interrompe os estudos (escola de magistério)	Para continuar os estudos teria que retornar ao colégio interno e isso eu não queria de jeito nenhum
1980	16	Emigra com a irmã para o norte (Vêneto)	Minha irmã se tornou a minha tutora
1980-1985	16-21	Trabalhos de temporada como camareira em localidades turísticas na região do Vêneto e do Trentino na Itália	Era a única forma de trabalhar três ou quatro meses sem título de estudo
1982	18	Cirurgia nos olhos na Suíça, paga por meio de uma arrecadação de fundos na cidade natal	
1982	18	Estadas periódicas na cidade natal. Conhece o futuro marido (que trabalha por conta própria como eletricista)	Ele não queria que eu trabalhasse na temporada. Ele me fez acreditar que os seus pais estavam de acordo com o nosso noivado, mas não era verdade
1983	19	Organização da "fuga" e casamento	Ele organizou tudo me levando para Salerno
1983-1987	19-23	Repetidos episódios de delinquência do marido. O marido vai para a prisão por tráfico de drogas	Ele não tinha vontade de trabalhar, procurava os caminhos mais fáceis
1985	21	Chega a Turim e entra na atual residência que era de propriedade dos sogros. O marido pede transferência para uma prisão em Turim	
1985-1988	21-24	Trabalha como diarista	
1988	24	Nascimento do primeiro filho	Parei automaticamente de trabalhar. Os meus sogros não queriam que eu trabalhasse e eu dependia deles...
1989	25	Nascimento da filha	As coisas com meu marido não iam muito bem
1993	29	Início da causa de separação do marido	Sou o tipo de pessoa que vai levando as coisas em frente, por anos, mas quando diz basta é basta. Eu me decidi quando vi que ele estava traficando drogas também na prisão
1994	30	Perícia dos tribunais sobre os filhos disputados pelo marido depois de episódios de violência	Eu devia combater não apenas contra o meu marido, mas também contra a lei que deixava os meus filhos em suas mãos uma vez por semana...

1995	31	Separação definitiva do marido	Meu sogro ficou aborrecido, mas apenas ele, que além de tudo tinha ficado sozinho, deixado pela mulher
1996	32	Permanece sozinha com os filhos, a sogra transfere-se para uma outra residência, o sogro volta para a cidade de origem	Eu e minha sogra não nos falamos mais
1996	32	Subsídio econômico da prefeitura (aluguel, contas de luz e água, merenda escolar e férias das crianças). Ajuda da paróquia (pão, leite e roupas)	Não, a carne não, não faz bem! O que realmente me falta são roupas e sapatos para as crianças. Não peço empréstimos. Não quero começar a depender dos outros
1997	33	Pequenos trabalhos como diarista. Fim do subsídio	Sou uma pessoa que me viro
1997	34	Interrompidas as relações do pai com os filhos (sentença do tribunal)	
1998	34	Litígio com o proprietário da casa (casa insalubre). Solicitação não aceita para casa popular. Litígios com os serviços	Neste momento não olho na cara de ninguém, coloco todo mundo em confusão...
2000	36	Filhos inseridos na vida de oratório e de escola. Brigida fica parcialmente segura com um novo trabalho como diarista	Olhando para trás, prefiro o hoje. Pensando ao que me aconteceu (escola interrompida) desejo que os meus filhos cheguem o mais longe possível!

A utilização de formas de miniaturização como as ilustradas mais acima oferece um útil ponto de partida para a análise dos materiais empíricos. Isso, porém, não faz dessa operação uma passagem obrigatória com vistas à análise. Resultados análogos podem ser obtidos escutando várias vezes todas as entrevistas ou com a redação de anotações, talvez até desorganizadas, redigidas à margem dessas escutas. O resumo temático e a ficha de síntese biográfica são dois instrumentos da nossa "caixa de ferramentas" que se adicionam àqueles ilustrados até aqui, cujo uso é, em última instância, ditado pelas finalidades do estudo, pelo tempo à disposição para realizá-lo e, por último, também pela *forma mentis** do pesquisador. A utilidade desses dois instrumentos está, ao contrário, fora de discussão quando o objetivo é o de favorecer o uso do próprio material empírico para uma análise secundária, realizada por outros estudiosos[48]. Nesse caso, realmente, permitir a avaliação da relevância dos materiais à disposição através da leitura de um texto conciso torna-se imprescindível.

---

* Cf. glossário.

48. Sobre a análise secundária das entrevistas discursivas cf. Corti e Thompson [2004].

5
O grupo focal

No contexto da pesquisa qualitativa, o grupo focal é uma das técnicas de pesquisa mais recentes. É comum identificar as suas raízes na técnica de pesquisa elaborada por Robert Merton nos anos de 1940, a entrevista focalizada, usada no âmbito da pesquisa em comunicação (*communication research*) [Corrao, 2000: 27-33; Acocella, 2008: 34-38; Frisina, 2010: 9]. O núcleo técnico dessa modalidade de pesquisa foi desenvolvido em seguida – nem sempre de forma rigorosa – na pesquisa de mercado, âmbito no qual o grupo focal permaneceu confinado até os anos de 1980[1]. Nos anos de 1980 a pesquisa social redescobre, por assim dizer, o grupo focal, que adquire a partir daquele momento uma singular popularidade, não desprovida de contraindicações, constituídas essencialmente pelo seu uso indevido [Barbour, 2007: 133]. Dessa forma, o grupo focal é utilizado em estudos acadêmicos realizados por sociólogos, psicólogos, politólogos, tornando-se um instrumento difundido na pesquisa em saúde [Kitzinger, 2000] e, por último, mas não menos importante, sendo valorizado especificamente na pesquisa avaliativa, onde é utilizado – sozinho ou junto com outras técnicas de pesquisa – para avaliar a oportunidade (avaliação *ex ante*), as modalidades de implementação (avaliação *in itinere*) e os resultados (avaliação *ex post*) de intervenções específicas ou políticas sociais.

Na taxonomia das técnicas de pesquisa qualitativa proposta neste volume, o grupo focal coloca-se ao lado da entrevista discursiva, da qual compartilha dois traços relevantes. Em ambos os casos a documentação empírica submetida à análise é gerada pelo pesquisador, que a coloca em forma utilizando o instrumento da interlocução. A essas semelhanças associa-se um conjunto de especificidades que permite qualificar de forma mais completa as peculiaridades do grupo focal. Se, com a entrevista discursiva, a intervenção do pesquisador é dirigida à geração e ao apoio do discurso do entrevistado; no caso do grupo

---

1. A esse respeito merece ser observada a recusa de Merton em reconhecer a paternidade do grupo focal, por duas razões. A primeira, técnica, refere-se à possibilidade, própria apenas da entrevista focalizada, do seu uso, seja com um único indivíduo, seja com grupos [Merton, 1987, apud Acocella, 2008: 36-37]. A segunda, política, de forma geral, refere-se à frequente ausência de rigor metodológico no uso do grupo focal nas pesquisas de mercado, uma falta de escrúpulo da qual Merton considerou necessário evidenciar a própria distância [Merton, 1987]. Sobre o uso do grupo focal na pesquisa de mercado cf. Zammuner [2003: 77-86].

focal, esse tipo de agência [Potter, 2002: 539, 541] é dirigido à geração e ao apoio de uma **discussão de grupo**. Isso significa que um grupo focal não pode ser entendido como a convergência, no espaço e no tempo, de um número de entrevistas discursivas igual ao número de participantes do grupo focal. O grupo focal, na realidade, não é uma entrevista *em* grupo, uma forma de entrevista na qual cada participante responde às perguntas do entrevistador na presença dos outros convidados[2].

No plano relacional, a passagem da entrevista discursiva ao grupo focal comporta, ao lado das óbvias mudanças formais – passa-se **da díade ao grupo** –, mudanças relevantes nas modalidades de interação. À relação "linear e assimétrica", própria da entrevista discursiva, substitui-se o entrelaçamento entre duas formas de relação: uma "reticular e simétrica" entre os participantes do grupo focal e outra "linear e assimétrica" entre cada um deles e o pesquisador que conduz a discussão [Acocella, 2008: 174]. Em outras palavras, as relações entre os presentes em um grupo focal dispõem-se em dois eixos: um vertical, o das relações entre o pesquisador que conduz a discussão e os participantes; e um horizontal, o das relações dos participantes entre si. A interação social, enriquecida pelo que foi dito mais acima, torna-se um objeto específico de observação no grupo focal, pelo menos, muito mais do que ocorre com a entrevista discursiva.

No capítulo anterior, a entrevista discursiva foi definida como uma forma realmente especial de conversação; de forma análoga, a discussão promovida com um grupo focal também pode ser definida como especial. Como observa Annalisa Frisina, diversamente do que ocorre nas discussões cotidianas, em um grupo focal a divergência entre os participantes é legitimada, e até mesmo encorajada pelo moderador [Frisina, 2010: 70]. A isso se une a "remuneração" (cf. supra, cap. 4) que decorre da participação em um grupo focal que, além dos incentivos materiais a que às vezes se recorre, apoia-se sobre a possibilidade dada a cada participante de expressar livremente a própria opinião – mesmo quando se trate, por assim dizer, de uma voz fora do coro – e de obter escuta e atenção [p. 37]. Esta oportunidade, a de expressar pontos de vista combatidos pelos regimes discursivos hegemônicos, é reforçada pela constituição de um grupo homogêneo, no qual cada indivíduo obtém dos outros um apoio ao seu dizer de forma diferente. Um apoio que, como observa Jenny Kitzinger [2000: 25], não existe

---

2. No capítulo 4, a propósito das formas de interação entre entrevistado e entrevistador (cf. fig. 4.1), introduzi a forma – cujo estatuto híbrido agora se apresenta de forma mais clara – da entrevista *de* grupo. Nesse tipo de entrevista, frequentemente realizada com os membros de um casal, o entrevistador dirige as próprias perguntas ao casal ("Como vocês tomaram a decisão de inscrever o seu filho em uma escola profissional?"), portanto, a um sujeito plural [Frisina, 2010: 45], recebendo efetivamente respostas individuais, primeiro de um, depois do outro cônjuge. No caso da entrevista de grupo, o entrevistador limita-se a tomar nota da interação entre os próprios interlocutores, mas não faz nada para apoiá-la de forma específica, para induzir os entrevistados a falar prevalentemente entre si. Fato, este último, que contradistingue a condução de um grupo focal.

na entrevista discursiva e que explica como algumas das pessoas não dispostas a discutir temas que nos interessam em uma conversação individual (leia-se em uma entrevista discursiva) possam se dispor a discuti-las em um grupo de iguais.

A isso se acrescenta uma outra característica, diria específica do grupo focal, que leva a aproximar essa técnica de pesquisa do **experimento de laboratório**[3]. Que fique bem claro, não pretendo sustentar que o grupo focal seja nada mais do que uma variante do experimento de laboratório. As diferenças que separam os dois modos de fazer pesquisa são tão grandes para qualificar como indevida qualquer comparação. A esse respeito basta pensar no processo de seleção dos participantes e nas finalidades cognitivas próprias dos dois *settings*. O experimento de laboratório – ao menos na sua versão canônica [Bruschi, 1999: 439-461; Corbetta, 2003: 69-122] – prevê a constituição de dois grupos, o grupo experimental, no qual os participantes (que aqui se tornam casos) são expostos ao "tratamento"; o grupo de controle que vai viver uma experiência totalmente equivalente à do grupo experimental, com exceção à exposição ao tratamento. Os casos são atribuídos a um ou outro grupo com um procedimento causal (randomização) e a finalidade cognitiva da comparação entre os dois grupos é o controle de uma hipótese causal. Dito isso, de qualquer forma é possível reconhecer no grupo focal a presença de uma dimensão experimental. Essa técnica permite, na verdade, que se tome nota do que ocorre dentro de um grupo quando é introduzido um específico estímulo, quando, por exemplo, os participantes são convidados a reagir a um posicionamento radical ou extremo, encenado pelo pesquisador no papel de "advogado do diabo" [Kitzinger, 2000: 26] ou transmitida por uma voz, por assim dizer, fora de campo, constituída por um excerto (real ou fictício) de entrevista, por uma narração (real ou fictícia) proposta aos presentes.

Tudo isso permite chegar a uma primeira definição sumária de grupo focal, uma técnica de pesquisa qualitativa concebida para gerar uma discussão focalizada dentro de um grupo sobre um tema proposto pelo grupo de pesquisa aos participantes. O grupo que discute é pequeno, constituído por seis a dez pessoas: às vezes um grupo constituído *ad hoc* pelo pesquisador, às vezes um grupo natural, cuja constituição precede o surgimento do objetivo cognitivo do pesquisador [p. 24]. O tema em discussão é proposto ao grupo por um moderador que se encarrega de facilitar/guiar a sua análise. A observação da interação entre os participantes é delegada a uma outra figura, igualmente crucial, precisamente a do observador. A discussão entre os participantes é gravada em áudio e, quando possível e conveniente, também em vídeo.

O grupo focal fornece, portanto, um conjunto variado de informações expressas no entrelaçamento dos discursos dos participantes e nas relações que,

---

3. Jean-Claude Kaufmann [2007 – trad. it., 2009: 63] reconhece uma característica da situação experimental também na entrevista discursiva.

ao lado e por meio desses discursos, tomam forma. Surgem assim as atitudes, as crenças, a orientação de valor sobre o tema em discussão próprios dos participantes, mas, além disso, surgem as razões – solicitadas pela discussão – adotadas para apoio das crenças, das atitudes, dos valores de cada um [Krueger, 1994: 3]. Surgem então os modelos argumentativos usados para apoiar as próprias razões, as escolhas narrativas, os *scripts*, adotados para ligar entre si os eventos narrados. Surge, como no caso da entrevista discursiva, o idioma próprio de cada participante, a coloratura emocional impressa ao próprio discurso, o posicionamento do locutor em relação às coisas que decide compartilhar com o grupo (cf. supra, cap. 4). A posição desses discursos dentro de um campo discursivo mais amplo do que o gerado com a entrevista faz com que, com o grupo focal, surjam mais nítidos os processos de negociação do sentido colocado nos discursos, os processos de identificação e de diferenciação, o surgimento de específicos "nós" e "vocês" ancorado ao modo da discussão [Morgan, 1997, passim; Frisina, 2010: 8]. Esses discursos – compartilhados e postos em confronto – são encenados através dos corpos das pessoas reciprocamente presentes, que com os gestos que acompanham as palavras pronunciadas completam o seu sentido (p. ex., piscando o olho) e, ainda, que com os gestos comentam – às vezes involuntariamente – as palavras escutadas (p. ex., expressando ou deixando transparecer desagrado, arregalando os olhos). Em alguns casos, penso particularmente no uso dos grupos focais para colocar à prova a usabilidade de um produto, a sua capacidade de responder adequadamente às exigências ergonômicas do seu uso [Rubin, 1994: 20ss.]; as pessoas que participam de um grupo focal não se limitam à produção de discursos e à inscrição das suas palavras na linguagem do corpo, mas agem, tocam, torcem os objetos submetidos a sua atenção, mostram com as suas condutas a facilidade de uso, ora de uma lavadora de roupas, ora de um telefone celular. A materialidade da interação concretiza-se, em alguns casos, na produção dos objetos: é o caso, por exemplo, do estudo sobre uma amostra de disléxicos adultos, efetuado por Lena Williams Carawan e Blace Nalavany [2010]. Em um grupo focal as autoras pediram aos participantes que retratassem a sua condição de disléxicos adultos criando cooperativamente uma colagem que a representasse.

O **estatuto epistêmico** desses discursos, a sua capacidade referencial, com poucos desvios, pode ser equiparado ao estatuto dos materiais obtidos com uma entrevista discursiva (valem, portanto, também para os discursos solicitados com um grupo focal, as observações desenvolvidas supra, cap. 4, par. 1). Especificamente vale o convite à cautela na passagem entre os discursos e a vida e/ou o contexto social a que nos referimos, mas também a garantia sobre a possibilidade de um uso dos materiais obtidos com um grupo focal que não se esgote na análise da interação irrepetível entre os participantes da discussão e entre estes últimos e o moderador.

Os temas que podem ser colocados em discussão dentro de um grupo específico são definidos com base em duas considerações: uma dialética e outra ética. Enquanto é mais do que razoável projetar um grupo focal para discutir quais sejam as medidas mais apropriadas para combater a elevação da temperatura do planeta e quais delas devam ser aplicadas; não há sentido algum em imaginar reunir ao redor de uma mesa um grupo de pessoas chamadas para discutir a forma da Terra: plana ou esférica. O tema de um grupo focal deve, portanto, poder suscitar uma discussão, ter um perfil minimamente problemático, ao qual a argumentação dos presentes possa, por assim dizer, agarrar-se. Dentro desse amplo conjunto de temas que têm em comum a relevância dialética, a identificação daqueles que podem se tornar objeto de um grupo focal é ditada exclusivamente pela consideração ética. Abordei o tema das restrições éticas que recaem sobre uma pesquisa social no capítulo dedicado ao desenho da pesquisa, onde coloquei lado a lado as duas molduras teóricas – a utilitarista e a de raiz kantiana – que as colocam em forma (cf. supra, cap. 2, par. 1.3). O problema que cada um dos dois modelos éticos considerados propõe-se a abordar diz respeito às implicações que, para cada participante, decorrem do envolvimento no estudo, em um caso se falará de custos mais ou menos suportáveis, em outro, de proteção da integridade do indivíduo. No contexto do grupo focal, os aspectos de maior relevância ética dizem respeito à carga emocional associada à participação na discussão em pauta e à proteção da privacidade dos participantes.

Para o primeiro aspecto é importante o tema e a composição do grupo. Possuem um perfil eticamente problemático os temas cuja discussão pública pode impor aos participantes a representação das partes de si mesmo que são consideradas menos edificantes e que devem ser ocultadas de qualquer forma, penso particularmente nas violências sofridas sem opor uma possível resistência ou às sofridas injustamente, à degradação do corpo induzida pela doença ou às pequenas ou grandes formas de desvios. Também a composição do grupo que – como direi infra – é bom liberalizar da forma mais ampla, pode aliviar específicos problemas éticos. Movendo-se a partir de uma questão que encoraje a utilização de grupos heterogêneos, com diferentes composições por idade, sexo, grau de escolaridade etc., é necessário analisar os custos emocionais impostos ao participante (ou aos participantes), que, no grupo constituído, resultarão, na realidade, diferentes (p. ex., alguém que possua um quociente de inteligência (QI) normal em um grupo de pessoas com deficiência). O uso do grupo focal no registro experimental que mencionei mais acima poderia encorajar esses exercícios de socialização entre pessoas diferentes, mas nesse aspecto a consideração dos custos emocionais impostos deveria ser um freio necessário.

A questão da **proteção da privacidade** assume um perfil realmente especial no grupo focal. Em um grupo focal a proteção da privacidade pode ser um forte compromisso para o moderador e o observador, mas muito menor para as pessoas chamadas para participar do estudo. Tudo isso pode ser um problema se o tema em discussão fizer parte daqueles que mais acima defini como eticamente problemáticos, frequentemente definidos "sensíveis". Nesses casos, o único caminho praticável – posto que o tema deva ser enfrentado de qualquer forma com um grupo focal – passa pela formação de grupos constituídos por sujeitos reciprocamente estranhos, dos quais se tratará de proteger com cuidado o seu anonimato (oferecendo a eles a possibilidade de assumir – já durante a discussão – um nome de fantasia) e que, com toda probabilidade, não terão como se encontrar novamente depois do encerramento do grupo focal. O problema não se apresenta se o tema não comporta uma forma qualquer de compromisso moral para os participantes, nem coloca em jogo a sua identidade. Um grupo focal entre cinéfilos sobre a saúde do chamado novo cinema italiano não exporia os participantes – posto que se apaixonem pelo tema – a graves problemas de proteção da privacidade.

A forma assumida pela discussão varia em razão de um conjunto de fatores que dizem respeito ao perfil do grupo e à modalidade de condução da discussão. Em relação ao primeiro aspecto, a composição do grupo, a literatura metodológica detém-se em dois aspectos: o grau de homogeneidade dos participantes e a natureza da relação social que une uns aos outros antes da realização do estudo. Isso que, em primeira instância, qualifica a **homogeneidade do grupo** diz respeito à experiência adquirida pelos participantes em torno do tema em discussão. Se o tema é a educação dos filhos, o que decreta a homogeneidade das pessoas chamadas para discutir sobre isso é ter filhos e se ocupar da sua educação de alguma forma. Isso significa que, na mesma mesa, empenhadas em discutir a educação dos filhos, possam se sentar pessoas diferentes por sexo, idade, título de estudo, posição social: uma das mães em risco de pobreza envolvidas no estudo de Antonella Meo (cf. infra) e a senhora da alta burguesia que encontrou espaço para o grupo focal entre uma partida de bridge e uma sessão de estética. O grupo é homogêneo em relação ao tema, mas não em relação ao perfil sociodemográfico dos participantes. Aqui, então, surge uma segunda dimensão de homogeneidade/heterogeneidade, que merece atenção. A questão é relevante no plano das chances de participação à discussão. Profundas diferenças na capacidade de verbalização podem eliminar a homogeneidade dos participantes ditada pelo compartilhamento de uma experiência comum e excluir – efetivamente – da discussão as pessoas menos preparadas. Quanto às relações entre os membros, o perfil do grupo varia sobre um *continuum* que tem em um extremo o **grupo artificial** constituído por pessoas reciprocamente estranhas; no outro, o **grupo natural** constituído por pessoas que antes do grupo focal tinham relações mais ou menos estreitas entre si.

Quanto à **condução do grupo**, as formas possíveis posicionam-se em um *continuum* que tem em um extremo o grupo focal autogerido; no outro, o grupo focal guiado com pulso firme pelo moderador. No primeiro caso, o do grupo focal autogerido, o moderador limita-se a introduzir o tema e a apresentar, por assim dizer, as regras do jogo (a todos deve ser dada a possibilidade de intervir, não existem opiniões certas ou erradas) e deixa que o grupo prossiga com autonomia na discussão. No outro extremo do *continuum*, o moderador guia o grupo seguindo um percurso discursivo pouco ou nada negociável na sequência dos estímulos propostos ao grupo e nos tempos concedidos ao seu exame. A figura 5.1 compõe, em um espaço de atributos, os fatores responsáveis pela configuração do grupo.

Figura 5.1 Tipos de grupo para a condução de um grupo focal

| | Homogeneidade em relação ao tema | | | |
| | Elevada | | Moderada | |
	Homogeneidade do perfil social	Heterogeneidade do perfil social	Homogeneidade do perfil social	Heterogeneidade do perfil social
Grupo artificial	Tipo 1	Tipo 2	Tipo 3	Tipo 4
Grupo natural	Tipo 5	Tipo 6		

O espaço de atributos ilustrado com a figura 5.1 é constituído reduzindo-se a duas modalidades extremas a gama dos *continua* subjacentes a cada uma das dimensões consideradas. O espaço originário, de potência oito (formado por oito tipos), foi reduzido eliminando-se as configurações com homogeneidade moderada em relação ao tema dos grupos naturais[4]. Virtualmente possíveis, as duas configurações individuam desenhos de pesquisa de dúbia utilidade, nos quais um grupo natural é convocado para discutir um tema sobre o qual nenhum dos componentes tem uma adequada experiência. Nós nos encontraríamos nessa situação, por exemplo, se decidíssemos convidar um grupo de puritanos para discutir a experiência do nudismo, ou um grupo de quantofrênicos para dissertar sobre as sutilezas da análise narratológica. Cada um dos seis tipos elementares de grupo poderá ser envolvido em uma discussão diferente para o tipo de condução. Aplicando, também nesse caso, a simplificação adotada para as propriedades do grupo, ou seja, a sua dicotomização, para cada um dos seis tipos podemos imaginar uma versão de grupo focal autogerida e uma guiada. Desse modo as formas possíveis de grupo focal transformam-se em doze[5].

---

4. A redução aplicada é definida na literatura como "redução funcional". Para uma ilustração compacta dos procedimentos lazarsfeldianos de redução de um espaço de atributos cf. Becker [1998 – trad. it., 2007: 222-299].

5. Às doze modalidades ilustradas no texto também é possível acrescentar as versões mais tecnológicas de grupo focal, o grupo focal on-line, ou pelo menos entre eles a versão mais semelhante à da discussão presencial, a dos grupos focais sincrônicos, nos quais os participantes reagem instantaneamente à discussão que toma forma no espaço virtual da internet. Sobre esse tipo de grupo focal cf. Frisina [2010: 145-148].

Dos **doze tipos de grupos focais** assim identificados, apenas um coincide de forma mais rigorosa ao modelo canônico, baseado na constituição de um grupo homogêneo de pessoas reciprocamente estranhas, empenhadas em uma discussão guiada por um moderador, este também estranho [Krueger, 1994; Morgan, 1997]. Esse modelo, sugerido pela literatura metodológica e privilegiado na prática de pesquisa, oferece indubitáveis vantagens. A homogeneidade dos participantes, principalmente a que decorre de uma experiência comum ao tema focal, facilita a discussão; assim como a recíproca estranheza favorece, ao mesmo tempo, a abertura (*self-disclosure*) dos participantes e protege de forma mais ampla a sua privacidade[6]. Além disso, a utilização da forma guiada e não autogerida do grupo focal torna mais ágil o confronto entre as discussões desenvolvidas em diversos grupos, chamados pelo moderador a se posicionar sobre os temas cruciais previstos pelo roteiro[7].

Dito isso, permito-me fazer minha, e talvez até radicalizar, a tese de David Morgan [1997: 72] que, parafraseando o *one best way* de Taylor, observa como não se tenha "apenas uma forma certa" para realizar um grupo focal. O exercício ilustrado mais acima levou à identificação de doze formas diferentes de realizar um grupo focal. Obviamente que o uso de outros critérios, ou dos mesmos moldados de forma diferente, conduziria a diversas partições das formas possíveis de grupos focais igualmente legítimas (nesse sentido defini as reflexões reportadas mais acima como um exercício). Em todo o caso, o que pretendo sustentar é que a adequação da configuração de um grupo focal só pode ser definida em razão da pergunta de pesquisa que inspira a sua utilização e das restrições práticas, ditadas pelo contexto em estudo, que estão na base da sua realização. O que ocorre, nessa perspectiva, é a plena consciência teórica e metodológica das peculiaridades do grupo com o qual se conduz a discussão, preparando-se consequentemente no planejamento do roteiro e na análise da documentação empírica obtida[8]. A configuração do grupo delimita o conjunto dos estímulos apropriados à solicitação da discussão entre os participantes. De forma análoga, a interpretação dos discursos e das interações encenadas em cada grupo focal deverá necessariamente levar em consideração as condições de produção dos

---

6. Richard Krueger [1994: 12-13] oferece um exemplo das oportunidades de abertura oferecidas pela recíproca estranheza referindo uma experiência, comum a todos nós, a da confidência recebida por um passageiro com o qual se compartilhou uma longa viagem de trem. Este, certo de que não nos encontrará nunca mais, confia a nós detalhes da sua vida, que nunca teria se disposto a compartilhar com outros.

7. Como será dito melhor mais adiante, em um estudo baseado em grupo focal são realizadas, normalmente, mais de uma discussão de grupo.

8. Esta é, também, a tese de Ivana Acocella [2008: 100]: "Concluindo, não existe um procedimento a aplicar de forma automática para formar um grupo de discussão; a escolha de quais propriedades levar em consideração na sua composição e em relação a quais dessas alcançar um certo grau de homogeneidade/heterogeneidade dependerá dos objetivos cognitivos da pesquisa".

materiais empíricos obtidos, adotando também aqui a chave de leitura já proposta em outros lugares deste texto, a que os historiadores rotulam como "**área de autenticidade**" (cf. supra, cap. 2). Jerzy Topolski [1973 – trad. it., 1975: 501] introduz essa noção a propósito dos procedimentos de crítica do documento e a define como a "soma daquelas perguntas (problemas) que aquela fonte de dados é capaz de responder de forma verdadeira". De forma análoga, em razão da composição dos grupos focais conduzidos, para cada um será necessário individuar o conjunto das perguntas a que os materiais empíricos obtidos podem oferecer uma resposta eloquente.

Em alguns casos, a configuração menos encorajada, a do grupo natural, resulta a mais indicada, visto que são justamente os discursos enraizados em um grupo natural ou em um contexto de vida que constituem o centro do nosso interesse. O estudo de Katherine Frohlich, Louise Potvin, Patrick Chabot e Ellen Corin sobre a iniciação ao tabagismo de pré-adolescentes (já referido supra, cap. 3, par. 3.3) oferece um exemplo eficaz nesse sentido [Frohlich et al., 2002]. Depois de ter observado a prevalência do tabagismo entre pré-adolescentes em 32 territórios do Quebec e ter obtido informações pertinentes sobre as restrições e sobre os recursos "estruturais" que ora impedem, ora autorizam o hábito do fumo dessa população – a presença de revendas de cigarros, aquela de locais públicos nos quais não é permitido fumar, a presença de sujeitos que controlam o respeito às regras que regulam a venda de cigarros a adolescentes e o fumo nos locais públicos –, as autoras dirigem a atenção para oito territórios nos quais conduzem outros tantos grupos focais. Em cada um dos territórios os participantes são recrutados com a mediação dos professores da escola do bairro, chegando com isso a grupos de rapazes e moças que – com toda probabilidade – já se conheciam e se frequentavam antes do grupo focal [p. 1.405]. A presença de relações de amizade entre os participantes é, ainda, explicitamente tematizada pelas autoras, que a identificam como um específico fator de heterogeneidade dos grupos sobre os quais o estudo foi realizado [p. 1.406]. No estudo de Frohlich, Potvin, Chabot e Corin, o conhecimento recíproco dos participantes torna-se um recurso, não uma limitação, oferecendo às pesquisadoras a possibilidade de acessar os discursos que, talvez menos "domesticados", tomavam forma no contexto de vida dos participantes. Estes últimos, protegidos pelo apoio recíproco, puderam enfrentar com maior serenidade um tema – o hábito de fumar – difícil de discutir diante de um interlocutor adulto [Kitzinger, 2000: 22][9]. O conhecimento do "contexto etnográfico" [Cicourel, 1974], dos códigos linguísticos das práticas sociais difundidas nos territórios em que os grupos focais foram ancorados, foi o que permitiu às autoras enfrentar as dificuldades comumente associadas à realização de um grupo focal com um grupo natural: a referência a experiências compartilhadas não plenamente explicitadas no dis-

---

9. O estudo de Frohlich, Potvin, Chabot e Corin pode ser relacionado ao tipo 5 da figura 5.1.

curso, o uso de gírias, a utilização de expressões indiciais. Essa é uma primeira acepção do que mais acima defini como a necessidade de enfrentar a condução de um grupo focal devidamente preparado.

O requisito canônico da estranheza recíproca entre os participantes pode – com boas razões – ser violado quando o grupo focal é utilizado como instrumento de *backtalk* no final de uma pesquisa etnográfica ou de uma pesquisa-ação[10]. Nesse caso o grupo focal é utilizado com o propósito de fornecer os principais resultados do nosso trabalho às pessoas envolvidas no estudo [Melucci, 1984: 37 e 41] e, ao mesmo tempo, com o objetivo de receber delas uma opinião, uma avaliação útil para aumentar a sua adequação[11].

Dito isso, a violação do requisito da estranheza recíproca pode de qualquer forma gerar dificuldades relacionais das quais é conveniente estar consciente para poder decidir, com boas razões, se é conveniente enfrentá-las ou não. A presença, no grupo, de pessoas ligadas por relações de domínio e subordinação pode prejudicar a fluidez da discussão, principalmente se o tema recair sobre o território no qual aquele poder é exercitado [Krueger, 1994: 87]. Quando se conduz um grupo focal em uma empresa sobre a organização do trabalho e, particularmente, sobre a eficiência dos procedimentos projetados pelos vértices da empresa e na mesma mesa sentam-se controladores e controlados, é necessário levar em conta um certo engessamento, por assim dizer, da discussão. Até a presença, dentro do grupo, de contraposições enraizadas no passado – mais ou menos remoto – dos participantes pode criar problemas que podem levar a discussão para o terreno do embate pessoal. Na ausência de fortes razões para fazer de outra maneira, essa forma de estranheza deveria ser evitada.

O uso do grupo focal em uma acepção que – com todas as mediações do caso – podemos definir experimental (cf. supra) pode justificar a utilização de grupos heterogêneos, quer em razão do tema em discussão, quer em razão do perfil social. Poder-se-ia se imaginar, por exemplo, realizar um estudo sobre a experiência do "multiculturalismo cotidiano" chamando para discutir a esse respeito pessoas que vivem em bairros que permitem (ou condenam, conforme o ponto de vista) essa experiência em diversos graus: desde a pessoa que vive em um bairro definitivamente multiétnico, como Porta Palazzo em Turim, até a que mora em um bairro onde vivem somente turineses de longa data. Impulsionando a vocação experimental ainda mais além, poder-se-ia se imaginar grupos

---

10. A expressão *backtalk* [Lanzara, 1988] designa o conjunto das observações e dos comentários elaborados pelos participantes em mérito à relação observativa ou às interpretações do contexto social em estudo, elaboradas pelo observador (cf. supra, cap. 3).

11. Um exemplo de uso do grupo focal como instrumento de *backtalk* é constituído pelo estudo de Frisina [2006], realizado com um subconjunto de pessoas envolvidas na realização de uma pesquisa sobre os jovens muçulmanos.

compostos de pessoas de diferentes estratos sociais. O limite desses exercícios é ditado, além da coerência com a pergunta que inspira o estudo, por inevitáveis considerações éticas que levem em conta os custos emocionais impostos pela exposição dos participantes a formas de socialização não desejadas (cf. supra). Nesses casos é conveniente projetar um momento específico de *debriefing* no fim do grupo focal, durante o qual é oferecida aos participantes – individual ou coletivamente – a oportunidade de considerar a experiência suscitada pela participação no estudo, dispondo-a na moldura emocional apropriada, criando *ad hoc* um contexto relacional capaz de conter e diminuir as tensões acumuladas [Barbour, 2007: 82].

Até aqui o grupo focal foi examinado com o objetivo de delinear, em um registro crítico, o seu alcance e os seus limites. No que se segue desviaremos a atenção para os aspectos práticos do seu uso, para as decisões a que é chamado quem pretende utilizá-lo e, com esse objetivo, utilizarei o esquema analítico já usado para as outras técnicas de pesquisa descritas neste volume, que subdivide o processo de pesquisa em quatro fases: o desenho da pesquisa, a construção da documentação empírica, a análise e a comunicação dos resultados. A fase do desenho da pesquisa foi amplamente examinada no capítulo 2, no qual as duas acepções dessa atividade, a prefiguração e a reconstrução, foram descritas em um registro geral, totalmente aplicável a uma pesquisa baseada no uso de grupo focal. Aqui – novamente – vou me limitar a considerar apenas os aspectos do desenho da pesquisa específicos do grupo focal: i) o planejamento das discussões, realizado por meio da escolha do tipo de grupo focal e da elaboração do roteiro; ii) a conclusão da argumentação proléptica (cf. supra, cap. 2) em defesa da eloquência da amostra, elaborada na fase de reconstrução do desenho da pesquisa. Tudo isso é explicado nos parágrafos que se seguem.

Para poder prosseguir na direção prefigurada mais acima, no entanto, é indispensável poder responder "sim" à mais crucial das perguntas: "Para elaborar uma resposta às questões a partir das quais se move o meu estudo, o grupo focal constitui o instrumento mais apropriado?" [Krueger, 1994: 43-45]. A necessidade desse parêntese é ditada pela constatação de um uso frequente e impróprio desse instrumento [Barbour, 2007: 133], pensado, ora como uma alternativa econômica à pesquisa por amostragem, ora como um substituto compacto de procedimentos como a entrevista discursiva, a observação participante ou a gravação de conversações cotidianas. As peculiaridades dessa técnica de pesquisa, ilustradas mais acima, levam a individuar mais a complementaridade que a fungibilidade do grupo focal em relação às técnicas a que é impropriamente substituído. No que se segue, portanto, pressuponho que a resposta "sim" à pergunta reportada mais acima possa ser pronunciada sem incertezas.

1 O planejamento

1.1 A escolha do tipo de grupo focal

A realização de uma pesquisa baseada no uso de grupo focal requer um planejamento detalhado que tem o próprio centro na identificação da (ou das) *configuração(ões) dos grupos* e na definição da *forma de condução* da discussão mais apropriada à produção de uma resposta eloquente às perguntas a partir das quais se move o estudo.

Comecemos pela **configuração dos grupos**. Para dispor de uma resposta adequadamente enraizada na documentação empírica, cujo alcance possa ser legitimamente estendido a contextos de interação análogos aos examinados (cf. supra, cap. 2, par. 1.2), normalmente é necessário projetar a realização de uma série de grupos focais. A extensão dessa série depende do "potencial comparativo" [p. 53] que se considera necessário obter, da forma assumida pela "argumentação proléptica" [Walton, 2009] com a qual nos propomos a defender a legitimidade da extensão dos resultados esperados[12]. Trata-se, praticamente, de individuar, em razão da pergunta de pesquisa e das restrições éticas e de acessibilidade à população em estudo, se é mais conveniente um grupo natural ou um grupo artificial ou se é conveniente um desenho que preveja o envolvimento de ambos os tipos de grupo. Ao mesmo tempo, será necessário estabelecer, grupo por grupo, o grau de homogeneidade apropriada (com relação ao tema e ao perfil sociodemográfico) e a forma de condução mais conveniente. É imediatamente evidente como os percursos possíveis sejam mais de um, embora a sua numerosidade seja frequentemente reduzida por rigorosas restrições materiais: aquelas ditadas pelas características do contexto social a partir do qual buscar os participantes e os grupos e aquelas mais banais devidas às restrições de tempo e de recursos econômicos dentro do qual conduzir o estudo. A densidade das relações sociais própria do contexto em que pretendemos buscar as pessoas que envolveremos no estudo define os nossos graus de liberdade sobre a escolha do grau de estranheza dos partici-

---

12. Esses temas têm um tratamento mais amplo no capítulo 2 deste volume, do qual, a seguir, reporto "em pílulas" os conteúdos mais relevantes. Na argumentação proléptica a sequência de movimentos dialéticos que constituem uma discussão crítica é apresentada por apenas um interlocutor (o proponente) que – com diferentes graus de eficácia – considera as objeções aos próprios argumentos e se prepara para contestá-los com específicas contra-argumentações. Nesse caso a argumentação proléptica é usada para defender a eloquência da amostra, através da consideração de um conjunto relevante de possíveis objeções à legitimidade da extensão dos resultados esperados. As objeções consideradas nesse exercício dialético-argumentativo identificam a "área de autenticidade" dos materiais empíricos obtidos, ou seja, o conjunto das perguntas que podem fornecer uma resposta plausível e os limites dentro dos quais o alcance dessas respostas pode ser legitimamente estendido.

pantes. Tempo e recursos delimitam o número de grupos com os quais contar para a aquisição do material empírico.

No planejamento, um outro aspecto que merece que se dirija a atenção diz respeito ao gerenciamento de específicas **subpopulações relevantes**. Imaginando uma réplica no nosso país do estudo de Frohlich, Potvin, Chabot e Corin sobre a iniciação ao tabagismo em pré-adolescentes, poderíamos nos perguntar sobre a conveniência de separar, nas discussões programadas, os rapazes das moças, ou também as crianças das escolas de ensino fundamental dos jovens que frequentam os primeiros anos do ensino médio. A escolha, em ambos os casos, deveria se apoiar em boas razões ditadas por considerações teóricas relativas ao fenômeno em estudo (a iniciação ao tabagismo) ou ao desenvolvimento cognitivo ou às dinâmicas relacionais das diversas subpopulações. Geralmente a separação dos participantes com base em algum critério move-se a partir da convicção justificada de que a característica que organiza a distinção (no nosso exemplo o sexo ou a idade) possa influenciar a comunicação dentro do grupo. Admitir-se-á, por exemplo, que ao discutir a própria relação com o cigarro os rapazes possam se comportar de forma profundamente diferente conforme estejam ou não presentes moças no grupo. Essa diferença (e obviamente todas aquelas análogas) pode ser lida de duas formas. A primeira adota a chave do *bias*, do fator de perturbação, e identifica a realização de grupos focais separados como condição necessária para poder ter acesso às versões mais autênticas dos discursos, respectivamente, masculinos e femininos sobre o fumo. A segunda, epistemologicamente menos empenhativa e, do meu ponto de vista, mais compartilhável, considera essa diferença como relevante e se prepara para analisá-la de forma conveniente. Nesse caso o planejamento do estudo irá prever, seja a realização de discussões, por assim dizer, separadas por sexo ou por idade (p. ex., grupos focais somente masculinos, acompanhados de grupos focais somente femininos), seja a realização de discussões com grupos mistos[13]. As diferenças nos discursos ou nas formas de interação, quando reveladas, passarão a ser, nesse caso, o objeto de uma análise específica.

Igualmente importante é a escolha entre o envolvimento dos participantes em apenas uma discussão ou em mais **discussões repetidas** dentro do mesmo grupo. A utilização desta última solução, mais penosa do ponto de vista organizacional, pode ser ditada por duas razões diversas. A primeira, a mais evidente, tem a ver com a exigência de descrever com exatidão, utilizando o desenho de pesquisa mais apropriado[14], a evolução no tempo das atitudes, das repre-

---

13. Trata-se do que Morgan [1997: 67] define *mix-and-match design* (cf. glossário).

14. O mesmo objetivo pode ser perseguido utilizando grupos focais repetidos no tempo, mas sobre grupos diferentes e por isso mais facilmente recrutáveis. A distinção reproduz aquela proposta por Corbetta para a pesquisa por amostragem, onde os resultados de um estudo genuinamente longitudinal (com observações repetidas sobre a mesma amostra) podem ser aproximados utili-

sentações, dos valores ou – mais genericamente – dos discursos desenvolvidos dentro do grupo. O uso desse desenho, para esses objetivos, pode resultar particularmente útil na pesquisa avaliativa, quando, por exemplo, nos propomos a monitorar no tempo a eficácia de uma intervenção social, por exemplo, um programa de combate à iniciação ao tabagismo em pré-adolescentes, interpelando – uma vez a cada dois meses, por um ano – uma pequena amostra de testemunhas privilegiadas (p. ex., professores, educadores de rua, pediatras) sobre a sua eficácia[15]. A segunda razão que pode motivar a utilização de **grupos focais repetidos** aproveita o tempo não para evidenciar a evolução de atitudes, representações, discursos, mas para criar entre os participantes um nível de familiaridade e, com isso, de recíproca confiança, úteis para o aprofundamento dos temas em discussão. Faz parte dessa categoria o estudo de Antonella Meo sobre as representações da vulnerabilidade próprias de uma figura crucial nos processos de transição à pobreza, as mulheres, ao mesmo tempo esposas e mães, desempregadas e parte de famílias com uma única fonte de renda. Meo [2003] realiza o seu estudo em Turim, em *Barriera di Milano*, um dos bairros mais marcados pelos processos de abandono industrial e de erosão social; envolvendo dez mulheres em cinco encontros de discussão com periodicidade semanal, portanto, cinco grupos focais repetidos. O tema e a extensão do intervalo de tempo dentro do qual o estudo é realizado excluem a possibilidade de ler os resultados em chave longitudinal, ou seja, como ilustração da evolução das representações da vulnerabilidade. A utilização desse desenho de estudo serve para construir a familiaridade necessária para "superar as resistências pessoais" e para permitir o recíproco reconhecimento das participantes como "esposas e mães que têm experiência de como se administra e se organiza uma família com uma única fonte de renda" [p. 144]. A utilização de grupos focais repetidos, não diferentemente da utilização de entrevistas discursivas repetidas, gera uma relação peculiar entre os diversos protagonistas do encontro, um tipo especial de familiaridade na estranheza, que nas situações mais afortunadas apresenta as vantagens tanto de uma quanto de outra.

Identificada a configuração do grupo (ou a sequência de configurações) ideal, avaliada a conveniência de separar específicas subpopulações e de repetir a discussão mais vezes, restam definir (defendendo a sua adequação) o **número dos participantes** para envolver em cada grupo e o número total de grupos. Este último aspecto decorre diretamente da qualificação do "potencial comparativo" [Barbour, 2007: 53] de que se considera necessário dispor para conferir solidez e extensibilidade aos resultados do próprio estudo (sobre tudo isso já se

---

zando estudos transversais repetidos (com observações repetidas, mas sobre amostras diferentes). Para um aprofundamento do tema, cf. Corbetta [2003: 193-196].

15. Para uma abordagem da avaliação que pode ser inscrita facilmente no quadro da pesquisa qualitativa, cf. Pawson e Tilley [1997]. Em português pode-se consultar Guba e Lincoln [2011].

discutiu amplamente supra, cap. 2, par. 1.2, para o qual se remete). De qualquer forma, resta oportuna uma reflexão sobre o número de participantes para incluir em cada grupo, consideração ditada mais pelas escolhas que dizem respeito à condução do grupo do que pelas exigências de extensão dos resultados. Em geral, o número de participantes para incluir em cada grupo deve ser grande o suficiente para permitir a presença de uma gama suficientemente ampla de opiniões para colocar em confronto e, ao mesmo tempo, suficientemente pequeno para permitir a cada um dos presentes expressar a própria opinião [Krueger, 1994: 17]. No plano das relações emocionais ou, de forma geral, das dinâmicas de grupo, os grupos de dimensões reduzidas apresentam uma maior vulnerabilidade [Morgan, 1997: 42]. Nesses casos a presença de uma pessoa que se comporta como especialista ou a de um sujeito pouco ou nada cooperativo pode prejudicar o desenvolvimento da discussão. Os grupos muito numerosos, ao contrário, tornam a condução da discussão decididamente árdua. Nesses casos pode acontecer que a discussão fragmente-se em dois ou mais grupos e que o moderador obrigue-se a uma condução tão rígida que comprometa a fluidez da discussão. A consideração conjunta de todos esses aspectos e, especialmente, a prática de pesquisa adquirida sugerem que o número de pessoas a recrutar para a realização de um grupo focal fique dentro do intervalo compreendido entre seis e dez [Krueger, 1994; Morgan, 1997].

1.2 As formas de condução

O segundo aspecto do desenho da pesquisa, específico dos estudos baseados no uso do grupo focal, diz respeito ao planejamento das discussões que passa pela escolha do tipo de condução e pela definição do roteiro.

A especificidade da pergunta que inspira o estudo oferece indicações úteis para decidir a forma de condução. Os grupos autogeridos tornam-se mais úteis quando as nossas perguntas não estão suficientemente definidas e com um ou mais grupos focais autogeridos pretende-se explorar o território sumariamente delimitado pelas nossas perguntas[16]. A partir da análise dos materiais fornecidos por esses primeiros grupos focais pode decorrer uma definição mais pontual das nossas perguntas e, a partir daí, a possibilidade de atribuir uma estrutura mais rigorosa às discussões de grupo, guiadas por um roteiro e por um moderador que se utiliza do mesmo para dirigir o confronto entre os participantes.

---

16. Pode-se admitir que, nesse caso, os tijolos, por assim dizer, de que se compõem as nossas perguntas, os conceitos neles referidos e colocados em relação, tenham, de acordo com Blumer, o estatuto de "conceito sensibilizante". Blumer define a noção de "conceito sensibilizante" em oposição à noção de "conceito definitivo", isso em virtude do caráter fechado, definidor da sequência de operações com as quais "medir" o estado dos casos sobre as propriedades evidenciadas pelo estudo. "Enquanto os conceitos definitivos indicam o que ver, os conceitos sensíveis sugerem apenas direções ao longo das quais olhar" [Blumer, 1969 – trad. it.: 2008, 185].

A escolha entre as duas modalidades de **organização da discussão, autogerida ou guiada**, não se configura, entretanto, como um *aut aut**. Se o desenho da pesquisa pedir, pode-se começar com discussões autogeridas para passar depois a discussões guiadas.

Sobre a organização da discussão um esclarecimento parece oportuno. Raramente a intervenção do moderador na discussão e o nível de diretividade que impõe a ela são estáveis durante um mesmo grupo focal. A diretividade, normalmente, será elevada nas primeiras fases da discussão, quando o moderador deverá comunicar aos participantes as "regras do jogo", quando deverá iniciar o processo de socialização ao papel requerido a eles durante a discussão (cf. supra, cap. 4, par. 4.2). A seguir, depois de ter apresentado ao grupo o tema sobre o qual deverá se confrontar, o moderador poderá assumir um papel mais discreto para retomar o controle da situação quando a partir de um tema deverá se mover em direção a um outro, ou em resposta a específicas dinâmicas de grupo que violam as "regras do jogo" (p. ex., com a monopolização da atenção por parte de um dos participantes) ou que conduzem a discussão em direção a temas que, pelas finalidades do estudo, tornam-se irrelevantes.

1.3 O roteiro

Boa parte dos movimentos comunicativos realizados pelo moderador extrai elementos do roteiro elaborado com vistas à condução do grupo focal, e é do planejamento do roteiro que se ocupará a parte final deste parágrafo. Do roteiro, entendido como instrumento projetado para guiar a interação discursiva entre o pesquisador e os participantes, e do modo no qual o pesquisador refere-se a ele na fase de construção da documentação empírica, já discutimos amplamente no parágrafo dedicado à entrevista discursiva (cf. supra, cap. 4, par. 2). Embora o roteiro para um grupo focal seja – necessariamente – diferente daquele que, para abordar o mesmo tema, deverá ser elaborado para a realização de uma entrevista discursiva, de qualquer forma é útil fazer referência ao roteiro pensado para uma entrevista guiada, desenvolvendo a reflexão, ora por semelhanças, ora por diferenças. Similar, certamente, é o uso do roteiro que, em ambos os contextos, é requerido ao pesquisador (entrevistador em um caso, moderador em outro). Diante dos próprios interlocutores, o pesquisador, tanto em um caso como no outro, solicitará a produção de discursos essencialmente de duas formas: apresentando-lhes as perguntas, as solicitações retiradas do roteiro e criando no momento, em razão da evolução da interação discursiva, as solicitações mais oportunas. Tanto em um caso como no outro – entrevista discursiva ou grupo focal – o roteiro não coincidirá com a lista das solicitações

---

* Cf. glossário.

a que o pesquisador deverá recorrer para dar forma à interação discursiva que promove, irá se tratar mais de um pró-memória a partir do qual recorrer de forma seletiva e não exclusiva para imprimir uma direção à conversação/discussão. Diferente, não posso deixar de dizer, é o peso relativo da improvisação nos dois contextos; e isso por duas razões. A primeira tem a ver com a complexidade do campo interativo no qual entrou o pesquisador, maior no caso do grupo focal. Fazer um grupo de seis, dez pessoas convergir para os temas a que o desenho da pesquisa atribui importância, a partir da reelaboração dos seus posicionamentos, do entrelaçamento dos seus discursos, está longe de ser fácil. A partir daqui há a necessidade – mais sentida em relação ao caso da entrevista discursiva – de um *canovaccio* relativamente estruturado ao qual o moderador possa consultar durante a condução do grupo. A segunda razão diz respeito à diferença dos estímulos a que comumente se recorre nos dois *settings*. Se, no caso da entrevista discursiva, as solicitações ao entrevistado são quase exclusivamente constituídas por perguntas breves, que às vezes se reduzem a murmúrios (humm, aahh) ou ao eco das palavras do entrevistado; no caso do grupo focal, as solicitações assumem frequentemente a forma de imagens, filmes, narrações mais ou menos elaboradas apresentadas em um projetor de imagens, até objetos para mostrar aos participantes para evocar as suas reflexões[17]. Pois bem, solicitações desse tipo não podem ser improvisadas no momento, e a sua utilização – cuja eficácia está comprovada – requer uma preparação preventiva da cena, requer a sua inclusão entre os elementos que compõem o roteiro.

Esta última observação abre caminho para a ilustração dos elementos que podem ser usados para elaborar o roteiro para um grupo focal e das suas relações. O principal ingrediente, por assim dizer, do roteiro para um grupo focal é constituído por perguntas pronunciadas, encenadas pelo moderador com modalidades que podem ser equiparadas – grosso modo – às usadas para a entrevista discursiva. Também nesse caso valem as exortações à brevidade, a recomendação para projetar perguntas às quais não se possa responder simplesmente com um "sim" ou com um "não" [Krueger, 1994: 58], e a preferência dada a perguntas que recaiam sobre o como e não sobre o porquê [Becker, 1998 – trad. it., 2007: 78-79; Krueger, 1994: 59]. As diferenças relevantes são duas. As **perguntas** devem normalmente ser **dirigidas a um sujeito plural**, *vocês*, às vezes *nós*, mas raramente *você* [Frisina, 2010: 45]. A referência a um sujeito plural faz com que todos os participantes indistintamente sejam chamados a responder ("Como vocês fazem para conseguir chegar ao fim do mês?") e contribui, ainda, para reforçar entre os participantes a representação de si como grupo. Em alguns casos pode ser útil (aliás, esta pode ser matéria de improvisação) incluir

---

17. Chui e Knight [1999], como recorda Kitzinger [2000: 26], fizeram circular um espéculo vaginal entre os participantes de um grupo de discussão sobre o teste de Papanicolau, com o objetivo de evocar a situação do teste clínico.

também o moderador no sujeito coletivo ao qual se dirige a pergunta ("Nos dias de hoje, como faz uma pessoa como nós, um trabalhador, para enfrentar a crise econômica que o nosso país está atravessando?"), isso para diminuir a distância social e emocional entre moderador e participantes, facilitando com isso a comunicação[18]. Trata-se de um dispositivo retórico que, no entanto, deve ser usado com cautela. Um uso impróprio pode ser ofensivo ou, no mínimo, ridículo. Um moderador que conduz um grupo com abotoaduras de ouro maciço nos punhos da camisa e empunha uma caneta de grife pode correr esse risco se se dirige aos seus interlocutores com a pergunta reportada mais acima: "Nos dias de hoje, como faz uma pessoa como nós, um trabalhador, a enfrentar a crise econômica que o nosso país está atravessando?" A segunda diferença, talvez óbvia, diz respeito à comunicação do corpo, especificamente, ao gerenciamento do contato visual, que no caso do grupo focal deverá – com discrição – ser buscado com todos os participantes.

As perguntas usadas em um grupo focal podem assumir, às vezes, também uma forma mais estruturada, a de **narrações breves**, de histórias, a partir das quais solicitar comentários, opiniões ou posteriores elaborações narrativas. Essa modalidade de desencadeamento das produções discursivas foi usada principalmente no contexto da pesquisa quantitativa. Alberto Marradi [2005] desenvolveu esse instrumento para a reconstrução dos valores sociais, elaborando um conjunto compacto de histórias para utilizar no contexto de entrevistas estruturadas. Trata-se de textos breves, nos quais é apresentada com riqueza de detalhes uma situação problemática, crítica, sobre a qual se pede ao entrevistado para tomar posição sobre as ações ou sobre as crenças dos protagonistas da narração ("Quem tem razão e por quê?"; "O que você diria/faria se estivesse no lugar deles?"). Essa modalidade de interlocução, baseada na utilização do que, na literatura internacional, é definido como *vinhetas* (encenação, ilustração) pode ser utilizada de forma útil também na pesquisa qualitativa e, especialmente, no grupo focal[19].

Utilizei esse instrumento em duas pesquisas baseadas no uso do grupo focal realizadas em Turim nos últimos anos. A primeira, realizada com Antonella Meo, Manuela Olagnero e com o apoio de Vincenzo Buttafuoco e Valeria Zaffalon do Grupo de Pesquisa Acli-Torino, é dedicada ao estudo das representações sociais da pobreza difundidas entre as pessoas que, pela profissão que desempenham ou pela vocação a que são chamadas, cotidianamente estão envolvidas com a pobreza dos outros, especificamente assistentes sociais e voluntários [Cardano et al., 2003]. Nesse estudo utilizamos o instrumento da narração para solicitar a construção cooperativa de histórias, de certa forma exemplares, de pessoas que ficaram pobres. Com esse objetivo utilizamos a história reportada a seguir.

---

18. A utilização do *nós* inclusivo é sugerido por Baldry [2005: 44], apud em Frisina [2010: 45].

19. Para uma descrição sobre o uso desse instrumento cf. Marradi [2005: 55-59].

Imaginemos que em uma tarde de sábado de cinco anos atrás se cruzaram na feira algumas famílias de [referência ao contexto de condução do grupo focal]; famílias, como se diz, "normais", com pai, mãe, com um ou dois filhos que estão na escola. Essas famílias não têm nada mais em comum além do fato de estarem ali naquele momento na feira. Cinco anos depois reencontramos essas famílias – algumas terão mudado –, mas não mais sorridentes: ficaram pobres. Vamos tentar reconstruir a história dessas famílias. Vamos dar a elas nomes fictícios, sei lá, Rossi, Bianchi, Verdi etcétera, e vamos começar a traçar o seu identikit: Quem são? De onde vêm? O que faziam? Procuremos então escrever a sua história, o que aconteceu, o que as levou – talvez por caminhos diferentes – à pobreza? [p. 28-29].

A partir da discussão solicitada por essa narração esperávamos obter elementos úteis para colocar em forma as representações sociais dos processos de empobrecimento e de individuar os modelos de "causalidade social" [*sensu* Moscovici, 1984 – trad. it., 1989: 72ss.] compartilhados pelos nossos interlocutores. Uma outra história é usada para convidar as pessoas que – numerosas – participaram dos cinco grupos focais organizados para uma avaliação do funcionamento do sistema de assistência local. A história utilizada para esse objetivo é reportada a seguir.

Agora vamos nos deter sobre o episódio de uma das nossas famílias no seu percurso dentro dos serviços sociais, por exemplo, a família Bianchi. Em um gabinete da prefeitura encontram-se duas assistentes sociais que estão discutindo justamente o caso da família Bianchi. O Senhor Bianchi está desempregado, a esposa é dona de casa e têm uma filha de nove anos. A família Bianchi recebe há seis meses um subsídio econômico e as duas assistentes sociais discutem entre si sobre o que fazer. "A seis meses de distância, a situação da família Bianchi não mudou, eu confirmaria o subsídio por mais seis meses, de forma a garantir a eles uma base econômica com uma certa continuidade para pagarem as despesas comuns da casa... Sem as nossas seiscentas mil liras não conseguirão..." "Não estou de acordo: eu penso que é melhor suspender o subsídio, o marido não demonstrou ter feito muito esforço para encontrar um trabalho; vamos mandá-lo fazer um curso de formação na região, assim finalmente deverá se mexer..." A conversação continua, mas nós paramos aqui. Como vocês acham que terminou a história? Que decisões tomaram as duas assistentes sociais? Que decisões vocês teriam tomado? [Cardano et al., 2003: 30].

Afeiçoado a esse instrumento, utilizei-o no estudo já referido em outros lugares deste volume, dedicado ao tema da conciliação entre trabalho e distúrbio psíquico [Cardano, 2005]. Nesse estudo foram realizados quatro grupos focais, dois com pacientes psiquiátricos, dois com familiares de pacientes. Decidimos –

eu e o grupo com o qual projetei e realizei o estudo[20] – examinar a representação do trabalho nas empresas sociais, particularmente nas cooperativas sociais de tipo B[21]. Com esse objetivo, construímos uma história, com uma estrutura que se ajusta totalmente àquela proposta por Marradi, na qual, virtualmente, três discursos diferentes sobre o trabalho na empresa social eram comparados. O texto da história e a apresentação que a introduzia aos participantes (neste caso um grupo de mulheres) é reproduzido a seguir.

> A primeira fase da nossa pesquisa previa a realização de cinquenta entrevistas a mulheres e homens acompanhados por um dos CSM da cidade de Turim. Durante essa primeira fase da pesquisa coletamos numerosos testemunhos sobre o tema do trabalho. Destes, três referem-se ao mesmo tipo de experiência, o trabalho em uma cooperativa social que se ocupa de serviços de limpeza. A cooperativa, que por questões de privacidade chamaremos *Lavoro Insieme*, faz limpeza nas empresas e nos edifícios públicos. As três pessoas, três mulheres, que nos contaram sobre a sua experiência, trabalham em pequenos grupos de sete, oito pessoas, dos quais fazem parte: pacientes psiquiátricos, ex-toxicodependentes, ex-detentos e um educador. Vamos ler, juntos, o que nos disseram.
>
> MARTA. Resumindo, estou muito bem... Estou com pessoas que têm os mesmos problemas que eu, que podem me entender... Certo, às vezes quando alguém dá uma de louco cabe a nós lhe dar uma mão, mas o educador também ajuda e conseguimos fazer todos os pavimentos... Somos como uma família, o trabalho é pesado, mas nos ajudamos umas às outras e o dia passa depressa...
>
> LUCIA. Sejamos sinceros: é um trabalho de M, desculpe a palavra... Varrer o chão não é certamente o melhor trabalho do mundo e, além disso, às vezes não suporto as outras pessoas que estão comigo, é um porto marítimo: tem de tudo, drogados, gente que esteve na prisão e depois tem aqueles como eu que tiveram algum problema... Vou lhe dizer a verdade: se eu pudesse iria embora daqui, eu gostaria de trabalhar em um lugar com pessoas normais, sem problemas e sem ter a educadora sempre atrás de mim, que parece a nossa mãe...

---

20. Trata-se de Danila Boero, Barbara Martini e Laura Negri.

21. Esse tipo de empresa caracteriza-se por uma forma peculiar de mutualidade, diferente daquela das antigas sociedades de ajuda mútua. Se nas formas tradicionais de cooperação o apoio é recíproco, a mutualidade nasce do compartilhamento de interesses e capacidades homogêneas; na cooperação social a mutualidade une sujeitos caracterizados por interesses, identidades e, especialmente, capacidades diferentes. O empenho à realização dessa forma especial de mutualidade, uma *mutualidade solidária*, em um registro empresarial, fornecendo serviços a um mercado sempre mais exigente e competitivo, exige que – em algumas situações – os mais capazes sejam chamados a dar uma contribuição de trabalho maior do que o fornecido por quem é menos hábil, e isso sem poder requerer uma compensação, uma retribuição proporcional. Isso significa que, no contexto de uma sociedade na qual a imagem hegemônica do trabalho recai mais sobre a competição, sobre a afirmação pessoal do que sobre a cooperação, o que é desenvolvido nas cooperativas sociais corre o risco de ser percebido não como um trabalho, mas como uma forma camuflada de assistência.

FRANCESCA. No fundo, no fundo é um trabalho como qualquer outro: como em todo lugar existem pessoas boas e más. Fazer limpeza não me desagrada, consigo trabalhar sem pensar em nada, é uma forma como qualquer outra para se manter. Talvez um dia eu mude de trabalho, mas agora estou bem onde estou, e não está dito que os outros lugares sejam melhores...

Os três testemunhos virtuais eram lidos pelo moderador e, ao mesmo tempo, projetados sobre uma parede do local no qual se realizava o grupo focal. Concluída a leitura, às participantes era pedido para reagir, por assim dizer, aos testemunhos "ouvidos", indicando as razões de acordo e desacordo com cada um deles.

À forma do dilema moral inspira-se a narração usada em 2005 por Ivana Marková, Per Linell, Michèle Grossen e Anne Salazar Orvig em um estudo sobre o tema do sigilo médico em relação ao HIV, reproduzido a seguir [apud Frisina, 2010: 63][22].

Uma criança de dois anos, Elodie, tornou-se soropositiva depois de uma transfusão de sangue. A menina está em tratamento e está bem. Para fazê-la estar em companhia de crianças da sua idade, os pais a levam todos os dias em uma creche que cuida de aproximadamente vinte crianças. O pediatra que trabalha nessa creche sabe que Elodie é soropositiva, mas os outros pais não sabem. O pediatra deveria informar os pais das outras crianças?

Além de perguntas, narrações, dilemas morais, também é possível acrescentar **estímulos icônicos ou audiovisuais**, como desenhos, histórias em quadrinhos, fotografias, vídeos breves, particularmente eficazes para iniciar (um pouco menos para dirigir) a discussão. Também nesse caso reporto um exemplo extraído do roteiro usado no estudo sobre a relação entre trabalho e distúrbio psíquico referido mais acima. Para solicitar as reflexões do grupo sobre as representações do distúrbio psíquico compartilhado, não por eles, mas pelos seus colegas de trabalho, usamos uma "ilustração temática" [Russo e Vasta, 1988] que representava um diálogo hipotético entre dois empregados que falam entre si sobre um colega acometido por um problema de saúde mental. Ao grupo era apresentada a ilustração reproduzida na figura 5.2 e se pedia para preencher, virtualmente, os dois balões com os discursos que consideravam mais prováveis: "O que o colega está dizendo? O que o outro responde?"

---

22. O volume de Frisina [2010: 58-66] reporta outros exemplos de estímulos narrativos de particular eficácia.

Figura 5.2: Ilustração temática sobre as representações do distúrbio psíquico nos locais de trabalho

Vai no mesmo sentido o uso de fotografias como estímulo à discussão de grupo. Na pesquisa social, o uso da fotografia como instrumento para a solicitação de narrações deve-se a John e Malcolm Collier, que propuseram o seu uso no âmbito da entrevista individual [Collier e Collier, 1967]. Essa técnica, conhecida também como fotoestímulo, pode ser usada utilmente no grupo focal, onde a utilização de imagens fixas (fotografia) ou em movimento (vídeos breves) pode ser útil para iniciar a discussão [Frisina, 2010: 40-42].

Mais acima, em vários lugares, propus uma leitura do grupo focal como a de um contexto de construção da documentação empírica que apresenta algumas das características do **experimento de laboratório**. Em um grupo focal é possível provocar o grupo com "estímulos" específicos e dispor-se a tomar nota de como ele responde a isso. Essa vocação encontra – no meu modo de ver – a mais completa realização com a introdução de argumentos, opiniões, pontos de vista, se não extremos, ao menos não convencionais na discussão. Esse objetivo pode ser perseguido inserindo no roteiro outras vozes que entram na discussão por meio de excertos de entrevista, autênticos ou artificiais, ou por meio de reproduções narrativas de discussões que reportam argumentos, posições extremas. Além desses instrumentos incorporados no roteiro, é também possível adaptar a nossa discussão à lógica do experimento adotando a estratégia que Jenny Kitzinger [2000: 26] rotula como adoção, por parte do moderador, do papel de "advogado do diabo". Nesse caso o moderador, com base nas opiniões expressas pelo grupo, constrói no momento uma série de provocações argumentativas para observar as reações do grupo. A curvatura experimental do grupo focal pode ser ainda mais tensionada – aqui nos movemos nos limites do eticamente admissível – inserindo no grupo um colaborador próprio que, de propósito, sustentará uma tese predefinida para provocar as reações do grupo. Desse modo o grupo focal toma a forma do típico experimento de laboratório com tantos "sujeitos ingênuos" quantos são os participantes da discussão (obviamente sem o falso participante). Assim como nos experimentos de laboratório, neste caso um "*debriefing*", no qual se revela aos sujeitos ingênuos o engano perpetrado em relação a eles, torna-se necessário.

A disposição das diversas solicitações em uma sequência é ditada, em última análise, pelas questões a partir das quais se move a pesquisa e pela configuração do grupo chamado à discussão. Comum é a partição da discussão em três momentos-chave: a introdução do grupo e do tema, a sua análise e o fechamento das discussões[23].

A introdução do tema de um grupo focal tem muitos pontos em comum com o análogo no contexto da entrevista discursiva, entre os quais o fato que essa **introdução** tem início antes que todos os participantes tomem lugar em torno de uma mesa, prontos à discussão. O tema, na verdade, é apresentado a eles – embora de forma sumária – nas fases de contato e seleção dos participantes. A tudo isso se acrescenta um elemento específico do grupo focal, indispensável à constituição do grupo: a **autoapresentação dos participantes** e a ênfase, por parte do moderador, da competência deles para contribuir com a discussão. Faz parte, ainda, da fase introdutiva (de fato constituída por poucas perguntas) a apresentação das "regras do jogo" que dão início ao processo de socialização ao papel de participante do grupo focal. Nos grupos focais sobre a conciliação entre trabalho e distúrbio psíquico, realizados em dezembro de 2003, usei o *canovaccio* reproduzido a seguir para apresentar o tema, qualificar o grupo e ilustrar as regras de interação.

---

23. Krueger [1994: 54-55] propõe uma desarticulação mais fina da discussão em cinco blocos fundamentais de perguntas: de autoapresentação dos participantes (*opening questions*), de introdução ao tema (*introductory questions*), de transição a uma análise do tema (*transiction questions*), a que seguem as perguntas-chave (*key questions*) e as que conduzem ao fechamento da discussão (*ending questions*).

Saudações

Bem-vindos e obrigado por terem aceitado o nosso convite...

O que faremos juntos

Discutiremos, ou melhor, vocês discutirão entre vocês o tema do trabalho e do distúrbio psíquico.

Diferente do que aconteceu durante as entrevistas das quais vocês participaram, desta vez vocês não deverão responder às minhas perguntas, mas deverão falar principalmente entre vocês...

O grupo

No grupo existem pessoas com emprego fixo, pessoas com emprego temporário, pessoas atualmente desempregadas, mas que, no passado, tiveram experiências de trabalho... Todos os presentes têm, de qualquer forma, algo a dizer sobre o trabalho, e nesta discussão procuraremos fazer isso vir à tona...

A organização

A discussão durará uma hora e meia ou um pouco mais. A nossa conversação será gravada porque é difícil contar apenas com a memória e, especialmente, porque nos interessa poder considerar atentamente todas as opiniões expressas. A minha tarefa é facilitar o confronto das opiniões, a discussão do grupo e, para esse propósito, devemos nos dar algumas regras:

- para tornar a conversação mais fluida proponho que entre nós nos dirijamos usando o primeiro nome... eu serei Mário;
- no relato desta conversa não comparecerá nenhuma referência pessoal, a nossa conversação é, portanto, confidencial;
- é importante que todos aqueles que intervenham falem em voz alta;
- é necessário falar um de cada vez para nos permitir gravar bem todas as intervenções;
- não queremos colocar todos de acordo, portanto, são bem-vindas as avaliações, os comentários, sejam positivos, sejam negativos.

Também faz parte da introdução o convite, formulado pelo moderador, a uma breve autoapresentação dos participantes. É dessa forma que os participantes tomam a palavra pela primeira vez; portanto, é necessário prosseguir nessa fundamental preliminar com algumas cautelas. É necessário, primeiramente, evitar um conflito entre as garantias de confidencialidade apresentadas durante os contatos que precedem o grupo focal e na sua apresentação diante dos participantes que há pouco tempo tomaram assento à mesa. Devem também ser evitadas solicitações que podem lembrar o "diga os seus dados pessoais" das caricaturas que retratam os interrogatórios policiais. Ou seja, não se deverá pedir aos participantes para que se apresentem indicando nome, sobrenome, idade e profissão. Além disso, é importante que a autoapresentação – útil principalmente para quebrar o gelo – não se prolongue mais do que o necessário, desencadeando uma sucessão de monólogos narcisistas. Pode ser útil para esse fim oferecer uma espécie de modelo que pode ser feito pelo moderador e pelo observador com a própria autoapresentação [Frisina, 2010: 47]. Além de fornecer um modelo, a apresentação do moderador e do assistente contribui à geração de um clima de informalidade, fundamental para a condução do grupo focal [p. 89]. Nesse sentido, a introdução do grupo focal sobre a conciliação entre trabalho e distúrbio psíquico poderia prosseguir assim:

> Bem, comecemos com as apresentações. Eu sou Mário – mas isso eu já disse a vocês –, tenho 45 anos e a minha relação com o trabalho teve momentos sim e momentos não. Agora trabalho na Universidade de Turim, assim como Laura, que está sentada lá atrás e que tem apenas 30 anos de idade – sorte dela – e vai me ajudar na condução desta discussão, tomando nota daquilo que temo que possa me fugir...

A apresentação pode prosseguir com a introdução bem-humorada dos aparelhos de gravação de áudio ou vídeo: "vai me ajudar também a Sra. Câmera, pendurada lá em cima..." ou "por sorte poderei contar com a ajuda do Sr. Gravador, que acomodei no centro da mesa..." [p. 47]. Obviamente que o tom emocional, a utilização do humor, devem ser calibrados de acordo com o tema e com o perfil dos participantes. Para deixar claro: em um grupo focal sobre as decisões de fim de vida, conduzido com os familiares de pacientes terminais, uma maior seriedade é obrigatória. Apresentados os participantes e, com isso, iniciado o processo de constituição do grupo, pode-se prosseguir na discussão dos temas programados. A escolha da forma de começar é – novamente – ditada pelo tema da pesquisa e pelo perfil dos participantes. Pode-se começar com uma narração, com uma imagem ou um breve filme que introduzem o tema ou fazer circular entre os participantes um objeto ligado explicitamente ao tema em discussão. Qualquer que seja a solução adotada, é bom começar com solicitações não muito empenhativas, tanto no plano cognitivo quanto no plano emocional. As primeiras frases de uma discussão de grupo, não diferentemente daquelas que estruturam uma entrevista discursiva, desempenham uma importante função de socialização ao papel de participante. Por isso é importante comunicar aos participantes – com o tipo de solicitação usada – que são competentes, que a discussão não será desagradável e, especialmente, que o que se pede é que discutam entre si. Por isso, é fundamental que as primeiras perguntas, além das que se seguirão, sejam formuladas de forma tal que suscite a discussão do grupo e não uma série de pequenos monólogos nos quais cada um fala de si, sem oferecer aos outros o espaço para um comentário, para a expressão de um parecer diferente, de um "no meu caso, ao contrário..."

Em geral as solicitações introduzidas em um grupo focal não podem ser numerosas, visto que se quer que a maior parte dos presentes reaja e discuta sobre elas no grupo, e que tudo se conclua no espaço de uma hora e meia ou, no máximo, duas horas. Assim como para a entrevista discursiva (cf. supra, cap. 4, par. 2), é conveniente pensar em cinco, seis solicitações-chave e outros dois ou três percursos de discussão acessórios, aos quais recorrer se o tempo ou andamento da discussão permitirem. Com exceção do primeiro tema, que introduz de forma leve as questões cruciais – Krueger [1994: 54] o define pergunta de transição (*transition question*) –, os outros deverão ser propostos ao grupo em razão da sua pertinência com o que surge da discussão. Isso, a menos que se tenham boas razões – teóricas e/ou metodológicas – para construir uma específica sequência, por assim dizer, dramática, que conduza, através de passagens predefinidas ao tema-chave, à questão crucial. Às solicitações do programa acrescentam-se – como para a entrevista discursiva – as criadas no momento pelo moderador, que deve, entretanto, manter um pouco mais controlada a própria criatividade em consideração aos limites de tempo indicados aos participantes.

A terceira seção do roteiro, definitivamente mais ágil, ocupa-se da despedida do grupo. Richard Krueger sugere três formas para sair de cena com elegância e classe. A primeira é constituída por uma pergunta com a qual se convida os participantes a dizer a sua última palavra sobre o tema discutido (*all thing considered question*). Krueger apresenta dois exemplos eficazes desse tipo de pergunta: "Imaginem que vocês têm um minuto à disposição para falar com o governador [poderíamos dizer o prefeito, o presidente da República ou outro] dos temas que discutimos. O que vocês lhe diriam?", ou "De todas as exigências/necessidades que discutimos, quais são as mais importantes para cada um de vocês?" [p. 55].

O segundo caminho é o da recapitulação, aos cuidados do moderador, das principais aquisições fornecidas pela discussão (*summary question*). Os perigos a que expõe a recapitulação já foram indicados no capítulo dedicado à entrevista discursiva (cf. supra, cap. 4, par. 4.2). Trata-se, portanto, de um instrumento para ser usado com cautela, apresentando as próprias conclusões de forma hesitante ("se não entendi mal…", "no meu entendimento"), apresentando o espectro completo das opiniões expressas, mesmo quando elas resultem em conflito entre si, evitando ao máximo a linguagem da disciplina científica de referência (sociologia, psicologia, ciência política etc.). O terceiro caminho (*final question*), menos problemático, repropõe aos participantes os objetivos da discussão para então perguntar a eles: "Esquecemos alguma coisa de importante?", oferecendo ao grupo uns dez minutos de tempo (muitos dos presentes estarão cansados e vão querer ir embora) para abordar as questões residuais.

O planejamento do roteiro conclui-se com o seu teste em um **grupo focal piloto** [p. 68]. O teste (ou os testes) poderá ser realizado reproduzindo-se de forma mais ou menos realista as condições de uso do roteiro e a condução da discussão. Prosseguir-se-á então ao teste com uma amostra de conveniência, ou seja, constituída pelas pessoas que mais facilmente encontramos ou, para um teste mais rigoroso, prosseguir-se-á envolvendo um grupo cujo perfil corresponde àquele para o qual o roteiro foi projetado[24]. Quanto mais realista for a simulação das futuras entrevistas, mais eloquentes serão os resultados que dela poderemos obter. Ao estudo piloto é delegada a tarefa de controlar a capacidade das solicitações, introduzidas no roteiro, de dirigir a discussão na direção esperada, colocando com isso à prova – no campo – a capacidade do grupo de pesquisa de se fundir com a população em estudo, de prever com maior ou menor precisão como interpretará as solicitações propostas. Uma medida desse tipo permite evitar o inconveniente do qual explica Rosaline Barbour [2008: 88ss.] a propósito de um estudo dedicado aos "desafios da genitorialidade". Para guiar os pais envolvidos no grupo focal nesse terreno, o grupo de pesquisa escolheu utilizar como estímulo um recorte de jornal, retirado do escandaloso *Scottish Daily Mail*, que dirigia a atenção para os problemas de álcool e droga do Príncipe Harry. Pois bem, realmente, mais do que induzir os pais sentados em torno da mesa a falar das dificuldades análogas encontradas com os próprios filhos, a imagem do Príncipe Harry motivou o grupo a dirigir a atenção para a família real, a respeito da qual o grupo iniciou a fazer fofoca. Às pessoas que participam de um grupo focal piloto serão propostas as solicitações reunidas no roteiro, sondando os presentes – quando necessário – sobre a interpretação dos estímulos propostos. Em razão dos resultados do teste o roteiro será adequadamente modificado com vistas ao seu uso futuro[25].

No Apêndice 3, no fim do volume, é reportado um exemplo de roteiro, usado por Antonella Meo [2003] no seu já referido estudo sobre a vulnerabilidade. Como foi dito, Meo utilizou o desenho dos grupos focais repetidos; aquele apresentado é, portanto, um dos roteiros utilizados nos cinco encontros. Trata-se de um roteiro compacto e bem-articulado, em poucas palavras, um modelo a ser imitado.

Juntamente com o roteiro é necessário preparar um breve questionário para entregar aos participantes, para obter algumas informações essenciais sobre o seu perfil. No questionário se pedirá para informar o nome com o qual cada pessoa participou do grupo focal e responder a poucas perguntas – diria não mais do que oito, dez – relativas à idade, ao sexo (quando não se deduza do nome usado na discussão), o título de estudo e a outras mais estritamente ligadas ao tema do grupo focal. Se o tema é o trabalho, pedir-se-á para indicar a posição

---

24. É evidente a semelhança entre este procedimento e o pré-teste do questionário que se utiliza na pesquisa por amostragem.

25. É necessário observar que o roteiro de um grupo focal continua a sofrer pequenas ou grandes mudanças durante todo o período de realização das discussões, aumentando com isso a sua adequação.

em relação ao trabalho e, para os que estão empregados, o tipo de atividade desenvolvida; se o tema é a qualidade de vida, pedir-se-á para indicar o bairro de residência e o ano em que o mesmo se constituiu, e assim por diante.

2 A amostragem

Uma pesquisa baseada no uso de grupo focal, não diferentemente de uma baseada na realização de entrevistas discursivas, o perfil dos participantes é ditado pela pergunta a partir da qual se move o estudo, particularmente pelas expectativas de solidez e extensibilidade dos resultados que nos propomos a obter com o estudo. Essas expectativas, delineadas no desenho da pesquisa (cf. em particular supra, cap. 2, par. 1.2.1), identificam o "potencial comparativo" [Barbour, 2007: 53] que a amostra interpelada deve garantir. Como para os estudos baseados na utilização da entrevista discursiva, também em um estudo que faça uso do grupo focal, o perfil dos participantes é definido por meio de um processo de tipificação [*sensu* Schütz, 1960 – trad. it., 1974: 262-267] que identifica as categorias em razão das propriedades que o desenho do nosso estudo define como relevantes: disléxicos adultos, esposas e mães em famílias com uma única fonte de renda, pré-adolescentes iniciados no tabagismo. Para entrar em contato com as pessoas que, na organização do nosso estudo, deverão representar essas categorias, utilizamo-nos de informações a nós acessíveis que nos remetem – com diferentes graus de precisão – a pessoas com um nome e um sobrenome, a quem iremos propor – diretamente ou com o auxílio de um mediador – para participar do estudo. No caso dos disléxicos adultos ou das esposas e mães em famílias com uma única fonte de renda, o acesso ao nome e sobrenome do nosso interlocutor não é – ao menos no papel – particularmente problemático. Trata-se de interpelar os termos que identificam as características intensionais da categoria-alvo, operação que nos coloca diante de um conjunto variado de candidatos à entrevista de fácil identificação. No primeiro caso, por exemplo, tratar-se-á das pessoas que um ou mais centros especializados emitiu um diagnóstico de dislexia e, entre esses, os que, por exemplo, têm pelo menos 25 anos. A passagem do tipo de pessoa ao entrevistado em carne e osso (da unidade ao caso) é mais complicada no segundo caso simplesmente porque o atributo intensional "iniciado no tabagismo" é menos facilmente imputável devido à pressão social que sugere ao pré-adolescente guardar para si aquele segredo.

Em casos como esse, a passagem do tipo de pessoa à pessoa em carne e osso assume, por assim dizer, a forma de uma aposta cujo resultado depende em boa medida da confiabilidade das fontes que nos guiaram ao nosso interlocutor, por exemplo, um professor que parece ter visto sair da boca daquele jovem uma nuvem de fumaça.

Para tornar um pouco menos aleatórios os resultados da seleção dos participantes, a literatura metodológica propõe um rico repertório de **estratégias para aproximar os candidatos a um grupo focal**. A primeira que é necessário mencionar tem origem a partir de uma pesquisa já concluída, que nos colocou em contato com o tipo de pessoas que gostaríamos de envolver nos nossos grupos focais. É esse o caso do meu estudo sobre pacientes psiquiátricos e, em parte, também da pesquisa realizada por Antonella Meo. O outro caminho tem o envolvimento de mediadores, de pessoas que são capazes de qualificar os potenciais participantes também por aspectos de não imediata acessibilidade, como, por exemplo, o professor citado mais acima; e, além disso, são capazes de nos colocar em contato com eles autorizando-nos a usar o seu nome como garantia. Um terceiro caminho passa através do envolvimento dos participantes no processo de construção da amostra, refiro-me ao procedimento conhecido como amostragem bola de neve, com a qual, identificado o Participante Alfa (pela sua notoriedade ou com o auxílio de um mediador), pede-se a ele para nos indicar o nome de uma pessoa "como ele" ou com as características que necessitamos para envolvê-la em um grupo focal, e depois se pede a todos aqueles que foram contatados para fazer a mesma coisa. Como se sabe, esse procedimento expõe ao risco de entrar em contato com um conjunto de pessoas pouco heterogêneo, cujos contornos são recortados dentro da esfera de relações do Participante Alfa e de todos aqueles que o seguem no arredondamento da bola de neve. A última estratégia que merece ser lembrada prevê a seleção das pessoas que serão envolvidas no grupo focal em um lugar que qualifique de forma rigorosa as características dos presentes. Na fila da bilheteria para comprar os ingressos para toda uma temporada de concertos, serão encontrados os apaixonados pelo gênero de música da programação; em um pronto-socorro, as pessoas que têm necessidade dos cuidados de um médico, e assim por diante. Esse procedimento que, em um primeiro momento, parece equiparável à construção de uma amostra de conveniência, responde, ao contrário, a uma específica exigência metodológica para a qual chamou a atenção Aaron Cicourel [1982]. No âmbito de uma reflexão crítica sobre o uso da entrevista na pesquisa social, o autor observa como a praxe consolidada, aquela de extrair uma amostra de indivíduos, entrevistá-los, para depois reconstruir atitudes e comportamentos a partir das suas respostas, forneça representações da população em estudo enganosas. Como alternativa, Cicourel propõe a amostragem, não de indivíduos, mas de comportamentos, atitudes, e sobre os casos assim individuados realizar o estudo[26]. Por último, é necessário mencionar o caminho representado pela utilização de listas *qualificadas* de nomes. O que qualifica essas listas é o compartilhamento, pelas pessoas ali registradas, da característica que identifica o tipo de pessoas que queremos envolver na discussão: a lista dos estudantes de uma faculdade, se nos interessa

---

26. Sobre esse tema cf. também Gobo [1997: 23-25].

discutir sobre universidade; a lista dos inscritos em um cineclube, se nos interessa discutir sobre o "novo cinema italiano". Para prosseguir em tal sentido é necessário, obviamente, ter acesso à lista, quer porque pública, quer porque podemos acessá-la graças ao auxílio de um mediador ou do proponente do estudo (p. ex., o presidente do cineclube). O preço que se paga utilizando essa estratégia de seleção é a ausência de informações pontuais sobre a orientação dos potenciais participantes em torno do tema em discussão e sobre o seu modo de abordá-lo em uma discussão coletiva. Para deixar claro, uma coisa é escolher dez nomes ao acaso da lista de estudantes inscritos em uma faculdade; outra, é escolhê-los com base em algum conhecimento pessoal que permita que se sentem à mesma mesa o cê-dê-efe e o estudante preguiçoso, o estudante crítico em relação à reforma universitária e o entusiasta, o estudante que trabalha e o estudante em tempo integral.

Esclarecidos esses aspectos, o processo de construção da amostra na base de uma pesquisa que utilize grupo focal é, em todos os aspectos, equiparável à elaboração de uma adequada "**argumentação proléptica**" [Walton, 2009], concebida para defender a solidez dos resultados esperados e a legitimidade da sua extensão a contextos análogos.

Da flexibilidade, característica específica da pesquisa qualitativa, obviamente também participa o grupo focal, cuja base empírica pode, durante o desenvolvimento do trabalho, assumir uma configuração diferente daquela projetada na elaboração do desenho da pesquisa. As razões que podem determinar uma mudança no perfil da amostra têm origem essencialmente a partir da análise da documentação empírica, da análise sumária na qual o grupo de pesquisa se empenha enquanto conduz o grupo focal ou imediatamente após a sua realização, assim como da análise mais empenhativa que começa depois de ter se afastado (ao menos assim se acredita) definitivamente do campo. Este último percurso coincide totalmente com aquele identificado por uma pesquisa baseada no uso da entrevista discursiva. Ali, assim como para um estudo baseado no grupo focal, a análise pontual *corpus* textual obtido no campo e devidamente transcrito pode gerar novas perguntas de pesquisa que impõem uma complementação da documentação empírica e, portanto, a realização de novos grupos focais. O segundo percurso, ao contrário, é específico das pesquisas baseadas no uso da técnica de que aqui estamos nos ocupando. A condução do grupo focal permite obter informações específicas sobre as atitudes, as representações, os valores dos participantes em relação ao tema em estudo, assim como informações pontuais sobre o seu estilo de interação, sobre a forma na qual cada um compartilha e confronta com os outros o próprio ponto de vista. Essas informações podem ser usadas para projetar outros grupos focais escolhendo os seus participantes, não com base em atributos como idade, sexo, ocupação, acessíveis antes de vê-los, por assim dizer, em ação, mas de fazê-lo com base na sua orientação específica ao tema ou à sua discussão. Na composição desses grupos focais – com duplas ou até trios de participantes – aflora a alma do experimento dessa técnica através do planejamento de específicas combinações de participantes aos quais delegar a elaboração de tantas outras respostas específicas às nossas perguntas de pesquisa.

Qualquer que seja a forma com que as pessoas são selecionadas, a sua participação no grupo focal só poderá se inserir em uma data sucessiva ao contato. Isso significa que, à declaração de uma disponibilidade para participar *não* siga necessariamente a participação no grupo focal. Em consideração a isso é comum superdimensionar o grupo de discussão para contrabalançar as deserções. Normalmente convocam-se duas pessoas a mais do que o necessário, que, de qualquer forma, serão envolvidas na discussão caso todas as pessoas convocadas, disciplinadamente, apresentem-se ao encontro [Morgan, 1997: 42].

Para poder contar com um grupo de consistência adequada, um telefonema a todos os participantes, no dia anterior à data combinada – o que Krueger [1994: 90] define como "telefonema estilo dentista" (*dentist style telephon call*) – pode ser útil.

3 A construção da documentação empírica

A fase de construção da documentação empírica compõe-se de três operações em sequência: o contato com os participantes, a condução dos grupos focais e a transcrição das interações discursivas, ou seja, do *corpus* textual sobre o qual será realizada a análise. Sobre essas três fases explica o que se segue.

3.1 O contato com os participantes

O contato com as pessoas que pretendemos envolver em um grupo focal desenvolve-se com modalidades que se ajustam amplamente àquelas descritas para a entrevista discursiva (cf. supra, cap. 4, par. 4.1). Diferente, obviamente, será a forma de cooperação requerida: a participação em uma discussão de grupo e não em uma conversação com o entrevistador. Além disso, mais ampla será a gama de instrumentos que se pode utilizar para motivar a cooperação dos participantes; gama que, neste caso, inclui também a utilização de **incentivos materiais**. A esse respeito é conveniente esclarecer desde já que os incentivos materiais são uma oportunidade e não uma limitação à realização de uma boa pesquisa baseada no uso do grupo focal. Nos meus dois estudos mencionados neste capítulo, sobre as representações da pobreza e sobre a conciliação entre trabalho e distúrbio psíquico, não utilizei nenhum incentivo material. Aos incentivos materiais também não fez uso Antonella Meo que, além disso, solicitou às dez mulheres envolvidas no estudo para participar de não menos do que cinco grupos focais.

Dito isso, parece-me adequado abordar a questão dos incentivos de forma, por assim dizer, laica, sem demonizações nem celebrações. É necessário primeiramente considerar os custos que as pessoas envolvidas no grupo focal devem suportar para poder participar dele. Se, para chegar ao lugar pré-escolhido para a realização do grupo focal as pessoas chamadas a participar dele devem enfrentar uma longa viagem com os meios de transporte público ou arcar com as despesas para o estacionamento do seu carro, os inconvenientes de uma e de outra condição deveriam ser compensados. Poder-se-ia oferecer então – obviamente dispondo de adequados fundos de pesquisa – um bom táxi a quem, de outra forma, seria obrigado a percorrer um longo trajeto com os meios de transporte público e reembolsar o estacionamento de quem chega ao local do grupo focal com o seu próprio carro. Além disso – diga-se de passagem –, oferecendo esses pequenos benefícios pode-se exigir a pontualidade dos participantes com mais autoridade. No mesmo sentido coloca-se a oferta de um serviço de *babysitting* (talvez organizado em um local contíguo àquele dedicado ao grupo focal) útil ao envolvimento de mães ou pais com filhos pequenos.

O outro lado da questão diz respeito à utilização de alguma forma de remuneração que incentive a participação, uma remuneração que se acrescenta àquela que decorre da participação em uma conversação que garante a cada um a possibilidade de expressar livremente a própria opinião – mesmo quando se trate, por assim dizer, de uma voz fora do coro – e de obter escuta e atenção. Se se considerar essa medida necessária ou no mínimo conveniente, a forma de incentivo deve ser escolhida com cautela. Em alguns casos uma retribuição em dinheiro pode ser malvista, quer pela sua necessária modéstia, quer pela aura de comércio com que termina por envolver a discussão de grupo. É necessário, portanto, considerar a possibilidade de utilizar incentivos não monetários, como bons livros para comprar em uma livraria com a qual serão feitos convênios, o ingresso para um espetáculo teatral ou para uma sessão de cinema ou algo de similar.

Voltando ao ponto, assim como para a entrevista discursiva, também para o grupo focal os contatos com os candidatos a participar do estudo podem ser estabelecidos diretamente pelo grupo de pesquisa ou contar com a colaboração de um **mediador**. A utilização desta última solução repropõe as vantagens e as desvantagens já descritas a propósito da entrevista discursiva: entre as primeiras, a oportunidade de aproximar "populações escondidas"; entre as segundas, a composição dos grupos com base em critérios que podem divergir daqueles compartilhados pelo grupo de pesquisa. Quando é o grupo de pesquisa a se colocar em contato com os participantes, a solicitação de colaboração pode ser apresentada de várias formas: por carta, ao telefone ou pessoalmente; pode também ter origem a partir de uma relação entre o pesquisador e os sujeitos em estudo amadurecida em um outro contexto de pesquisa, um estudo etnográfico, uma coleta de entrevistas discursivas, até em uma pesquisa por amostragem. A escolha entre estas alternativas – contato por telefone, por carta ou pessoalmente – deve ser feita considerando, primeiramente, as características dos candidatos ao grupo focal. Para alguns, uma carta formal, seguida por um telefonema, pode ser a melhor solução; para outros, um contato face a face pode ser o único caminho a ser percorrido. Também nesse caso o pesquisador deverá decidir, guiado pela sua sensibilidade sociológica, e explicar a escolha adotada no próprio relatório de pesquisa.

Os primeiros contatos, destinados a obter um encontro com os nossos interlocutores, deverão fornecer a eles uma **informação** adequada sobre o estudo ao qual se pede para cooperar e um conjunto de **garantias** sobre a natureza da discussão que os envolverá e sobre o uso que será feito do que eles quiserem dizer. Qualquer que seja a modalidade de contato adotada, de qualquer forma será necessário explicar como o grupo de pesquisa ou o moderador chegou ao nome da pessoa a que agora se propõe que participe de uma pesquisa social. Nesse caso, será necessário dizer quem foi o mediador que nos indicou o nome e o endereço do nosso interlocutor, ou as modalidades com as quais o grupo de pesquisa escolheu as pessoas para interpelar, e, entre elas, justamente aquela a quem, naquele momento, o entrevistador está se dirigindo (cf. supra, cap. 4, par. 4.1). Além disso, nos primeiros contatos será necessário fornecer uma breve apresentação da pesquisa que, em razão do grau de sofisticação intelectual do nosso interlocutor, seja o máximo possível fiel, motive a sua adesão e prefigure da forma esperada o seu horizonte cognitivo. Quanto às garantias, é importante especificar qual será o tom da discussão: uma conversa com pessoas que, como ele, têm familiaridade com o tema em discussão e na qual cada ponto de vista, cada posicionamento é igualmente aceito. Deverão ser fornecidas, também, indicações precisas sobre a hora e o local onde se realizará o grupo focal, averiguando se os nossos interlocutores são capazes de chegar até ele facilmente, daqui a necessidade de uma escolha cautelosa do local. O lugar deverá ter acesso fácil (cf. supra as observações sobre os incentivos) e acessível às pessoas chamadas para participar da discussão. Por exemplo, um grupo focal conduzido com pessoas em cadeira de rodas deverá ser realizado em um lugar sem barreiras arquitetônicas. Além disso, o lugar pré-escolhido deverá ser o máximo possível neutro, ou seja, não deverá transmitir aos participantes a ideia de que algumas opiniões sejam preferíveis a outras. Um grupo focal dedicado aos hábitos de leitura dos jovens não deverá, por exemplo, ser realizado em uma biblioteca empoeirada; um lugar que celebra o livro culto e, implicitamente, culpa quem prefere outras atividades que não a leitura, ou aquele tipo de leitura.

O lugar de realização do grupo focal deverá, além disso, ser adequadamente equipado para o tipo de gravação, áudio ou vídeo, que se pretende utilizar. Quanto à disposição do grupo, é aconselhável fazer com que as pessoas se distribuam formando um semicírculo ou uma ferradura, de forma tal que todos possam se ver e possam ver o moderador. Para ter a certeza de que esses requisitos sejam satisfeitos pelo lugar pré-escolhido é conveniente visitá-lo antes do início do estudo.

3.2 A condução do grupo focal

A condução de um grupo focal baseia-se na cooperação de duas figuras: o moderador e o observador. Ao **moderador** cabe a tarefa de conduzir a discussão exercitando sobre ela um controle leve (*mild*) [Krueger, 1994: 101], que facilita a expressão dos diversos pontos de vista, mas, ao mesmo tempo, mantém a discussão no binário predefinido, focalizada no tema da pesquisa. É o moderador, portanto, aquele que apresenta ao grupo as perguntas e as solicitações reunidas no roteiro e que, com a devida moderação (cf. supra), improvisa no momento outras formas de desencadeamento da discussão.

O moderador de um grupo focal deve ter todas as competências requeridas a um bom entrevistador e mais algumas habilidades específicas [p. 100-106]. Como um bom entrevistador, deve ter capacidade de escuta e disposição àquele exercício de estrabismo ilustrado a propósito da condução de uma entrevista discursiva: a capacidade de manter um olho no discurso que o grupo constrói e o outro nas questões que inspiram o estudo (cf. supra, cap. 4, par. 4.2). Além disso, o moderador de um grupo focal deve ter uma notável capacidade de gestão de grupos, um elevado autocontrole que lhe permita comandar a própria comunicação verbal e não verbal, de tal forma que lhe permita dizer – com as palavras e com o corpo – aquilo que pretende dizer e nada mais. Visto que ao moderador é requerido apoiar o grupo na discussão de um tema específico, para aquele tema o moderador deve ter curiosidade e possuir uma adequada competência. Em um grupo focal sobre a vulnerabilidade das famílias com uma única fonte de renda é exigido do moderador o pleno conhecimento do sistema de assistência social local e uma adequada informação sobre a tendência do mercado de trabalho local e, de forma geral, da conjuntura econômica.

Para conduzir eficazmente uma discussão é indispensável entender o que dizem os participantes, e se isso não acontece – e especialmente se os participantes têm consciência disso – a discussão perde a eficácia, para de ser adequadamente focalizada. Não tem muito sentido confiar as próprias opiniões, as próprias sutis argumentações a um moderador que demonstra não compreendê-las. A partir daqui ocorre uma diminuição da motivação dos participantes para cooperar e o colapso da discussão. Sob esse perfil de moderador as carências podem ser em parte – mas apenas em parte – compensadas pelo observador. Este último pode ser o verdadeiro especialista no tema em discussão que pode tirar o moderador da dificuldade quando a discussão desvia-se para territórios que não lhe são familiares. Com essa medida, entretanto, pode-se comprometer a autoridade do moderador, e se a sua utilização pode vir a se tornar mais do que frequente é bom pensar em uma inversão de papéis, com a atribuição da tarefa de conduzir o grupo à pessoa que é a mais experiente no assunto. Além disso, o moderador deve ser capaz, pelo seu modo de se apresentar em relação ao grupo e, mais ainda, pelo seu modo de ser, de deixar os participantes à vontade. É evidente aqui a ligação com as observações desenvolvidas no capítulo 3 a propósito dos "atributos discriminantes de papel" [Hannerz, 1980 – trad. it., 1992: 279], ou seja, as características imutáveis do "instrumento observativo", como o sexo, a idade, a cor da pele, que aqui se acrescenta a forma de comunicar. Para deixar claro, exceto por um explícito propósito experimental (cf. supra), em um grupo focal concebido para reunir as razões adotadas em defesa do preconceito racial, um moderador negro constituiria um problema, assim como uma senhora idosa com um forte tom professoral em um grupo focal sobre a sexualidade realizado entre adolescentes.

Ao **observador** cabe a tarefa de dirigir a atenção para a interação dos participantes entre si e com o moderador, tomando nota das relações instituídas entre a linguagem das palavras e a linguagem do corpo, adotando aquele registro indiciário, "investigativo", a que fizemos referência nos capítulos anteriores, movendo-nos a partir das observações de Jack Douglas [1976]. Frisina [2010: 83], a esse respeito, observa como a relação entre os dois registros comunicativos possa assumir quatro configurações diferentes: *i) convergência*: quando o gesto apoia e evidencia as palavras; *ii) divergência*: quando o gesto contradiz as palavras (p. ex., quando a expressão de acordo é seguida por um gesto interrogativo ou de desdém); *iii) regulação*: quando os gestos organizam a distribuição dos turnos de fala; *iv) comentário*: quando o gesto qualifica a relação expressa em palavras (p. ex., com uma piscada de olhos de entendimento). Ao observador cabe, ainda, a tarefa de fornecer aos participantes o questionário que coleta os dados sociodemográficos deles, antes ou depois da discussão em grupo. Além disso, quando a discussão é gravada exclusivamente em áudio (e não em vídeo) ao observador é requerido que tome nota das palavras com as quais cada um dos participantes abre o próprio turno de interlocução; isso ao início da discussão e mais adiante no meio do percurso. Essas anotações serão úteis para a transcrição do arquivo de áudio, podendo contar com um instrumento que permite unir, por assim dizer, o registro vocal dos participantes a um nome, o nome daquele ou daquela que, por exemplo, aos vinte e um minutos abriu a sua intervenção dizendo: "Não estou absolutamente de acordo com isso que vocês disseram! E mais: estou surpresa pelo fato de que pudessem pensar isso..."

A observação reportada acima dá a oportunidade para abordar o tema das **modalidades de gravação da discussão**. De modo geral, deve-se preferir a gravação em vídeo pela sua capacidade de explicar – ainda que não completamente[27] – as formas de interação não verbais entre os participantes. Por outro lado, a gravação em vídeo oferece menores garantias de anonimato (visto que cada voz é associada a uma imagem) e pode acrescentar o impacto da perturbação observativa própria do grupo focal. Como foi dito, tem-se perturbação observativa

---

27. A utilização da gravação em vídeo não isenta o observador de tomar nota da interação entre os participantes, mesmo porque muitas das suas ações fogem ao olhar da câmera.

toda vez que os sujeitos envolvidos no estudo estão conscientes das atenções dirigidas a eles pelo pesquisador e, por essa razão, *podem* modificar o próprio comportamento (cf. supra, cap. 1). Portanto, a escolha entre uma ou outra modalidade de gravação deverá ser adotada considerando, caso a caso, o tema em discussão, a sua "sensibilidade" e o perfil dos participantes. Geralmente as pessoas mais jovens, habituadas a representar a própria experiência e ver representada a dos outros por meio de imagens, não têm dificuldade em aceitar a câmera. Com um tema não comprometedor e um grupo sem preconceito em relação à gravação em vídeo, os participantes terminam por esquecer a presença incômoda da câmera para serem totalmente absorvidos pela discussão.

O trabalho do moderador e do observador começa antes que o gravador ou a câmera sejam ligados e a discussão inicie. Com toda probabilidade o moderador já iniciou – individualmente – a relação com os participantes tomando contato com eles e convidando-os para a discussão de grupo. Mas antes que a discussão tenha início há uma outra fase do trabalho de pesquisa que não pode ser descuidada, o **acolhimento**. Como se sabe, em todo lugar, mas especialmente na área mediterrânea do globo, as pessoas raramente chegam pontualmente aos encontros: alguns chegam um pouco antes, outros um pouco depois. A esperar uns e outros no local onde se realizará o grupo focal encontram-se o moderador e o observador. Se, por exemplo, a discussão está marcada para as 15h, é bom que o moderador e o observador estejam no local pelo menos meia hora antes, para fazer um último controle no equipamento de gravação e para poder receber os mais ansiosos, que, para não chegarem atrasados, apresentam-se ao encontro com muita antecedência. Moderador e observador deverão receber os participantes conforme chegam, envolvendo-os naquela forma de socialização que Krueger [1994: 108] define *small talk*, uma conversação leve, informal, com a qual se mostra interesse pelos participantes, mas, ao mesmo tempo, mantém-nos longe do tema que depois deverá ser discutido em grupo. É bom, realmente, que a discussão do tema em exame não seja antecipada para evitar que depois os participantes não expressem a posição apresentada ao moderador ou ao observador durante o *small talk*, evitando se repetirem. Às vezes, o *small talk* apoia-se na disponibilidade de uma pequena recepção, um café, alguns biscoitos, umas bebidas, com as quais, em um clima informal, dão-se as boas-vindas aos participantes. Digo às vezes, visto que uma outra escola de pensamento sugere colocar essa recepção no fechamento do grupo focal. A escolha – honestamente não dramática – entre uma e outra opção compete ao grupo de pesquisa que vai elaborá-la levando em conta a hora na qual presumivelmente o grupo focal pode se iniciar e se concluir, o perfil dos participantes e da organização e os horários dos transportes públicos[28].

---

28. Talvez não seja nem o caso de dizer que a posição da recepção decide a presença de bebidas alcoólicas entre os gêneros de conforto: proibidas se a recepção precede o grupo focal, permitidas – ainda que *cum grano salis* [com um pouco de discernimento] – se o segue.

A espera ainda pode ser usada para pedir que os participantes preencham o **questionário** que coleta os seus dados sociodemográficos. Também sob esse aspecto existem duas "escolas". A primeira convida a apressar imediatamente a prática, reconhecendo nessa atividade um modo útil de usar o tempo de espera na fase de início da discussão. A segunda escola, com a qual a minha sintonia é maior, sugere colocar o preenchimento do formulário no fim da discussão, para evitar que a solicitação de informações sociodemográficas possa interagir negativamente com as promessas de privacidade, de anonimato apresentadas pelo grupo de pesquisa. Também nesse caso a escolha entre uma e outra opção dependerá da opinião do grupo de pesquisa em mérito à "sensibilidade" do tema e às peculiaridades dos participantes.

A propósito do acolhimento, resta abordar uma última questão: Até quando pode durar a espera pelos retardatários? Richard Krueger, de Minnesota, nos diz cinco, dez minutos [1994]. Às nossas latitudes, eu diria que vale a pena esperar quinze minutos, transcorridos os quais é bom iniciar o grupo focal contando com a presença de pelo menos quatro a cinco participantes dos dez que tínhamos convocado. Procrastinar ainda mais o início da discussão é – em meu modo de ver – uma descortesia em relação às pessoas que chegaram pontualmente, que deveriam protelar a sua despedida do grupo por um tempo igual àquele do atraso. Nada proíbe, obviamente, de negociar com as pessoas presentes a disponibilidade de uma espera posterior, mas não é conveniente prosseguir a espera sem sondar a disponibilidade dos participantes mais pontuais.

Ultrapassados os limites de tempo aceitáveis e/ou alcançado o número apropriado de participantes, a discussão pode ter início. Sobre o que fazer a respeito das pessoas que chegam ao grupo focal já iniciado, ou seja, admiti-las ou não no grupo, a decisão deverá ser tomada considerando um conjunto variado de fatores, entre os quais a configuração do grupo: natural *vs.* artificial, a hora de chegada dos retardatários, o tema da discussão, o número dos participantes já envolvidos na discussão e, por último, o desenho do estudo: com grupos focais únicos ou repetidos. Em geral, a inclusão de um retardatário é menos problemática se a discussão envolver um grupo natural e não um grupo já constituído *ad hoc* pelo grupo de pesquisa. Quanto à hora de chegada, em consideração à contribuição que pode dar o último que chegou, eu evitaria a sua inclusão no grupo se a discussão foi iniciada há mais de meia hora. Do tema em discussão, o que orienta a escolha de incluir ou não o último que chegou é a sua delicadeza, mais delicado ou sensível é o tema, menos conveniente é a inclusão de um recém-chegado que pode perturbar as relações de confiança que se criou entre os participantes. O número dos participantes já envolvidos na discussão pode ser decisivo: se já é suficiente, a inclusão do recém-chegado pode se revelar supérflua; se é muito baixo, quatro ou cinco pessoas, a inclusão torna-se oportuna. Por último, o desenho da pesquisa: se o desenho previr grupos focais repetidos, de qualquer forma é bom incluir os retardatários, aproveitando a oportunidade para combinar com os presentes o horário da próxima convocação do grupo e pedir a todos (para fazer com que o retardatário saiba disso educadamente) a máxima pontualidade.

O início da discussão passa através das etapas canônicas das boas-vindas do moderador, da apresentação dos presentes – incluídos moderador e observador – e da apresentação das regras do jogo (cf. supra, par. 1.3). Com a introdução da primeira solicitação ao grupo tem início o processo de **socialização ao papel de participante** do grupo focal e – quando necessário, no caso de grupos compostos *ad hoc* pelo pesquisador – a constituição dos presentes como grupo. Como no caso da entrevista discursiva, as primeiras frases, os primeiros quinze minutos de discussão, durante os quais o grupo compreende – experimentando diretamente – o modo apropriado de participar à interação social na qual está envolvido, são cruciais. A partir daqui vê-se a importância de iniciar a discussão com um tema sobre o qual se possa realmente discutir e apoiar essa modalidade de participação da forma mais harmônica à situação: com a retirada do moderador que deixa o campo aos participantes ou com uma explícita ênfase positiva: "obrigado por essa bela discussão! Vejo que vocês entenderam rápido como se comportar neste nosso encontro".

Mais acima também estendi ao grupo focal a definição de estilo de condução usada para a entrevista discursiva, expressa com a imagem do **estrabismo**: a capacidade de manter um olho no discurso que o grupo constrói e o outro nas perguntas de pesquisa que inspiram o estudo (cf. supra, cap. 4, par. 4.2). Assim como para a entrevista discursiva, também para o grupo focal a primeira e fundamental direção de atenção é feita principalmente de escuta, aceitação e apoio dos discursos que o grupo constrói através da interação discursiva. Também neste caso os pilares da escuta são o silêncio, o uso do que os analistas da conversação definem continuadores (*continuator*), a técnica do eco, aos quais se acrescenta – específico do grupo focal – o uso de *probe*, de perguntas-sonda que solicitam o aprofundamento dos temas tratados.

Depois de ter proposto ao grupo a solicitação prevista pelo roteiro, o **silêncio** – acompanhado das expressões corporais adequadas (a procura do contato visual, o balanço da cabeça, a inclinação do tronco em direção ao interlocutor) – é a melhor estratégia de escuta. O silêncio comunica ao grupo que cabe a eles construir o discurso, confrontar-se com o tema proposto. Mas quanto se pode permanecer em silêncio? A resposta que me permito fazer minha, delimita a duração aceitável do silêncio ao surgimento dos primeiros sinais de desorientação no grupo, reconhecíveis nos olhares de interrogação que os participantes dirigem entre si e remetem ao moderador. Richard Krueger [1994: 116], mais pragmático, sugere a regra dos cinco segundos, transcorridos os quais entram em jogo as genéricas solicitações à participação: "Quem se dispõe a quebrar o gelo?" "Você quer começar?", dirigido ao participante que é menos titubeante, seguidas – quando necessário – pela reformulação da questão ou pela utilização de outro estímulo (p. ex., uma fotografia diferente, um excerto diferente de entrevista etc.). O apoio às intervenções individuais baseia-se essencialmente no contato visual e nos "**continuadores**", integrados – pela **técnica do eco**, pela reproposição ao grupo das últimas frases do discurso recém-concluído. A utilização de *probes*, de perguntas-sonda, serve para estimular o grupo em direção ao aprofundamento de um tema que foi tocado, mas não adequadamente aprofundado. Nesses casos o moderador recorrerá a expressões como: "acho muito interessante o que vocês disseram a propósito de... gostariam de me ajudar a entender melhor o aspecto relativo a..." ou "acho muito interessante o que vocês disseram a propósito de... gostaria de convidá-los a aprofundar o aspecto, realmente muito interessante, relativo a..." Ambas as formulações movem-se a partir de uma premissa que valoriza a contribuição oferecida pelo grupo (em vez de dizer "só isso?" que talvez passe pela cabeça do moderador), para então convidar a um aprofundamento necessário, ora pelas dificuldades de intuição do moderador ("gostariam de me ajudar a entender melhor..."), ora pela relevância do tema sobre o qual se pede uma posterior escavação ("realmente muito interessante...").

Na condução do grupo às vezes pode ser útil a utilização de uma lousa para anotar, em benefício do grupo, os pontos relevantes da discussão [Zammuner, 2003: 226]. Utilizei esse expediente na condução dos grupos focais sobre a representação da pobreza para reunir, em paralelo (dividindo o quadro em diversas seções), o identikit e os eventos essenciais das histórias das pessoas que ficaram pobres, narradas na solicitação reportada mais acima e reproduzida, na sua parte mais importante, em nota [Cardano et al., 2003: 57-84][29]. Essa medida permitiu aos participantes ter sob os olhos as histórias que progressivamente tomavam forma e intervir cooperativamente sobre cada uma com esclarecimentos e complementações.

É importante que o moderador dê provas – com aquilo que diz e com o próprio comportamento não verbal – de aceitar todos os posicionamentos que surgem no grupo. Todos, exceto os que impedem o sereno confronto entre os participantes: "mas você não entende nada!", "desculpa, mas o seu argumento não pode ser aceito!" Nesses casos ao moderador cabe a tarefa de reiterar as regras do jogo que preveem a possibilidade de expressar qualquer opinião sobre a qual o grupo discute, ora aderindo a ela, ora discordando dela, mas sempre com educação. Ao registro da aceitação pode-se também relacionar algumas formas de metacomunicação (de comunicação sobre a comunicação) que o moderador pode utilizar para autorizar, por assim dizer, as dificuldades emocionais ou cog-

---

29. Vamos tentar reconstruir a história dessas famílias. Vamos dar a elas nomes fictícios, sei lá, Rossi, Bianchi, Verdi etcétera, e vamos começar a traçar o seu identikit: Quem são? De onde vêm? O que faziam? Procuremos então escrever a sua história, o que aconteceu? O que as levou – talvez por caminhos diferentes – à pobreza? [Cardano et al., 2003: 28-29].

nitivas que podem acompanhar a participação em um grupo focal. Seja sob o registro cognitivo: "trata-se de uma situação espinhosa, entendo bem que seja difícil tomar posição..."; seja sob o registro emocional: "sei bem o quanto é difícil falar dessas coisas, entendo bem o constrangimento de vocês..." (cf. supra, cap. 4, par. 4.2).

Da caixa de ferramentas do moderador também faz parte um instrumento sobre cuja utilização reitero o meu convite à máxima prudência, a **recapitulação**. Os perigos a que expõe a recapitulação já foram indicados no capítulo dedicado à entrevista discursiva (cf. supra, cap. 4, par. 4.2). Trata-se, portanto, de um instrumento para ser utilizado com cautela, apresentando as próprias conclusões de forma hesitante ("se não entendi mal...", "no meu entendimento"), apresentando o espectro completo das opiniões expressas, mesmo quando elas resultem em conflito entre si, evitando ao máximo a linguagem da disciplina científica de referência (Sociologia, Psicologia, Ciência Política etc.).

Em razão do tipo de tema discutido, do seu potencial impacto emocional e cognitivo sobre os participantes, e do perfil do grupo, pode ser necessário prever um momento de *"debriefing"*, de troca informal das impressões suscitadas pela participação no grupo focal. O *debriefing* poderá ser iniciado coletivamente, com a discussão concluída e com os aparelhos de gravação desligados; ou individualmente, por meio de breves colóquios entre cada um dos participantes, de um lado, e o moderador ou o observador, do outro. Esta última solução, preferível quando o impacto emocional do tema tratado é particularmente elevado, requer a criação de um espaço informal de socialização no fim do grupo focal, que tem em uma recepção de despedida a forma mais harmônica[30]. Eis, portanto, um outro elemento útil para orientar a decisão sobre a posição da recepção (posto que existam os recursos para organizá-la): antes ou depois do início do grupo focal.

3.3 A transcrição das discussões

Qualquer que seja a escolha sobre a forma de gravação a utilizar – áudio ou vídeo (cf. supra, par. 3.2) – de qualquer forma é necessário prosseguir à transcrição das entrevistas. Com essa atividade, situada – como já foi dito – entre a construção da documentação empírica e a análise, chega ao final o processo de constituição do *corpus* textual que será submetido à análise.

A redução da discussão conduzida em um grupo focal a um texto é guiada pelas mesmas regras de transcrição usadas para a entrevista discursiva (cf. supra, cap. 4, par. 4.3). Também naquele caso é necessário explicar os **aspectos linguísticos, paralinguísticos e extralinguísticos da interação**. Estes últimos, objeto de atenção do observador, deverão ser integrados no texto sempre que

---

30. Sobre as razões éticas que tornam conveniente prever o *debriefing* cf. Barbour [2008: 95-96].

a linguagem dos corpos, a forma assumida pela interação entre os presentes, contribua para definir o sentido do que é dito. No caso em que a interação seja também gravada em vídeo, a breve descrição – em palavras – dos eventos não verbais da interação (daquilo que se vê, mas não se ouve) deverá ser acompanhada pela referência ao trecho pertinente da gravação do vídeo, identificada com os minutos e os segundos que marcam o início e o fim da cena no arquivo de vídeo. Obviamente que todos os turnos de interlocução devem ser atribuídos de forma consistente a todos os presentes, moderador e observador incluídos, e numerados para permitir, na fase de análise, uma referência eficaz aos trechos pertinentes da transcrição.

A elaboração de uma transcrição que explique todos os aspectos referidos mais acima requer a utilização de algum sistema convencional de notação. Assim como para a entrevista discursiva, também para o grupo focal trata-se de escolher, entre as várias soluções propostas na literatura, aquela que se considera mais compatível com as finalidades do próprio trabalho de análise e adotá-la de forma consistente. O sistema de notação apresentado para a transcrição das entrevistas discursivas, dito notação ATB, pode ser usado utilmente também para o grupo focal[31]. A seguir reporto a transcrição de um grupo focal realizado com cinco pacientes psiquiátricos, cujos pseudônimos são Ester, Lucia, Carmen, Sofia e Noemi, que reagem à pequena história sobre as três mulheres que trabalham em uma cooperativa social descrita mais acima (par. 1.3).

163) MODERADOR: **Algum outro comentário?... Bem, então agora passemos a um outro assunto que nos leva um pouco mais adentro dos temas do trabalho. A primeira fase da pesquisa que realizamos baseou-se na coleta de umas cinquenta entrevistas e... ahn... Entrevistamos homens e mulheres seguidos pelos diversos CSM da área de Turim e reunimos numerosos testemunhos que dizem respeito à experiência do trabalho. Entre os diversos testemunhos que reunimos existem três que dizem respeito a três mulheres que trabalharam em uma cooperativa social... Então... Eu reportei em... transcrevi os testemunhos dessas três mulheres que trabalharam em uma cooperativa que, por questões de privacidade, chamamos "Lavoro Insieme"... Essa cooperativa faz limpeza em empresas e em órgãos públicos. Essas três mulheres nos contaram a sua experiência de trabalho em pequenos grupos de sete-oito pessoas nos quais existem pacientes psiquiátricos, ex-toxicodependentes, ex-presidiários e educadores. Agora vou ler para vocês os testemunhos dessas três mulheres que se encontram escritos também ali [indicando a tela] e depois gostaria que tentássemos comentá-los juntos, para avaliar qual dessas posições parece mais próxima do seu modo de entender... também com base na sua experiência... Então, comecemos com o testemunho de**

---

31. O sistema de notação ATB (Análise das Transições Biográficas) é reportado no Apêndice 2, no fim do volume.

Marta, que diz: [...] [*segue-se a leitura das três histórias reproduzidas mais acima*] **Belas essas histórias, não?**

164) NOEMI: Belíssimas!!

165) LUCIA: Sim, são muito bonitas.

166) MODERADOR: **Hum...**

167) SOFIA: É a minha vez [dirigindo o olhar em direção ao moderador].

168) MODERADOR: **Por favor [acompanhando as palavras com o gesto do braço]**

169) SOFIA: [Eu gostei muito]

170) MODERADOR: **[Comecem].**

171) SOFIA: Eu gostei do que escreveu Marta... porque... quando eu ouço que as pessoas tiveram problemas como os meus... mentais, digamos, eu me sinto bem porque me sinto compreendida... e consigo compreender também a outra pessoa. Então eu... eu me sintooo... sentiria bem em uma situação como Marta. Isso é o que eu penso.

172) LUCIA: Eu de certa forma... Posso [dirigindo o olhar em direção ao moderador]?

173) MODERADOR: **Por favor, por favor.**

174) LUCIA: De certa forma eu tive uma experiência semelhante, porque na minha cooperativa, além de trabalhar na rouparia que se ocupava de lavar, passar... e eu era a única que fazia os reparos... eu fui trabalhar nas escolas, porque nós tínhamos também os contratos com as escolas e no início quando tínhamos pego esses contratos tinham me escolhido para fazer a limpeza como substituta de pessoas que não estavam trabalhando, e então tive oportunidade de... me confrontar com pessoas normais eee pessoas que tinham os mesmos problemas que eu. Mas não quer dizer que... que um trabalho assim não seja um trabalho como um outro, porque...

175) MODERADOR: **Mh.**

176) LUCIA: ... eu vi a diferença que havia na rouparia em relação à limpeza, era muito mais cansativo o trabalho de limpeza... e... em nível de manualidade, de físico, porém em nível de cabeça achava mais difícil aquele de... de costurar que... para mim antes, quando não estava doente, era muito mais fácil fazer. Portanto, talvez me identifique com todas as três...

177) MODERADOR: **Mh.**

178) LUCIA: ... não digo que é um trabalho de M, desculpa a frase, mas... eu faria qualquer tipo de trabalho para poder trabalhar... mas faria um trabalho honesto. Porém, faria tambémmm com pessoas normais, porque o projeto... a terapia que fazia com a minha doutora, que depois de anos nos... me deixou também, porque deixou o ambulatório etcétera... agora estou... estou consultando com uma outra doutora... Tínhamos o objetivo de... de me fazer trabalhar em um outro lugar e portanto com pessoas /normais/ (dito com ênfase), para me sentir normal.

179) MODERADOR: **Mh.**

180) LUCIA: Então, o primeiro lugar onde fuiii morar foi numa comunidade… ahn… praticamente um núcleo familiar, uma casa de família… e ali havia todas aquelas pessoas que não estavam muito bem e eu me sentia bem porque… entendiam as minhas… as minhas exigências, as minhas coisas. Depois disso fui viver em um lugar onde todas as garotas eram estudantes e trabalhadoras, portanto, garotas normais… e a partir daliii eu comecei a ficar melhor… Eu frequentava o mesmo ambulatório, saía também com pessoas como eu… que estavam mal… Eu me sentia à vontade fosse com elas que com as outras. E depois nada… O trabalhooo… não… não desprezo nenhum tipo de trabalho…

181) MODERADOR: **Mh… Bem. Me parece agora que… os pontos naaa, naaa mesa… as opiniões na mesa sejam… bastante claras… Se não entendi mal, Sofia diz que… trabalhar com pessoas que têm problemas de saúde mental pode ser uma ajuda, hm? [dirigindo o olhar em direção a Sofia, que acena que sim com a cabeça] E Lucia diz queee… que às vezes isso ajuda, mas diz também que trabalhar com pessoasss que não têm problemas tem as suas vantagens… e acrescenta uma outraaa… um outro elemento que… não existem trabalhos de série A ou de série B. Esse é o ponto que ela expressou, portanto também fazer limpeza pode ser bom [procurando Lucia com o olhar] …**

182) LUCIA: Sim é assim…

183) MODERADOR: **Sobre esses temas existem outras opiniões…?**

184) CARMEN: [acena com a cabeça ao moderador]

185) MODERADOR: **Por favor [acompanhando as palavras com o gesto do braço]**

A discussão prossegue com a intervenção de Noemi que identifica nas cooperativas sociais, e em particular naquela em que trabalha, um contexto no qual se sente bem: "posso dizer que estou muito bem, seja com as pessoas que têm problemas, seja com as que não têm. Eu me sinto… em qualquer lugar estou bem comigo mesma, em qualquer situação que possa me encontrar". De opinião diferente é Carmen que, acolhendo a minha solicitação para expressar observações críticas, identifica nas cooperativas sociais um contexto guetizante: "é uma coisa boa que existam essasss cooperativas sociais porque, de qualquer forma, fazem alguma coisa. Porém, são uns guetos". Além dos conteúdos, sobre os quais me detive principalmente para não deixar suspensa a discussão iniciada por Sofia, o que surge é a semelhança entre a transcrição de uma entrevista discursiva e a de um grupo focal. Faz diferença – obviamente – o número de locutores referidos na transcrição, que devem ser identificados de forma consistente (para poder reconstruir, para cada um, a evolução do discurso). Além disso, maior espaço deve ser dedicado às anotações sobre o comportamento não verbal dos participantes e do moderador. Este último, tomamos conhecimento pela transcrição, no turno 163, indica a tela sobre a qual são projetados os testemunhos das três sócias de uma cooperativa social, nos turnos 168 e 185 acompanha com um gesto do braço, o convite para falar, no turno 181 procura com o olhar, primeiro Sofia, depois Lucia, para ter confirmação a respeito da adequação da própria recapitulação. Quanto aos participantes, a transcrição dá explicação sobre a busca de contato visual de Sofia (turno 167), Lucia (172) e Carmen (183), contatos que assumem significados diferentes em relação ao comportamento verbal que aderem e do qual contribuem para definir o alcance.

Uma pesquisa baseada no uso de grupo focal fornece uma quantidade de materiais empíricos definitivamente considerável, difícil de gerenciar, ou melhor, difícil de manter junto em um único olhar. No caso da entrevista discursiva, para abordar o mesmo problema, eu havia indicado a possibilidade de recorrer a algumas formas de "miniaturização" [Bruschi, 1999: 63], úteis para gerenciar a complexidade do material obtido, especificamente, a ficha de síntese biográfica e o resumo temático (cf. supra, cap. 4, par. 4.3).

Também para o grupo focal é possível individuar instrumentos específicos de miniaturização que restituam, de forma compacta, dois aspectos da discussão: a forma com que o tema foi abordado dentro de cada grupo e as dinâmicas relacionais ocorridas entre os participantes. O primeiro objetivo pode ser alcançado com a elaboração de um **resumo temático**, semelhante àquele usado para a entrevista discursiva, exceto pela ênfase dada aos processos discursivos, sobre a construção do discurso observada no grupo focal. No resumo temático podem, ainda, entrar algumas breves anotações sobre o clima relacional – cooperativo, conflituoso, fragmentado, entre outros – que caracterizou a discussão examinada. Isso leva ao segundo ponto da miniaturização, as dinâmicas relacionais, das quais é possível representar de forma compacta um aspecto importante utilizando uma **matriz das adjacências** [Acocella, 2008: 74ss.]. Com uma matriz das adjacências é possível representar de forma compacta quem se dirige a quem e com que frequência, dispondo-se com isso dos elementos necessários para representar a forma e a densidade das relações sociais. Uma matriz das adjacências para o grupo focal – imaginária, mas realista – da qual mais acima reportei um trecho poderia assumir a forma ilustrada na tabela 5.1.

A tabela apresenta, por linha, os iniciadores de uma comunicação, e por coluna os destinatários. Assim, a tabela nos diz que Ester dirige-se duas vezes a Lucia, e esta última dirige-se a Ester apenas uma vez; que Noemi é destinatária de dezessete comunicações; enquanto que o grupo se dirige a Carmen apenas uma vez. Uma análise sumária das adjacências mostra, portanto, a centralidade de Noemi e a perifericidade de Carmen. Quando necessário, a mesma tabela pode ser construída incluindo também o moderador entre os emissores e os receptores da comunicação.

Tabela 5.1 Matriz das adjacências do grupo focal sobre a conciliação entre trabalho e distúrbio psíquico

	ESTER	LUCIA	CARMEN	SOFIA	NOEMI	TOTAL DE EMISSÕES
Ester		2	0	1	6	9
Lucia	1		0	2	4	7
Carmen	0	0		0	3	3
Sofia	0	2	0		4	6
Noemi	2	1	1	4		8
Total de recepções	3	5	1	7	17	33

Como já foi dito para a entrevista discursiva, esses instrumentos de miniaturização fornecem um útil ponto de partida para a análise dos materiais empíricos. Isso, entretanto, não faz dessas formas de miniaturização uma passagem obrigatória com vistas à análise. A utilidade desses dois instrumentos é, ao contrário, fora de discussão quando o objetivo é o de favorecer o uso do próprio material empírico para uma análise secundária, realizada por outros estudiosos. Nesse caso, realmente, permitir, através da leitura de um texto compacto, a avaliação da relevância dos materiais à disposição torna-se imprescindível.

6
Análise da documentação empírica e escrita

A análise da documentação empírica obtida com o uso de uma ou mais técnicas de pesquisa qualitativa baseia-se em um conjunto de princípios comuns, que assumem uma forma específica em razão das características dos materiais aos quais se aplicam. Princípios comuns, portanto, que dão forma a diferentes práticas de pesquisa conforme os *documentos* [*sensu* Bruschi 1999, 215] submetidos a análise nos sejam fornecidos por uma pesquisa etnográfica, por um estudo que se baseou na utilização de entrevistas discursivas ou grupo focal, ou pela seleção de textos, artefatos, coleções, reunidos pelo pesquisador, mais do que gerados pelo seu trabalho de campo[1].

As peculiaridades mais relevantes dos documentos submetidos a análise decorrem de duas características, relacionadas, uma, às modalidades usadas pelo pesquisador para representar o que experimentou em campo; a outra, à distribuição da carga de agência dividida entre o pesquisador e as pessoas para as quais dirigiu a própria atenção. A consideração conjunta dessas características permite distinguir três classes de documentação empírica: *achados, reproduções e representações*. Antes de demonstrar como se constitui cada classe, é importante esclarecer desde agora que os limites que as separam são porosos, permeáveis, que as distinções são feitas com base em uma **lógica difusa** (*fuzzy*), que leva a conjuntos difusos[2].

---

1. O termo "documentos" é entendido na acepção proposta por Alessandro Bruschi [1999], que, a respeito, observa: "A análise desenvolve-se sempre sobre *documentos* que, em termos gerais, consistem em conjuntos de informações registradas sobre algum suporte físico". Mais adiante Bruschi introduz a distinção entre duas classes de documentos, os textos e as coleções de dados. "Os *textos* consistem em informação contida em enunciados escritos, em imagens, ou sons; as *coleções de dados* em informação formalizada em "casos" e "variáveis"" [p. 215-216]. Aqui, obviamente, nos ocuparemos da análise do primeiro tipo de documentos, os textos.

2. Aquilo que – em pouco mais de uma frase – distingue a teoria clássica dos conjuntos da teoria dos conjuntos difusos é a forma em que em cada âmbito é representada a pertinência dos elementos a um dado conjunto. A teoria clássica opera com uma função bivalente: dentro ou fora, branco ou preto. Nesse âmbito um genérico elemento x poderá instituir, em relação a um dado conjunto, apenas dois tipos de relação: pertinência ou não pertinência. Ao contrário, a teoria dos conjuntos difusos opera com uma função polivalente: não branco ou preto, mas uma pluralidade de tons de cinza [Kosko, 1993 – trad. it., 2002, cap. 1]. Na teoria dos conjuntos difusos cada elemento

Os materiais empíricos submetidos a análise requerem, pela sua constituição, diversos graus de agência, por parte, respectivamente, do pesquisador e das pessoas – de alguma forma – envolvidas no estudo. O critério da divisão da agência permite separar os materiais empíricos a cuja constituição o pesquisador contribuiu de maneira definitivamente modesta dos materiais a cuja constituição o pesquisador forneceu um aporte decisivo[3].

À categoria dos **achados** pertencem os materiais empíricos, a cuja constituição o pesquisador forneceu um aporte modesto, que podem ser relacionados a três diversas categorias. Na primeira, a agência do pesquisador está confinada à seleção dos materiais. Em um hipotético estudo sobre as representações do distúrbio psíquico, os materiais empíricos poderiam ser constituídos por algumas autobiografias exemplares publicadas por indivíduos que narram a sua batalha ou a sua vitória sobre a doença mental. Nesse caso a intervenção do pesquisador manifesta-se na escolha dos textos para comparar. Poderia, por exemplo, focalizar a atenção sobre autoras famosas, como Alda Merini, de *L'altra verità – Diario di una diversa* [1986], ou sobre a Renée, do *Diario di una schizofrenica* [Sechehaye 1950], assim como poderia dirigir a atenção para autores menos famosos. É evidente como a seleção realizada sobre esse tipo de achado seja decisiva para definir as perguntas a que a sua leitura pode fornecer uma resposta e, ao mesmo tempo, para individuar a eloquência dos materiais utilizados, a sua capacidade de falar não apenas da experiência dos autores examinados, mas da experiência da doença mental de forma geral. Na segunda categoria, a agência do pesquisador manifesta-se na negociação iniciada com as pessoas a quem pede a colaboração para a realização do próprio estudo. Permaneçamos no ter-

---

poderá pertencer a um ou mais conjuntos dados com uma função contínua cujos valores estão compreendidos no intervalo entre 0 e 1. Isso faz com que – dito em termos menos rigorosos – o limite que separa dois conjuntos difusos resulte necessariamente poroso, permeável, não diferentemente das distinções que, na maioria das vezes, separam as coisas do mundo.

3. No primeiro capítulo deste volume, com o objetivo de traçar uma taxonomia das técnicas de pesquisa qualitativa, foi introduzida a distinção entre dados gerados pela intervenção do pesquisador e dados naturalistas, traçada a partir do chamado "teste do cientista social morto" elaborado por Jonathan Potter [1997: 148-149, 2002: 541]. Como foi dito, naquele caso a atenção era dirigida para as *condições de geração da experiência* representada na documentação empírica obtida. Isso permitia distinguir dois casos. Ao primeiro tínhamos relacionado experiências, como, p. ex., a celebração dos dez anos de fundação de uma comunidade religiosa que ocorre, seja que o etnógrafo se una aos devotos para realizar o próprio estudo, seja que toda comunidade etnográfica internacional decida manter-se afastada. Ao segundo caso tínhamos relacionado experiências constituídas pela intervenção do pesquisador, como, p. ex., a entrevista com o guia espiritual da comunidade. Agora, tendo em vista os procedimentos de análise, a distinção proposta considera as *condições de produção da documentação empírica* e não da experiência que poderia extrair dela. Nessa perspectiva as notas de campo do etnógrafo que estuda a celebração dos dez anos da comunidade religiosa e a transcrição da entrevista realizada ao seu guia espiritual são ambas consideradas como geradas pelo pesquisador, enquanto não gerado pelo pesquisador poderia ser, p. ex., o livro de preces usado pelos devotos, em ocasião da celebração referida acima.

ritório da sociologia da saúde mental e imaginemos analisar as conversações de um grupo de auto e mútua ajuda constituído por familiares de pacientes psiquiátricos. Poderíamos nos encontrar em duas situações de certo modo típicas que qualificam de forma específica os conteúdos da negociação. As conversas do grupo de auto e mútua ajuda poderiam ser gravadas normalmente pelo grupo, nesse caso a negociação trata da aquisição desses materiais. O grupo poderia nunca ter gravado as conversas, nesse caso a negociação teria como objetivo a introdução do gravador em alguns dos encontros que o grupo continuaria a ter, obviamente sem a presença incômoda do pesquisador[4]. Na terceira e última categoria, a intervenção do pesquisador manifesta-se na solicitação, aos casos em estudo, de produzir um texto para as suas próprias finalidades de pesquisa. Faz parte desse âmbito a solicitação para escrever um diário sobre a experiência para a qual o pesquisador pretende dirigir a atenção. Um exemplo, desta vez não virtual, de uso dessa técnica de pesquisa e de produção da documentação empírica com o perfil pertinente à reflexão desenvolvida nestas páginas é constituído pela pesquisa de Felicity Thomas [2006] realizada nas regiões de Caprivi na zona nordeste da Namíbia. Thomas dirigiu a atenção para a experiência das pessoas afetadas por HIV e sobre quem toma conta delas, em um contexto no qual a prevalência dessa patologia alcança a assustadora cota de 43%. Thomas solicitou a sete pessoas afetadas por HIV e ao mesmo número de cuidadores que redigissem um diário sobre as suas experiências cotidianas por um período variável entre um e seis meses.

No âmbito da documentação empírica classificável na categoria de achados fazem parte, também, os artefatos, o mundo das coisas [Gagliardi, 1990, 1996; Strati, 1999 – trad. it., 2008, esp. cap. 5]. Para esse tipo de material, a mediação do pesquisador manifesta-se em dois únicos planos: a seleção, que circunscreve o conjunto dos artefatos para os quais dirigir a atenção, e a negociação[5]. Esta última modalidade de agência faz parte do contexto mais geral da negociação do acesso aos contextos de vida das pessoas a quem, para as nossas finalidades de pesquisa, pede-se a colaboração. Isso acontece, por exemplo, nas pesquisas que se baseiam no uso da observação participante ou do *shadowing*, ou no uso da entrevista discursiva, no caso em que a entrevista seja realizada na habitação ou no local de trabalho dos participantes.

Ao lado desse conjunto de materiais empíricos, os achados, cuja constituição, *como dado*, apoia-se principalmente sobre a agência dos participantes,

---

4. Sobre esses aspectos cf. Fele [2007, cap. 6, esp. 126-127].

5. Na pesquisa antropológica não se pode excluir *a priori* a possibilidade de recorrer, também para a análise da cultura material, aos artefatos, ao instrumento da solicitação. Um antropólogo poderia, p. ex., pedir a um artesão da aldeia de que é hóspede para entalhar uma canoa ou um objeto ritual para ele, que, também nesse caso, poderá levar consigo a marca da relação social que levou à sua construção.

coloca-se um conjunto mais amplo de materiais para cuja constituição é o pesquisador – com a própria agência – que fornece um aporte decisivo. No interior deste último conjunto é possível introduzir uma outra distinção, dirigindo a atenção para o modo no qual o pesquisador procede à representação da própria experiência. Para prosseguir no trabalho de análise é necessário que a experiência que o pesquisador adquiriu no campo seja selecionada e condensada, por assim dizer, em algum suporte físico que conserve as suas características essenciais até que a análise esteja terminada e a contento, também mais adiante[6]. Esse suporte físico, normalmente um texto [*sensu* Bruschi, 1999: 215], desempenha, em vários graus, duas funções. A primeira, mais óbvia, é a de compensar os limites da nossa memória. Retornando de uma pesquisa etnográfica que nos envolveu por meses não é fácil recordar, nos mínimos detalhes, o que experimentamos do primeiro ao último dia sem a ajuda das notas de campo. De forma análoga, é realmente impensável imaginar podermos conservar na memória as nuanças linguísticas e os tons emocionais que surgiram da interação discursiva nas cinquenta ou mais entrevistas que realizamos sem o auxílio de um gravador de áudio. A segunda função, que pode ser perseguida plenamente apenas com alguns materiais, é a da acessibilidade pública à documentação empírica. Penso, particularmente, na pesquisa baseada no uso de entrevistas discursivas ou grupo focal, para a qual – enfrentados e resolvidos os problemas éticos do caso – é possível imaginar um acesso público às transcrições, útil para colocar à prova a solidez empírica das conclusões fornecidas pela análise desses materiais.

As formas mais comuns de armazenamento, por assim dizer, da experiência adquirida no campo distinguem-se em razão do nível de mediação atribuído ao pesquisador, que, para simplificar, reduzo a dois graus: moderado e elevado[7]. O primeiro, o que prevê uma intervenção moderada do pesquisador, conduz às **reproduções**. É o caso, tipicamente, das transcrições das entrevistas e das discussões realizadas, respectivamente, em uma entrevista discursiva e em um grupo focal[8]. A intervenção do pesquisador na *representação* da própria experiência nesses casos é moderada, mas não nula[9]. A passagem da interação presencial à sua representação em uma transcrição passa de qualquer forma através de um processo de simplificação, guiado por específicos pressupostos teóricos, relativos, primeiramente, à comunicação [Sormano, 2008]. O segundo, que prevê uma intervenção elevada do pesquisador, é constituído pelas **representações**.

---

6. Faço menção ao uso desses materiais na análise secundária, tema sobre o qual retornarei infra.

7. A distinção proposta no texto refere-se àquela proposta pelo antropólogo Dan Sperber [1982 – trad. it., 1984]. Sperber, especificamente, distingue duas classes de representações, descritivas e não descritivas e, dentro destas últimas, separa reproduções e interpretações [p. 22-26].

8. Materiais com um perfil equivalente podem ser obtidos pela gravação de vídeo de um jogo (cf. supra, cap. 1, par. 3).

9. O nível de intervenção do pesquisador para a geração dessa experiência é outro. Sobre esse aspecto cf. a nota 3.

Na construção do que defini representação, cabe primeiramente ao pesquisador a escolha dos aspectos para os quais dirigir a atenção e também a escolha de como prosseguir à sua expressão em um texto (escrito, mas eventualmente também audiovisual), combinando discurso direto e discurso indireto [Sperber, 1982 – trad. it., 1984: 29ss.], utilizando específicos dispositivos retóricos e expressivos [Clifford e Marcus, 1986]. Possuem essa forma, tipicamente, as notas de campo redigidas durante uma pesquisa baseada no uso da observação participante, do *shadowing*, da observação naturalista, assim como as notas elaboradas à margem de um experimento de campo, como aquele realizado, por exemplo, por David Rosenham [1973]. As distinções desenvolvidas até aqui são ilustradas de forma esquemática na figura 6.1.

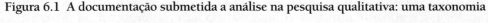

Figura 6.1 A documentação submetida a análise na pesquisa qualitativa: uma taxonomia

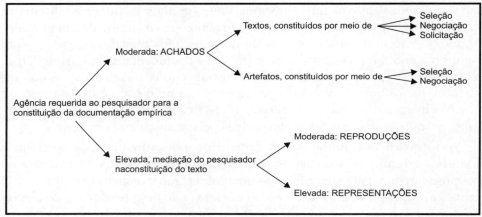

A finalidade dessas distinções que – repito – identificam categorias a que o material empírico produzido por cada uma das pesquisas individuais realizadas por este ou aquele estudioso fará parte, com uma função contínua e não dicotômica (cf., neste cap., a nota 2), consiste em fornecer indicações, seja sobre o **tipo de análise a que os materiais podem ser legitimamente submetidos**, seja sobre a "área de autenticidade" [Topolski, 1973 – trad. it., 1975, 501] de cada uma dessas "fontes". Para que fique claro, uma rigorosa análise do conteúdo [Losito, 1993], dirigida a individuar o vocabulário típico de um conjunto de indivíduos ou a analisar a ocorrência conjunta de algumas palavras em uma unidade de texto (p. ex., loucura e crime), não pode ser realizada se não se dispõe de uma transcrição *verbatim* dos discursos sobre os quais se quer exercitar[10]. Quanto à

---

10. Com todas as mediações do caso, essa função tem o próprio análogo no contexto da pesquisa quantitativa na "teoria das escalas de medição" [Stevens, 1946], ou seja, na distinção

área de autenticidade – noção já amplamente usada neste volume – é evidente que as condições de aquisição da documentação empírica definem o conjunto das perguntas a que o material analisado pode legitimamente responder. Pensemos, por exemplo, no tema da experiência pessoal da doença, ao que Kleinman define como *illness*, contraposto a *disease*, ou seja, à representação da mesma experiência fornecida pelos profissionais da saúde [Kleinmann, 1988]. Podemos ter acesso a essa experiência por meio de diversas fontes: a autobiografia entregue para publicação por um paciente (p. ex., Alda Merini ou Marguerite Sechehaye), podemos pedir a um ou mais pacientes para escrever um diário por alguns meses, que depois vão nos entregar para as nossas análises, podemos conduzir entrevistas discursivas ou grupos focais, assim como podemos decidir passar algum tempo em uma clínica ou em uma comunidade para pacientes psiquiátricos, para roubar, por assim dizer, alguns discursos dos internados que se referem a esses temas. Aqui não se trata de individuar qual seja a fonte mais eloquente (e, consequentemente, qual deva ser a técnica de pesquisa mais eficaz), trata-se simplesmente de reconhecer como cada fonte seja adequada para responder a algumas perguntas e totalmente inadequada para responder a outras.

Entre as perguntas às quais devemos buscar uma resposta eloquente nas próprias "fontes", também fazem parte as que dizem respeito à relação entre pesquisador e participantes. Trata-se de perguntas que podem constituir, ora o centro de interesse do pesquisador, ora um instrumento de suporte à qualificação mais pontual das informações contidas na fonte. A esse gênero de perguntas os materiais empíricos obtidos podem responder de forma diferenciada, em razão do papel exercido pelos participantes, pelas pessoas para as quais dirigimos a atenção, pela sua constituição. Os achados, constituídos como objeto de análise exclusivamente com um exercício de seleção, são – sob esse perfil – necessariamente mudos. Os outros achados trazem vestígios mais ou menos acentuados da relação com o pesquisador de acordo com a forma adotada, caso a caso, pela negociação ou pela solicitação. Decididamente "impregnadas" de relações são as fontes que têm a forma das reproduções. Entre os materiais empíricos reunidos na categoria das representações, a relação com os participantes pode se tornar um objeto de estudo em todos os casos, exceto um. Refiro-me aos materiais empíricos obtidos por meio de uma observação naturalista, realizada a distância, contando com o suporte técnico de uma câmera, condição que exclui a possibilidade de qualquer forma de contato entre o pesquisador e os sujeitos para os quais dirige a atenção[11]. Portanto, também

---

entre tipos de variáveis nominais, ordinais, cardinais em razão da qual são identificadas as estatísticas admissíveis.

11. Possuem esse estatuto, p. ex., os materiais empíricos produzidos por Peter Collett e Peter Marsh [1974]. Collett e Marsh realizaram um estudo sobre as formas de coordenação recíproca entre as pessoas que se cruzam em uma calçada londrina lotada de gente, uma coordenação obtida na ausência de qualquer forma de "direção", de alguém ou algo que dirija o trânsito (*blind coor-*

nesse caso, a consideração das características da documentação empírica guia à identificação das perguntas sobre a relação entre observador e observado que legitimamente podem ser colocadas.

Antes de prosseguir com a exposição dos procedimentos de análise aplicáveis a diversos tipos de material empírico é conveniente reiterar o que já foi dito em vários lugares deste volume, ou seja, que a análise começa com o trabalho de constituição da documentação empírica e não quando este último chega ao fim. As indicações que se seguem fazem referência, portanto, às atividades de análise que se encontram em todas as fases de uma pesquisa qualitativa, aquelas imediatamente após a primeira entrevista ou após o primeiro dia de observação participante, assim como aquelas que tomam forma quando temos a *impressão* de dispormos de material empírico suficiente e nos movemos com passos mais largos em direção à redação do texto que reunirá os principais resultados do trabalho de pesquisa iniciado.

Ilustraremos os princípios que guiam a análise de todos os tipos de materiais empíricos obtidos com uma pesquisa qualitativa; consideraremos portanto alguns procedimentos analíticos mais específicos, determinados nos seus conteúdos, ora pelas características da documentação empírica obtida, ora pela técnica de pesquisa que a constituiu; enfim, abordaremos o aspecto fundamental da escrita.

1 Os três passos da análise

Reduzido ao máximo, o trabalho de análise da documentação empírica obtida por meio de uma pesquisa qualitativa baseia-se na concatenação de três passos: a *segmentação* da documentação empírica, a *qualificação* de cada um dos segmentos identificados, a *individuação* das relações entre os atributos conferidos aos diversos segmentos. Com exceção dos artefatos, todos os outros tipos de documentação empírica apresentam-se como um **fluxo contínuo de informações**: uma página depois da outra em um livro de orações, um minuto depois do outro de conversação em uma entrevista discursiva e de discussão em um grupo focal, um dia depois do outro nas anotações escritas em campo, na observação participante ou naturalista, no *shadowing* ou durante o desenvolvimento de um experimento de campo, e ainda um turno após o outro nas conversações, uma página depois da outra nos diários dos quais solicitamos a redação. Para administrar esse fluxo de informações, para sintetizar as respostas às perguntas a

---

dination). Com esse objetivo os autores, armados de uma potente câmera, gravaram um vídeo a distância das interações corporais que aconteceram na calçada, por quatro horas, detendo-se particularmente sobre as estratégias para evitar a colisão. É evidente como, nesse caso, o documento usado para a análise não contenha em si nenhum vestígio da relação entre observador e sujeitos observados. Materiais dessa natureza prestam-se, seja a uma análise qualitativa, seja a uma análise quantitativa. Foi esta última solução que Collett e Marsh utilizaram.

partir das quais se move o estudo (mais aquelas que a análise coloca em forma) a partir daquele conjunto heterogêneo, é necessário prosseguir à sua decomposição, apontando a lente de forma seletiva para algumas das suas partes, colocando lado a lado de forma estratégica um conjunto de "imagens congeladas". Essa ideia de *segmentação* do fluxo das informações obtidas é expressa de forma particularmente eloquente por Vincenzo Matera, que, a propósito da análise das notas etnográficas, observa o que se segue.

> O método serve, em termos mais específicos, para segmentar os eventos dos quais se experimenta, que se apresentam à nossa percepção como um fluxo contínuo. Fazer análise cultural, como de resto fazer análise linguística, quer dizer, desse ponto de vista, dividir o fluxo de experiência em que nos encontramos imersos em unidades de análise. O problema do etnógrafo pode se transformar, porém, naquele de como encontrar unidades de análise que não estejam excessivamente longe da perspectiva nativa, indígena ou local, se se preferir. Prosseguir, portanto, a uma decomposição da experiência coerente com a dos próprios atores sociais [Matera, 2004, 59-60].

Esse processo de segmentação, submetido às restrições que salienta Matera, realiza-se tipicamente de duas formas, diferentes pela relação instituída com a sua qualificação. Em um caso a segmentação precede a qualificação; em outro, segmentação e qualificação são simultâneas (cf. infra, par. 1.2).

1.1 A segmentação

A segmentação da documentação empírica baseia-se na identificação de alguns "**marcadores**", que indicam pontos de interrupção daquele fluxo contínuo do qual se falou mais acima. O perfil desses marcadores varia em razão da natureza dos pressupostos que estão na base da sua constituição. Entre as muitas distinções possíveis, aquela que considero mais útil para os nossos objetivos separa os marcadores em razão da sua *proximidade* à experiência dos participantes. Dessa forma, distinguiremos marcadores, respectivamente, *próximos* e *distantes* da experiência dos participantes. Para cada uma das três categorias de documentação empírica – achados, reproduções e representações – teremos tipos diferentes de marcadores cuja função consiste na identificação de segmentos relativamente homogêneos para submeter à comparação no interior dos materiais empíricos. À ilustração do primeiro conjunto de marcadores, próximos da experiência dos participantes, é dedicado o parágrafo a seguir (par. 1.1.1); à apresentação do segundo conjunto de marcadores, distantes da experiência dos participantes, é dedicado o parágrafo sucessivo (par. 1.1.2).

1.1.1 A segmentação com marcadores próximos da experiência dos participantes

A segmentação com **marcadores próximos da experiência dos participantes** baseia-se no uso de distinções próprias do senso comum dos participantes [Walton, 2001], resumidas de forma compacta na tabela 6.1.

▶ **Achados selecionados**. O primeiro grupo de marcadores próximos da experiência dos participantes (indicado na tabela com o número 1) aplica-se aos textos propriamente ditos, desde o livro de orações à autobiografia, até ao hipertexto publicado em uma página da internet. Mais acima indiquei nas autobiografias publicadas por pacientes psiquiátricos um exemplo de achado, especificamente, de texto, obtido exclusivamente através do exercício da seleção. A título de exemplo, reporto a seguir o *incipit* da autobiografia de Renée, juntamente ao de outros dois textos relacionados a esse gênero.

> Lembro-me claramente do dia em que aconteceu. Estávamos em férias e, como em outras vezes, eu tinha ido passear sozinha no campo. De repente, ouviu-se um canto em língua alemã proveniente da escola à qual eu passava em frente naquele momento: eram crianças que tinham a sua aula de canto. Parei para escutar, e foi naquele instante que um sentimento estranho cresceu em mim, um sentimento difícil de analisar, mas que se assemelhava a todos aqueles que eu devia experimentar mais tarde: a irrealidade [Sechehaye, 1950 – trad. it., 2000: 33].

> As vozes chegaram de repente em uma noite de outubro de 1962: tenho 14 anos. *Suicida-te... Queima-te vivo*, me dizem. O rádio transistorizado sobre o criado-mudo acabou de transmitir uma canção dos *Four Seasons*, mas aquelas que ouço não são as palavras da canção. Me viro na cama, pensando em um pesadelo, mas na realidade não estou dormindo: as vozes – baixas, insistentes, irônicas e sarcásticas – continuam a falar. *Enforca-te*, dizem. *Será uma sorte para o mundo inteiro. Você é inútil, não vale nada...* [Steele, 2002 – trad. it., 2005: 7].

O primeiro impulso em direção à escrita desse relato autobiográfico surgiu para mim espontaneamente no verão de 2005, depois de ter encontrado o folder *Gek? Schizofrenie. Minder gek dasje denkt...* ("Louco? Esquizofrenia. Menos louco do que você possa pensar...") e tê-lo levado comigo para falar a respeito com o meu psiquiatra na Itália. O que me perturbou particularmente nesse *folder* foram as afirmações: "Da esquizofrenia não se pode curar" e "quando o diagnóstico de esquizofrenia é feito, recomenda-se fortemente continuar a usar os remédios para sempre" [Van Der Win, 2010: 9].

Tabela 6.1 Marcadores próximos da experiência dos participantes por tipo de documentação empírica

TIPO DE DOCUMENTAÇÃO EMPÍRICA	MARCADORES
1 ACHADOS SELECIONADOS Textos propriamente ditos	▶ *Incipit* ▶ Parte final ▶ Partes, capítulos, seções ▶ Texto, notas, apêndices
2 ACHADOS NEGOCIADOS Transcrições, conversações naturais	▶ Turnos ▶ Locutores
3 ACHADOS SOLICITADOS Diários solicitados	▶ Data ▶ Lugar ▶ Actantes[a] ▶ Grupos de actantes ▶ Classes de atividades
4 REPRODUÇÕES Transcrições, entrevistas discursivas	▶ *Incipit* ▶ Parte final ▶ Perguntas formuladas pelo entrevistador ▶ Relação entre comunicação verbal e não verbal, convergência *vs.* divergência ▶ Metacomunicação
5 REPRESENTAÇÕES Transcrições, grupos focais	▶ Perguntas formuladas pelo moderador ▶ Relação entre comunicação verbal e não verbal convergência *vs.* divergência ▶ Grupo ▶ Locutores
6 REPRESENTAÇÕES Notas de campo	▶ Data ▶ Lugar ▶ Actantes ▶ Grupos de actantes ▶ Classes de atividades

[a] Retiro do Dicionário de Semiótica de Greimas e Courtés [1979 – trad. it., 2007, 17] a definição de actante: "O actante pode ser concebido como aquele que realiza ou sofre a ação, independentemente de qualquer outra determinação". De acordo com Greimas e Courtés, os actantes, além de pessoas, também podem ser coisas ou de qualquer forma entidades impessoais que realizam ou sofrem uma ação.

A segmentação proposta (não há uma regra áurea que estabeleça a extensão do *incipit* de um texto) identifica, de acordo com Matera [2004], três "unidades de análise" suscetíveis de qualificação e, portanto, de comparação. Não é este o lugar para uma análise completa desses materiais, limito-me simplesmente a indicar a semelhança dos primeiros dois *incipit*, com a intenção de reconstruir o momento exato do surgimento da doença mental. O terceiro *incipit* apresenta uma evidente semelhança formal com os dois primeiros, mas se afasta deles por um aspecto decisivo. Também a autobiografia de Lia Van Der Win abre-se com a reconstrução analítica de um momento-chave, que, entretanto, não é o do surgimento da doença mental, mas o momento no qual toma forma o desejo de escrever sobre isso: à identidade do doente toma lugar aqui a da escritora. Os outros marcadores referidos na tabela (ao ponto 1), a parte final, as subdivisões editoriais (partes, capítulos, seções; texto, nota, apêndice), e mais tudo aquilo que de semelhante pode vir em mente para um hipertexto, desempenham a mesma função: identificam partes homogêneas de texto suscetíveis de qualificação e comparação.

▶ **Achados negociados**. Os marcadores indicados para os achados textuais obtidos com a negociação (tab. 6.1, ponto 2) são aqueles tipicamente usados na análise das conversações. Também nesse caso a segmentação do fluxo discursivo é propedêutica à qualificação das suas partes e a específicas comparações. O trecho apresentado a seguir, extraído de um estudo de Giolo Fele [2007: 112] sobre ligações para o 118*, ilustra um procedimento de segmentação baseado na distinção entre locutores e turnos de fala.

1997.07.30. 10:39

((toca o telefone))				
01	118	⟶	cento e dezoito Florença.	**[1]**
02	quem liga		cento e dezoito, quatro ambulâncias imediatamente	
			no aeroporto, aliás, quatro não, o máximo que puderem.	
			houve um acidente.	**[2]**
05	118	⟶	onde, senhora?	
06	quem liga		no aeroporto, em Florença Peretola	
07	118		aeroporto ((escrevendo))	
08	quem liga		mas imediatamente!	
09	118		Peretola ((escrevendo))	
10	quem liga	⟶	é na direção do aeroporto.	**[3]**
11	118		que tipo de acidente foi.	
12	quem liga		eh, um avião saiu da pista. Rápido!	
13	118		Bem. Enviaremos alguém imediatamente.	**[4]**
14	quem liga		obrigada ((terminado o telefonema))	**[5]**

▶ **Achados solicitados**. Aqui os marcadores próximos da experiência dos participantes (tab. 6.1, ponto 3) são os mesmos aplicáveis às notas de campo. O

---

* Cf. glossário.

texto de um diário solicitado pelo pesquisador pode ser segmentado seguindo a sua intrínseca estrutura cronológica, usando a data das anotações como separador. As segmentações ditadas pela data das anotações resultam particularmente eloquentes sempre que as atividades das quais o diário dá conta caracterizem-se por alguma forma evidente de periodicidade. A forma mais simples de periodicidade é cadenciada pelos dias da semana, pensemos, por exemplo, na atividade escolar. Nesse caso a segmentação com base na data pode colocar lado a lado, por exemplo, todas as segundas-feiras do período considerado no diário, ou todos os fins de semana, ou todos os dias da semana que a religião do autor do diário consagra ao culto. De forma análoga, o texto pode ser segmentado considerando a dimensão espacial: o lugar em que a anotação é redigida ou o lugar descrito no texto. À segmentação do texto também pode contribuir a identificação dos actantes que emolduram, por assim dizer, a porção do texto que descreve a ação que realizam ou sofrem. A extensão do marcador actantes é constituída pela categoria grupo de actantes, indicados com uma etiqueta (os psiquiatras) ou com um "nós" ou um "eles" não raramente carregados de conotações valorativas ou emocionais. Um grupo de actantes contribui à segmentação do texto com a identificação da parte dentro da qual o grupo realiza ou sofre uma ação. A categoria "classes de atividades" segmenta o texto por meio da identificação de partes caracterizadas pela descrição de atividades, de práticas relacionadas a um mesmo repertório, por exemplo, cuidar da própria saúde, defender os próprios direitos, dedicar o próprio tempo ao lazer, à diversão. O uso desses marcadores será ilustrado mais adiante com um exemplo referido ao seu uso para as notas de campo, quer dizer, para as representações.

No âmbito das reproduções é conveniente distinguir duas variantes, diferentes entre si em razão do tipo de interação representada ou, de um outro ponto de vista, em razão da técnica de pesquisa que permitiu a sua geração.

▶ **Reproduções que representam entrevistas discursivas.** A primeira variante (tab. 6.1, ponto 4) é constituída pelos marcadores próximos da experiência dos participantes aplicáveis às reproduções geradas com entrevista discursiva. Reencontramos aqui dois marcadores já usados para os achados, os marcadores que identificam, respectivamente, o *incipit* e a parte final da conversação, mais exatamente as frases com as quais o entrevistado abre e fecha a própria comunicação com o entrevistador. Em uma entrevista discursiva o *incipit* é às vezes particularmente eloquente, apresentando o *leitmotiv* da conversação contido em poucas frases[12]. No capítulo dedicado à entrevista discursiva, a propósito do processo de socialização ao papel de entrevistado (cf. supra, cap. 4, par. 4.2), reportei as primeiras frases da entrevista com Luc, um jovem artesão francês, que reproponho a seguir.

---

12. No modelo narratológico de William Labov [1972, apud Riessman, 2008: 81-90] *incipit* com as características indicadas no texto desempenham a função de *abstract*. Para um exemplo de análise baseada na consideração do tipo de *incipit*, cf. Gherardi e Poggio [2003].

1) O que eu gostaria, então, é que me falasse de você, do que faz, do que lhe aconteceu na vida.

2) Ah, então não me faz perguntas. Assim é difícil, o que faço etcétera, não é muito preciso...

3) Sim, nada de perguntas precisas, não é um interrogatório. Para mim, o que interessa é o que é importante para você. Então, os momentos importantes, importantes para você.

4) Importante, por exemplo, naquilo que faço neste momento, ou?

5) Sim, pode começar por aquilo que faz neste momento.

6) A vida não está fácil. Não me lamento, não é esse o problema. Tenho sorte, de qualquer forma, visto que... trabalho. Não é o ideal. Não sou...

A negociação da forma de interlocução é concluída nos primeiros quatro turnos de fala: uma conversação livre, não guiada pela regra "à pergunta, responde", Luc, no *incipit* da reconstrução da própria trajetória biográfica, expressa em poucas frases a chave da história da sua vida: "A vida não está fácil. Não estou me lamentando, não é esse o problema. Tenho sorte, de qualquer forma, visto que... trabalho". Com finalidades análogas pode-se usar a parte final de cada entrevista, o último discurso fornecido pelo entrevistado antes de se despedir, com o propósito de individuar segmentos relevantes do *corpus* textual obtido com as entrevistas, para colocá-las lado a lado e qualificá-las com vistas a uma comparação entre as diversas entrevistas. O marcador que se impõe primeiro com vistas a uma segmentação do *corpus* textual é constituído pelas perguntas dirigidas aos entrevistados, ou melhor, pelo subconjunto de perguntas que, no capítulo dedicado à entrevista discursiva, definimos como cruciais, tendencialmente dirigidas a todos os participantes (cf. supra, cap. 4, par. 2). Os discursos solicitados por tais questões, o texto que contém as respostas dos entrevistados, constitui um segmento suscetível de qualificação e comparação. A eficácia desse procedimento de segmentação cresce em razão do grau de semelhança entre as efetivas formulações das questões reunidas no roteiro que guiou a condução das entrevistas. Quanto mais as formulações linguísticas utilizadas em cada entrevista assemelham-se entre si, tanto mais promissora resulta a segmentação baseada nas perguntas formuladas. Evidentemente que, pelo que foi dito no capítulo 4, para a identificação dos segmentos homogêneos não é necessário dispor de perguntas formuladas *exatamente* do mesmo modo em todas as entrevistas, mas de perguntas capazes de gerar discursos que recaem sobre a mesma área temática. No capítulo 4 apresentei um fragmento da entrevista com um ouvidor de vozes, gerado por uma questão com a qual a entrevistadora pede a ele para esclarecer as explicações que deu sobre as vozes que o povoam.

3) E qual explicação dá às vozes... isto é, por quê...

4) Ah! Isso é um mistério... Isso é um mistério. Em geral iniciam-se depois de ummm fatoo doloroso ou um luto ou um forte desgosto

uma desilusão uma coisa do gênero para mim foi uma desilusão de amor, mas para alguns foi a morte do pai ou da mãe ou da namorada ou da esposa ou de um filho, e não existe nem uma idade em que se é mais provavelmente sujeito a ouvir as vozes porque há quem ouça as primeiras vozes com quinze anos, há quem as ouça com cinquenta...

O discurso solicitado pela pergunta identifica um segmento, que pode ser colocado ao lado de segmentos homólogos extraídos das outras entrevistas a ouvidores, segmentos que, como aquele reportado, dão conta, oferecem uma explicação sobre o surgimento das vozes.

A relação instituída entre comunicação verbal e não verbal oferece um instrumento adicional de segmentação do *corpus* textual gerado a partir da condução de entrevistas discursivas. A tabela 6.1 reporta uma versão simplificada das relações entre os dois registros comunicativos proposta por Annalisa Frisina (cf. supra, cap. 5, par. 3.2), dirigindo a atenção exclusivamente para as duas acepções extremas: a *convergência*: o gesto reforça e evidencia as palavras; e a divergência: o gesto contradiz as palavras. Quando a intenção é a segmentação do *corpus* textual, é conveniente dirigir a atenção para a modalidade de relação entre os dois registros comunicativos – verbal e não verbal – menos recorrentes que, com toda a probabilidade, é constituída pela sua divergência. A segmentação, nesse caso, identifica na transcrição de cada entrevista os pontos em que os dois registros comunicativos divergem, na hipótese – em um primeiro momento razoável – de que aqueles pontos individuem âmbitos emocional e cognitivamente críticos para os entrevistados.

Por último, o critério da metacomunicação pode guiar a identificação dos segmentos do *corpus* textual nos quais o entrevistado evidencia a relação com o entrevistador ou a própria experiência de entrevistado. Isso acontece, por exemplo, quando o entrevistado faz menção à relação de confiança instituída com o próprio interlocutor: "digo-lhe estas coisas porque sei que posso confiar em você", ou quando, à margem do próprio discurso, insere um comentário do tipo: "nunca tinha pensado nisso antes!"

▶ **Reproduções que representam grupos focais.** A segunda variante de marcadores (tab. 6.1, ponto 5) é constituída pelos marcadores próximos da experiência dos participantes aplicáveis às reproduções geradas com o grupo focal. São úteis aqui – devidamente adaptados – alguns marcadores identificados para as transcrições de entrevistas discursivas. As solicitações do moderador desempenham uma função análoga à das perguntas do entrevistador, identificando os segmentos da conversação nos quais a solicitação é acolhida pelos participantes. De forma análoga, é possível usar o critério da relação entre código verbal e não verbal, especificamente as formas de evidente divergência, para identificar os pontos emocional ou cognitivamente quentes, por assim dizer, da discussão. A isso se acrescentam dois marcadores específicos do grupo focal que identificam as transcrições em razão do grupo que as gerou e, dentro do grupo, os participantes individuais, os locutores. Isso permite qualificar o rumo adotado pelo discurso em cada grupo e observar as contribuições à discussão e, nos casos em que ocorra, a evolução da orientação de cada participante dentro do grupo do qual faz parte.

▶ **Representações.** Passemos aos marcadores próximos da experiência dos participantes aplicáveis às representações, que tipicamente assumem a forma de notas de campo. Aqui, o primeiro e mais elementar critério de segmentação é constituído pela data que acompanha cada anotação. A utilidade desse critério de segmentação surge somente quando anotações redigidas em datas diferentes recaem sobre o mesmo âmbito temático. A descrição de um ritual colocada em palavras, por exemplo, no início do trabalho de campo, no meio e no fim, oferece indicações úteis para qualificar o ritual em análise, mas também, e talvez principalmente, a relação do observador com os participantes e a sua compreensão da experiência ritual a que participou. O lugar, entendido como espaço social dentro do qual a ação toma forma, oferece um útil instrumento de segmentação principalmente quando os lugares pré-escolhidos instituem relações significativas com a sociedade e a cultura em estudo.

No caso de uma comunidade espiritual, os espaços sagrados, dedicados à celebração dos rituais, constituem um lugar capaz de oferecer segmentações eloquentes. Ao contrário, também espaços menores, pouco evidenciados pelos participantes pela sua especificidade, podem constituir guias eficazes para a segmentação das notas de campo. Penso, particularmente, nos espaços de uma sociabilidade informal, espaços destinados ao mero estar junto sem um objetivo particular, como pode ser um café, a mais banal máquina de distribuição de bebidas ou o ângulo de uma praça. A atenção aos actantes, individuais ou em grupo, oferece um outro critério de segmentação das notas de campo. No capítulo dedicado à observação participante apresentei dois excertos das notas de campo redigidas no âmbito de um estudo (não publicado) sobre um Serviço Psiquiátrico de Diagnóstico e Tratamento da minha região (cf. supra, cap. 3, par. 4). Reproponho o segundo excerto, que descreve a interação de Piero, o jovem paciente para o qual eu dirigi a minha atenção, com os psiquiatras do setor.

> Entramos novamente no hospital e juntos fomos falar com o Dr. Rossi. Este me cumprimenta muito cordialmente e, com um jogo de olhares e de sinais, acordamos sobre o fato de que eu poderia ficar e assistir à conversa. Piero diz a Rossi: "confio neste senhor (ou talvez diga "no professor"), mais do que no senhor!" Respondo com um "Oh!" de surpresa. Piero reitera o seu pedido para ter alta, mas o tom não é categórico e Rossi o leva a explicar esse aspecto da comunicação entre eles: "Você tem uma justificativa para esse pedido?" Piero acena que sim com a cabeça. Enquanto isso chega a Dra. Verdi que lembra, em tom de brincadeira, a entrada violenta de Piero no quarto em que faziam a reunião, para dizer a todos que aquele seria o seu último dia de internação. Verdi diz que Piero é um bom rapaz, bem-educado, mas, às vezes, esquece essa boa educação. À sua solicitação de sair, Verdi diz que para isso é necessário

ter força de vontade dentro de si. Diz que não vê essa força de vontade na cabeça dele, brinca ao procurar vê-la aproximando-se da cabeça de Piero, então senta-se à mesa do Dr. Rossi e diz: "é pequena, é necessário usar a lente! Ou sou eu que não vejo bem". A questão é enfrentada de forma direta por Rossi: "Senhor Piero, esta noite o senhor, pela primeira vez, dormiu toda a noite. Isso me parece um resultado importante, que nos diz que o senhor está melhorando, mas não podemos dizer que o senhor pode receber alta hoje mesmo". Após, Rossi faz menção às aventuras amorosas do final de semana de Piero, sem receber dele comentário algum (o tom de Rossi não era de reprovação, referia-se a esses eventos como a algo de relevante, que – de certo modo – interrompeu a rotina de Piero), prossegue então explicando a terapia a que Piero está submetido: "agora iniciamos a terapia com um regulador de humor (diz o nome), ontem tomou meio comprimido, hoje tomará um, amanhã um e meio, e depois veremos como fica". Nessa ocasião, assim como durante toda a entrevista, Piero mostra-se muito condescendente: assume em muitos momentos um olhar e movimentos infantis, talvez também um pouco sedutor, assim como sedutor pode ser um bebê.

O texto reportado acima constitui um segmento recortado por meio do uso conjunto – uma opção praticável – de vários marcadores: o actante Piero e o grupo de actantes constituído pelos psiquiatras. Segmentos dessa natureza podem ser utilmente colocados lado a lado e qualificados com o propósito de retratar as formas assumidas pela relação médico-paciente no contexto em estudo, eventualmente estendendo a categoria de actante a outros internados; portanto, não apenas a Piero, mas também aos outros pacientes.

Sempre em relação às representações, o último marcador listado na tabela, o que se refere às classes de atividades, repropõe – na realidade – o "truque de Howard Becker", que sugere desviar a atenção dos indivíduos para as práticas (cf. supra, cap. 3, par. 3.3). Segmentar as notas de campo em razão das classes de atividades quer dizer marcar as partes do texto nas quais são descritas, ou melhor, reproduzidas, as atividades que o pesquisador – apoiado de várias formas pela opinião dos participantes (cf. a citação de Vincenzo Matera reportada mais acima) – considera homogêneas. Esse critério permitirá, por exemplo, identificar as partes das notas de campo que representam os momentos rituais da sociedade em estudo ou, por exemplo, os momentos em que surge – pelo menos aos olhos do pesquisador – o conflito, a prepotência. O texto apresentado a seguir, extraído das notas etnográficas redigidas durante a minha permanência junto à comunidade dos elfos de Gran Burrone [Cardano, 1997a], oferece um exemplo de segmentação baseado no critério "classes de atividades", atividades que, nesse caso, são as rituais[13].

---

13. A transcrição é idêntica à original, exceto pelos nomes dos participantes, substituídos por nomes fantasia.

A preparação tinha iniciado à tarde, com a coleta da lenha, em torno das vinte e duas horas inicia-se a esquentar as pedras e a preparar a água e as ervas. Paolo e Marco ocupam-se da preparação, Marco particularmente se empenha muito. Diz: "é preciso fazê-la [a sauna] em sete, em nove ou treze... sete é uma bela história, é um número mágico". Visto que são muitos querendo fazer a sauna, devem-se fazer três turnos. A respeito do primeiro turno não tem discussão; discute-se, em tom de brincadeira, sobre quem deve entrar no segundo turno. Quem deve fazer a sauna (se já não está nu) despe-se e se posiciona perto do fogo, perto da tenda do suor. Os discursos entre quem se dispõe a fazer a sauna são definitivamente profanos, fala-se do que se fez durante o dia, dos objetivos para o dia seguinte etc. Antes de entrar na sauna é necessário molhar a cabeça. Eu estou no segundo turno com Marco, Giuseppe, Rodolfo, Pietro, Caterina e Filippo (um hóspede). Marco nos dá instruções: "é necessário fazer toda a volta, não se sentar no primeiro lugar porque assim vem uma bela energia". Entramos e inicia-se, pouco depois Marco pede que alguém conte uma história. Faz-se um pouco de silêncio, ninguém se apresenta, pouco depois – titubeante – Rodolfo: "bem, tem a história da tenda do suor". Conta o Mito Dakota. Os Dakota se transferiram para as planícies e pouco tempo depois se tornaram ótimos cavaleiros. Um dia dois deles, um puro e um impuro, veem na pradaria um bisonte branco correndo. O bisonte para, rola no chão e se transforma em um bisonte preto, rola mais uma vez e se transforma em uma mulher. O índio impuro diz ao colega que quer fazer amor com aquela mulher, mas o outro o adverte, não se pode, é *wakan*. Naquele momento a mulher aproxima-se dos dois guerreiros para dizer o que eles deveriam fazer para poder encontrá-la novamente. Diz, porém, que para poder vê-la é preciso ser puro; no mesmo momento a terra se abre e engole o guerreiro impuro. A mulher explica então ao outro índio como se purificar e lhe ensina o ritual da tenda do suor. A história de Rodolfo não parecia ter entusiasmado ninguém, talvez pelo seu sabor intelectual (especialmente porque era Rodolfo a contá-la). Pouco depois Marco, despejando água sobre as pedras, diz: "Eu preciso de valores".

Como é fácil intuir, os instrumentos de segmentação propostos para as reproduções, especificamente, para as notas de campo, reproduzem a regra do bom jornalismo, usada como guia à redação das notas etnográficas (cf. supra, cap. 3, par. 4). Especificamente, a segmentação proposta considera as partes do texto em que se dá explicação sobre o *quando*, o *onde*, o *quem* (actantes individuais ou em grupo) e o *quê* (classes de atividades).

1.1.2 A segmentação com marcadores distantes da experiência dos participantes

O segundo conjunto de marcadores, distantes da experiência dos participantes, é constituído por instrumentos teóricos ou metodológicos elaborados de alguma forma na própria comunidade científica, mas também em outras, a partir das quais essas ferramentas analíticas são importadas. Trata-se na maioria das vezes de ferramentas que, para o uso a que são destinadas, sofrem modificações, às vezes até significativas, que aumentam a sua capacidade de traçar distinções relevantes. Apresentando as principais abordagens à análise das narrações (análise temática, estrutural, dialógica e visual), Riessman [2000, 2008] convida o leitor a considerar as quatro abordagens gerais traçadas no texto para depois adaptá-las ao próprio problema de pesquisa específico. Na mesma esteira as indicações de Barbara Czarniawska [2004: 80-81], que sugere o uso, e não a aplicação dos modelos analíticos encontrados na literatura, indicando Bruno Latour e o seu *uso* do modelo narratológico de Greimas, adaptado às próprias exigências analíticas, como modelo a ser seguido. Aqui surge clara a imagem millsiana do trabalho intelectual como exercício de uma atividade artesanal, que passa primeiramente pela adaptação, ou pela construção das próprias ferramentas e pelo empenho em dar explicação sobre as suas peculiaridades – os seus pontos positivos, mas também os seus limites – e o modo no qual essas ferramentas foram usadas no nosso trabalho de pesquisa [Mills, 1959 – trad. it., 1995: 234-236]. O trabalho de segmentação dos materiais empíricos realizado com esses instrumentos analíticos é guiado por considerações que dizem respeito ora aos *conteúdos*, ora à *forma* dos textos[14].

▶ **Conteúdos dos textos**. No primeiro caso, quando a segmentação é guiada pelos *conteúdos*, os critérios de segmentação são extraídos do modelo teórico de referência e/ou das perguntas a partir das quais se move o próprio estudo. A seguir me limitarei a reportar alguns exemplos, ou melhor, exemplares que servem exclusivamente ao objetivo de demonstrar a lógica que subjaz a esses procedimentos. Uma das peculiaridades comumente reconhecidas pela pesquisa qualitativa tem a ver com a sua capacidade de explicar os processos sociais, de fornecer imagens em movimento e não apenas instantâneas. Para muitos dos processos para os quais a pesquisa social dirigiu a atenção, a reflexão teórica identificou uma série de etapas, de passagens analíticas. É o caso, por exemplo, das carreiras profissionais, para as quais Nigel Nicholson [1984] identifica quatro passos cruciais: a fase de preparação à transição a uma posição diferente, o encontro, o ajuste e a estabilização. A mesma lógica implica a subdivisão das etapas que levam de uma fé a outra, que guiam os processos de conversão religiosa. John Lofland e Rodney Stark [1965, apud Pannofino, 2008: 281] propõem a esse respeito uma controversa divisão da passagem em sete etapas principais: o surgimento de uma crise existencial; o surgimento de uma orientação para procurar respostas de tipo religioso à própria crise; a transformação do indivíduo em *seeker*, isto é, em um sujeito que se desloca de um grupo a outro

---

14. Também nesse caso fica fora a análise dos artefatos, que – como já foi dito – presta-se muito menos a procedimentos de segmentação do que a análise dos textos.

em busca da verdade religiosa; o ponto de virada, ou seja, o encontro com a fé à qual o indivíduo vai aderir; o desenvolvimento de ligações afetivas com os membros do grupo ao qual o sujeito se converteu; o enfraquecimento das relações com as redes sociais externas ao grupo religioso; por último, a aceitação de papéis de responsabilidade em favor do grupo ao qual o indivíduo adere. Permanecendo sempre no plano dos processos individuais, é útil referir uma divisão mais geral das transições, aquela proposta pelo antropólogo Arnold van Gennep [1909 – trad. it., 2006: 10-11] para os rituais de passagem, que prevê, como se sabe, uma subdivisão em três etapas: a separação, o ingresso em uma fase limítrofe ou de margem e a agregação[15]. Distinções como essas propostas – e obviamente muitas outras ainda, relativas a processos meso ou macrossociais – podem ser usadas para segmentar textos, sejam eles transcrições de entrevistas (reproduções) ou notas de campo (representações) identificando seções em cada um que, de forma equivalente, evidenciam, por exemplo, a crise que precede a conversão religiosa ou a fase limítrofe que divide os momentos de separação e agregação.

Ao lado de categorias que representam processos podem se encontrar categorias que qualificam eventos, situações que se dispõem em um horizonte temporal mais compacto. Com esse objetivo são utilizadas categorias teóricas de elevada generalidade como, por exemplo, aquelas de palco e bastidores propostas por Goffman [1959], ou, dentro do que acontece no palco, as experiências de dar e receber ordens. Essas categorias permitem, por exemplo, recortar dentro das próprias notas de campo os segmentos que retratam as atividades dos bastidores de uma organização produtiva ou as situações nas quais ao comportamento digno e sério de quem dá uma ordem acompanha a deferência de quem se dispõe a obedecer. Na mesma trilha, mas movendo-se a partir de uma diversa sensibilidade teórica, pode-se dirigir a atenção em direção às políticas da diferença que se mostram de forma radical na relação entre o normal e o patológico, entre o sábio e o louco [Canguilhem, 1966; Foucault, 2003], e com tons menos dramáticos na relação entre etnias, sexos e gerações. Com esses instrumentos, o fluxo contínuo das notas de campo ou das transcrições de entrevistas narrativas pode ser segmentado individuando específicas dimensões analíticas nas quais se mostra a representação ou a relação com formas de alteridade mais ou menos radicais: as relações entre um louco e aqueles que não o são em uma empresa, a discriminação relatada ou praticada em relação a uma pessoa negra.

Além disso, a segmentação do material empírico pode ser obtida por meio da identificação de **micro-histórias** no seu interior, referidas àquela dimensão

---

15. Utilizei a classificação de Van Gennep no meu estudo sobre a sacralização da natureza, usando-a primeiro para segmentar e depois para classificar as trajetórias ao longo das quais os elfos de Gran Burrone separaram-se da sociedade a que todos nós pertencemos para, então, abraçar a comunidade da qual se tornaram parte [Cardano, 1997a: 104-109].

particular [*sensu* Bruner, 1986 – trad. it., 2003, cap. 2] que contradistingue a pesquisa qualitativa (cf. supra, cap. 1). Trata-se, nesse caso, de um procedimento de segmentação baseado na consideração conjunta de aspectos de conteúdo e de forma. Um exemplo eloquente é constituído pelo estudo de Patricia Ewick e Susan Silbey que, movendo-se a partir de uma pesquisa concebida para individuar como, na vida cotidiana, o plano das leis é vivido, interpretado e usado, dirigem a atenção para um conjunto de micro-histórias, ora de resistência, ora de condescendência, que representam as formas nas quais as pessoas envolvidas no estudo enfrentaram a relação com as formas de autoridade – não apenas as estritamente jurídicas – difundidas na sociedade [Ewick e Silbey, 2003]. As duas estudiosas concentram a atenção sobre a transcrição de 141 entrevistas das quais recortam um conjunto de histórias exemplares, precisamente de resistência ou condescendência às formas de poder difundido, para as quais dirigem a atenção[16]. Essa abordagem é digna de nota por um aspecto específico relativo à análise das transcrições de entrevistas discursivas. A unidade de análise, nesse caso, é constituída pelas histórias e não pelos entrevistados, que podem fornecer nenhuma, uma ou mais histórias de resistência. A história apresentada a seguir, atribuída a Sophia Silva, oferece um eloquente exemplo, seja dos conteúdos dos materiais, seja da extensão do recorte realizado pelas autoras nos materiais empíricos obtidos por elas.

> Quando os meus filhos eram pequenos, a minha lavadora de roupas perdia água continuamente e, naquele período, eu fazia dezenas de lavagens, dessa maneira sempre tinha que chamar alguém para consertar. Eles vinham e arrumavam alguma coisa no motor. Nós éramos um casal jovem e esses consertos nos custavam muito. De qualquer forma, não adiantavam nada e eu decidi chamar, acho que era o número da General Electric, liguei para a companhia e consegui localizar o presidente. E a secretária disse: "Sinto muito, não está disponível". E eu disse: "Bem, continuarei a ligar até que ele esteja disponível". Então ela disse: "Espere um momento". Ele veio ao telefone e disse: "Como posso ajudá-la?" Eu comecei a chorar, estava tão nervosa... E ele me disse: "Agora sente-se um pouco e conte-me toda a história". E eu lhe contei toda a história. Que eu tenho todas essas contas para pagar e que a lavadora não funciona e que nada tinha sido feito. Ele disse: "Senhora, não se preocupe, nós cuidaremos do seu problema". E cinco minutos depois que eu tinha desligado, recebi um telefonema de uma companhia, de uma sociedade de serviços... na Route 22, ou algo do gênero, eles chegaram e consertaram a lavadora. Quero dizer, pra mim está bem pagar pelas coisas, mas... Esta é a minha história preferida [p. 1.356-1.357].

---

16. Realmente as duas estudiosas recorrem a um procedimento que prevê a união das duas modalidades de segmentação ilustradas nestas páginas, a forma na qual a segmentação precede a qualificação dos segmentos e aquela na qual segmentação e qualificação são simultâneas [Ewick e Silbey, 2003: 1.340ss.].

Uma observação que diz respeito às finalidades da segmentação vale para todos os procedimentos de segmentação baseados nos conteúdos descritos até aqui. O que conta de cada segmento é principalmente a sua qualificação (cf. infra), a definição do *como* da crise de um convertido a uma nova fé, do *como* da interação ritual feita de deferência e de comportamento sério e digno, do *como* de uma manifestação de resistência.

▶ **Forma dos textos.** Os procedimentos de segmentação dos materiais empíricos baseados na consideração da forma dizem respeito a um conjunto variado de âmbitos disciplinares que inclui a teoria da literatura, a semiótica, a teoria da argumentação, entre outras. Ainda neste caso me limitarei a fazer referência a alguns exemplos que indicam a direção ao longo da qual esses procedimentos se movem, sem nenhuma pretensão de exauri-los. De forma geral, esses instrumentos formais propõem-se a oferecer uma qualificação das dimensões, ora *narrativas*, ora *argumentativas* dos materiais empíricos.

1) Dimensões narrativas. Uma das formas mais versáteis de segmentação dos materiais empíricos, realizada com base nas suas peculiaridades narrativas, é constituída pelo **modelo analítico proposto por Greimas** [1970, 1983][17]. Greimas propõe-se a fundamentar uma semiótica da narratividade, capaz de analisar qualquer forma de narração, identificando o seu sentido e principalmente os mecanismos narrativos que permitem ao relato assumir o sentido que lhe é próprio. O coração de qualquer narração é constituído pela relação entre um sujeito, o herói, o protagonista e um objeto. O sujeito tem uma tarefa: a conquista do objeto ou a sua defesa de quem ou do que pretende subtraí-lo. Nas formas mais complexas de narração, a ação do sujeito, voltado em direção ao objeto ao qual pretende permanecer unido, contrapõe-se à de um antissujeito ou oponente, que impede a ação do sujeito. O objeto disputado pelo herói, e por quem ou pelo que se opõe a ele, é, por definição, um objeto de valor. A estrutura profunda dos *Promessi Sposi** permite ilustrar de forma compacta o que foi dito até aqui [Marchese, 1997: 36]. Renzo, o sujeito da narração, no início está unido a Lucia, que aqui desempenha o papel de objeto de valor. O antissujeito, Dom Rodrigo, opõe-se ao casamento deles e faz com que o herói seja separado do próprio objeto de valor. Por meio das peripécias narradas por Manzoni, que envolvem ajudantes e oponentes do herói, a narração encerra-se com a união de Renzo a Lucia, esquematicamente: $H \cap O \longrightarrow H \cup O \longrightarrow H \cap O$[18]. As peripécias do sujeito são relacionadas por Greimas a quatro etapas fundamentais: contrato, competência, *performance* e sanção. O *contrato* é o momento no qual o sujeito

---

17. Para uma apresentação clara do modelo narratológico de Greimas, cf. Marchese [1997: 34-46] e Volli [2005: 97-113].

* Cf. glossário.

18. Leia-se Herói junto ao Objeto de valor ($H \cap O$), ao qual segue Herói separado do Objeto ($H \cup O$) e, por último, Herói novamente unido ao Objeto ($H \cap O$).

assume o compromisso de conquistar (ou defender) o objeto de valor. No nosso exemplo é o compromisso de Renzo, assumido com a esposa prometida e consigo mesmo, de casar-se com Lucia. Para realizar a tarefa que lhe foi designada, o sujeito deve conquistar os meios materiais e intelectuais necessários: processo constitutivo da fase denominada *competência*. Renzo busca o apoio primeiro do Doutor Azzeccagarbugli e depois de Fei Cristoforo. O uso desses recursos faz com que o protagonista seja capaz de enfrentar a própria tarefa na fase denominada *performance*, ora alcançando os próprios objetivos, ora falindo na própria iniciativa. Renzo vai atrás de Lucia e, quando a encontra, vencidas as suas resistências, finalmente se casa com ela. Isso leva à última etapa do percurso narrativo, a *sanção*, na qual, em razão do grau de cumprimento do contrato e dos resultados obtidos na fase de *performance*, o protagonista recebe uma sanção positiva ou negativa. No nosso exemplo a sanção é positiva porque Renzo, devido à morte de Dom Rodrigo, consegue finalmente se unir em matrimônio com Lucia. A transição de uma fase a outra é acompanhada por uma série de peripécias que ligam o protagonista a outros personagens, ou melhor, outros papéis actanciais que ora apoiam, ora impedem a realização da sua tarefa, na conquista ou na defesa do objeto de valor: o ajudante, o oponente, o destinador, aquele que incumbe ao sujeito a tarefa para desempenhar, o destinatário, aquele que vai tirar vantagem (ou desvantagem) do resultado da missão do sujeito. O modelo de Greimas permite identificar em uma narração as partes discursivas destinadas à ilustração das etapas canônicas da narração – *contrato, competência, performance e sanção* – permitindo, por assim dizer, o seu recorte dentro dos materiais empíricos e portanto a sua segmentação. Também nesse caso a segmentação é voltada à qualificação do *como* de cada segmento, portanto, ao como do contrato (p. ex., negociado, imposto, extorquido), da competência, da *performance* e da sanção.

Utilizei o modelo narratológico de Greimas na análise das narrativas de doença coletadas no âmbito do estudo – referido várias vezes – sobre a relação entre trabalho e distúrbio psíquico [Cardano, 2005]. Com esse objetivo foi necessária uma articulação pouco ortodoxa do modelo analítico com a qual fiz preceder um antecedente às quatro etapas canônicas previstas por Greimas, que permite o desencadeamento da estrutura narrativa. No antecedente o protagonista vive – normalmente inconsciente – a própria união com o objeto de valor, o bem-estar psíquico, mas depois, após a intervenção da doença mental, é separado dela na transição da saúde à doença mental. A aplicação do modelo greimasiano passa aqui, assim como em outros lugares, pela identificação do que, nos materiais narrativos ao qual se aplica, equivale, respectivamente, a contrato, competência, *performance* e sanção. Nesse caso, a fase do contrato vê o sujeito encarregado da tarefa de reconquistar o próprio bem-estar psíquico. Normalmente, essa tarefa é atribuída a ele pelas instituições de saúde, mais especificamente, pelo psiquiatra. A fase sucessiva, a da competência, vê o sujeito envolvido primeiramente em qualificar o agente (de acordo com Greimas, o actante) responsável pelo próprio sofrimento, a dar um nome e talvez uma explicação ao próprio sofrimento. A isso se unem as numerosas peripécias dirigidas a individuar o fármaco e/ou o terapeuta mais apropriados. A etapa da *performance* abre-se aos conteúdos épicos da narração, à luta com o oponente, à doença mental, para o restabelecimento da própria saúde. A última fase, a da sanção, conduz ao epílogo, ou seja, ao juízo expresso pelo narrador sobre os resultados da própria luta, sobre o cumprimento do contrato. Aqui, entretanto, é conveniente um outro distanciamento do modelo de Greimas, para prever uma representação dos resultados da luta com a doença mental não dicotômica (saúde sim ou saúde não), mas contínua, imaginando graus diferentes de restabelecimento da condição originária de bem-estar psíquico.

O uso do modelo greimasiano para as narrações de doença de que nos ocupamos aqui produz formas de segmentação menos compactas do que as fornecidas pela outra classe de marcadores, aqueles próximos da experiência dos participantes. Normalmente a descrição das várias etapas narrativas resulta dividida em várias partes da transcrição da entrevista. É o caso, por exemplo, da qualificação do antecedente, do furto da própria saúde expressa por Vito, que se esclarece ao longo de vários turnos de fala, como ilustrado a seguir[19].

> 1) **Então ouça Vito eee // (clareando a voz) o objetivo desta entrevista, como eu havia lhe antecipado, é o de eeem coletar ooo testemunho das pessoas que têm... que têm ou tiveram algummm distúrbio psíquico... e eee queremos fazer issoo começando com uma perguntaaa... geral, que diz respeito à história da sua vida. Eh, eu gostaria que nos contasse a sua história começando por onde quiser, e evidenciandooo os pontos que para o senhor são importantes, relevantes.**
> 2) Hã? Ah, nada, eu penso que tiveee esteeee esta depressão pela... e foi uma coisa muitooo... lenta, constante, eee [silêncio] e longa... essa perda
> 3) **Hum**
> 4) de energia mental. Porque a depressão efetivamente não é nadaaa além de uma perda de energia mental. Não sei se o senhor é um médico, então sabe, isto é eee em que consiste a doença.
> 5) **Eh, não sou um médico, sou umm sociólogo...**
> 6) ou seja, eu falo por experiência pessoal...
> 7) **sim, sim... é a sua experiência pessoal o que que... interessa aqui.**
> 8) Eh, realmente. Porque a doença consiste no... ahnn... em perder... isto é eh // (longa hesitação) nos nossos eeh no nosso cérebro ocorrem umas reações químicas que libertam... que nos dão energia para trabalhar, para estudar, para fazer uma...

---

19. Trata-se de uma entrevista repetida, realizada em tandem, por dois entrevistadores. Vito é um pseudônimo.

9) **Hum**

10) a depressão é uma doença onde não existe essa energia que nos permite trabalhar e estudar e fazer tudo isto... todas estas coisas aqui. Então a a perda dessa energia foi muito lenta... ao longo dos anos e se pode dizer e eu acho eh me aconteceu dos dezesseis anos... em diante, porque eu eu iniciei a notar, aliás, dos dezesseis... catorze anos em diante porque eu comecei a notar que os meus estudos iam mal,

11) **Hum**

12) e eu começava a ter notas... notas baixas não sei... cometia muitos erros e tudo o mais; então, depois... eee foi feito o meu diagnóstico em... quando eu tinha vinte e dois anos, vinte e um, então

13) **Hum**

14) eu fui arrastado por essa depressão muito lenta, dos treze até aos vinte e um anos... eee... e então depois inicieeei foi feito diagnóstico... e eee eu eee... o que dizer... eee... euuu... tinha... comecei a frequentar a universidade, ou seja, antes do diagnóstico eu eu concluí o ensino médio, depois eu fiz alguns anos de universidade, porém ali também não ia muito bem porque nos estudos eu não conseguia maisss...

15) **Hum**

16) fazer nada, eee... e aos vinte e dois anos de idade foi diagnosticada a minha depressão.

Como aparece na transcrição, a reconstrução do antecedente, do "furto da saúde", surge, primeiramente nos turnos 2 e 4, para se enriquecer de detalhes mais adiante, nos turnos 10, 12, 14 e 16. O tema do furto da saúde retorna na segunda entrevista. Vito, primeiramente, é convidado a falar da sua família de origem e depois, solicitado pelo entrevistador, retorna ao surgimento do próprio distúrbio, nos termos reportados a seguir[20].

38) **Hum... Entendi... E ouça, na conversa anterior abordamos o tema da depressão, do... do distúrbio que você teve... Gostaria de lhe perguntar algo sobre qual foi a sua reação a esse problema desde o início: se você experimentou curar-se sozinho, enfim, como...**

39) não, eu não sabia, uma pessoa que se deprime não sabe que se deprime

40) **Hum**

41) Uma pessoa que se deprime não se dá conta disso, são os outros que percebem ooo com... a mudança de comportamento que ocorre

42) **Hum**

43) então eu não percebi nada, eu sabia, me dava conta que não funcioivam [palavra incompreensível] mais com os outros, porém, não conseguia entender que era uma questão de depressão

44) **Hum, mas eee então você dizia que os outros tinham percebido, os seus pais,**

---

20. Na passagem da primeira para a segunda entrevista, a familiaridade que foi criada entre entrevistado e entrevistador permitiu a ambos passarem do "senhor" ao "você".

45) não, mais do que os paisss... e eu percebi tudo quando ouvi a entrevista do Professor Cassano ao... no *Quark**, falando dessa doença aqui;

46) Hum

47) então fiquei desconfiado e fiz uma entrevista no Serviço de Higiene Mental em *** (cidade da região da Puglia, na Itália), que me fez o teste e resultou que eu estava deprimido.

A explicação sobre as condições que permitiram a Vito reconhecer na própria diminuição de "energia mental" os sintomas de um distúrbio aparece nos turnos 45 e 47, que, com aqueles referidos mais acima, constituem o segmento rotulado antecedente.

2) Dimensões argumentativas. A estrutura argumentativa dos discursos que começam a fazer parte da nossa documentação empírica, seja sob a forma de reproduções (p. ex., os discursos solicitados com uma entrevista discursiva ou com um grupo focal), seja como representações (p. ex., os discursos reunidos nas notas de campo), pode constituir um interessante objeto de análise e, antes mesmo, um instrumento de segmentação do fluxo de informações constitutivo dos nossos materiais empíricos.

A utilização dessas estratégias de segmentação resulta eficaz quando as considerações sobre a forma do discurso unem-se a considerações sobre os conteúdos. Isso faz com que a atenção para os aspectos retóricos ou argumentativos do discurso possa ser endereçada para âmbitos específicos e, com isso, mais facilmente identificável e delimitável. Isso quer dizer abordar a segmentação dos materiais empíricos não tanto em busca, por exemplo, de metáforas, mas de metáforas usadas pelos participantes para representar o objeto de interesse do nosso estudo: metáforas da organização, metáforas do poder, metáforas do sagrado[21]. O que foi dito introduz a segmentação do material empírico baseada na utilização de instrumentos retóricos ou argumentativos: o recorte, no seu interior, das partes nas quais aparecem algumas figuras retóricas, a metáfora, a analogia, a sinédoque e outras, referidas a específicos âmbitos temáticos[22].

A consideração da estrutura argumentativa dos discursos reunidos nos materiais empíricos leva a recortar, no seu interior, as partes de texto nas quais uma tese é enunciada e defendida. Obviamente que esse exercício deve ser feito abandonando a ideia de poder encontrar, nos discursos de senso comum, os esquemas argu-

---

* Cf. glossário.

21. Para uma reflexão sobre a difusão da metáfora na linguagem cotidiana cf. Lakoff e Johnson [1980].

22. Uma apresentação compacta e precisa das principais figuras retóricas está contida no volume de Gianfranca Lavezzi [2009]. Um interessante exemplo de pesquisa é constituído pelo estudo de Fabio De Leonardis sobre os discursos políticos da Itália da era berlusconiana, no qual o autor evidencia a utilização de metáforas médicas para representar o governo do país [De Leonardis, 2008].

mentativos completos e bem-acabados que se podem encontrar em um tratado da argumentação. Ao dispor-se a essa operação, primeiro de segmentação e depois de análise, é necessário aceitar trabalhar com materiais brutos, incompletos sobre os quais o exercício recai exatamente sobre a reconstrução da argumentação implícita ou mal-expressa, ou sobre a identificação de específicas falácias argumentativas. Movem-se nessa direção Martha Feldman, Kaj Sköldberg, Ruth Nicole Brown e Debra Horner, empenhados na análise dos discursos que explicam a mudança organizacional em duas administrações públicas [Feldman et al., 2004: 149][23]. A análise baseia-se na individuação de algumas histórias, nas reconstruções da mudança organizacional solicitadas por meio de quinze entrevistas discursivas, que evidenciam essa mudança por meio de ilustrações de situações específicas, ancoradas em eventos particulares, naqueles fatos e pequenos fatos da vida cotidiana aos quais eu fiz referência por várias vezes no capítulo dedicado à entrevista discursiva. Nessa perspectiva, a segmentação das transcrições das 15 entrevistas colocou à disposição dos autores 154 histórias para as quais dirigir a atenção. No plano analítico, o trabalho de Feldman e colegas baseia-se na reconstrução da argumentação implícita em cada uma das histórias, identificando a oposição implícita a que faz referência e completando os entimemas, os silogismos retóricos, delineados em cada história[24]. A seguir reporto uma das histórias selecionadas e analisadas pelos autores com o objetivo de mostrar, principalmente, a sua extensão e os seus conteúdos.

> *Não entregaremos a sua cabeça*
>
> Dito entre parênteses, como uma espécie de nota conclusiva, o mundo do empoderamento tem os seus perigos. O meu exemplo preferido era... nós tivemos alguns problemas com o serviço de ônibus e a Câmara Municipal ficou sabendo. Bem, um dos motivos era que tínhamos enviado diversos ônibus a Atlanta para as olimpíadas. Tudo teria corrido bem se não tivesse havido uns atrasos no serviço; isso chamou a atenção da Câmara Municipal que quis entender o que tinha acontecido e perguntou ao *city manager** quem tinha aprovado a decisão de

---

23. Devo a Nicola Pannofino a individuação do ensaio de Feldman, Sköldberg, Brown e Horner, do qual é importante assinalar também as potencialidades didáticas. Os autores repropõem-se realmente a ilustrar passo a passo o seu método analítico.

24. O entimema é um tipo particular de silogismo precisamente retórico, comumente caracterizado pela natureza das premissas a partir das quais se move: não necessárias (silogismo provável), ou pela ausência de uma das premissas (silogismo abreviado). À estrutura canônica do silogismo dedutivo: "Todos os homens são mortais; Sócrates é um homem; Portanto, Sócrates é mortal", constitui-se com o entimema uma argumentação que leva a conclusões plausíveis, quer pela falta de cogência de uma premissa ("Todos os homens maximizam a utilidade; Sócrates é um homem; Portanto, Sócrates maximiza a utilidade"), quer pela sua omissão ("Todos os homens são mortais; Portanto, Sócrates é mortal" ou , "Sócrates é um homem; Portanto, Sócrates é mortal"). Sobre esse tema cf. Walton [2001]. Para um aprofundamento crítico da noção de entimema que se propõe a superar a simplificação a partir da qual me movo nesta nota (especificamente a distinção entre silogismo provável e silogismo abreviado), cf. o ensaio de Francesca Piazza [2008: 122-135].

* Cf. glossário.

enviar os ônibus a Atlanta para as olimpíadas. Naturalmente, na nova ordem mundial, quem tinha tomado a decisão estava cerca de quatro níveis abaixo. E o nosso argumento foi: ei, isso acontece com o território! Não se deveria tomar aquela decisão. Eu não teria tomado, mas é naquele nível que a decisão devia ser tomada. Vergonha para nós que não tínhamos preparado aquele nível da organização com as informações adequadas, para que aquela pessoa se sentisse bem porque podia manter a situação sob controle, ou ao menos conhecer as potenciais consequências da sua decisão ou o que quer que seja; por isso, nós agora não entregaremos a sua cabeça [p. 157].

Embora não constituindo o centro de interesse deste parágrafo, dedicado aos procedimentos de segmentação da documentação empírica, no entanto, é conveniente fazer uma breve menção aos procedimentos analíticos usados por Feldman e colegas. O primeiro passo consiste em extrair da história a linha narrativo-argumentativa essencial, identificada pelos autores como se segue.

Às vezes as pessoas que, em uma organização, ocupam as posições mais baixas cometem erros. Em uma organização empoderada essas pessoas podem cometer grandes erros. O trabalho dos dirigentes consiste em assegurar-se que essas pessoas disponham das informações corretas, para permitir que elas tomem boas decisões e enfrentem adequadamente as situações nas quais a decisão tomada não é boa.

Omito a ilustração do segundo passo, que consiste em identificar as oposições implícitas na argumentação analisada, para me limitar a mostrar o modo no qual os autores reconstruíram um dos entimemas expressos no discurso examinado. A reconstrução, nesse caso, assim como nos outros, passa através da conclusão da estrutura argumentativa com a premissa implícita que falta, aquela que no texto reproduzido a seguir está escrita em caracteres maiúsculos.

AS PESSOAS CHAMADAS A TOMAR DECISÕES COMETEM ERROS.

Nós permitimos que as pessoas que ocupam as posições mais baixas na organização tomem decisões. Portanto, os nossos empregados de mais baixo escalão cometem erros [Feldman et al., 2004: 158].

Em plena sintonia com as reflexões de Everett Hughes [1984], retomadas por Becker [1998 – trad. it., 2007: 186-190], os autores indicam na reconstrução das premissas implícitas um instrumento com o qual acessar as expressões de senso comum mais enraizadas, e justamente por isso suscetíveis de omissão em uma argumentação.

1.2 A qualificação

O uso de marcadores de uma ou de outra classe (aqueles próximos ou aqueles distantes da experiência dos participantes) leva à identificação de específicas dimensões analíticas, objeto de qualificação. Aqui, considero a qualificação como a atribuição de uma ou mais propriedades a um determinado segmento da documentação empírica, úteis a sua caracterização. Voltando aos materiais empíricos referidos mais acima, poderíamos dizer que qualificar o *incipit* da autobiografia de Lia Van Der Win pode consistir em reconhecer a prevalência da voz da escritora, em relação à de esquizofrênica, e talvez também o desejo da autora de reiterar o próprio cosmopolitismo e o amor pela leitura. Para o segmento extraído das notas de campo coletadas em um Serviço Psiquiátrico de Diagnóstico e Tratamento, a qualificação pode consistir no reconhecimento de uma evidente infantilização do doente, a qual o próprio paciente parece aceitar. E ainda, a qualificação do segmento que recorta o antecedente da narração da doença de Vito poderia evidenciar a agência do narrador que chega sozinho ao diagnóstico, mas também a elevada extensão do período de leitura dos sinais do próprio sofrimento, encerrado de forma casual com o encontro televisivo com o "Professor Cassano". Por último, a qualificação dos segmentos recortados para serem submetidos a uma análise da argumentação pode levar a indicar os repertórios a partir dos quais as representações metafóricas são obtidas ou a interceptar específicas falácias argumentativas, um erro ou uma incorreção – intencional ou não – na construção da argumentação[25].

A qualificação do material empírico pode ser obtida seguindo um percurso diferente do que foi proposto mais acima, no qual as operações de **qualificação e segmentação são simultâneas**. Essa modalidade de qualificação da documentação empírica conta com uma sólida tradição de pesquisa que tem as próprias origens no volume de Barney Glaser e Anselm Strauss [1967], um dos manuais de metodologia, se não dos mais lidos, ao menos dos mais citados[26].

Ao longo deste percurso a qualificação e a consequente segmentação do material empírico passam através de uma leitura metódica e interativa dos conteúdos de que se compõem, seguida da justaposição de glosas (ditas também códigos) que fornecem as características principais do material examinado. Imaginando prosseguir, ao longo deste percurso, à qualificação

---

25. Sobre falácias argumentativas pode-se consultar Boniolo e Vidali [1999: 742-764] e Lacona [2005: 107-141]. Um interessante exemplo de pesquisa baseado na análise das falácias argumentativas é constituído pelo estudo de Isabela Iecţu [2006]. Iecţu examina 35 artigos de jornal publicados pelo intelectual romeno Patapievici, relativos à transição para a economia de mercado na Romênia. Nos próprios artigos Patapievici sustenta, com argumentações nem sempre irrepreensíveis, a necessidade de uma adoção incondicionada à economia de mercado e a necessidade de um estado mínimo.

26. "Publish or Perish", o programa para o cálculo do índice bibliométrico H, consultado em 30 de dezembro de 2010, atribui ao volume de Glaser e Strauss pouco menos de 22.000 citações, contra as 9.000 do *Handbook of Qualitative Research*, de Norman Denzin e Yvonna Lincoln [1994], e as pouco mais de 5.000 atribuídas a *Interpreting Qualitative Data*, de David Silverman [2000].

das primeiras frases da entrevista com Vito propostas mais acima, um dos resultados possíveis é representado na tabela 6.2. A leitura – deliberadamente *naïf*, em obséquio às indicações de Glaser e Strauss que pedem para fazer *tabula rasa* de cada pré-noção teórica – identifica oito glosas que, sozinhas ou em conjunto, circunscrevem específicas porções do texto. A primeira glosa, "Início da narração autobiográfica a partir do surgimento da depressão" qualifica a porção de texto compreendida entre os turnos 1 e 3 em um registro formal; assinala como – colocado diante da necessidade de escolher a chave de leitura da própria vida e o evento com o qual dar início à narração – Vito escolhe a "carreira" de saúde e o surgimento lento da doença mental dentro dele. Sobre o mesmo segmento recai a segunda glosa, "Progressão lenta", que vemos aplicada também ao segmento compreendido entre o turno 14 e 15. De forma análoga operam as outras glosas, cuja justaposição identifica um segmento específico do texto ou, visto pelo outro lado do espelho, o segmento torna-se aqui a porção de texto que sustenta empiricamente uma específica qualificação.

Sobre a forma na qual é mais conveniente prosseguir na identificação das glosas, os fautores da "*grounded theory*" têm opiniões diferentes. Em um extremo encontramos aqueles que, fiéis à primeira formulação dessa estratégia de pesquisa, insistem sobre a necessidade de suspender – desde que seja possível – qualquer expectativa teórica para se deixar guiar exclusivamente pelos conteúdos empíricos encontrados nos materiais submetidos a análise. De outro lado, encontram-se estudiosos e estudiosas, como Susan Leigh Star [2007], que legitimam a utilização de alguma forma de expectativa teórica para guiar a justaposição das glosas[27]. A uma mais completa valorização das expectativas e dos conhecimentos teóricos chega uma abordagem, relacionada à sensibilidade própria da *grounded theory*, mas não reduzível a ela; refiro-me à proposta metodológica elaborada por Nigel King [1998], conhecida como "*template analysis*"[28].

---

27. No ensaio referido no texto, Susan Leight Star [2007: 87] se distancia da defesa *exagerada* de uma abordagem rigidamente indutiva, chegando a legitimar um caminho abdutivo, que realmente valorize os conhecimentos teóricos a partir dos quais se move o pesquisador.

28. Devo a Imke Hindrichs a indicação da proposta metodológica de Nigel King.

Tabela 6.2 Transcrição dos primeiros turnos da entrevista com Vito

1) **Então ouça Vito eee // (clareando a voz) o objetivo desta entrevista, como eu havia lhe antecipado, é o de eeem coletar ooo testemunho das pessoas que têm... que têm ou tiveram algummm distúrbio psíquico... e eee queremos fazer issoo começando com uma perguntaaa... geral, que diz respeito à história da sua vida. Eh, gostaria que você nos contasse a sua história começando por onde quiser, e evidenciandooo os pontos que para você são importantes, relevantes.**

Início da narração autobiográfica a partir do surgimento da depressão

2) Hã? Ah, nada, eu penso que tiveee esteeee esta depressão pela... e foi uma coisa muitooo... lenta, constante, eee [silêncio] e longa... essa perda

Progressão lenta

3) **Hum**

4) de energia mental. Porque a depressão efetivamente não é nadaaa além de uma perda de energia mental. Não sei se o senhor é um médico então sabe, isto é eee em que consiste a doença.

5) **Eh, não sou um médico, sou umm sociólogo...**

6) ou seja, eu falo por experiência pessoal...

7) **sim, sim... é a sua experiência pessoal o que que... interessa aqui.**

8) Eh, realmente. Porque a doença consiste no... ahnn... em perder... isto é eh // (longa hesitação) nos nossos eeh no nosso cérebro ocorrem umas reações químicas que libertam... que nos dão energia para trabalhar, para estudar, para fazer uma...

Doença
Cérebro
Reações químicas
Energia mental

9) **Hum**

10) a depressão é uma doença onde não existe essa energia que nos permite trabalhar e estudar e fazer tudo isto... todas estas coisas aqui. Então a a perda dessa energia foi muito lenta... ao longo dos anos e se pode dizer e eu acho eh me aconteceu dos dezesseis anos... em diante, porque eu eu iniciei a notar, aliás, dos dezesseis... catorze anos em diante porque eu comecei a notar que os meus estudos iam mal,

11) **Hum**

12) e eu começava a ter notas... notas baixas não sei... cometia muitos erros e tudo o mais; então, depois... eee foi feito o meu diagnóstico em... quando eu tinha vinte e dois anos, vinte e um, então

Notas escolares baixas, erros

13) **Hum**

14) eu fui arrastado por essa depressão muito lenta, dos treze até aos vinte e um anos... eee... e então depois inicieeei foi feito diagnóstico... e eee eu eee... o que dizer... eee... euuu... tinha... comecei a frequentar a universidade, ou seja, antes do diagnóstico eu eu conclui o ensino médio, depois eu fiz alguns anos de universidade, porém ali também não ia muito bem porque nos estudos eu não conseguia maisss...

Progressão lenta

15) **Hum**

16) fazer nada, eee... e aos vinte e dois anos de idade foi diagnosticada a minha depressão.

Diagnóstico de depressão aos 22 anos

A justaposição das glosas, guiada pelos preceitos da *template analysis*, prevê a definição preliminar de um conjunto de categorias analíticas, de códigos, extraídos, seja das perguntas a partir das quais se move a própria pesquisa, seja do que foi consolidado na produção teórica e metodológica (penso em códigos que consideram os aspectos formais dos textos) da comunidade científica. Essas categorias constituem o *template*, a grade analítica com a qual o pesquisador aborda a leitura do material empírico. O encontro entre o *template* inicial e os materiais empíricos tem, normalmente, um impacto diferenciado sobre as categorias analíticas projetadas pelo pesquisador. Para algumas, a análise confirmará a fecundidade heurística, a capacidade de identificar distinções importantes; para outras, essa virtude poderá ser observada apenas na medida em que modifiquem o seu perfil, tornando-as, ora mais gerais, ora mais específicas, ou modificando o tipo de recorte do domínio semântico ao qual se aplicam. Se, por exemplo, o nosso *template* inicial, projetado para a análise de narrações da doença mental, continha categorias – talvez sugeridas por leituras prevalentemente guiadas pela psiquiatria clínica – que definiam as condições dos nossos interlocutores como "distúrbio", "perturbação" ou com a ainda mais leve "diferença", o encontro com a entrevista com Vito parece impor uma redefinição dessas categorias capazes de explicar a sua definição rigidamente biomédica da doença mental como uma "doença propriamente dita" [Cardano, 2008b: 130-137]. Essa operação, por assim dizer, de ajuste do tiro pode, às vezes, ser insuficiente. Nesses casos será necessário inventar novas categorias, novos códigos, para que caiam alguns dos que foram projetados originariamente. Em síntese, a aplicação do *template* originário à documentação empírica para a qual foi elaborado faz com que algumas categorias ou códigos sejam confirmados, outros sejam modificados, alguns sejam excluídos do *template*, para dar lugar a novas categorias criadas durante a análise. Tudo isso demonstra como a *template analysis* seja caracterizada pela combinação de duas abordagens ao material empírico, que, para simplificar, podemos definir dedutivo e indutivo ou *theory-driven* e *data-driven** [Fereday e Muir-Cochrane, 2006: 80], aquele próprio da análise do conteúdo (*theory-driven*) e aquele próprio da *grounded theory* (*data-driven*). Sobre esse aspecto Fereday e Muir-Cochrane acrescentam um esclarecimento que tende a deslocar o eixo do procedimento sobre a sensibilidade da *grounded theory*: a análise do texto, observam, é "guiada, mas não confinada pelos códigos preliminares" [p. 88]. Qualquer que seja o peso atribuído, respectivamente, a procedimentos *theory-driven* e *data-driven*, as glosas justapostas aos textos são submetidas normalmente a uma série de manipulações, definidas de diversas maneiras, e relacionadas a três operações: o aparentamento, a subsunção e a cisão. Com aparentamento quero dizer o reconhecimento de "semelhanças de família" entre duas ou mais categorias/glosas que podem ser relacionadas a apenas uma.

---

* Cf. glossário.

Por exemplo, três hipotéticas glosas como "*stress*", "colapso/esgotamento", "colapso/esgotamento nervoso" são relacionadas a uma única categoria "colapso/esgotamento nervoso". Com subsunção entendemos a operação com a qual uma ou mais categorias específicas podem ser relacionadas a uma categoria mais geral. Por exemplo, as categorias "colapso/esgotamento nervoso", "neurastenia", "*stress* excessivo" são relacionadas à categoria mais geral "*Décalage* na definição do próprio perfil diagnóstico" (Jodelet, 2001 e Cardano, 2007: 47). Por cisão entendo a operação com a qual, a partir de uma mesma categoria utilizada para qualificar mais seções de um texto, decida-se introduzir distinções mais específicas. Por exemplo, a categoria "redução do rendimento no estudo e no trabalho" é dividida em duas categorias mais específicas: "redução do rendimento no trabalho" e "redução do rendimento no estudo".

Os procedimentos de segmentação e qualificação do texto descritos nestas páginas têm como resultado a atribuição de um conjunto de propriedades ao material empírico – segmento por segmento – das quais, nas fases sucessivas da análise, serão identificadas as relações que ora as unem, ora as opõem. Sobre qual seja o caminho mais promissor para chegar a esse resultado, se é melhor que a qualificação dos materiais empíricos preceda a sua segmentação, considerando ora os seus atributos formais, ora os conteúdos, ou se é mais conveniente prosseguir ao longo do caminho da segmentação simultânea à qualificação e aqui com procedimentos principalmente *theory-driven* ou *data-driven*, não penso que seja possível nem legítimo dar uma resposta conclusiva. A qualidade de um procedimento analítico é medida – ao menos esse é o meu ponto de vista – principalmente em razão dos resultados que fornece e da sua solidez empírica. Em outras palavras, não é o método analítico adotado, indutivo em vez de dedutivo, focalizado sobre a forma em vez de sobre os conteúdos dos materiais empíricos que vai determinar a qualidade e a solidez dos resultados. Uma análise dos dados não é, *portanto*, apropriada porque foi baseada na observância rigorosa dos preceitos do modelo semiótico de Greimas ou dos da *grounded theory*.

Eu gosto de expressar essa tese recordando as histórias de um químico alemão, **Friedrich August Kekulé**, a quem se deve a descoberta da estrutura molecular do benzeno [Hempel, 1966 – trad. it., 1968: 33]. O benzeno é um composto químico constituído por seis átomos de carbono e seis átomos de hidrogênio (C_6H_6), ligados entre si – como qualquer outro composto – em razão dos números de ligações que cada um dos seus constituintes pode instituir: quatro para o carbono e uma para o hidrogênio. O problema que Kekulé teve que enfrentar diz respeito à forma – tecnicamente à estrutura – com a qual carbono e hidrogênio mantêm-se juntos no benzeno, onde se tinham duas soluções possíveis, ilustradas na fig. 6.2. Kekulé encontra uma solução para esse enigma de uma forma no mínimo singular em 1865. Uma noite, um pouco tonto por causa do álcool, sentado em frente à sua lareira, viu uma serpente de fogo mordendo a própria cauda. Essa imagem sugeriu a ele a resposta ao enigma que há tempos o absorvia: no benzeno os átomos de carbono e de hidrogênio ligam-se entre si formando um anel, uma estrutura cíclica ilustrada na figura 6.2. Evidentemente que, para sustentar a própria descoberta, Kekulé teve que defendê-la no plano empírico e no plano argumentativo, mas foram esses esforços a serem decisivos e não tanto o método – bebidas e esperar passar a ressaca defronte à lareira – seguido por Kekulé para chegar à própria intuição.

Figura 6.2 As duas fórmulas estruturais possíveis do benzeno

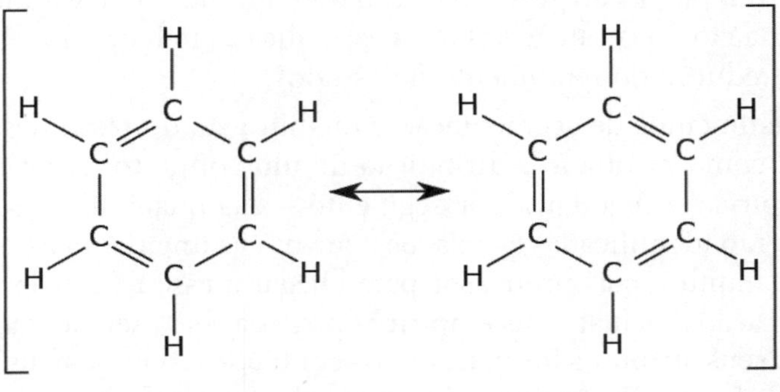

Muitas das intuições de Erving Goffman derivam de procedimentos analíticos que, embora distantes do caminho do álcool aberto por Kekulé, apresentam as mesmas características de assistematicidade, ao menos na fase de descoberta ou intuição de uma relação ou de uma categoria conceitual. Com isso, em um manual de metodologia de pesquisa que se caracterize pela necessidade de rigor em cada página, não pretendo fazer a apologia da assistematicidade ou até da falta de rigor metodológico. O que pretendo dizer é que o que conta realmente são os resultados do nosso trabalho e a forma na qual sabemos defender a sua solidez empírica e argumentativa. Uma pesquisa metodologicamente rigorosa que nos forneça resultados banais não tem nenhum valor, assim como não têm valor banalidades construídas por meio dos caminhos mais hiperbólicos da serendipidade.

A qualificação dos materiais empíricos pode seguir um percurso diferente e complementar em relação aos ilustrados até aqui. Todos os procedimentos de qualificação propostos identificam implicitamente no texto em análise – o *incipit* de um romance, o trecho da transcrição de uma entrevista, a descrição de um ritual nas notas de campo – o próprio limite, o domínio dentro do qual prosseguir na caracterização dos conteúdos e das formas próprias do texto, presentes, imediatamente acessíveis ao olhar do pesquisador, assim como a palavra "pesquisador" é imediatamente acessível a quem agora lê a frase que estou para concluir com um ponto. A outra forma de ler um texto e, no nosso caso, de proceder à qualificação da documentação empírica, move-se a partir da **consideração das ausências, daquilo que em um texto não é dito**, da consideração das formas expressivas que não foram utilizadas. Esse registro leva, por exemplo, a identificar na frase precedente a ausência de uma qualificação do sujeito envolvido na pesquisa ao feminino, da palavra "pesquisadora" que não aparece ao lado ou no lugar de "pesquisador". Essa estratégia de leitura e qualificação dos materiais empíricos, com muita cautela, pode ser colocada ao lado do desconstrutivismo [Martin, 1990], termo que o próprio Derrida, que o cunhou, não considerava um *bon mot*.

Essa modalidade analítica, ao menos pela maneira como eu a represento, forçando-a a um registro epistemológico diferente do registro no qual teve as maiores fortunas, o pós-modernismo, baseia-se na instauração do confronto com um outro texto virtual, que serve de termo de comparação, que permite identificar silêncios ou ausências relevantes, mas também específicas distorções operadas sobre as palavras, sobre os conteúdos e sobre as formas do texto em análise [p. 340]. Para prosseguir no jogo iniciado mais acima, o reconhecimento da ausência de "pesquisadora" move-se a partir do confronto com outros textos redigidos em línguas que preveem para esse termo o masculino e o feminino (não para o inglês que prevê *tigress* para *tiger*, mas não *researchress* para *researcher*), nos quais o autor recorre, ora ao jogo da alternância equilibrada entre o masculino e o feminino, dizendo uma vez "pesquisador" e outra "pesquisadora"; ora à substituição sistemática do masculino pelo feminino, usando sistematicamente "pesquisadora"; ora à dispendiosa duplicação dos termos, usando sempre a dupla "pesquisador/pesquisadora" ou "pesquisadora/pesquisador". Algo semelhante a esse modo de proceder encontramos no estudo de Feldman e colegas [2004], empenhados em reconstruir as premissas implícitas nos entimemas usados pelos entrevistados para explicar a mudança organizacional. Também nesse caso a incompletude apresenta-se adotando como termo de comparação implícito uma argumentação estruturada em todas as suas partes. De forma análoga, na minha leitura das narrativas de doença dos pacientes psiquiátricos de Turim observei a ausência de um tipo peculiar de discurso, comparando os testemunhos dos meus interlocutores com os provenientes de outros contextos culturais, especificamente dos movimentos dos sobreviventes do sistema de saúde mental (*survivors of mental health system*), difundidos principalmente nos países de língua inglesa [Crossley, 2006] ou dos "ouvidores de vozes" [Romme e Escher, 1993], nascido na Holanda e depois difundido principalmente no Reino Unido. O discurso ausente era o que representava a própria diferença não do ponto de vista do estigma, mas do ponto de vista do carisma [Cardano, 2008b: 127].

A referência explícita a um outro texto torna menos indeterminada a individuação de silêncios, ausências, incompletudes, mas deixa intactos os problemas que recaem sobre a sua interpretação. O sentido de uma ausência, na verdade, é tudo menos que unívoco, e ao proceder, por assim dizer, à sua extração é necessário usar todas as cautelas do caso. É necessário – primeiramente – defender no plano argumentativo a pertinência do outro texto colocado em comparação, é necessário explicitar as razões que tornam eloquente a comparação entre os próprios materiais empíricos e alguma outra coisa. Eu poderia realmente me surpreender e me perguntar por muito tempo sobre a ausência de uma robusta análise da teoria da relatividade nos discursos dos pacientes psiquiátricos de Turim, mas para fazer isso eu deveria antes de tudo justificar as razões que tornam pertinente a comparação entre os discursos que obtive com as minhas entrevistas e os reunidos por ocasião de um congresso internacional de física quântica.

Defendida a pertinência da comparação com outro texto e observado um distanciamento relevante entre este último e o nosso material empírico, a interpretação dessa diferença deve – ou ao menos pode – ser reforçada procurando outras confirmações nos materiais empíricos disponíveis. Para defender a interpretação da ausência do feminino de pesquisador nos meus discursos, como prova do inveterado machismo da minha forma de escrever, seria conveniente procurar outros indícios evidentes, por exemplo, a sistemática preferência acordada nas citações a estudiosos homens, ou ainda a utilização de expressões derrogatórias utilizadas para descrever a outra metade do céu, e assim por diante. Brevemente, o que deve ser evitado quando se está no caminho da interpretação das ausências é cair no que Gary Alan Fine [2003: 45] define "etnografia especulativa", um estilo de pesquisa no qual a documentação empírica serve exclusivamente como ponto de partida a partir do qual se mover na elaboração de precárias construções teóricas.

As operações de segmentação e qualificação da documentação empírica ilustradas até aqui podem ser realizadas das mais diversas formas, desde os lápis de cor artesanais usados para evidenciar a parte do texto à qual aplicamos os qualificadores convenientes, até o uso dos vários softwares desenvolvidos para a análise qualitativa da documentação empírica, como Nvivo, Ethnograph, Atlas. Ti e similares[29]. Em sintonia com o que foi dito mais acima, o uso de software de análise qualitativa auxiliada por computador (*computer aided qualitative data analysis software* – Caqdas) não torna – *ipso facto* – os resultados obtidos robustos e relevantes. Isso não elimina que a utilização desses instrumentos pode tornar muito mais ágil a reconstrução do percurso analítico percorrido, a documentação das operações por meio das quais o material empírico foi organizado em segmentos homogêneos, depois colocados em relação entre si. A isso se acrescenta uma contribuição específica que decorre do uso de Caqdas, a possibilidade de conter alguns erros de julgamento colocada em evidência por Richard Nisbett e Lee Ross [1980 – trad. it., 1989]. Refiro-me, especificamente, à **heurística da disponibilidade**, da qual os dois estudiosos definem o funcionamento nos termos reportados a seguir.

---

29. Uma panorâmica sobre o software para a análise qualitativa é contida em Richards e Richards [1994]. Em português pode-se consultar Bauer e Gaskell [2008] e Flick [2009].

Quando os indivíduos devem julgar a frequência relativa de objetos especiais ou a probabilidade de eventos especiais, acontece de serem influenciados pela relativa *disponibilidade* daqueles objetos e eventos, quer dizer, pela sua acessibilidade nos processos perceptivos, na memória, ou na reconstrução por meio de imagens [p. 55].

Determinar a disponibilidade das informações processadas contribui de forma decisiva a sua vividez, atribuída, ora a fatores emocionais, ora à proximidade sensorial, espacial e temporal dos eventos considerados [p. 94-102]. O etnógrafo, que transcorreu um longo período no campo, terá imprimido com maior força na sua memória os eventos que mais o impressionaram emocionalmente, aqueles em que participou em primeira pessoa e, provavelmente, aqueles mais próximos temporalmente. Em alguns casos as informações mais vívidas e disponíveis são também as mais relevantes, outras vezes não[30]. Os softwares para a análise qualitativa dos dados permitem controlar essas distorções, redimensionando o papel desempenhado pela memória dos eventos documentados nos materiais empíricos, e permitindo colocar rapidamente à prova – sobre todo o material empírico obtido – as hipóteses de relevância apresentadas pelo pesquisador, traduzindo-as em simples operações de cálculo. Se na minha etnografia da comunidade dos elfos de Gran Burrone fui alvo de um episódio de prevaricação, que lança uma luz sinistra sobre a cultura comunitária, a consideração da recorrência de episódios semelhantes nos materiais empíricos em meu poder poderia me ajudar a compreender a sua extensão. E nisso a simples contagem das ocorrências de episódios semelhantes pode auxiliar o meu trabalho interpretativo[31].

Antes de prosseguir com a análise das relações entre as qualificações justapostas ao material empírico, é útil dispor de uma **representação compacta** delas, que permita ter sob os olhos a sua distribuição sobre os materiais empíricos em nosso poder[32]. Serve a esse objetivo um conjunto variado de instrumentos relacionados a três categorias: gráfica, narrativa e matricial.

▶ **Instrumentos gráficos.** Os instrumentos gráficos permitem uma entre as mais eficazes representações das relações e dos processos. Nas pesquisas antropológicas realizadas entre os séculos XIX e XX, de Lewis Morgan a Claude Lévi-Strauss, o estudo das relações de parentesco desempenhou um papel de primeiro plano, na convicção de que os papéis de parentesco oferecessem um acesso importante à reconstrução da estrutura das sociedades primitivas. Para

---

30. Nisbett e Ross identificam nos julgamentos de senso comum a jurisdição da heurística da disponibilidade. Entretanto, não existem – a meu juízo – boas razões para excluir o funcionamento de tal processo também na pesquisa científica, particularmente na pesquisa que faz das relações sociais o próprio objeto.

31. Sobre a importância de calcular também no âmbito da pesquisa qualitativa, Clive Seale [2004] insiste com argumentos e exemplos convincentes.

32. Matthew Miles e Michael Huberman [1985: 21-23] falam a esse respeito de procedimentos de "data display".

a representação dessas relações, os antropólogos recorrem a um conjunto compacto de símbolos que oferece a possibilidade de compreender – com um rápido olhar – as relações entre os membros das sociedades em estudo. Esses símbolos são reportados na figura 6.3.

Figura 6.3 Símbolos para a designação das relações de parentesco

Fonte: Símbolos retirados de Bock [1969 – trad. it., 1978: 108].

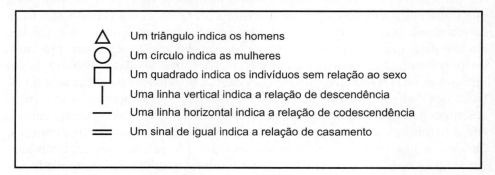

Na minha etnografia dos elfos de Gran Burrone, a representação das relações parentais com essa simbologia revelou-se particularmente útil, principalmente por evidenciar a questão da sua relativa instabilidade. Na figura 6.4, a título puramente ilustrativo, reporto a estrutura das relações de parentesco que, na época do meu estudo, ligavam as pessoas que habitavam um dos menores aglomerados comunitários, Casa Sarti.

A figura representa a ligação entre três casais: Riccardo e Marta, Alberto e Giovanna e Ernesto e Adriana. Simone é o filho do primeiro casal, Fiore do segundo. Nicola nasceu de uma relação anterior de Adriana e encontrou em Ernesto o seu novo pai. Uma função análoga, a de representar de forma compacta as relações sociais do contexto em estudo, é desempenhada pelos organogramas de uso comum no estudo das organizações.

Os instrumentos gráficos tornam-se igualmente eficazes na representação dos processos, principalmente quando o seu desenvolvimento prevê percursos relativamente complexos. Um exemplo útil é constituído pelo diagrama reportado na figura 6.5, retirado da etnografia de Asher Colombo dedicada aos imigrantes argelinos em Milão. A figura ilustra a estrutura tradicional da circulação dos bens roubados no mercado da receptação, documentando de forma compacta a passagem-chave desse processo [Colombo, 1998: 119].

Figura 6.4 Relações de parentesco entre os residentes da Casa Sarti

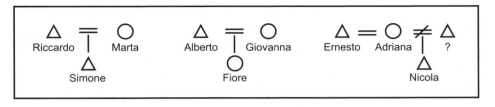

Figura 6.5 Estrutura tradicional da circulação dos bens roubados no mercado da receptação

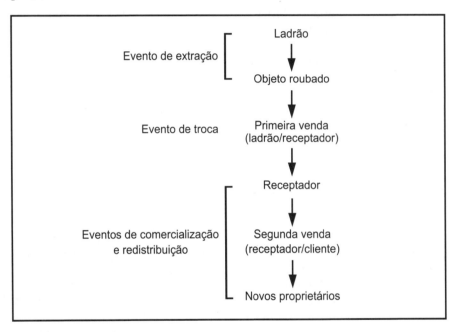

Fonte: A. Colombo [1998: 119].

O esquema individua três passagens-chave, articuladas posteriormente no seu interior. A primeira, definida eufemisticamente como "evento de extração", designa uma atividade com a qual o ladrão toma posse dos objetos roubados: vestidos, máquinas fotográficas, câmeras de vídeo, notebooks, livros e outros. A segunda, rotulada como "evento de troca", vê a cessão da mercadoria a um receptador que desempenha a função de intermediário entre o ladrão e o novo proprietário do bem. A terceira reúne um conjunto de transações, rotuladas "eventos de comercialização e redistribuição", no qual o receptador procede à segunda venda do bem subtraído.

▶ **Instrumentos narrativos**. A segunda forma de representação estenográfica das informações relevantes, a narrativa, é ilustrada de forma eficaz no resumo temático e na ficha de síntese biográfica descritos no capítulo sobre a entrevista discursiva, para o qual se remete (cf. supra, cap. 4, par. 4.3). Desempenha uma função análoga a redação de breves fichas de síntese elaboradas movendo-se a partir das transcrições de grupos focais ou das notas de campo, e a elaboração de matrizes das adjacências para a representação das dinâmicas relacionais em um grupo focal (cf. supra, cap. 5, fig. 5.1). Úteis no plano da síntese, esses instrumentos tornam-se menos eficazes com vistas ao trabalho de análise das relações entre as propriedades atribuídas à documentação empírica com a qualificação.

▶ **Instrumentos matriciais**. A forma matricial de representação das qualificações justapostas ao material empírico é a que melhor se presta às sucessivas operações de análise a que será submetida a documentação empírica. A utilização do instrumento da matriz constitui o coração da proposta metodológica de Matthew Miles e Michael Huberman [1985: 211], que incentivam o seu uso flexível, que permita manter juntos os objetivos de precisão e parcimônia: "pense em termos de matrizes e invente um formato capaz de servir da melhor forma aos seus objetivos"[33].

Tal forma matricial compõe-se de cinco elementos:

1) o objeto da qualificação;
2) a dimensão analítica;
3) a qualificação;
4) a referência ao *corpus* textual;
5) uma breve referência aos materiais empíricos.

A referência aos materiais empíricos assume formas diferentes de acordo com sua natureza. No caso dos achados e das transcrições, assume tipicamente a forma de citações de um trecho dos textos, ou melhor, de *quotation*[34]. No caso das reproduções, a referência aos materiais empíricos pode assumir, seja a forma de uma *quotation*, seja a de uma descrição expressa na linguagem do pesquisador. As tabelas 6.3, 6.4 e 6.5 reportam três exemplos de matriz que explicam de forma compacta as qualificações justapostas, respectivamente, a um achado, uma reprodução e uma representação.

---

33. O instrumento proposto no texto é comumente adotado como o símbolo da pesquisa quantitativa, se não como um dos seus traços distintivos [Ricolfi, 1997b: 28]. Essa forma de representação compacta das informações não tem, entretanto, as próprias origens na estatística multivariada, na qual as matrizes contêm números, adotados como constitutivos das informações relevantes (cf. infra). A matriz de dados nasce – como observa Alberto Marradi [1981: 30-32] – bem antes da difusão de SAS, Stata e SPSS. Nasce no início do século XIX em Gotinga [Alemanha] entre um grupo de estudiosos de política comparada, que a usaram em uma acepção muito próxima à proposta por Matthew Miles e Michael Huberman e reproposta neste volume.

34. Na língua italiana [assim como em português] apenas um termo, "citação", designa dois âmbitos de significado diferenciados de forma mais precisa na língua inglesa, na qual com *citation* entende-se a referência a um texto ou a um lugar específico nele (p. ex., Fine [2009] remete à monografia *Kitchens*), enquanto que com *quotation* entende-se a reprodução do que lemos em um lugar específico (p. ex., "Food reveals our souls" [p. 1]).

Tabela 6.3 Matriz das qualificações do incipit de três romances autobiográficos

	DIMENSÃO ANALÍTICA	*INCIPIT*	
OBJETO		IDENTIDADE ASSUMIDA PELO/A AUTOR/A	FOCALIZAÇÃO TEMPORAL
R O M A N C E	*Diário de uma esquizofrênica*	**Paciente psiquiátrica**	**Início dos distúrbios** "Cresceu em mim um sentimento difícil de analisar, mas que se parecia com todos aqueles que eu devia experimentar mais tarde: a irrealidade" (p. 33)
A U T O B I O G R Á F I C O	*E chega o dia em que as vozes se calam. Uma viagem na loucura e na esperança*	**Paciente psiquiátrico**	**Início dos distúrbios** "As vozes chegaram de repente em uma noite de outubro de 1962: tenho catorze anos" (p. 7)
	Um vínculo materno não se recupera mais? Autobiografia de uma esquizofrênica curada	**Escritora**	**Surgimento do desejo de escrever** "O primeiro estímulo em direção à escrita dessa narração autobiográfica surgiu para mim espontaneamente no verão de 2005" (p. 9)

A tabela 6.3 faz uma síntese das qualificações dos *incipit* relativos aos romances autobiográficos de Renée, Ken Steele e Lia Van Der Win, referidos mais acima. Especificamente a atenção recai sobre dois aspectos: a identidade assumida pelo autor/autora nas primeiras frases da autobiografia e a focalização temporal. A matriz considera como objeto três romances autobiográficos, observados em uma específica dimensão analítica, o *incipit*, caracterizado a partir de dois pontos de vista: a identidade assumida pelo autor/autora e a focalização temporal. Nas células da matriz *sempre* comparecem a qualificação (indicada em negrito) e a referência à parte do *corpus* textual que a autoriza. A referência à parte do *corpus* textual, que fundamenta empiricamente a qualificação justaposta, define de forma pontual as peculiaridades das informações representadas e – juntamente – individua uma diferença relevante que separa esse tipo de matriz das que são usadas na pesquisa quantitativa. Em uma matriz de casos por variáveis, utilizada, por exemplo, em uma pesquisa por amostragem, os códigos numéricos que a compõem constituem a representação estenográfica e unívoca do comportamento verbal dos entrevistados.

Se em correspondência ao caso n, que vamos chamar Piero, na coluna da variável k, relativa ao título de estudo, lemos o número 2, admitiremos que Piero, em resposta à pergunta "Qual é o seu título de estudo?", tenha respondido escolhendo a modalidade designada com o código 2: "ensino fundamental". Naquele código estão contidas todas as informações pertinentes e para o seu uso na análise estatística. As coisas são diferentes nas matrizes usadas na pesquisa qualitativa, onde as informações contidas em cada uma das células resumem os conteúdos pertinentes da documentação empírica, mas sem poder substituir-se a ela da mesma forma com que um símbolo pode substituir o que designa. Isto é, trata-se de qualificações provisórias, sempre abertas a revisões, acompanhadas de uma referência à parte do material empírico na qual essa caracterização provisória pode ser colocada à prova [p. 213]. Em outras palavras, em uma matriz usada para se dispor de uma representação compacta das qualificações justapostas à documentação empírica, os conteúdos de cada uma das células funcionam como sinais que remetem à documentação empírica pertinente, oferecendo sugestões úteis (mas não certezas) em relação ao que será possível encontrar naquele lugar [Barbour, 2007: 196]. Voltando aos nossos romances autobiográficos, na coluna "focalização temporal" a essas duas informações acrescenta-se um breve extrato do *corpus* textual pertinente que funciona como uma espécie de pró-memória da qualificação justaposta. Trata-se de nada mais do que um suporte mnésico, capaz de evocar alguma representação cuja consistência deverá – também nesse caso – ser verificada voltando à documentação empírica original. Na mesma linha coloca-se a representação das qualificações justapostas à segunda categoria de materiais empíricos, as reproduções. A tabela 6.4 mostra a configuração de uma hipotética matriz que explica os processos de qualificação das narrativas de doença, segmentadas utilizando o modelo narratológico de Greimas. Por óbvias exigências de espaço, vamos nos limitar apenas a dois entrevistados, Vito e Marta, e à qualificação de apenas uma das cinco fases previstas, a do antecedente, do qual já se falou mais acima[35]. Obviamente que o uso de uma matriz como instrumento de condensação das qualificações justapostas aos materiais empíricos prevê a referência à totalidade dos entrevistados e a caracterização das transcrições das entrevistas a partir de mais de um ponto de vista; portanto, não apenas em relação às fases do modelo narratológico de Greimas, mas também, por exemplo, com base nas categorias individuadas com a *template analysis* (cf. supra) ou com qualquer outro instrumento de segmentação/qualificação dos textos. É necessário, entretanto, esclarecer como os objetos qualificados não devam ser, neste caso, necessariamente os entrevistados. Na realidade, podem ser usadas como unidade de análise partes específicas dos textos obtidos, por exemplo, as micro-histórias de resistência para as quais Patricia Ewick e Susan Silbey [2003] dirigiram a atenção, ou ainda as histórias sobre a mudança organizacional evidenciada por Martha Feldman, Kaj Sköldberg, Ruth Nicole Brown e Debra Horner [Feldman et al., 2004: 149].

---

35. Para uma reconstrução mais pontual do antecedente em Vito e Marta cf. Cardano [2008b].

Tabela 6.4 Matriz das qualificações relativas às fases greimasianas em três entrevistados

DIMENSÃO ANALÍTICA	FASES DO MODELO NARRATOLÓGICO DE GREIMAS				
OBJETO	Antecedente	Contrato	Competência	*Performance*	Sanção
E *Vito*	**Progressiva redução do rendimento escolar**	Qualificação do contrato	Qualificação da competência	Qualificação da *performance*	Qualificação da sanção
N **T** **R** **E** **V**	"Foi uma coisa muitooo... lenta, constante"; "dos dezesseis... dos catorze anos em diante porque eu comecei a notar que os meus estudos iam mal" (2ª entrevista: turnos 2÷16)	*Quotation* pertinente e referência à transcrição	*Quotation* pertinente e referência à transcrição	*Quotation* pertinente e referência à transcrição	*Quotation* pertinente e referência à transcrição
I **S** **T**	**Reconhecimento casual do próprio mal-estar como uma patologia psíquica**				
A **D** **O**	"Eu percebi tudo quando ouvi a entrevista do Professor Cassano ao... no programa *Quark*" (2ª entrevista: turnos 39÷47)				
S *Marta*	**Redução do rendimento escolar**	Qualificação do contrato	Qualificação da competência	Qualificação da *performance*	Qualificação da sanção
	"Eu tinha uma professora de italiano que, enquanto no primeiro e no segundo ano eu tirava boas notas, sete nos temas, esta aqui não gostava do que eu escrevia, me dava quatro" (1ª entrevista: turnos 2÷8)	*Quotation* pertinente e referência à transcrição	*Quotation* pertinente e referência à transcrição	*Quotation* pertinente à referência à transcrição	*Quotation* pertinente e referência à transcrição
	Convencida de ter sofrido uma violência sexual na sala operatória				
	"Eu não sei por que de madrugada ouvia umas vozes, eu via, via a cena como se me violentassem" (2ª entrevista: turnos 521÷523)				
	Contágio da amiga Rosa				
	"Fiz amizade com essa garota porque era a única /jovem/ [evidenciado com o tom de voz] como eu no ambulatório! [...] No *** [nome do hospital] fizemos as fotos junto com essa Rosa, em uma daquelas maquinazinhas que tiram fotos" (1ª entrevista: turnos 32÷40)				
	Possessão demoníaca em discoteca				
	"E na discoteca eu ouvia umas vozes que me diziam que se eu dançasse iriam entrar em mim, que me ensinariam a dançar" (1ª entrevista: turnos 332÷334)				

Em geral, em uma matriz como a ilustrada na tabela 6.4, a atenção recai sobre os aspectos do material empírico que permitem as comparações projetadas no desenho da pesquisa e as sugeridas a partir da condução das entrevistas. Para ambos os entrevistados a qualificação do antecedente apresenta uma pluralidade de elementos, descritos com extrema sobriedade na matriz e, justamente por isso, suscetíveis a uma precisa focalização apenas com a leitura dos trechos pertinentes das duas transcrições.

Quando a qualificação aplica-se aos materiais empíricos – reproduções – gerados com um grupo focal, é conveniente distinguir duas classes de objetos aos quais referir, ora atributos de forma, ora atributos de substância. Trata-se do grupo e, dentro de cada grupo, dos indivíduos que o compõem. Teremos assim qualificações que se referem aos vários grupos envolvidos nas discussões, dos quais se poderá descrever a estrutura das relações entre os participantes (talvez utilizando o que foi indicado por uma matriz das adjacências; cf. supra, cap. 5, tab. 5.1), o clima emocional que foi criado, a progressão da discussão e o seu modo argumentativo. Teremos também qualificações que retratam cada um dos participantes, quer pela posição assumida em relação a um tema (p. ex., o fechamento total em relação a qualquer intervenção dirigida a colocar fim à vida de um paciente terminal), quer a modalidade argumentativa usada para sustentá-la, caracterizada em termos de lugares a que o participante refere-se nas próprias argumentações (p. ex., a referência à autoridade da Bíblia ou à impossibilidade de excluir um melhoramento do prognóstico do doente) ou a forma – agressiva, pacata, sedutora – com a qual as sustenta.

Concluo com um exemplo de qualificação dos materiais obtidos por meio da utilização da observação participante, aqui rotulados como reproduções. A tabela 6.5 coloca lado a lado – com finalidades exclusivamente didáticas – quatro rituais celebrados respectivamente em Damanhur e Gran Burrone [Cardano, 1997a].

A referência aos materiais empíricos para suporte das qualificações propostas assume, no exemplo ilustrado na figura, as duas formas típicas das representações: trata-se de *quotations* para os dois rituais de Gran Burrone e de descrições interpretativas elaboradas pelo pesquisador para Damanhur.

No plano operacional, a utilização de matrizes, das quais até aqui ilustrei algumas das formas possíveis, pode se concretizar graças à utilização dos mais diversos suportes tecnológicos, das anotações rabiscadas a mão em uma folha de papel, à utilização de uma planilha eletrônica Excel ou similar, até às formas mais evoluídas de gestão de dados textuais fornecidas pelos Caqdas, que eu mencionei mais acima.

Um último esclarecimento parece oportuno. Nem todas as informações contidas nos materiais empíricos obtidos deve, necessariamente, tornar-se uma voz da matriz [Miles e Huberman, 1985: 63], assim como nem todas as células de uma matriz devem necessariamente conter uma qualificação. Não entram na matriz as informações obtidas que – ao menos na fase do trabalho de análise ao qual estamos nos dedicando – não resultam eloquentes. Também não é necessário fazer constar os "casos desviantes" no quadro comparativo traçado por essas matrizes, sejam eles indivíduos, grupos, organizações, práticas sociais ou textos, aos quais dedicaremos uma análise *ad hoc*, que apenas depois de concluída poderá ser relacionada ao quadro comparativo geral do estudo.

Tabela 6.5 Matriz das qualificações relativas aos principais rituais celebrados em Damanhur e Gran Burrone

DIMENSÃO ANALÍTICA		CARACTERÍSTICAS DOS RITUAIS		
OBJETO		GRAU DE FORMALIZAÇÃO DA LITURGIA	GRAU DE ABERTURA EXTERNA	CELEBRAÇÃO DO SAGRADO DA NATUREZA
	Ritual da tenda do suor em Gran Burrone	**Baixo: regras prático-operacionais mais indicadas para celebrá-lo da melhor forma** "é preciso fazê-la em sete, em nove ou treze [...] sete é uma bela história, é um número mágico" (Notas etnográficas, p. 60-67)	Qualificações *Quotation* pertinente e referência específica às notas etnográficas	Qualificações *Quotation* pertinente e referência específica às notas etnográficas
R I T U A I S	*Ritual da bebida mágica em Gran Burrone*	**Muito baixo: atenção focalizada sobre as condições que permitem a experimentação de um estado alterado de consciência** "depois não é necessário comer para que faça mais efeito" (Notas etnográficas, p. 110-113)	Qualificações *Quotation* pertinente e referência específica às notas etnográficas	Qualificações *Quotation* pertinente e referência específica às notas etnográficas
	Ritual do solstício de verão em Damanhur	**Elevada formalização: ritual como modelo para crer na experiência do sagrado da natureza** Vestes rituais de várias cores; disposição dos devotos ditada pelo grau iniciático; leituras extraídas de trechos da Via Horusiana (Notas etnográficas, p. 163-169)	Qualificações *Quotation* pertinente e referência específica às notas etnográficas	Qualificações *Quotation* pertinente e referência específica às notas etnográficas
	Ritual dos mortos em Damanhur	**Elevada formalização, mas com uma liturgia mais essencial** Sentimento difuso de comoção. Participação no ritual guiada pelo *status* iniciático (Notas etnográficas, p. 203-206)	Qualificações *Quotation* pertinente e referência específica às notas etnográficas	Qualificações *Quotation* pertinente e referência específica às notas etnográficas

Por último, deve-se dizer que os instrumentos de *data display* [*sensu*, p. 21-23], os instrumentos de condensação das qualificações justapostas aos materiais empíricos – gráficos, narrativos ou matriciais – devem ser entendidos como uma oportunidade e não como um condicionante. A sua utilização torna mais ágil a comparação sistemática entre os diversos segmentos do material empírico obtido, contribui para controlar os erros de julgamento levados pela heurística da disponibilidade (cf. supra) e permite uma mais eficiente documentação dos procedimentos de análise utilizados. Pode-se renunciar a essas vantagens, mas o que importa é ter consciência delas.

1.3 A individuação das relações

Depois de ter qualificado o material empírico de forma conveniente, o passo seguinte consiste na individuação das relações que ora unem, ora opõem as propriedades designadas a cada um dos seus segmentos, recorrendo ao que Charles Wright Mills [1959 – trad. it., 1995: 225] definiu como a "gramática da imaginação sociológica", a **classificação cruzada**, ou seja, o cruzamento – em uma tipologia ou em uma taxonomia – das classificações simples extraídas dos materiais empíricos. As relações para as quais dirigir a atenção são, principalmente, as evidenciadas no desenho da pesquisa, as que dão forma às perguntas que inspiraram a realização do estudo. A isso se acrescentam as relações cuja relevância é sugerida, ora por um mais profundo conhecimento do próprio objeto de estudo, ora pelo surgimento de resultados inesperados, propiciados pela peculiar flexibilidade da pesquisa qualitativa.

Colocar à prova a **consistência empírica das relações hipotizadas** no desenho da pesquisa requer um exame escrupuloso dos materiais empíricos obtidos, observados nos segmentos pertinentes, guiados nesse aspecto pelos instrumentos de *data display* de que se falou mais acima. A esse *modus operandi* é razoável supor que Carla Eastis [1998] tenha se referido na sua etnografia comparada, projetada para colocar à prova as teses de Putnam sobre a relação entre associacionismo e produção de capital social. Eastis – como foi visto (cf. supra, cap. 2, par. 1.2.1) – coloca em relação dois casos maximamente semelhantes, especificamente dois coros ativos na mesma cidadezinha norte-americana. O seu objetivo é o de mostrar como associações voluntárias semelhantes na localização e no tipo de atividade proposta também se caracterizem por formas de produção de capital social profundamente diferentes. Guiada pela teoria das contingências organizativas, Eastis considera como aspectos mais importantes das diferenças: os procedimentos de seleção dos coristas, a composição social dos dois coros, as modalidades de desenvolvimento dos ensaios com as competências adquiridas pelos músicos e, ainda, a estrutura das redes ativadas pela atividade associativa, os valores que ela promove e, por último, a aquisição de competências úteis à ação coletiva. Aliás, os aspectos para os quais Eastis dirige a atenção identificam os principais segmentos nos quais a autora subdividiu o fluxo contínuo de experiências adquiridas durante o próprio trabalho etnográfico. Não há como saber, ao menos para mim, como – realmente – Eastis tenha realizado as próprias análises, mas podemos imaginar que a autora poderia ter chegado a resultados semelhantes aos propostos no seu ensaio usando um conjunto de comparações guiadas por uma matriz semelhante à ilustrada na tabela 6.6.

Tabela 6.6 Hipotética matriz para o controle das relações entre associacionismo e capital social no estudo de Carla Eastis

DIMENSÃO ANALÍTICA	OBJETO	
	COLLEGIUM MUSICUM	*COMMUNITY CHORUS*
Procedimentos de seleção dos coristas	Qualificação Referência ao trecho pertinente das notas etnográficas	Qualificação Referência ao trecho pertinente das notas etnográficas
Composição social do coro	Qualificação Referência ao trecho pertinente das notas etnográficas	Qualificação Referência ao trecho pertinente das notas etnográficas
Modalidade de desenvolvimento dos ensaios	Qualificação Referência ao trecho pertinente das notas etnográficas	Qualificação Referência ao trecho pertinente das notas etnográficas
Competências adquiridas pelos músicos	Qualificação Referência ao trecho pertinente das notas etnográficas	Qualificação Referência ao trecho pertinente das notas etnográficas
Estrutura das redes ativadas com a participação à atividade associativa	Qualificação Referência ao trecho pertinente das notas etnográficas	Qualificação Referência ao trecho pertinente das notas etnográficas
Valores promovidos	Qualificação Referência ao trecho pertinente das notas etnográficas	Qualificação Referência ao trecho pertinente das notas etnográficas
Aquisição de competências úteis à ação coletiva	Qualificação Referência ao trecho pertinente das notas etnográficas	Qualificação Referência ao trecho pertinente das notas etnográficas

Em toda boa pesquisa qualitativa e, portanto, também na de Carla Eastis, de qualquer forma é razoável supor que, junto com uma série de perguntas bem apresentadas no desenho da pesquisa e capazes de guiar, sem incertezas, a segmentação da documentação empírica e a análise das relações entre os segmentos individuados, ocorram perguntas que caracterizam propriedades ou instituem relações entre elas de forma menos definida; perguntas formuladas utilizando "conceitos sensibilizantes" [Blumer, 1969][36]. Teríamos nos encontrado – para todos os efeitos – nessa situação se Eastis tivesse se limitado a prefigurar diferenças organizacionais relevantes entre os dois coros, sem especificar as dimen-

---

36. "Enquanto os conceitos definitivos indicam o que ver, os sensíveis sugerem apenas direções ao longo das quais olhar" [Blumer, 1969 – trad. it., 2008: 185]: cf. supra, cap. 5, nota 16.

sões em que essas diferenças teriam se apresentado. A resposta a esse gênero de perguntas, apresentadas de forma mais fraca, constitui a parcela exploratória do trabalho de análise, sobre a qual me detenho a seguir.

A **exploração das relações** entre as propriedades que qualificam achados, reproduções e representações baseia-se essencialmente em uma leitura metódica da documentação empírica, realizada recorrendo essencialmente à experiência intelectual e pessoal do pesquisador. Para conservar a capacidade crítica em relação a esses materiais e solicitar uma sua leitura criativa, podem ser úteis os "truques" propostos para a realização do trabalho de campo na pesquisa etnográfica (cf. supra, cap. 3, par. 2.3). Aplicados à análise da documentação empírica, esses truques configuram-se como exercícios de distanciamento, como indicações para ver os materiais obtidos de forma diferente.

Essa disposição cognitiva pode ser sustentada por alguns procedimentos baseados em alguma forma justificada de seleção, ora dos objetos, ora das propriedades em análise. Aplicados às **propriedades**, ou, se preferirmos, às dimensões analíticas individuadas por meio dos procedimentos de segmentação da documentação empírica, esses procedimentos baseiam-se na individuação de alguma hierarquia de relevância entre elas. Voltemos às narrativas da doença mental e imaginemos explorar as relações que caracterizam os nossos materiais empíricos movendo-nos a partir de uma matriz semelhante à ilustrada na tabela 6.4, mas que documente o perfil das narrações, não apenas de Vito e Marta, mas de toda a amostra das pessoas entrevistadas e que faça isso não apenas com base na qualificação das cinco etapas do modelo narratológico greimasiano, mas utilizando um número côngruo de propriedades adicionais que inclui também a caracterização da própria diferença e a explicação formulada para dar conta do seu surgimento. Movendo-nos primeiramente a partir de considerações teóricas, imaginemos que somos capazes de poder afirmar, com boas razões, que para os nossos objetivos – por exemplo, a representação da experiência da doença mental – sejam decisivas duas propriedades, especificamente, a caracterização da própria diferença e a explicação formulada para dar conta do seu surgimento. Convictos dessa seleção justificada de duas propriedades (cf. supra), prosseguiremos primeiramente com a propriedade a que atribuímos maior importância, por exemplo, a caracterização da própria diferença: uma pessoa acometida por alucinações verbais auditivas pode, por exemplo, pensar que haja algo fora do lugar no seu cérebro, pode pensar que está possuída por alguma entidade boa ou má, também pode pensar que possui algum dom especial: a capacidade telepática de ler a mente das pessoas (das quais ouve os pensamentos em palavras) ou de ouvir as vozes dos deuses [Romme e Escher, 1993]. Operacionalmente o que faremos será ordenar os entrevistados em razão do seu estado em relação à propriedade "caracterização da própria diferença" (para essas operações um Caqdas ou apenas um Excel parecem indispensáveis). Neste ponto prosseguiremos observando, em todas as outras propriedades ou em um subconjunto justificadamente selecionado, as semelhanças entre as pessoas que caracterizam da mesma forma, ou de forma semelhante, a própria diferença e as diferenças que, em tais propriedades, separam as pessoas que caracterizam de forma distinta a própria diferença. Essa exploração poderá assinalar a presença de constelações específicas de propriedades que se mantêm juntas, que aparecem frequentemente associadas a uma das modalidades da propriedade-chave, a caracterização da própria diferença, usada na nossa exploração. Poderíamos, por exemplo, observar como as pessoas que qualificam a própria diferença em termos de carisma, de dom, e não de estigma, fornecem narrações que preveem um final feliz, têm uma atitude crítica em relação à psiquiatria e se caracterizam pela adesão a formas de saber desacreditadas – como, por exemplo, a parapsicologia – usadas como instrumento de resistência contra a conotação patologizante da sua condição promovida pelo discurso biomédico, hegemônico na nossa sociedade. Se as coisas fossem como o indicado, o que foi descrito mais acima seria por si só um resultado, expresso – por exemplo – por meio da qualificação idealtípica da pessoa que se considera, não louca, mas, com as palavras de Jaqui Dillon, líder do movimento britânico dos ouvidores de vozes, diferente (*different-minded*). No entanto, nada impede que se prossiga posteriormente, imaginando poder agregar diversas constelações de propriedades em torno das várias modalidades de caracterização da própria diferença, fundi-las, por assim dizer, no mesmo número de tipos ideais para observar as relações que cada configuração idealtípica mantém com as outras propriedades usadas na qualificação da documentação empírica[37].

Aplicados aos objetos de análise, sejam eles romances autobiográficos, pacientes psiquiátricos, rituais comunitários ou coros, os procedimentos de seleção baseiam-se na individuação de subconjuntos nos quais as relações entre as propriedades mostram-se de maneira mais nítida ou de formas teorética ou pragmaticamente relevantes. Imaginemos, novamente, que queremos explorar os materiais empíricos fornecidos por uma pesquisa sobre as narrativas da doença mental, realizada utilizando entrevistas discursivas, com a participação de Vito, Marta e outros (cf. supra). A primeira forma de seleção passa pela identificação de entrevistas que impressionam pela nitidez, pela força na qual os temas, objeto de estudo, expressam-se. Possuem essas características as transcrições que poderíamos definir como tipos ideais em carne e osso, como o equivalente empírico de configurações teóricas caracterizadas por aquela acentuação unilateral que Weber coloca nos conceitos idealtípicos (cf. supra, par. 3). Sobre essas entrevistas, no máximo umas dez, podemos nos concentrar em identificar as relações relevantes, cuja solidez empírica deverá então ser colocada à prova sobre

---

37. Operações como as descritas mais acima podem ser realizadas utilizando tabelas de verdade e instrumentos baseados em uma representação dicotômica de toda a informação (em termos de presença, ausência; 0, 1). Para uma introdução a esses procedimentos e a bibliografia pertinente cf. Becker [1998 – trad. it., 2007, cap. 5].

a totalidade do *corpus* textual. O mesmo princípio guia a seleção de objetos aplicada a achados e representações. Devendo, por exemplo, reexaminar a relação com o sagrado da natureza em Damanhur e Gran Burrone [Cardano, 1997a], a exploração do perfil dessa experiência nos dois contextos comunitários poderia ser traçada a partir da justaposição de duas dimensões analíticas, por assim dizer, extremas: o ritual, entendido como lugar no qual a disposição em análise mostra-se de forma mais nítida (seja essa uma modalidade autêntica ou falsa), os momentos mais profanos da vida cotidiana nas duas comunidades: as conversas de bar em Damanhur, a fofoca em Gran Burrone. Também nesse caso, a solidez das conclusões extraídas das duas situações extremas deveria ser colocada à prova em relação a outros contextos de vida comunitária. Uma outra forma de desencadeamento dos procedimentos de exploração dos materiais empíricos é constituída pela focalização sobre os casos desviantes, por exemplo, os párias, no caso de indivíduos; as práticas contracorrentes no caso de comportamentos coletivos. A observação dos **casos desviantes**, que se afastam de alguma "regra", permite evidenciar, por diferença, justamente aquela regra, no nosso caso a associação entre propriedades, que não se mostra de forma igualmente evidente.

Quando o controle ou a individuação das relações entre as propriedades que qualificam os materiais empíricos é realizado com a análise dos instrumentos de síntese referidos mais acima, matrizes, gráficos, resumos narrativos, a sua verificação definitiva só é possível por meio da leitura extensiva da documentação empírica original, somente retornando ao achado, à transcrição ou à reprodução pertinentes. Se a análise de uma matriz como a ilustrada na tabela 6.4, que reporte para todas as dimensões analíticas relevantes uma detalhada qualificação e faça isso para todos os entrevistados, sugerir a presença de uma relação entre a forma do "contrato" e as opiniões sobre as chances de cura, para poder afirmá-la fundamentadamente é necessário retomar todas as transcrições e, para cada uma, colocar lado a lado os segmentos de texto que evidenciam, respectivamente, forma do contrato e chances de cura e, com base nisso, decidir se e em que medida a relação hipotizada é adequadamente sustentada pela documentação empírica.

Também faz parte da verificação das relações sugeridas pelos instrumentos de *data display* a consideração das possíveis **distorções que podem ser atribuídas**, de forma geral, **aos procedimentos de construção e análise da documentação empírica**.

• Primeiramente é necessário poder excluir, com boas razões, que a relação hipotizada seja nada mais do que o produto das técnicas de construção ou de análise da documentação empírica. A consideração das técnicas de construção da documentação empírica envolve a questão do grau de perturbação observativa ou interativa que contradistingue as técnicas de pesquisa que se utilizou[38].

---

38. As noções de perturbação observativa e interativa foram ilustradas no capítulo 1, par. 3, para o qual se remete.

A questão aqui assume uma conotação específica: Em que medida a intervenção do pesquisador contribuiu para a instituição da relação observada? Imaginemos ter observado na matriz que dá conta, de forma compacta, dos discursos de um côngruo número de jovens envolvidos em voluntariado, interpelados utilizando uma entrevista guiada, uma relação entre o envolvimento religioso e o envolvimento político. Para colocar à prova a solidez dessa relação voltemos às transcrições das entrevistas, tomando nota também da forma na qual os participantes foram convidados a falar do seu envolvimento. Imaginemos, ainda, que as entrevistas tenham sido realizadas por três entrevistadores e que dois deles, que juntos realizaram menos de dois terços das nossas entrevistas, tenham interpretado o seu papel de uma forma no mínimo peculiar, guiando-se por suposições preconcebidas sobre as características dos seus interlocutores. Tudo isso se mostra na forma na qual dirigiram as perguntas que geraram os discursos entre os quais emergiu uma relação. Ambos utilizaram formulações que soam mais ou menos assim: "Um rapaz como você, tão envolvido em voluntariado, certamente deve ser guiado por profundos ideais políticos/religiosos; imagino, portanto, que você associe esse seu empenho aqui, nesta associação de voluntariado, a um envolvimento político/religioso. É assim?" Perguntas formuladas nesses termos, tecnicamente "tendenciosas" [Corbetta, 2003: 154-155], tornam mais provável um certo tipo de resposta e geram, com isso, a relação observada. Trata-se – é evidente – de um exemplo caricatural que, no entanto, faz referência a um problema mais geral, o da perturbação observativa e interativa, que é necessário levar em consideração no processo de controle da solidez de uma relação. De forma análoga é necessário poder excluir que a relação observada deva ser atribuída – de forma exclusiva – aos procedimentos de análise da documentação empírica utilizada.

Imaginemos que, a partir da análise das notas etnográficas obtidas durante um estudo sobre uma comunidade semelhante aos já familiares elfos de Gran Burrone surja, como lugar da observação da relação entre práticas rituais e envolvimento dos membros da comunidade nas mesmas, a imagem de uma forma de participação aos momentos rituais caracterizada por um profundo desencanto, por um fraco envolvimento. É possível chegar a uma conclusão dessa natureza movendo-se a partir de uma forma de segmentação dos eventos dos quais o etnógrafo experimentou, que qualifica como "prática ritual" um conjunto decididamente amplo e heterogêneo de interações sociais, que vão desde o passeio solitário no bosque ao consumo coletivo das refeições, ao cuidado das crianças e, ainda, aos trabalhos agrícolas, aos cantos ao redor do fogo, ao consumo convivial de substâncias psicotrópicas e muitas outras coisas. Pois bem, em um caso como o ilustrado acima é razoável imaginar que a constatação do fraco envolvimento dos membros da comunidade nas atividades rituais dependa, antes de tudo, do modo no qual as práticas individuais e coletivas próprias daquele contexto social foram atribuídas à categoria dos rituais. Uma atribuição que, provavelmente, entra em conflito com a "perspectiva nativa, indígena ou local" [Matera, 2004: 60].

• Em segundo lugar, é necessário prestar atenção à legitimidade do que Gomm, Hammersley e Foster [2000, cap. 5] definem "**generalização dentro do caso**", ou seja, à robustez dos argumentos com os quais procedemos àquela forma peculiar de extensão do alcance, que se move das partes do caso observadas ao caso na sua totalidade (cf. supra, cap. 2, par. 1.2.1). O problema apresenta-se todas as vezes que, a partir de algumas instâncias observativas, de alguns eventos ou situações, o capítulo de um romance autobiográfico, a narração de um fragmento da própria história de vida, a conversa entre um paciente e o seu médico em um dado momento; atribuímos propriedades e estabelecemos relações referidas ao romance, ao narrador, ao contexto de tratamento no seu todo. Ao proceder nesse sentido são necessárias particulares cautelas, dirigidas a evitar uma forma específica de falácia argumentativa, a falácia *non sequitur* das partes e do todo, uma falácia que ocorre quando se confundem as propriedades das partes com as do todo [Boniolo e Vidali, 1999: 756]. Nessa perspectiva, a averiguação da consistência de uma relação passa pelo exame da numerosidade, da heterogeneidade e da congruência das instâncias a partir das quais procedemos ao afirmar que Vito faz sua uma concepção biomédica da própria diferença ou que os elfos de Gran Burrone caracterizam-se por uma disposição em direção à natureza equiparável ao modelo da espiritualidade oriental. Em outras palavras, é necessário poder excluir, com boas razões, que a relação observada possa ser atribuída a situações excêntricas ou de qualquer forma anômalas e, portanto, inadequadas a uma generalização dentro do caso[39].

• Em terceiro lugar é necessário considerar a **qualidade da documentação empírica** que reforça a relação hipotizada, o que afirmamos, por exemplo, sobre a experiência do sacro dos damanhurianos, deriva da análise de um dos seus textos doutrinários ou das reconstruções dessa experiência obtida com entrevistas discursivas? Deriva da observação de algumas práticas rituais ou da participação a um ou mais desses momentos da vida comunitária? As condições de obtenção das informações pertinentes contribuem para determinar a plausibilidade das propriedades atribuídas aos casos em estudo e das relações entre elas. De maneira geral, o que foi afirmado a partir da experiência direta do pesquisador goza – ao menos *prima facie* – de maior solidez do que o que foi obtido contando com o testemunho dos participantes [Douglas, 1976: 108]. E, ainda, a solidez das conclusões extraídas da análise de uma conversação varia sensivelmente em razão da forma na qual tomamos nota dela: por meio de uma gravação ou com a redação – talvez à distância de algumas horas – das nossas notas de campo.

---

39. É evidente a sintonia entre essas medidas e aquelas propostas no desenho da pesquisa com vistas à extensão dos alcances das conclusões esperadas (cf. supra, cap. 2, par. 1.2.1).

- Por último, à robustez das relações afirmadas contribui a consideração das **instâncias negativas** [Miles e Huberman, 1985: 241; Riessman, 2008: 191]. O exame atento das situações nas quais a relação em análise não ocorre permite focalizar melhor as condições que estão na base da sua manifestação. Em um caso como aquele descrito mais acima a título de exemplo, onde, entre as narrações de pacientes psiquiátricos constata-se a associação entre a caracterização da própria diferença do ponto de vista do carisma e um conjunto de características, entre as quais a manifestação de uma atitude crítica em relação às instituições psiquiátricas e a apropriação de formas de saber que defini como desacreditadas, a justaposição dos casos que reforçam essa relação, com a análise de um ou dois casos desviantes, pode contribuir sensivelmente para individuar as condições que favorecem a constituição da constelação das características referidas mais acima. O paciente que considera a própria diferença um dom e faz isso se referindo à peculiar teoria de Julian Jaynes [1976], para a qual a esquizofrenia deve ser entendida como um vestígio da mente bicameral, aquela própria dos homens da Grécia antiga, que tinham o privilégio de ouvir na sua mente a voz dos deuses, mas que, ao mesmo tempo, não mostra uma atitude crítica em relação à psiquiatria, pode nos ajudar a compreender as condições que desencadeiam essa atitude específica. Poderíamos, por exemplo, entender que o que fez a diferença foi a atitude do psiquiatra que o estava tratando em relação às suas convicções relativamente bizarras. Ele teria demonstrado considerar seriamente as teses de Jaynes e essa singular sintonia teria sido a base da aliança entre o paciente crítico e o seu psiquiatra[40].

2 Análise primária, secundária e metanálise

Concluo a reflexão sobre os procedimentos de análise recordando uma distinção que se aplica não apenas à pesquisa qualitativa, mas a toda a pesquisa social, a que separa a análise primária da análise secundária e da metanálise.

▶ A **análise primária** é aquela a que – implicitamente – fizemos referência até aqui, um tipo de análise que se aplica à documentação empírica obtida intencionalmente para responder às perguntas a partir das quais se move o próprio estudo. É o caso da etnografia de Gary Alan Fine sobre as cozinhas dos restaurantes, da pesquisa de Demazière e Dubar sobre os jovens com pouca escolaridade, interpelados com entrevistas discursivas, e também do estudo realizado por Antonella Meo que chamou dez mulheres para discutir sobre vulnerabilidade, envolvendo-as em cinco grupos focais repetidos.

---

40. O exemplo utilizado no texto é inspirado na narração de Marius Romme sobre o nascimento do movimento dos ouvidores de vozes. Romme conta a história de uma paciente sua que se deparou por acaso com o controverso ensaio de Julian Jaynes, extraindo da sua leitura elementos úteis para reforçar a própria autoestima colocada seriamente à prova pela doença mental. Romme conta que encorajou a sua paciente na própria crença e que a convidou para compartilhá-la com outros pacientes [Romme e Escher, 1993].

▶ A **análise secundária** aplica-se à documentação empírica já disponível e já submetida a análise, que é reexaminada, agora, com o objetivo de responder, quer às mesmas perguntas que inspiraram o estudo original, quer às novas interrogações. A documentação empírica que melhor se presta a esse tipo de análise é constituída pelas transcrições e pelos achados (cf. fig. 6.1). O caso da reanálise de transcrições, de entrevistas [Corti e Thompson, 2004] ou de grupos focais é o menos problemático no plano metodológico. O pesquisador que se disponha a realizar a análise secundária de algumas dezenas de entrevistas discursivas, gravadas e devidamente transcritas, encontra-se em uma situação não muito diferente do pesquisador que analisa pela primeira vez aqueles materiais cuja aquisição foi delegada aos próprios colaboradores. Quem analisa materiais já obtidos examina produções discursivas a cuja solicitação (com as perguntas do roteiro da entrevista ou do grupo focal) não contribuiu; trata-se, no entanto, de uma desvantagem de pouca importância quando o material analisado é constituído por entrevistas biográficas solicitadas por apenas uma pergunta canônica: "conte-me a história da sua vida começando por onde quiser..." As restrições que pesam sobre esse tipo de análise são principalmente de natureza ética, restrições que recaem com maior força quando os temas, objeto da entrevista, são, como se costuma dizer, "sensíveis", referidos a aspectos da vida dos próprios interlocutores sobre os quais existe um compromisso com a discrição. A isso se acrescenta também um problema mais banal, mas não menos importante, que diz respeito à proteção da propriedade intelectual e que – talvez – esteja na base da escassa difusão da análise secundária no âmbito da pesquisa qualitativa. Como se sabe, em uma pesquisa qualitativa, a aquisição da documentação empírica requer importantes investimentos de tempo, investimentos dos quais cada pesquisador procura proteger a rentabilidade mantendo para si e apenas para si a documentação empírica arduamente acumulada. Esse problema deixa de existir, obviamente, quando a reanálise é realizada pelo mesmo pesquisador que providenciou a aquisição da documentação empírica. É o caso, por exemplo, da minha análise das narrativas da doença mental [Cardano, 2007], realizada a partir dos materiais obtidos no âmbito de um estudo dedicado à relação entre trabalho e distúrbio psíquico [Cardano, 2005]. Nesse caso o mesmo material foi utilizado para responder a perguntas diferentes das que motivaram a sua aquisição original.

No caso dos achados, sejam eles textos ou artefatos, não é fácil traçar com mãos firmes a distinção entre análise secundária e análise primária realizada sobre a mesma *classe* de materiais. Estamos certamente no território da análise primária quando um pesquisador dirige a atenção sobre uma classe de textos ou artefatos já examinados por outros estudiosos, mas faz isso utilizando critérios de constituição da base empírica (seleção, negociação, solicitação) diferentes dos que foram utilizados anteriormente. Um hipotético estudo sobre as condições do agricultor polonês na América nos primeiros anos do século passado se configuraria para todos os efeitos como uma análise primária se decidíssemos recorrer a cartas diferentes das que foram utilizadas no clássico estudo de Thomas e Znaniecki [1918-1920], por exemplo, recorrendo a arquivos diferentes dos que foram consultados pelos dois estudiosos e talvez recorrendo – obviamente trata-se de especulação – a uma série de anúncios, talvez na internet, com os quais os imigrantes poloneses de segunda ou terceira geração são convidados a vasculhar nos seus sótãos à procura das cartas dos avós e bisavós. A mesma operação realizada com a documentação empírica utilizada por Thomas e Znaniecki – considerando que seja possível recuperá-la – ,utilizando os mesmos critérios de constituição, iria se configurar, ao contrário, como análise secundária.

Quando o material empírico é constituído por reproduções, ou seja, de notas de campo redigidas no âmbito de uma pesquisa baseada na utilização de técnicas como a observação participante, a observação naturalista, o *shadowing* ou o experimento de campo, é extremamente difícil pensar na realização de análises secundárias, a não ser nas que envolvem o mesmo estudioso que gerou aqueles materiais. Isso depende das características intrínsecas das notas de campo que, pela forma na qual foram produzidas, revelam informações diferentes em razão do fato de que a lê-las seja quem as escreveu ou uma outra pessoa. A isso se acrescentam as restrições que vimos recair sobre as transcrições, especificamente a proteção da privacidade dos participantes (que às vezes nem estão conscientes das atenções do pesquisador) e a proteção do investimento intelectual. Isso faz com que no contexto etnográfico e, de forma geral, para os estudos baseados na obtenção de representações, de notas de campo, seja mais comum a utilização da metanálise [Noblit e Hare, 1988] e, ainda que de forma muito esporádica, da repetição do estudo frequentemente com resultados que estão longe de ser animadores [Heider, 1988][41].

▶ A **metanálise** é uma estratégia de análise que permite a síntese dos principais resultados empíricos em um específico âmbito de estudos. Difundida principalmente nas disciplinas biomédicas, a metanálise é menos comum na pesquisa social e ainda menos na pesquisa qualitativa. Esse procedimento de análise baseia-se na complementação dos resultados fornecidos por estudos comparáveis, quer pelos procedimentos de pesquisa adotados, quer pelos objetos aos quais se aplicam. Ao primeiro tipo pode-se relacionar um hipotético estudo concebido para individuar analogias e diferenças nas narrativas da doença mental solicitados com o mesmo instrumento, uma entrevista discursiva livre (iniciada pela canônica "conte-me a história da sua vida começando por onde quiser...") compa-

---

41. Os exemplos mais conhecidos em literatura de reestudos são os de Robert Redfield e Oscar Lewis sobre a aldeia de Tepoztlán, os de Margaret Mead e Derek Freeman sobre a adolescência em Samoa, e ainda os estudos de Bronislaw Malinowski e Annette Weiner no arquipélago de Trobriand e, por último, os de William Foote Whyte e Marianne Boelen sobre o Bairro Little Italy de Boston, ao qual o *Journal of Contemporary Ethnografy* dedicou um debate acalorado [Boelen, 1992; Whyte, 1992].

rando todas as publicações pertinentes referidas a estudos realizados, por exemplo, na Europa, nos últimos dez anos. Um exemplo do segundo tipo poderia ser constituído pela comparação dos resultados fornecidos por etnografias dedicadas à reconstrução da experiência de pequenas ou grandes comunidades religiosas[42].

A possibilidade de complementar os resultados fornecidos por estudos publicados que recaem sobre o mesmo âmbito temático repousa principalmente na possibilidade de ter acesso, além dos resultados, à reconstrução dos procedimentos utilizados para obtê-los, a que no capítulo dedicado ao desenho da pesquisa (cf. supra, cap. 2, par. 2) rotulei como "relato reflexivo" [Altheide e Johnson, 1994; Cardano, 2014], ou seja, uma descrição detalhada dos procedimentos de construção e análise da documentação empírica, útil para qualificar a sua eloquência.

3 A escrita

A análise da documentação empírica completa-se com a escrita, uma atividade que combina a configuração dos resultados, colocados em forma de modo compacto, e a construção da argumentação que defende a sua relevância e a sua solidez empírica. A representação dos principais resultados fornecidos por uma pesquisa qualitativa apoia-se sobre um conjunto variado de dispositivos conceituais e retóricos, dos quais os mais eficazes – ao menos a meu ver – são a metáfora e o tipo ideal.

A função, que na pesquisa quantitativa é desempenhada pelos modelos matemáticos ou estatísticos, na pesquisa qualitativa é exercida pelas **metáforas** utilizadas para expressar, principalmente por meio de ícones, imagens, as características mais importantes do contexto em estudo. Nessa perspectiva, a metáfora para de ser exclusivamente um ornamento sobreposto a um significado, de qualquer forma, evidente [Black, 1962 – trad. it., 1983: 42], mas um instrumento que permite de forma específica a constituição de significados[43].

---

42. Uma eficaz ilustração dos procedimentos de metanálise aplicada a estudos qualitativos é constituída por Pound e colegas [2005]. Os autores analisam 38 estudos que abordam o tema da atitude "profana" em relação ao consumo de medicamentos.

43. A metáfora é uma figura de substituição na qual um conceito, comumente definido *foro*, é usado para qualificar um outro, definido *tema*. Em *homo homini lupus*, a ferocidade do lobo identifica o foro, enquanto a relação entre os homens identifica o tema. Max Black [1962 – trad. it., 1983] compara três concepções de metáfora: a concepção substitutiva, a comparativa e a interativa. Na concepção substitutiva a metáfora se configura como um dispositivo no qual o foro não faz outra coisa além de substituir-se ao tema; na comparativa é instituída uma similitude entre foro e tema; na concepção interativa a metáfora institui uma forma peculiar de interação entre foro e tema que molda o significado de ambos. Faz parte desta categoria a expressão "Os pobres são os negros da Europa" [p. 55ss.]. Nesse caso o dispositivo metafórico gera uma interação entre tema e foro que molda os significados de ambos, atribuindo a privação econômica aos negros e a carga de um estigma quase étnico aos pobres da Europa. A concepção de metáfora proposta no texto, a de um

Como para os modelos, diferentes entre si em razão da sua capacidade de se adaptar ao que representam (em razão da sua adequação), também as metáforas diferem quanto à sua capacidade de expressar as peculiaridades dos fenômenos em estudo. A avaliação dos dispositivos metafóricos aos quais recorremos no nosso trabalho de pesquisa, como, por exemplo, as figuras do espelho, da rosa e do lótus chamadas para explicar a experiência do sagrado dos damanhurianos e dos elfos de Gran Burrone [Cardano, 1997a], pode ser realizada utilizando as reflexões de Mary Hesse [1966 – trad. it., 1980], reunidas em um volume datado, mas sempre vital, dedicado à utilização de modelos e analogias nas ciências naturais. O que Mary Hesse define como analogias equivalem, na realidade, aos dispositivos metafóricos para os quais estamos dirigindo a atenção. Hesse aborda a questão crucial para os nossos objetivos no primeiro capítulo de *Modelli e analogie nella scienza*, onde coloca em cena um diálogo imaginário entre dois cientistas, um duhemiano, que atribui aos modelos uma função puramente instrumental ("Uma vez construída uma teoria aceitável, qualquer modelo que tenha nos levado a ela pode ser jogado fora") e um campbelliano, que sustenta a tese oposta, para a qual os modelos são "essenciais à lógica das teorias científicas" [p. 47]. Este último descreve a própria concepção de modelo nos termos reportados a seguir.

> Gostaria de explicar o sentido que atribuo à palavra, mediante o conhecido exemplo de Campbell da teoria cinética dos gases. Quando pegamos um conjunto de bolas de bilhar em movimento casual como modelo para um gás, não afirmamos com isso que as bolas de bilhar são totalmente semelhantes às partículas gasosas, a partir do momento que as bolas de bilhar são vermelhas ou brancas, duras e brilhantes, e não pretendemos absolutamente sugerir que as moléculas de gás tenham essas propriedades. O que dizemos, na verdade, é que as moléculas gasosas são *análogas* às bolas de bilhar e a relação de analogia significa que existem propriedades das bolas de bilhar que não são próprias das moléculas. Chamemos essas propriedades que sabemos que pertencem às bolas de bilhar, mas não às moléculas, de **analogia negativa** do modelo. Movimento e choque, por outro lado, são exatamente as propriedades das bolas de bilhar que queremos atribuir às moléculas do nosso modelo; chamemos então essas propriedades de **analogia positiva**. Agora, o mais importante desse uso dos modelos na ciência é o fato de que geralmente existem propriedades do modelo das quais não sabemos ainda se representam analogias positivas ou negativas; são justamente essas as propriedades mais interessantes, porque, como vou procurar demonstrar, nos permitem realizar novas predições. Chamemos esse terceiro conjunto de propriedades de **analogia neutra** [p. 47-48].

---

instrumento capaz de constituir significados, faz referência principalmente à concepção interativa dos dispositivos metafóricos proposta por Black.

Pois bem, a distinção proposta por Hesse para as analogias de uso comum nas ciências duras pode ser aplicada aos dispositivos metafóricos que se utilizam na pesquisa social. O sentido dessa extensão está na possibilidade de utilizar as noções de componente positiva, negativa e neutra como guia na avaliação da eficácia dos dispositivos metafóricos construídos para explicar de forma compacta os resultados mais importantes do nosso trabalho de pesquisa.

No capítulo dedicado à observação participante, especificamente no parágrafo dedicado à ilustração dos "truques" que podem guiar o trabalho de campo (supra, cap. 3, par. 2.3) ao uso que fiz da metáfora da música aleatória, de John Cage e, no cenário italiano, de Bruno Maderna para explicar as formas de ritualidade observadas entre os elfos de Gran Burrone. Refiro-me brevemente a ela a seguir, para mostrar como o uso das categorias conceituais propostas por Hesse pode ser útil. A referência à metáfora da música aleatória, que surgiu durante o trabalho de campo, retorna na monografia que apresenta os resultados mais importantes do meu trabalho nos termos reportados a seguir.

> A encenação de um ritual lembra sob muitos aspectos a execução de um trecho de Maderna, de uma música constantemente aberta à *alea*, ao acaso, guiada por uma partitura muito breve, alusiva, deliberadamente fragmentada. Ritual como obra aberta. A erosão das regras litúrgicas une-se ao enfraquecimento do conteúdo simbólico dos rituais comunitários. As práticas rituais dos elfos, na realidade, apoiam-se em um conjunto relativamente restrito de símbolos, ligados entre si por uma trama extremamente simples. Além disso, o uso dos símbolos é voltado principalmente à expressão e à produção de sentimentos, e não à afirmação, à representação de um *discurso* sobre o mundo. A essa imagem podem se relacionar duas expressões rituais específicas, o ritual da tenda do suor e o da bebida mágica [Cardano, 1997a: 234].

A componente *positiva* da metáfora, a que guiou a sua formulação, diz respeito à variabilidade e à substancial imprevisibilidade dos dois tipos de *performance*, a execução de um trecho de música aleatória e a representação de um ritual no Vale dos Elfos. A componente *negativa* – não evidenciada na monografia da qual é retirado o trecho reportado mais acima – é identificável, acima de tudo, nas intenções de quem executa uma e outra "partitura". Em um caso, o da *performance* musical, a aleatoriedade é projetada; no outro, o da ritualidade dos elfos, a aleatoriedade é tudo, menos intencional e nem sequer é tematizada. No contexto musical temos, além disso, um compositor, do qual é difícil encontrar um equivalente entre os elfos; assim como temos um público, uma figura de fato ausente entre os elfos, ao menos quando não hospedam um etnógrafo. Por último, permanecendo sempre no plano da dimensão negativa, surge uma importante diferença no plano das relações de autoridade que unem, em um caso, o maestro à orquestra que dirige; e no outro, o improvisado "mestre de cerimônias" e os concelebrantes. Quanto à dimensão *neutra*, ela pode ser identificada em um terreno que induz a considerar o tema do conflito que, em um contexto não hierárquico como o da comunidade dos elfos, pode surgir pela definição da forma apropriada para gerar uma "bela energia" [p. 237]. A consideração desses aspectos, especificamente a presença de uma consistente componente negativa, leva a expressar uma opinião negativa sobre a metáfora proposta. Portanto, é mediante procedimentos como os ilustrados mais acima que é possível avaliar a adequação dos dispositivos metafóricos colocados em forma durante a análise e decidir se e como fazer uso deles para comunicar os resultados mais importantes do próprio trabalho.

O **tipo ideal** constitui o segundo instrumento de representação dos resultados de uma pesquisa qualitativa sobre o qual vale a pena deter-se. Weber define os seus contornos nos termos reportados a seguir.

> O conceito típico-ideal é utilizado para orientar o juízo de imputação durante a pesquisa: isso não é uma "hipótese", mas pretende indicar a direção para a elaboração da hipótese. Isso não é uma representação do real, mas pretende oferecer um meio de expressão unívoco à representação [...] Isso é obtido por meio da acentuação unilateral de um ou de alguns pontos de vista, e mediante a conexão de uma quantidade de fenômenos individuais difusos e discretos, existentes aqui em maior e lá em menor grau, e às vezes também ausentes, correspondentes àqueles pontos de vista unilateralmente colocados em evidência, em um quadro conceitual por si só unitário. Na sua pureza conceitual esse quadro nunca poderia ser encontrado empiricamente na realidade [...] Utilizado cautelosamente, aquele conceito oferece os seus específicos serviços para fins de estudo e de ilustração [Weber, 1904 – trad. it., 1958: 108].

A fecundidade heurística desse instrumento conceitual reside essencialmente na sua natureza programaticamente antirrealista ("Isso não é uma representação do real"), no fato de se configurar como um conceito – ao menos *prima facie* – desprovido de referentes empíricos, de instâncias que possam lhe corresponder plenamente, compartilhando todos os seus atributos intensionais[44]. Os referentes *empíricos* de um conceito idealtípico podem – por definição – compartilhar apenas em parte o seu perfil intensional ou, tentando ver as coisas de outro ponto de vista, podem compartilhar apenas em parte as suas características, unindo-se a ele com uma **função de pertinência** "*fuzzy*", que, além das modalidades extremas de não pertinência e de pertinência, 0 ou 1, branco ou preto, prevê uma pluralidade de tons de cinza (cf. supra). Em um contexto como esse, próprio da pesquisa qualitativa, no qual a estratégia adotada para administrar

---

44. No plano lógico, cada conceito pode ser caracterizado em termos de intensão e extensão. Consideremos, p. ex., o conceito de técnica de pesquisa qualitativa ao qual, no capítulo 1, atribuímos duas características: a utilização de uma forma de observação mais próxima e a harmonização ao objeto a que cada técnica de pesquisa se aplica. Observação mais próxima e harmonização ao objeto constituem a intensão do conceito "técnica de pesquisa qualitativa" aqui proposto. A sua extensão é constituída por todas as técnicas de pesquisa que apresentam os dois atributos intensionais referidos mais acima.

a complexidade dos fenômenos sociais passa, não pela simplificação do objeto, mas pela redução da extensão do domínio observado (cf. supra, cap. 1), que devolve às instâncias observadas aquela multiplicidade de nuanças, um conceito como o idealtípico, que permite colocar em ordem as coisas do mundo sem obrigá-las a ser brancas ou pretas não deixa de ser útil. Considero eficaz a ilustração dessa dimensão do conceito idealtípico elaborada por Enrico Pozzi [1985] a propósito da sua utilização no âmbito da chamada abordagem biográfica. Reduzida ao máximo, a tese de Pozzi institui um paralelismo entre os tipos ideais convocados para colocar ordem nas histórias de vida e a noção de gênero utilizada na teoria da literatura [p. 77]. Os tipos ideais que permitem colocar ordem nas histórias de vida dos indivíduos podem ser pensados como os gêneros literários a que cada um dos textos constitutivos da produção literária de uma época ou de um contexto geográfico pode ser relacionado, sem por isso poder definir formas de coincidência plena entre o texto (um romance) e o gênero ao qual é atribuído. A partir daqui existe a possibilidade de um texto pertencer – com a mesma intensidade, ou diferente – a mais de um gênero, de uma história de vida ser relacionada a uma ou mais configurações idealtípicas. A adoção dessa estratégia de pesquisa não obriga necessariamente o pesquisador a dotar-se de algum instrumento empírico concebido para "medir" a distância entre cada texto e os tipos ideais desenvolvidos para explicar a documentação empírica. É suficiente ilustrar os resultados do procedimento de classificação adotado expressando, em um registro puramente verbal, a intensidade do pertencimento de cada texto ao tipo ideal do qual faz parte. Além disso, a adoção desse procedimento permite tornar mais operacionais as diferenças que separam os procedimentos de classificação utilizados na pesquisa qualitativa dos procedimentos de construção de tipologias, próprios da pesquisa baseada no uso da matriz de dados, procedimentos que, na esteira da lição lazarsfeldiana, baseiam-se na segmentação do espaço de atributos [Demazière e Dubar, 1997 – trad. it., 2000: 228-290].

O instrumento do tipo ideal pode ser eficazmente utilizado para representar tipos de pessoas (com os materiais fornecidos por entrevistas ou grupos focais), tipos de grupos, instituições, organizações (em uma pesquisa sobre o uso do grupo focal ou da observação participante), tipos de processos, sejam eles discursos, formas de interação social, fenômenos de curta ou de longa duração. A construção de um tipo ideal a partir dos resultados das próprias análises baseia-se na alteração estratégica das configurações de atributos sugerida pelos instrumentos de *data display*. Em alguns casos trata-se de prosseguir – em sintonia com a lição weberiana – por meio da acentuação de algumas características ou da instituição de relações mais estreitas entre elas do que as documentadas pelos materiais empíricos. Isso leva à construção de representações "caricatas" às quais cada uma das instâncias empíricas reunidas dentro de cada tipo liga-se com uma precisão variável, mas nunca plena (tecnicamente com uma função de pertinência sempre menor que 1). Em outros casos a construção de um tipo ideal passa por um meditado exercício de simplificação das relações observadas, concentrando a atenção apenas sobre algumas, escolhidas pela sua eloquência teórica ou pragmática. Também nesse caso, as instâncias empíricas, mais complexas do que o idealtipo, vão se ligar a este último com uma precisão variável, mas nunca plena[45].

Colocados em forma os principais resultados fornecidos pelos procedimentos de análise, o trabalho de escrita encerra-se com a conclusão da argumentação persuasiva cuja formulação teve início com a elaboração do desenho da pesquisa e que prevê a defesa da relevância da pergunta a partir da qual se move o estudo, da adequação do contexto empírico e do método utilizado para responder a isso e, obviamente, a defesa da solidez das conclusões a que se chega e das razões que tornam legítima a sua extensão[46].

Nesse exercício, teoria e documentação empírica atuam como premissas das argumentações propostas caso a caso, tecendo com isso aquele "diálogo rico entre dados e ideias" que Becker [1998 – trad. it., 2007: 88] identifica como o traço distintivo da boa pesquisa. Operacionalmente isso se traduz na composição de um texto constituído pelo contínuo alternar-se entre a voz do autor e a dos participantes, as quais o autor dá voz por meio da reprodução do que lhe disseram no curso de uma entrevista ou do que escutou ao participar de uma conversa com eles. As vozes dos participantes unem-se às argumentações do autor, ora como prova do que afirma, ora como elemento que delimita o seu alcance, por meio de explicitações de exceções ou casos contrários. Sobre o peso relativo de um e de outro tipo de escrita não existe um cânone a ser seguido. De qualquer forma, é bom que a reprodução das vozes deles não substituam o desenvolvimento analítico das argumentações do autor, que não as deixemos dizer o que nós podemos dizer melhor e de forma mais compacta. É igualmente inconveniente reduzir ao máximo, ou até mesmo eliminar, as *quotations* pertinentes, dado que isso equivale à omissão de uma importante premissa às nossas argumentações. Escolha, esta última, que impõe ao leitor e, de modo geral, ao auditório de referência, decidir sobre a plausibilidade das teses propostas contando exclusivamente com a sua coerência com o saber consolidado e, em últi-

---

45. Utilizei a noção de tipo ideal na classificação dos percursos de "conversão" da sociedade a comunidade realizados pelos elfos de Gran Burrone e pelos damanhurianos. Tanto em um caso quanto no outro, expressei a ideia de um pertencimento diferenciado das pessoas entrevistadas aos tipos ideais aos quais foram relacionados, procedendo à ilustração dos seus percursos biográficos a partir da ilustração própria de quem – caso a caso – apresentava de forma mais nítida as características do tipo ideal, movendo-me, passo a passo, até a descrição de quem mostrava um pertencimento mais fraco ao tipo em questão ou, até, mostrava um pertencimento múltiplo [Cardano, 1997a: 104-150, 177-222].

46. Abordei de forma mais extensa esses temas no capítulo sobre o desenho da pesquisa, particularmente no capítulo 2, no parágrafo dedicado à reconstrução do percurso de pesquisa (par. 2), para o qual se remete.

ma análise, com a autoridade de quem as propõe[47]. Além disso, é conveniente organizar o conjunto das *quotations* retiradas do material empírico reportando não apenas aquelas para sustentar as próprias teses, mas também as que as colocam em dúvida, com as quais o autor deveria confrontar-se e extrair deste confronto indicações úteis sobre o "grau de incertezas" [King, Keohane e Verba, 1994: 31-33] das próprias conclusões.

Em tudo isso se mostra o entrelaçamento de dois gêneros de discurso, aos quais o trabalho de escrita deveria atribuir espaços apropriados: a **apresentação dos resultados** e a **reconstrução do percurso metodológico** seguido para obtê-los. A flexibilidade dos métodos qualitativos, a constante harmonização dos procedimentos de construção do dado às características do objeto ao qual se aplicam (cf. supra, cap. 1), faz com que não se tenha apenas uma forma – a certa – de conduzir uma entrevista, um grupo focal ou de fazer etnografia, mas que se tenham diversas formas, cada uma com prerrogativas e limites próprios. A forma na qual a técnica de pesquisa pré-escolhida foi concretamente aplicada (respondendo àquela instância de harmonização referida várias vezes no texto), a relação observativa dentro da qual toma forma, contribuem de forma relevante à estruturação da eloquência dos materiais empíricos que fornecem. A partir daqui existe a necessidade de incluir no texto que apresenta os resultados do nosso trabalho um relato detalhado das práticas de pesquisa adotadas, evitando, de acordo com Barbour [2007: 256], a utilização de fórmulas estereotipadas como: "a pesquisa foi realizada segundo os ditames da *grounded theory*", "a metodologia analítica é baseada nos preceitos da fenomenologia schütziana", ou ainda "o estudo baseia-se na utilização de uma amostra racionalmente escolhida segundo um raciocínio lógico", para entrar, ao contrário, no detalhe das práticas concretas de pesquisa, para fornecer no final – permita-me o uso do termo – a descrição do "grupo de operações" com as quais a documentação empírica foi construída e analisada [Cardano, 2014]. Também sob esse aspecto, sobre a forma que deve assumir o relato do percurso de pesquisa que foi seguido, não existe um cânone a ser seguido. Movemo-nos desde a máxima sobriedade de uma nota metodológica, até a composição mais extensa de uma "história natural da pesquisa", exemplar em tal sentido é o apêndice da segunda edição de *Street Corner Society*, publicada por William Foote Whyte em 1955 [Whyte 1943 – trad. it., 2011: 357-440][48]. A escolha da própria posição sobre o *continuum* que vai da nota sucinta à mais extensa história natural da pesquisa depende antes de tudo do espaço à disposição e da destinação editorial do trabalho. Evidentemente que em um artigo destinado a uma revista nacional ou internacional a

---

47. É esse um caso no qual a utilização do *argumentum ad verecundiam*, ou seja, o apelo a uma autoridade desconhecida – a do autor –, é certamente falaciosa.

48. Ao apêndice de Whyte inspira-se também o relato da minha etnografia sobre a sacralização da natureza [Cardano, 1997a, cap. 1].

moderação na descrição dos aspectos metodológicos do próprio trabalho seja obrigatória, mas nem mesmo nesse caso – ao menos a meu ver – esses aspectos podem ser negligenciados[49].

Concluo com uma última observação sobre o caráter, por assim dizer, constitutivo da escrita, que aqui, como em outros contextos de comunicação científica, não se limita a comunicar um conjunto de informações, mas contribui, ela própria, para a definição dos conteúdos transmitidos. A partir daqui existe a necessidade de uma meditada reflexão sobre o estilo de escrita, sobre o modo no qual se decide apresentar à comunidade científica os resultados do próprio trabalho, colocando o estilo a serviço das próprias finalidades científicas [Colombo, 1998].

---

49. Normalmente o parágrafo sobre o método de um artigo publicado em uma revista não excede duas ou três páginas.

Apêndices

1 Módulo para o consentimento informado[1]

PARA O/A ENTREVISTADO/A

Eu, abaixo-assinado _____ _____
                                    Nome   Sobrenome

Nascido/a em _____, em _____ / _____ / _____
                                               dia   mês   ano

AUTORIZO

A gravação de áudio da entrevista conduzida pelo Sr. [nome do entrevistador] e a utilização sucessiva da mesma somente para fins científicos. Proíbo ainda o seu o uso em contextos que prejudicariam a minha própria dignidade e o meu próprio decoro. A gravação de áudio e a utilização são consideradas como realizadas de forma totalmente gratuita.

Lido e aprovado

Data _____ / _____ / _____   Assinatura: _____
      dia   mês   ano

PARA O ENTREVISTADOR

Eu, abaixo-assinado [nome do entrevistador], declaro que o/a Sr./Sra. [nome do entrevistado] assinou espontaneamente o módulo de consentimento informado para a gravação de áudio e a utilização da mesma somente para finalidades científicas.

Data _____ / _____ / _____   Assinatura: _____
      dia   mês   ano

---

1. O módulo – originariamente reportado em papel timbrado – foi utilizado em um estudo sobre os disléxicos adultos: "Dislexia: contar a própria diferença". Para cada entrevista foram preenchidas duas cópias do módulo, uma das quais foi deixada com os entrevistados.

2 Notação ATB para a transcrição das entrevistas discursivas[2]

A transcrição das entrevistas discursivas deverá dar conta: *i*) das modalidades comunicativas adotadas ora pelo entrevistado, ora pelo entrevistador; *ii*) da interação entre os dois (ou mais) protagonistas da conversação; *iii*) dos elementos de contexto da interação referidos de forma explícita ou implícita na conversação.

1) Transcrição dos aspectos linguísticos

As entrevistas devem ser transcritas integralmente, reportando as perguntas e as respostas e acompanhando ambas de todas as notações paralinguísticas e extralinguísticas necessárias.

▸ Perguntas e respostas. As perguntas colocadas deverão ser escritas em negrito, e entre uma pergunta e a resposta que a segue é necessário deixar uma linha em branco. Para as entrevistas *in tandem* ou *de grupo* torna-se necessário distinguir, respectivamente, os entrevistadores e os entrevistados. No caso mais comum, aquele em que se tem um locutor privilegiado (seja ele um entrevistador ou um entrevistado), devemos nos limitar a conotar somente as intervenções discursivas e não do segundo entrevistador ou entrevistado. No caso das entrevistas *in tandem*, as intervenções do segundo entrevistador serão designadas antepondo a elas a expressão Segundo entrevistador, em negrito e colocada entre parênteses, assim: (**Segundo entrevistador**). No caso das entrevistas em grupo, as intervenções do locutor secundário serão designadas antepondo a elas, colocadas entre parênteses, o nome de fantasia do locutor e, se necessário, a relação que ele mantém com o entrevistado principal, por exemplo: (Caterina, mãe de Mario).

▸ **Mudanças de código linguístico.** A passagem entre diversos códigos linguísticos, por exemplo, do italiano ao dialeto ou de uma língua a outra, deve ser marcado reportando em itálico as palavras expressas no código menos recorrente. No caso em que as expressões formuladas, pelo entrevistado ou pelo entrevistador, utilizando o código menor (p. ex., o dialeto), não sejam imediatamente compreensíveis, em seguida será necessário reportar, entre parênteses, a sua tradução. Por exemplo:

> Como reagiu a esta notícia?

> *Mi piurava* (chorei, em dialeto turinês), foi um golpe no coração e não aguentei

---

2. O sistema de notação ATB (Análise das transições biográficas) foi adotado no âmbito da pesquisa Prin 2005 "Transições biográficas: objetos e modelos de análise em confronto", conduzida pelos departamentos de Ciências Sociais e Psicologia da Universidade de Turim, pelo Departamento de Sociologia e Pesquisa Social da Universidade de Trento e pelo Departamento de Ciências Relacionais da Universidade de Nápoles.

▸ **Utilização do discurso direto/polifonia.** Quando o entrevistado reporta as opiniões expressas por outros, ou por ele mesmo, no passado; ainda quando refere possíveis tomadas de posição próprias ou de outros, relacionadas a situações hipotéticas, utilizando o discurso direto, essa modalidade expressiva deve ser expressa da forma habitual, com os dois pontos seguidos por aspas que contém o discurso direto. Eis alguns exemplos:

> Naquele momento minha mãe me disse: "deve parar de chorar! Vamos, mexa-se!", e a partir dali entendi que devia colocar uma pedra sobre isso...

> Com certeza, se eu encontrasse uma outra vez aquele canalha, saberia o que fazer, só para começar iria lhe dizer: "é assim que se tratam os amigos"?

▸ **Palavras ou frases não compreensíveis.** As partes do texto não compreensíveis, pela má qualidade da gravação ou porque pronunciadas de forma incompreensível, podem ser marcadas por duas *tags* (cf. abaixo), seguidas por um parêntese que assinala a dúvida e, quando possível, propõe uma interpretação. No caso do entrevistado dizer algo que – escutado várias vezes – soa como "quiatra", escreveremos: / quiatra / (? Provavelmente: psiquiatra).

▸ **Nomes e lugares omitidos.** Os nomes, os lugares e o que mais se considere conveniente omitir para proteger a privacidade dos nossos interlocutores deverá ser substituído por três asteriscos, assim: ***

2) Transcrição dos aspectos paralinguísticos

A notação utilizada para dar conta dos aspectos paralinguísticos recorre, em todos os casos em que seja possível, a um sistema, por assim dizer, "mimético", ou seja, dirigido a imitar, na forma escrita, o que foi falado. Onde isso não é possível, recorre-se, ao contrário, ao sistema de notação baseado na combinação de marcadores (*tag*) e qualificadores. Esse sistema baseia-se na utilização de um par de marcadores que identifica a parte de texto à qual aplicamos a qualificação paralinguística ou extralinguística, seguida por um texto que especifica tal qualificação. Desempenha a função de marcador a barra (/). A qualificação do texto é expressa com uma palavra colocada entre parênteses, assim: (qualificador). Os símbolos utilizados para dar conta dos aspectos paralinguísticos são os seguintes:

▶ **Maiúsculo**. Para indicar as partes do discurso pronunciadas com um tom de voz elevado. Por exemplo:

> Todos estes símbolos são umas BOBAGENS, sim, quero dizer exatamente isso em voz alta: BOBAGENS!

▶ **/ texto / (com voz baixa)**. Para indicar as partes do discurso pronunciadas em voz baixa. Imaginemos que queremos expressar na transcrição uma frase na qual uma secretária fala do próprio chefe: "O chefe é uma boa pessoa", mas depois acrescenta, em voz baixa, "talvez um pouco idiota". Expressaremos esta passagem desta forma:

> O chefe é uma boa pessoa, / talvez um pouco idiota / (em voz baixa).

▶ **Vogal repetida**. Para indicar o prolongamento de um som. Para indicar a palavra "ainda" pronunciada prolongando o último som vocálico deve-se escrever: aindaaa, acrescentando duas vogais.

▶ **Reticências**. Indicam uma pausa breve, em torno de três segundos, eis um exemplo:

O que pensa do sistema de notação proposto?
No geral... No geral, estou satisfeito...

▶ **(longa pausa)**. Para indicar uma pausa longa, indicativamente superior a três segundos. Imaginando uma entrevista na qual o entrevistado, surpreso pela nossa pergunta, inicia a própria comunicação com um longo silêncio. Nesse caso a transcrição assumirá a seguinte forma:

> Gostaria que me contasse a história da sua vida, começando por onde quiser...
> (longa pausa) Eee... a minha vida... está difícil

Os elementos paralinguísticos *não* considerados mais acima deverão ser apresentados utilizando o sistema de notação baseado na combinação de marcadores e qualificadores. Com esse sistema é possível indicar na transcrição as frases pronunciadas em tom enfático, em tom irônico, pronunciadas pausadamente. Esses aspectos paralinguísticos serão expressos deste modo:

> Estou / completamente / (pronunciado soletrando as sílabas e em tom enfático)
> satisfeito
> / É evidente que as coisas não podiam estar melhor / (em tom irônico)

3) Transcrição dos aspectos extralinguísticos

Para a transcrição dos aspectos extralinguísticos será utilizada a notação baseada na combinação de marcadores e qualificadores, já ilustrada mais acima.

▸ **Choro.** Depois, depois / não aguentei mais / (chorando)

▸ **Suspiros.** / Eeee / (suspirando), a vida é dura!

▸ **Tosse e similares.** Aqui está. Agora estááá gravando... ahn, // [tosse].

▸ **Sinais gestuais ou posturais.** Parece-me realmente / uma bela coisa! / (piscando o olho)

Uma frase acompanhada pelo gesto interrogativo obtido unindo as pontas dos dedos da mão e balançando a mão, do tipo "mas com quem pensam que estão lidando?" É expressa assim:

> / mas com quem pensam que estão lidando / (acompanhada pelo típico gesto interrogativo [italiano] obtido unindo as pontas dos dedos e balançando a mão).

▸ **Riso.** Para o riso é necessária uma distinção. Caso o entrevistado pronuncie algo rindo ou sorrindo, por exemplo: "mas quem me fez fazer isso", a transcrição assumirá esta forma: / mas quem me fez fazer isso / (rindo). No caso da risada ser aquela bela, aberta, que algumas vezes ocorre, escreveremos: / ah-ah / (ri)

▸ **Gestos ou posturas não relacionados a alguma comunicação linguística.** No caso de gestos ou posturas não relacionados a alguma comunicação linguística, se relevantes deverão ser indicados utilizando o sistema marcadores mais parênteses, mas sem incorporar entre os marcadores uma porção de texto. Por exemplo, se durante a entrevista o nosso interlocutor diz "realmente é um belo dia", levanta-se, arruma as calças e prossegue dizendo "deveria aproveitar para sair", tudo isso na transcrição será expresso como se segue:

> realmente é um belo dia // (o entrevistado levanta-se e arruma as calças) deveria aproveitar para sair.

4) Transcrição dos aspectos relativos à interação entre entrevistado e entrevistador

O único elemento que merece ser anotado diz respeito à sobreposição dos discursos que se pode expressar com um par de colchetes.

▶ [texto] [texto]. Para indicar as partes da conversação em que o pesquisador e o entrevistado se sobrepõem. Eis um exemplo em que o pesquisador pergunta a um hipotético paciente psiquiátrico se está satisfeito com a assistência que recebe no Centro de Saúde Mental (note-se que o texto entre colchetes é em negrito para o entrevistador e normal para o entrevistado):

> **Sem papas na língua, diga-me, tem alguma coisa de que se possa reclamar...**
> Beeem no geral estouuu...
> [satisfeito]
> [satisfeito]

▶ **Os "turnos" de interlocução entre entrevistado e entrevistador.** Devem ser numerados como no exemplo que se segue:

> **1) Bem, gostaria que me contasse a história da sua vida, começando por onde quiser...**
>
> 2) Toda a vida?
>
> **3) Como quiser, euuu não tenho problema de tempo...**
>
> 4) A minha vidaaa... a minha vida se divide em três partes...
>
> **5) Três partes...**
>
> 6) Sim, a primeira começa quando eu ainda vivia no sul, com a minha avó e estava muito bem.
>
> **7) Hmm**
>
> 8) Os meus pais estavam no norte, em Turim, e minha avó cuidava de mim, ela era uma mulher à moda antiga, mas muito doce. Me lembro que, todas as noites, antes de dormir, vinha me fazer um carinho no rosto e me dizia: "*s'abbenedica!*", que em siciliano quer dizer seja abençoada ou algo do gênero...
>
> **9) Hmm**

5) Comentários do entrevistador inseridos no corpo da transcrição

Incluem-se aqui os comentários do entrevistador relativos a eventos externos: um telefone que toca, alguém que entra inesperadamente no lugar onde está ocorrendo a entrevista, por exemplo:

> [toca o telefone]
> [entra a tia da entrevistada]
> [a tia da entrevistada deixa a sala onde ocorre a entrevista]
> [ouvem-se gritos provenientes da sala ao lado]

6) Observações do entrevistador

Se necessário, as observações do entrevistador sobre a dinâmica da entrevista, sobre as suas impressões em relação ao entrevistado e sobre tudo o que considerar necessário especificar em benefício da interpretação da entrevista (p. ex., o que é dito pelo entrevistado com o gravador desligado), deverão ser colocadas ao final da transcrição, precedidas pelo título "Observações do entrevistador"

3 Roteiro de um grupo focal[3]

1) Definição da situação, representação da vulnerabilidade

Todos nós estamos vendo as mudanças que estão atingindo a nossa sociedade. Fala-se tanto de flexibilidade, mas também de precariedade. Fala-se de novas formas de assistência de saúde, de novas pensões, de novas formas de trabalhar... A sociedade ao nosso redor está mudando em uma direção que não conhecemos bem e muitas vezes não entendemos; em uma direção que às vezes preocupa.

Para começar a refletir juntos sobre esses temas propomos a vocês a leitura de um trecho de uma entrevista que fizemos recentemente, no âmbito desta mesma pesquisa, em um outro bairro:

> ... não sei... até pouco tempo atrás parecia que era mais fácil ir para a cama e dormir, de noite, tranquilamente. Não que eu não tivesse preocupações... é normal... mas agora na minha vida cotidiana parece tudo mais difícil, mais incerto...

Perguntas:

A) O que vocês pensam disso? Vocês se reconhecem nessa frase?

B) Vocês também acham que hoje em dia é mais difícil dormir tranquilamente?

C) Do que vocês precisariam para se sentirem tranquilas?

D) O que mais preocupa vocês hoje?

E) Se pensarem na situação de vocês alguns anos atrás, como família, vocês se sentiam mais seguras em relação aos dias de hoje?

2) O futuro

Na opinião de vocês, hoje é mais difícil projetar o futuro de vocês e dos seus filhos?

Em outras palavras, algum tempo atrás era mais fácil imaginar como seria o curso da nossa vida? Fazer projetos sabendo que havia boas probabilidades de realizá-los? Coisas como decidir se e quando comprar uma casa, se e quan-

---

3. O roteiro foi utilizado no grupo focal conduzido por Antonella Meo [2003].

do ter um filho, adquirir um carro, ou se dar continuação aos estudos dos filhos? Por quê?

[*apenas como estímulo adicional de reserva*: Propomos a vocês duas opiniões diferentes coletadas com as entrevistas: "Para vencer na vida é importante ter objetivos e metas"; "É inútil fazer muitos projetos porque depois sempre acontece alguma coisa que nos impede de realizá-los". O que acham, em qual das duas vocês se reconhecem? Por quê?]

3) (Estímulo no caso de o tema do trabalho não surgir por si mesmo)
Proponho a vocês a leitura de um outro trecho de entrevista:

> a empresa em que trabalho está em crise. Está demitindo muitos operários... Dizem para ficarmos tranquilos, para não nos preocuparmos, afinal existem todas estas empresas... estas empresas de trabalho temporário, de recolocação – como as chamam – que pelo menos te encontram algum trabalho. Mas como se faz?... eu tenho uma família... sim, encontro um trabalho por dois ou três meses, e depois?... Mas... não sei se essa forma de passar de um emprego a outro... está bem! Que segurança podem dar todos estes novos contratos "estranhos"?

O que vocês pensam disso? Essa condição faz parte da experiência de vocês? Já falaram sobre essas preocupações em casa, talvez com o marido de vocês? Já tinham ouvido falar disso entre as pessoas que vocês conhecem?

4) Apresentação de si mesmo
Começamos a discutir questões importantes e complexas que requerem tempo para serem aprofundadas e abrem tantas interrogações, levantam vários temas. Falaremos disso ainda nos próximos encontros e procuraremos não nos limitarmos a considerações gerais. Procuraremos abordar esses assuntos a partir de nós, das nossas experiências, daquilo que somos.

Enquanto isso podemos nos apresentar, cada uma dizer algo de si mesma, de forma a nos familiarizarmos e nos conhecermos um pouco melhor?

[*Somente se consideremos que seja o caso*: Pensemos na condição de trabalho. Como vocês se definem? Como dona de casa, desempregada, trabalhadora ocasional, à procura de emprego? Retornaremos amplamente sobre o tema do trabalho nos próximos encontros.]

5) Capacidade e recursos para enfrentar a incerteza e as dificuldades
Dizíamos no início, na abertura deste primeiro encontro, que estamos vivendo uma situação de mudança e que hoje todos sentimos um pouco uma certa insegurança, nos sentimos mais expostos a riscos. Então:

A) Pensando na família e na situação concreta de vocês, com o que vocês pensam que podem contar para enfrentar as dificuldades que podem nascer das mudanças em curso?

B) As coisas de que vocês falaram (aquelas sobre as quais pensaram que podem contar) fazem vocês se sentirem seguras, são suficientes para fazer vocês se sentirem protegidas dos riscos relacionados às mudanças e à incerteza que decorre disso?

Glossário

118 – Número telefônico de referência para todos os casos de pedido de socorro médico a pessoas vítimas de mal-estar ou acidentes na Itália, equivale ao 192 no Brasil.

Aut aut – Expressão latina usada para indicar a obrigação de escolher entre duas alternativas (*Dicionário Online Treccani*).

Canovaccio – A noção de *canovaccio* é entendida aqui na acepção conferida a ela pela comédia da arte italiana, ou seja, um texto conciso, essencial, que guia as *performances* dos atores, deixando a eles plena disponibilidade de improvisação.

Ceteris paribus – Expressão em latim com o significado de "dadas as mesmas circunstâncias" (*Dicionário Online Treccani*).

City manager – Funcionário de alto escalão da administração das grandes cidades, que administra o pessoal e se ocupa do funcionamento dos principais serviços internos (*Dicionário Online Treccani*).

Compliance – Termo em inglês que na linguagem médica significa o grau, o nível de colaboração que o paciente presta ao médico ao seguir mais ou menos escrupulosamente as suas prescrições (*Dicionário Online Treccani*).

Cyloom – Conhecido como *chillum*, é uma espécie de cachimbo de forma cilíndrica usado para fumar haxixe, maconha etc.

Entrevista em tandem – Tipo de entrevista conduzida por dois entrevistadores que se dirigem a um único entrevistado.

Folie à deux – Expressão em francês que pode ser traduzida como "loucura a dois".

Forma mentis – Expressão latina que significa estrutura mental, principalmente em relação à forma de considerar e entender a realidade.

Grounded Theory – Traduzida no Brasil por "teoria fundamentada nos dados".

Intentio operis e *intentio lectoris* – Expressões em latim que podem ser traduzidas, respectivamente, por "intenção da obra" e "intenção do leitor".

Mix-and-match design – Expressão que se pode traduzir como "desenho que combina grupos de discussão homogêneos e grupos de discussão heterogêneos.

Modus ponens e *modus tollens* – Expressões em latim que podem ser traduzidas, respectivamente, por "modo que afirma" e "modo que nega" (*Dicionário Online Treccani*).

Naïveté – Deriva do termo francês *naïf* (ingênuo) e significa ingenuidade, simplicidade (*Dicionário Online Treccani*).

Promessi Sposi – Romance histórico de Alessandro Manzoni, traduzido no Brasil com o título *Os noivos*.

Quark – Programa de divulgação científica transmitido pela televisão italiana.

Theory-driven e ***data-driven*** – Orientado pela teoria e orientado pelos dados.

Thisness – Na filosofia, o estado ou qualidade de ser "este" em vez de "aquele" (usado para distinguir uma coisa de outra).

Trade off – Expressão em inglês que significa o ato de escolher uma coisa em detrimento de outra.

Referências

ABBOTT, A. [2004]. *I metodi della scoperta* – Come trovare buone idee nelle scienze sociali. Milão: Bruno Mondadori, 2007.

ACOCELLA, I. [2008]. *I focus group:* teoria e tecnica. Milão: Angeli.

ADLER, P.A. & ADLER, P. [1994]. Observational Techniques. In: DENZIN & LINCOLN [1994], p. 377-392.

AGNOLI, M.S. [1997]. *Concetti e pratica nella ricerca sociale.* Milão: Angeli.

AHLBOM, A. & NORELL, S. [1993]. *Epidemiologia moderna* – Un'introduzione. Roma: Il Pensiero Scientifico.

ALASUUTARI, P. [1995]. *Researching Culture:* Qualitative Methods and Cultural Studies. Londres: Sage.

ALTHEIDE, D. [1976]. *Creating Reality.* Beverly Hills, Calif.: Sage.

ALTHEIDE, D.L. & JOHNSON, J.M. [1994]. Criteria for Assessing Interpretive Validity in Qualitative Research. In: DENZIN & LINCOLN [1994], p. 485-499.

ARISTOTELE [1991]. *Opere, Retorica, Poetica.* Roma/Bari: Laterza.

ATKINSON, P. & SILVERMAN, D. [1997]. Kundera's Immortality: The Interview Society and the Invention of the Self. In: *Qualitative Inquiry,* 3 (3), p. 304-325.

BACONE, F. [1620]. *Nuovo organo.* Milão: Fabbri, 2003.

BALDRY, A. [2005]. *Focus group in azione.* Roma: Carocci.

BARA, B.G. [1999]. *Pragmatica cognitiva* – I processi mentali di comunicazione. Turim: Bollati Boringhieri.

BARBOUR, R. [2008]. *Doing Focus Groups.* Londres: Sage.

_____ [2007]. *Introducing Qualitative Research* – A Student's Guide to the Craft of Doing Qualitative Research. Londres: Sage.

BAUER, M.W. & GASKELL, G. (org.) [2000]. *Pesquisa qualitativa, com texto, imagem e som* – Um manual prático. Petrópolis: Vozes, 2008.

BECKER, H.S. [1998]. *I trucchi del mestiere* – Come fare ricerca sociale. Bolonha: Il Mulino, 2007 [publicado no Brasil com o título *Os segredos e truques da pesquisa.* Rio de Janeiro: Zahar, 2007].

_____ [1963]. Come si diventa fumatori di marijuana. In: *Outsiders* – Saggi di sociologia della devianza. Turim: Gruppo Abele, 1987, p. 56-71.

BECKER, H.S.; GEER, B. & HUGHES, E.C. [1968]. *Making the Grade* – The Academic Side of College Life. São Francisco, Calif.: John Wiley & Sons.

BENVENISTE, E. [1966]. *Problemi di linguistica generale*. Milão: Il Saggiatore, 1971.

BERTAUX, D. [1998]. *Racconti di vita* – La prospettiva etnosociologica. Milão: Angeli, 1999.

BICHI, R. [2007]. *La conduzione delle interviste nella ricerca sociale*. Roma: Carocci.

BIRINDELLI, P. [2006]. *Clicca su te stesso* – Sé senza l'Altro. Acireale/Roma: Bonanno.

BLACK, M. [1962]. *Modelli archetipi metafore*. Parma: Pratiche, 1983.

BLOCH, M. [1949]. *Apologia della storia o mestiere di storico*. Turim: Einaudi, 1969 [publicado no Brasil com o título *Apologia da história, ou o Ofício de historiador*. Rio de Janeiro: Zahar, 2001].

BLOOR, M.J. [1986]. Social Control in the Therapeutic Community: Re-Examination of a Critical Case. In: *Sociology of Health & Illness*, 8 (4), p. 305-324.

BLUMER, H. [1969]. *Symbolic Interactionism*. Englewood Cliffs, N.J.: Prentice Hall. Bolonha: Il Mulino, 2008 [trad. it.: *Interazionismo simbolico*].

BOBBIO, N. [1989]. Prefazione. In: PERELMAN & OLBRECHTS-TYTECA [1958], p. xi-xxii [trad. it., 1989].

BOCK, P.K. [1969]. *Antropologia culturale moderna*. Turim: Einaudi, 1978.

BOELEN, M. [1992]. Street Corver Society – Cornerville Revisitated. In: *Journal of Contemporary Ethnography*, 21 (1), p. 11-51.

BONICA, L. & CARDANO, M. (orgs.) [2008]. *Punti di svolta* – Analisi del mutamento biografico. Bolonha: Il Mulino.

BONICA, L. & SAPPA, V. [2008]. "Io non ho la testa..." – Transizioni precoci al lavoro e costruzione dell'identità. In: BONICA & CARDANO [2008], p. 173-209.

BONIOLO, G. & VIDALI, P. [1999]. *Filosofia della scienza*. Milão: Bruno Mondadori.

BORUTTI, S. [1991]. *Teoria e interpretazione* – Per un'epistemologia delle scienze umane. Milão: Guerini.

BOUDON, R. [1984]. *Il posto del disordine*. Critica delle teorie del mutamento sociale. Bolonha: Il Mulino, 1985.

BOUDON, R. & BOURRICAUD, F. [1982]. *Dizionario Critico di Sociologia*. Roma: Armando, 1991.

BOURDIEU, P. [1994]. *Ragioni pratiche*. Bolonha: Il Mulino, 2009.

_____ [1988]. Préface. In: RABINOW, P. *Un ethnologue au Maroc* – Reflexions sur un'enquête de terrain. Paris: Hachette.

_____ [1979]. *La distinzione* – Critica sociale del gusto. Bolonha: Il Mulino, 1983.

BRIDGMAN, P.W. [1965]. *La logica della fisica moderna* (1927). Turim: Bollati Boringhieri.

BRUNER, J. [1986]. *La mente a più dimensioni*. Roma/Bari: Laterza, 2003.

BRUNI, A.; GHERARDI, S. & POGGIO, B. [2005]. *Gender and Entrepreneurship* – An Ethnographical Approach. Londres: Routledge.

BRUSCHI, A. [2005]. *Metodologia della ricerca sociale*. Roma/Bari: Laterza.

_____ [1999]. *Metodologia delle scienze sociali*. Milão: Bruno Mondadori.

BURY, M. [2001]. Illness Narratives: Fact or Fiction. In: *Sociology of Health & Illness*, 3, p. 263-285.

BUTTERFIELD, L.D.; BORGEN, W.A.; AMUNDSON, N.E. & MAGLIO, A.T. [2005]. Fifty Years of the Critical Incident Technique 1954-2004 and Beyond. In: *Qualitative Research*, 5 (4), p. 475-497.

CAMILLO, F. & MUCCI, S. [2008]. *Focus group per il marketing* – Casi e metodologie di analisi di dati non strutturati. Milão: Angeli.

CANGUILHEM, G. [1966]. *Il normale e il patologico*. Turim: Einaudi, 1998.

CARDANO, M. [2014]. Ethnography and Reflexivity. In: *European Quarterly of Political Attitudes and Mentalities* – EQPAM", vol. 3, n. 1, p. 1-11 [Disponível em http://www.ssoar.info/ssoar/bitstream/handle/document/37128/ssoar-eqpam-2014-1-cardano-Etnography_and_Reflexivity.pdf?sequence=1].

_____ [2009]. Etnografie: immagini della pratica etnografica [apresentação ao número monográfico]. In: *Rassegna Italiana di Sociologia*, L (1), p. 5-16.

_____ [2008a]. Disuguaglianze sociali di salute – Differenze biografiche incise nei corpi. In: *Polis*, XXII, 1, p. 119-146.

_____ [2008b]. Il male mentale – Distruzione e ricostruzione del sé. In: BONICA & CARDANO [2008], p. 123-171.

_____ [2008c]. Epilogo. In: BONICA & CARDANO [2008], p. 317-324.

_____ [2008d]. La figura nel tappeto – L'arte di riconoscere e risolvere enigmi. In: *Rassegna Italiana di Sociologia*, IL (4), p. 665-678.

_____ [2007]. "E poi cominciai a sentire le voci..." – Narrazioni del male mentale. In: *Rassegna Italiana di Sociologia*, XLVIII (1), p. 9-56.

_____ [2005]. *Lavoro e disturbo psichico a Torino* – Rapporto di ricerca. Turim: Cooperativa Sociale Marca [Disponível em https://www.academia.edu/2734488/ Lavoro_e_disturbo_psichico_a_Torino].

_____ [2003]. *Tecniche di ricerca qualitativa* – Percorsi di ricerca nelle scienze sociali. Roma: Carocci.

_____ [2001]. Etnografia e riflessività – Le pratiche riflessive costrette nei binari del discorso scientifico. In: *Rassegna Italiana di Sociologia*, XLII (2), p. 173-204.

_____ [1997a]. *Lo specchio, la rosa e il loto* – Uno studio sulla sacralizzazione della natura. Roma: Seam.

_____ [1997b]. L'interpretazione etnografica – Sui criteri di adozione degli asserti etnografici. In: NERESINI, F. (org.). *Interpretazione e ricerca sociologica* – La costruzione dei fatti sociali nei processi di ricerca. Urbino: Quattro Venti, p. 17-52.

CARDANO, M.; MANOCCHI, M. & VENTURINI, G.L. [2011]. *Ricerche* – Un'introduzione alla metodologia delle scienze sociali. Roma: Carocci.

CARDANO, M.; MEO, A.; OLAGNERO, M. & GRUPPO DI RICERCA ACLI-TORINO [2003]. *Discorsi sulla povertà* – Operatori sociali e volontari a Torino. Milão: Angeli.

CARDANO, M. & PANNOFINO, N. [2015]. *Piccole apostasie* – Il congedo dai nuovi movimenti religiosi. Bolonha: Il Mulino.

CARVALHO, R.G.; SILVA, C.S. & POCINHO, M. [2009]. *Ligação entre vivências profissionais e actividades académicas* – A experiência de um programa de *shadowing* em alunos do ensino secundário [atas do XVII Colóquio da Association Francophone Internationale pour la Recherche Scientifique en Educacion: 'A escola e o mundo do trabalho'. Lisboa: Association Francophone Internationale pour la Recherche Scientifique en Educacion [Disponível em http://afirse.com/ archives/cd2/Ateli%C3%AAs/5a%20feira_14h30/Ateli%C3%AA%205/Silva%20 &%20Carvalho%20&%20Pocinho.pdf]].

CASTAÑEDA, C. [1972]. *Viaggio a Ixtlan*. Roma: Astrolabio/Ubaldini, 1973 [publicado no Brasil sob o título *Viagem a Ixtlan*. Rio de Janeiro: Nova Era, 2006].

CELLINI, E. [2008]. *L'osservazione nelle scienze umane*. Milão: Angeli.

CHAMPION, F. [1995]. L'apocalittica "morbida" della nebulosa mistico-esoterica. In: *La Critica Sociologica*, 113, p. 1-10.

CHELL, E. [2004]. Critical Incident Technique. In: CASSEL, C. & SYMON, G. (orgs.). *Essential Guide to Qualitative Methods in Organizational Research*. Londres: Sage, p. 45-60.

CHUI, L. & KNIGHT, D. [1999]. How Useful Are Focus Groups for Obtaining the Views of Minority Groups? In: BARBOUR, R. & KITZINGER, J. (org.). *Developing Focus Group Research:* Politics, Theory and Practice. Londres: Sage.

CICCHITELLI, G.; HERZEL, A. & MONTANARI, G.E. [1992]. *Il campionamento statistico.* Bolonha: Il Mulino.

CICOUREL, A.A. [1982]. Interviews, Surveys, and the Problem of Ecological Validity. In: *The American Sociologist,* 17, p. 11-20.

_____ [1974]. *Cognitive Sociology:* Language and Meaning in Social Interaction. Nova York: The Free Press.

_____ [1964]. *Method and Measurement in Sociology.* Nova York: The Free Press.

CLIFFORD, J. [1997]. *Strade* – Viaggio e traduzione alla fine del secolo XX. Torino: Bollati Boringhieri, 1999.

_____ [1986a]. Introduzione: verità parziali. In: CLIFFORD & MARCUS [1986] [trad. it., 1997], p. 23-52.

_____ [1986b]. Sull'allegoria etnografica. In: CLIFFORD & MARCUS [1986] [trad. it., 1997], p. 135-162.

CLIFFORD, J. & MARCUS, G.E. (org.) [1986]. *Scrivere le culture* – Poetiche e politiche in etnografia. Roma: Meltemi, 1997.

COLLETT, P. & MARSH, P. [1974]. Pattern of Public Behaviour: Collision Avoidance on a Pedestrian Crossing. In: *Semiotica,* 12 (4), p. 281-299.

COLLIER, J. & COLLIER, M. [1967]. *Visual Anthropology* – Photography and Research Method. Albuquerque: University of New Mexico Press.

COLOMBO, A. [1998]. *Etnografia di un'economia clandestina* – Immigrati algerini a Milano. Bolonha: Il Mulino.

COLOMBO, E. [1998]. De-scrivere il sociale – Stili di scrittura e ricerca empirica. In: MELUCCI, A. (org.). *Verso una sociologia riflessiva* – Ricerca qualitativa e cultura. Bolonha: Il Mulino, p. 245-267.

CORBETTA, P. [2003]. *La ricerca sociale:* metodi e tecniche – II: *Le tecniche quantitative.* Bolonha: Il Mulino.

CORRAO, S. [2000]. *Il focus group.* Milão: Angeli.

CORTI, L. & THOMPSON, P. [2004]. Secondary Analysis of Archived Data. In: SEALE, C.; GOBO, G.; GUBRIUM, J.F. & SILVERMAN, D. (orgs.). *Qualitative Research Practice.* Londres: Sage, p. 327-343.

COTTINO, A. [1998]. *Vita da clan* – Un collaboratore di giustizia si racconta. Turim: Gruppo Abele.

CRAPANZANO, V. [1986]. Il dilemma di Ermes: l'occultamento della sovversione nella descrizione etnografica. In: CLIFFORD & MARCUS [1986] [trad. it., 1997], p. 81-110.

CROSSLEY, N. [2006]. *Contesting Psychiatry* – Social Movements in Mental Health. Londres: Routledge.

CZARNIAWSKA, B. [2004]. *Narrative in Social Science Research*. Londres: Sage.

_____ [1997]. *Narrare l'organizzazione* – La costruzione dell'identità istituzionale. Turim: Comunità, 2000.

DELAMONT, S. [2004]. Ethnography and Participant Observation. In: SEALE, C.; GOBO, G.; GUBRIUM, J.F. & SILVERMAN, D. (org.). *Qualitative Research Practice*. Londres: Sage, p. 217-229.

DE LEONARDIS, F. [2008]. War as a Medicine: The Medical Metaphor in Contemporary Italian Political Language. In: *Social Semiotics*, 18 (1), p. 33-45.

DEMAZIÈRE, D. & DUBAR, C. [1997]. *Dentro le storie* – Analizzare le interviste biografiche. Milão: Cortina, 2000.

DENZIN, N.K. & GIARDINA, M.D. (orgs.) [2008]. Qualitative Inquiry and the Politics of Evidence. Walnut Creek, Calif.: Left Coast.

DENZIN, N.K. & LINCOLN, Y.S. (orgs.) [1994]. *Handbook of Qualitative Research*. Londres: Sage.

DEUTSCHER, I. [1973]. *What We Say/What We Do*. Glenview, Ill.: Scott Foresman & Company.

DIANA, P. & MONTESPERELLI, P. [2005]. *Analizzare le interviste ermeneutiche*. Roma: Carocci.

DOUGLAS, J.D. [1976]. *Investigative Social Research* – Individual and Team Field Research. Beverly Hills, Calif./Londres: Sage.

DOUGLAS, J.D. & RASMUSSEN, P. [1978]. *Nude Beach (Sociological Observations)*. Londres: Sage.

DOUGLAS, M. [1966]. *Purezza e pericolo* – Un'analisi dei concetti di contaminazione e tabù. Bolonha: Il Mulino, 1993.

DOUGLAS, M. & ISHERWOOD, B. [1979]. *Il mondo delle cose* – Oggetti, valori, consumo. Bolonha: Il Mulino, 1984.

EASTIS, C. [1998]. Organizational Diversity and the Production of Social Capital – One of These Groups Is Not Like the Other. In: *American Behavioral Scientist*, 4, 1, p. 66-77.

ECKSTEIN, H. [1975]. Case Study and Theory in Political Science. In: GREENSTEIN, F.E. & POLSBY, N. (orgs.). *Handbook of Political Science*. Menlo Park, Calif.; Addison Wesley, p. 79-137.

EDDINGTON, A.S. [1939]. *Filosofia della fisica*. Roma/Bari: Laterza, 1984.

ELLIS, C.; BOCHNER, A.P.; DENZIN, N.K.; GOODALL JR., H.L.; PELIAS, R. & RICHARDSON, L. [2008]. Let's Get Personal – First-generation Autoethnographers Reflect on Writing Personal Narratives. In: DENZIN & GIARDINA [2008], p. 309-333.

ELSTER, J. [1989]. *Come si studia la società*. Bolonha: Il Mulino, 1993.

EMERSON, R.M.; FRETZ, R.I. & SHAW, L.L. [1995]. *Writing Ethnographic Fieldnotes*. Chicago, Ill./Londres: The University of Chicago Press.

EVANS-PRITCHARD, E.E. [1940]. *I Nuer* – Un'anarchia ordinata. Milão: Angeli, 1975.

EWICK, P. & SILBEY, S. [2003]. Narrating Social Structure: Stories of Resistance to Legal Authority. In: *American Journal of Sociology*, 108 (6), p. 1.328-1.372.

FELDMAN, M.S.; SKÖLDBERG, K.; BROWN, R.N. & HORNER, D. [2004]. Making Sense of Stories: A Rhetorical Approach to Narrative Analysis. In: *Journal of Public Administration Research & Theory*, 14 (2), p. 147-170.

FELE, G. [2007]. *L'analisi delle conversazioni*. Bolonha: Il Mulino.

FEREDAY, J. & MUIR-COCHRANE, E. [2006]. Demonstrating Rigor Using Thematic Analysis: A Hybrid Approach of Inductive and Deductive Coding and Theme Development. In: *International Journal of Qualitative Methods*, 5 (1), p. 80-92.

FESTINGER, L.; RIECKEN, H. & SCHACHTER, S. [1956]. *When Prophecy Fails*. Mineápolis: University of Minnesota Press.

FIDELI, R. [1998]. *La comparazione*. Milão: Angeli.

FIDELI, R. & MARRADI, A. [1996]. Intervista. In: *Enciclopedia delle Scienze Sociali*. Roma: Istituto dell'Enciclopedia Italiana, vol. V, p. 71-82.

FINE, G.A. [2002]. *Kitchens* – The Culture of Restaurant Work. Berkeley, University of California Press.

FLANAGAN, J.C. [1954]. The Critical Incident Technique. In: *Psychological Bulletin*, 51 (4), p. 327-358.

_____ [2003]. Towards a Peopled Ethnography – Developing Theory from Group Life. In: *Ethnography*, 4 (1), p. 41-60.

FLECK, L. [1935]. *Genesi e sviluppo di un fatto scientifico:* per una teoria dello stile e del coletivo di pensiero. Bolonha: Il Mulino, 1983.

FLETCHER, J.K. [1999]. *Disappearing Acts* – Gender, Power, and Relational Practice at Work. Boston, Mass.: MIT.

FLICK, U. [2008]. *Análise de dados qualitativos*. Porto Alegre: Artmed, 2009.

FOERSTER, H. [1982]. *Sistemi che osservano*. Roma: Astrolabio, 1987.

FOUCAULT, M. [2003]. *Il potere psichiatrico* – Corso al Collège de France (1973-1974). Milão: Feltrinelli, 2004.

FRANKFURT, H.G. [2005]. *Stronzate* – Un saggio filosofico. Milão: Rizzoli, 2005.

FREEMAN, M. & MATHISON, S. [2009]. *Researching Children's Experiences*. Nova York/Londres: Guilford.

FRISINA, A. [2010]. *Focus group* – Una guida pratica. Bolonha: Il Mulino.

_____ [2006]. Back-talk Focus Groups as a Follow-up Tool in Qualitative Migration Research: The Missing Link? In: *Forum: Qualitative Social Research*, 7 (3), p. 1-9 [Disponível em http://www.qualitative-research.net/index.php/fqs/article/view/138/303].

FROHLICH, K.L.; CORIN, E. & POTVIN, L. [2001]. A Theoretical Proposal for the Relationship between Context and Disease. In: *Sociology of Health & Illness*, 23 (6), p. 776-797.

FROHLICH, K.L.; POTVIN, L.; CHABOT, P. & CORIN, E. [2002]. A Theoretical and Empirical Analysis of Context: Neighbourhoods, Smoking and Youth. In: *Social Science & Medicine*, 54, p. 1.401-1.417.

GADAMER, H.G. [1960]. *Verità e metodo*. Milão: Bompiani, 1990.

GAGLIARDI, P. [1996]. Exploring the Aestetic Side of Organizational Life. In: CLEGG, S.R.; HARDY, C. & NORD, N.R. (orgs.). *Handbook of Organization Studies*. Londres: Sage, p. 565-580.

_____ [1990]. Artifacts as Pathways and Remains of Organizational Life. In: GAGLIARDI, P. (org.). *Simbols and Artifacts*: Views of the Corporate Landscape. Berlim/Nova York: De Gruyter, p. 3-38.

GALLIHER, J.F.; WAYANE, H.B. & KEYS, D.P. [2004]. *Laud Humphreys* – Prophet of homosexuality and Sociology. Madison: The University of Wisconsin Press.

GALTUNG, J. [1967]. *Theory and Methods of Social Research*. Oslo: Forlaget.

GASPERONI, G. & MARRADI, A. [1996]. Metodo e tecniche nelle scienze sociali. In: *Enciclopedia delle Scienze Sociali*. Vol. V. Roma: Istituto dell'Enciclopedia Italiana, p. 624-643.

GEERTZ, C. [1988]. *Opere e vite* – L'antropologo come autore. Bolonha: Il Mulino, 1990.

_____ [1973]. *Interpretazione di culture*. Bolonha: Il Mulino, 1987 [publicado no Brasil com o título *A interpretação das culturas*. Rio de Janeiro: LTC, 1989].

GENNEP, A. [1909]. *I riti di passaggio*. Turim: Bollati Boringhieri, 2006.

GHERARDI, S. [1990]. *Le microdecisioni nelle organizzazioni*. Bolonha: Il Mulino.

GHERARDI, S. & POGGIO, B. [2003]. *Donna per fortuna, uomo per destino.* Milão: Etas.

GINZBURG, C. [1979]. Spie – Radici di un paradigma indiziario. In: GARGANI, A. (org.). *Crisi della ragione* – Nuovi modelli nel rapporto tra sapere e attività umane. Turim: Einaudi, p. 57-106.

GLASER, B. & STRAUSS, A. [1967]. *La scoperta della grounded theory* – Strategie per la ricerca qualitativa. Roma: Armando, 2009.

GOBO, G. [2008a]. Con giustificato ritardo – La nascita della ricerca qualitativa in Italia. In: SILVERMAN, D. *Manuale di ricerca qualitativa e sociale.* Roma: Carocci, p. i-xvii.

_____ [2008b]. *Doing Ethnography.* Londres: Sage.

_____ [1997]. *Le risposte e il loro contesto* – Processi cognitivi e comunicativi nelle interviste standardizzate. Milão: Angeli.

GODDEN, D.M. & WALTON, D. [2007]. Advances in the Theory of Argumentation Schemes and Critical Questions. In: *Informal Logic*, 27 (3), p. 267-292.

GOFFMAN, E. [1989]. Sul "fieldwork". In: *Studi Culturali*, III (1), 2006, p. 103-115.

_____ [1971]. *Relazioni in pubblico.* Milão: Cortina, 2008.

_____ [1967]. *Il rituale dell'interazione.* Bolonha: Il Mulino, 1988.

_____ [1959]. *La vita quotidiana come rappresentazione.* Bolonha: Il Mulino, 1969.

GOLD, R.L. [1958]. Roles in Sociological Field Observations. In: *Social Forces*, 1-4.

GOLDTHORPE, J.H. [2000]. *Sulla sociologia.* Bolonha: Il Mulino, 2006.

GOLDTHORPE, J.H.; LOCKWOOD, D.; BECHHOFER, F. & PLATT, J. [1969]. *Classe operaia e società opulenta.* Milão: Angeli, 1973.

GOMM, R.; HAMMERSLEY, M. & FOSTER, P. (org.) [2000]. *Case Study Method.* Londres: Sage.

GOODMAN, N. & ELGIN, C. [1988]. *Reconceptions in Philosophy and Other Arts and Sciences.* Indianapolis: Hackett.

GREIMAS, A.J. [1983]. *Del senso 2.* Milão: Bompiani, 1984.

_____ [1970]. *Del senso.* Milão: Bompiani, 2001.

GREIMAS, A.J. & COURTÉS, J. [1979]. *Semiotica* – Dizionario Ragionato della Teoria del Linguaggio. Milão: Bruno Mondadori, 2007.

GUBA, E.G. [1981]. Criteria for Assessing the Trustworthiness of Naturalistic Inquiries. In: *Educational Communication & Technology Journal*, 29, 2, p. 75-91.

GUBA, E.G. & LINCOLN, Y.S. [1989]. *Avaliação de quarta geração*. Campinas: Unicamp, 2011.

_____ [1982]. Epistemological and Methodological Bases of Naturalistic Inquiry. In: *Educational Communication & Technology Journal*, 30 (4), p. 233-252.

GUEST, G.; BUNCE, A. & JOHNSON, L. [2006]. How Many Interviews Are Enough? – An Experiment with Data Saturation and Variability. In: *Field Methods*, 18 (1), p. 59-82.

HAENNI, R. [2009]. Probabilistic Argumentation. In: *Journal of Applied Logic*, 7, p. 155-176.

HAMMERSLEY, M. [2008]. *Questioning Qualitative Inquiry* – Critical Essays. Londres: Sage.

HAMMERSLEY, M. & ATKINSON, P. [1995]. *Ethnography Principles in Practice*. Londres: Routledge.

HANNERZ, U. [1980]. *Esplorare la città*. Bolonha: Il Mulino, 1992.

HANSON, N.R. [1958]. *I modelli della scoperta scientifica* – Ricerca sui fondamenti concettuali della scienza. Milão: Feltrinelli, 1978.

HEIDER, K.G. [1988]. The Rashomon Effect: When Ethnographers Disagree. In: *American Anthropologist (New Series)*, 90 (1), p. 73-81.

HEMPEL, C.G. [1966]. *Filosofia delle scienze naturali*. Bolonha: Il Mulino, 1968.

HESSE, M. [1966]. *Modelli e analogie nella scienza*. Milão: Feltrinelli, 1980.

HESTER, S. & FRANCIS, D. [1994]. Doing Data: The Local Organization of a Sociological Interview. In: *The British Journal of Sociology*, 45 (4), p. 675-695.

HOCHSCHILD, A. [1983]. *The Managed Heart*. Berkeley: University of California Press.

HUGHES, E.C. [1984]. *Lo sguardo sociologico*. Bolonha: Il Mulino, 2010.

HUMPHREYS, L. [1975]. *Tearoom Trade* – Impersonal Sex in Public Places. Ed. ampl. Nova York: De Gruyter.

HYDÉN, L.C. [1997]. Illness and Narrative. In: *Sociology of Health & Illnes*, 19 (1), p. 48-69.

IACONA, A. [2005]. *L'argomentazione*. Turim: Einaudi.

IECŢU, I. [2006]. Argumentation, Dialogue and Conflicting Moral Economies in Post-1989 Romania: An Argument against the Trade Union Movement. In: *Discourse & Society*, 17 (5), p. 627-650.

ISER, W. [1978]. *L'atto della lettura* – Una teoria della risposta estetica. Bolonha: Il Mulino, 1987.

JACKSON, M. [1989]. *Path toward a Clearing* – Radical Empiricism and Ethnographic Inquiry. Bloomingtoon, Ind.: Indiana University Press.

JANKOWSKI, M.S. [1991]. *Islands in the Street*. Berkeley/Los Angeles: University of California Press.

JAVEAU, C. [1987]. Analisi del singolare e sociologia. In: CIPRIANI, R. (org.). *La metodologia delle storie di vita*. Roma: Euroma, p. 175-189.

JAYNES, J. [1976]. *Il crollo della mente bicamerale e l'origine della coscienza*. Milão: Adelphi, 1976.

JODELET, D. [1989]. *As representaçoes sociais*. Rio de Janeiro: Eduerj, 2001.

KAHN, R.L. & CANNEL, C.F. [1957a]. *La dinâmica dell'intervista*. Veneza: Marsilio, 1967.

_____ [1957b]. *La dinamica dell'intervista*. Veneza: Marsilio, 1968.

KAUFMANN, J.-C. [2007]. *L'intervista*. Bolonha: Il Mulino, 2009.

KING, G.; KEOHANE, R.O. & Verba, S. [1994]. *Designing Social Inquiry –* Scientific Inference in Qualitative Research. Princeton, N.J.: Princeton University Press.

KING, N. [1998]. Template Analysis. In: SYMON, G. & CASSEL, C. (org.). *Qualitative Methods in Organizational Research:* A Practical Guide. Thousand Oaks, Calif.: Sage, p. 118-134.

KIRK, J. & MILLER, M.L. [1986]. *Reliability and Validity in Qualitative Research*. Newbury Park, Calif.: Sage.

KITZINGER, J. [2000]. Focus Group with Users and Providers of Health Care. In: POPE, C. & MAYS, N. (org.). *Qualitative Research in Health Care*. Londres: BMJ Books, p. 20-29.

KLEINMANN, A. [1988]. *The Illness Narratives –* Suffering, Healing and the Human Condition. Nova York: Basic Books.

KOSKO, B. [1993]. *Il fuzzy-pensiero –* Teoria e applicazioni della logica fuzzy. Milão: Baldini & Castoldi, 2002.

KRUEGER, R.A. [1994]. *Focus Groups:* A Practical Guide for Applied Research. Londres: Sage.

KUHN, T. [19702]. *La struttura delle rivoluzioni scientifiche –* Come cambiano le idee della scienza. Turim: Einaudi, 1978.

KUNDA, G. [1992]. *L'ingegneria della cultura –* Controllo, appartenenza e impegno in un'impresa ad alta tecnologia. Turim: Comunità, 2000.

KVALE, S. [1996]. *InterViews –* An Introduction to Qualitative Research Interviewing. Thousand Oaks, Calif., Sage.

LABOV, W. [1972]. *Language in the Inner City:* Studies in the Black English Vernacular. Filadélfia: University of Pennsylvania Press.

LAKATOS, I. [1978]. *La metodologia dei programmi di ricerca scientifici*. Milão: Il Saggiatore, 1996.

LAKOFF, G. & JOHNSON, M. [1980]. *Metafora e vita quotidiana*. Milão: Bompiani, 2007.

LA MENDOLA, S. [2009]. *Centrato e aperto* – Dare vita a interviste dialogiche. Turim: Utet.

LANZARA, G.F. [1988]. Come osservare l'autoosservazione? [comunicação no Seminário "L'osservazione in sociologia: il contributo delle Teorie dei sistemi". Gorizia, Isig, 06-07/12.

LAVEZZI, G. [2009]. *Breve Dizionario di Retorica e Stilistica*. Roma: Carocci.

LÉGER, D. & HERVIEU, B. [1979]. *Le retour à la nature* – "Au fond de la forêt... l'État". Paris: Seuil.

LESTER, H. & TRITTER, J.Q. [2005]. "Listen to My Madness": Understanding the Experiences of People with Serious Mental Illness. In: *Sociology of Health & Illness*, 27 (5), p. 649-669.

LINCOLN, Y.S. & GUBA, E.G. [2000]. The Only Generalization Is: There is no Generalization. In: LINCOLN, Y.S. & GUBA, E.G. *Naturalistic Inquiry*. Newbury Park, Calif.: Sage, 1979 [agora in GOMM; HAMMERSLEY & FOSTER, 2000, p. 27-44].

LOFLAND, J. [1971]. *Analyzing Social Settings*. Belmont: Wadsworth.

LOFLAND, J. & STARK, R. [1965]. Becoming a Worldsaver: A Theory of Conversion to a Deviant Perspective. In: *American Sociological Review*, 30 (6), p. 862-875.

LOFLAND, L.H. [1998]. *The Public Realm* – Exploring the City's Quintessential Social Territory. Nova York: Aldine.

LOLLI, G. [1998]. *Beffe, scienziati e stregoni* – La scienza oltre realismo e relativismo. Bolonha: Il Mulino.

LOSITO, G. [1993]. *L'analisi del contenuto nella ricerca sociale*. Milão: Angeli.

MALINOWSKI, B. [1922]. *Argonauti del Pacifico occidentale* Riti magici e vita quotidiana nella società primitiva– Roma: Newton Compton, 1973.

MANETTI, G. [2008]. *L'enunciazione* – Dalla svolta comunicativa ai nuovi media. Milão: Mondadori.

MANTOVANI, G. [2008]. *Analisi del discorso e contesto sociale*. Bolonha: Il Mulino.

MARCHESE, A. [1997]. *L'officina del racconto* – Semiotica della narratività. Milão: Mondadori.

MARKOVÁ, I.; LINELL, P.; GROSSEN, M. & ORVIG, A.S. [2007]. *Dialogue in Focus Groups* – Exploring Socially Shared Knowledge. Londres: Equinox.

MARRADI, A. [2007]. *Metodologia delle scienze sociali*. Bolonha: Il Mulino.

_____ [2005]. *Raccontar storie* – Un nuovo método per indagare sui valori. Roma: Carocci.

_____ [1997]. Casuale e rappresentativo: ma cosa vuol dire? In: CERI, P. (org.). *Politica e sondaggi*. Turim: Rosenberg & Sellier, p. 23-87.

_____ [1996]. Due famiglie e un insieme. In: CIPOLLA, C. & LILLO, A. (orgs.). *Il sociologo e le sirene* – La sfida dei metodi qualitativi. Milão: Angeli, p. 167-178.

_____ [1981]. *Concetti e metodi per la ricerca sociale*. Firenze: La Giuntina.

MARSHALL, C. & ROSSMAN, G.B. [1999]. *Designing Qualitative Research*. 3. ed. Londres: Sage.

MARTIN, P.Y. [1990]. Deconstructing Organizational Taboos: The Suppression of Gender Conflict in Organizations. In: *Organization & Science*, 1 (4), p. 339-359.

MARZANO, M. [2006]. *Etnografia e ricerca sociale*. Roma/Bari: Laterza.

MASON, J. [2002]. *Qualitative Researching*. 2. ed. Londres: Sage.

MATERA, V. [2004]. *La scrittura etnografica*. Roma: Meltemi.

MATZA, D. [1969]. *Becoming Deviant*. Englewood Cliffs, NJ: Prentice Hall.

MAZZARA. *Metodi qualitativi in psicologia sociale*. Roma: Carocci, p. 283-304.

McCLINTOCK, C.; BRANNON, D. & MAYNARD-MOODY, S. [1979]. Applying the Logic of Sample Surveys to Qualitative Case Studies: The Case Cluster Method. In: *Administrative Science Quarterly*, 24 (4), p. 612-629.

McCRACKEN, G. [1988]. *The Long Interview*. Newbury Park, Calif.: Sage.

MELUCCI, A. (org.) [1984]. *Altri codici* – Aree di movimento nella metropoli. Bolonha: Il Mulino.

MEO, A. [2003]. Arrivare a fine mese – Donne in famiglie monoreddito. In: BOSCO, N. & NEGRI, N. (orgs.). *Corsi di vita, povertà e vulnerabilità sociale* – Metodi per lo studio dinamico della povertà e dei rischi. Milão: Guerini, p. 139-172.

MERINI, A. [1986]. *L'altra verità* – Diario di uma diversa. Milão: Scheiwiller.

MERTON, R.K. [1987]. The Focused Interview and Focus Group: Continuities and Disconitinuites. In: *Public Opinion Quarterly*, 6 (4), p. 550-566.

MILES, M.B. & HUBERMAN, A.M. [1985]. *Qualitative Data Analysis* – A Sourcebook of New Methods. Londres: Sage.

MILESI, P. & CASTELLANI, P. [2002]. L'analisi qualitativa di testi con il software Atlas.ti. In: MAZZARA, B. *Metodi qualitativi in psicologia sociale*. Roma: Carocci, p. 283-304.

MILGRAM, S. [1974]. *Obbedienza all'autorità*. Milão: Bompiani, 1975.

MILLS, C.W. [1959]. *L'immaginazione sociologica*. Milão: Il Saggiatore, 1995.

MONAGHAN, L. *[2005]*. Big Handsome Men, Bears and Others: Virtual Constructions of "Fat Male Embodiment". In: *Body & Society*, 11 (2), p. 81-111.

MONTESPERELLI, P. [1998]. *L'intervista ermeneutica*. Milão: Angeli.

MORGAN, D.L. [19972]. *Focus Groups as Qualitative Research*. Londres: Sage.

MORTARA GARAVELLI, B. [1988]. *Manuale di retorica*. Milão: Bompiani.

MOSCOVICI, S. [1984]. Il fenomeno delle rappresentazioni sociali. In: FARR, R.M. & MOSCOVICI, S. (orgs.). *Rappresentazioni sociali*. Bolonha: Il Mulino, 1989, p. 23-94.

_____ [1976]. *La psychanalyse*: son image et son public. Paris: PUF.

NAESS, A. [1973]. The Shallow and the Deep Long-Range Ecology Movement. A Summary. In: *Inquiry*, 16, p. 95-100.

NASH, J. [1975]. Bus Riding: Community on Wheels. In: *Urban Life*, 4 (1), p. 99-124.

NAVARINI, M. [1999]. Il congresso di Forza Italia: descrizione di una performance rituale. In: *Rassegna Italiana di Sociologia*, XL, 4, p. 531-565.

NICHOLSON, N. [1984]. A Theory of Work Role Transitions. In: *Administrative Science Quarterly*, 29, p. 172-191.

NISBETT, R. & ROSS, L. [1980]. *L'inferenza umana* – Strategie e lacune nel giudizio sociale. Bolonha: Il Mulino, 1989.

NOBLIT, G.W. & HARE, R.D. [1988]. *Meta-ethnography*: Synthesizing Qualitative Studies. Londres: Sage.

ODDONE, I.; RE, A. & BRIANTE, G. [1977]. *Esperienza operaia, coscienza di classe e psicologia del lavoro*. Turim: Einaudi.

OLAGNERO, M. [2008]. *Percorsi di povertà* – Sguardi su un corridoio con uscita. In: BONICA & CARDANO [2008], p. 243-277.

_____ [2004]. *Vite nel tempo* – La ricerca biografica in sociologia. Roma: Carocci.

PACIFICO, M. & COPPOLA, L. [2010]. *Nvivo: una risorsa metodologica* – Procedure per l'analisi dei dati qualitativi. Milão: Angeli.

PANNOFINO, N. [2008]. *Cambiar fede* – Narrazioni biografiche di conversione religiosa. In: BONICA & CARDANO [2008], p. 279-313.

PARK, R.E. [1928]. Migrazione umana e l'uomo marginale. In: TABBONI, S. (org.). *Vicinanza e lontananza* – Modelli e figure dello straniero come figura sociologica. Milão: Angeli, 1986, p. 195-210.

PARRELLO, S. & POGGIO, B. [2008]. Narrazione. In: OLAGNERO, M. & CA-VALETTO, G.M. (orgs.). *Transizioni biografiche* – Glossario minimo. Turim: Libreria Stampatori, p. 127-136.

PAWSON, R. & TILLEY, N. [1997]. *Realistic Evaluation*. Londres: Sage.

PAYNE, G. & WILLIAMS, M. [2005]. Generalization in Qualitative Research. In: *Sociology*, 39 (2), p. 295-314.

PERELMAN, C. & OLBRECHTS-TYTECA, L. [1958]. *Trattato dell'argomentazione* – La nuova retórica. Turim: Einaudi, 1989 [publicado no Brasil sob o título *Tratado da argumentação*: a nova retórica. São Paulo: Martins Fontes, 2014]

PERROW, C. [1984]. *Normal Accidents:* Living with High-Risk Technologies. Nova York: Basic Books.

PIASERE, L. [2002]. *L'etnografo imperfetto* – Esperienza e cognizione in antropologia. Roma/Bari: Laterza.

PIAZZA, F. [2008]. *La retorica di Aristotele* – Introduzione alla lettura. Roma: Carocci.

PIZZORNO, A. [1958]. Considerazioni su questioni tecniche comuni a varie scienze sociali, e in particolare sull'intervista. In: *L'integrazione delle scienze sociali* – Città e campagna [anais do Primeiro Congresso Nacional de Ciências Sociais. Bolonha: Il Mulino, p. 139-153].

PLATT, J. [1996]. *A History of Sociological Research Methods in America 1920-1960*. Cambridge: Cambridge University Press.

_____ [1988]. What Can Case Studies Do? In: BURGESS, R.G. (org.). *Studies in Qualitative Methodology*. Greenwich, Conn.: Jai Press, p. 1-23.

POGGIO, B. [2004]. *Mi racconti una storia?* – Il metodo narrativo nelle scienze sociali. Roma: Carocci.

POLLNER, M. [1987]. *La ragione mondana* – La realtà nella vita quotidiana e nel discorso sociologico. Bolonha: Il Mulino, 1995.

POPPER, K. [1934]. *Logica della scoperta scientifica* – Il carattere autocorrettivo della scienza. Turim: Einaudi, 1970.

POTTER, J. [2002]. Two Kinds of Natural. In: *Discourse Studies*, 4 (4), p. 539-542.

_____ [1997]. Discourse Analysis as a Way of Analysing Naturally-occuring Talk. In: SILVERMAN, D. (org.). *Qualitative Research:* Theory, Method and Practice. Londres: Sage.

POTTER, J. & HEPBURN, A. [2005]. Qualitative Interview in Psychology: Problems and Possibilities. In: *Qualitative Research in Psychology*, 2 (4), p. 281-307.

POUND, P.; BRITTEN, N.; MORGAN, M.; YARDLEY, L.; POPE, C.; DAKER--WHITE, G. & CAMPBELL, R. [2005]. Resisting Medicines: A Synthesis of

Qualitative Studies of Medicine Taking. In: *Social Science & Medicine*, 61 (1), p. 133-155.

POWELL, W. [1985]. *Getting into Print* – The Decision-Making Process in Scholarly Publishing. Chicago, Ill.: The University of Chicago Press.

POZZI, E. [1985]. Testo e genere del metodo biografico. In: MACIOTI, M.I. (org.). *Biografia storia e società*. Nápoles: Liguori, p. 72-84.

PUTNAM, R.D. [1993]. *La tradizione civica nelle regioni italiane*. Milão: Mondadori, 1993.

RAMELLO, S. [2010]. Le regole del gioco – Il parco e la sauna: la struttura degli incontri occasionali fra uomini. In: *Rassegna Italiana di Sociologia*, LI (1), p. 61-93.

RAPLEY, T. [2004]. Interviews. In: SEALE, C.; GOBO, G.; GUBRIUM, J.F. & SILVERMAN, D. (orgs.). *Qualitative Research Practice*. Londres: Sage, p. 15-33.

RATHJE, W. & MURPHY, C. [2001]. *Rubbish!* – The Archaeology of Garbage. Tucson: The University of Arizona Press.

RE, A. [1990]. *Psicologia e soggetto esperto* – La trasmissione della competenza professionale. Turim: Tirrenia.

RICHARDS, T.J. & RICHARDS, L. [1994]. Using Computers in Qualitative Research. In: DENZIN & LINCOLN [1994], p. 445-462.

RICHARDSON, L. [1994]. Writing: A Method of Inquiry. In: DENZIN & LINCOLN [1994].

RICOLFI, L. [1997a]. Introduzione. In: RICOLFI, L. (org.). *La ricerca qualitativa*. Roma: Carocci, p. 11ss.

_____ [1997b]. La ricerca empirica nelle scienze sociali: una tassonomia. In: RICOLFI, L. (org.). *La ricerca qualitativa*. Roma: Carocci, p. 19-43.

RIEMER, J.W. [1977]. Varieties of Opportunistic Research. In: *Urban Life*, 5 (4), p. 467-477.

RIESSMAN, C.K. [2008]. *Narrative Methods for the Human Sciences*. Londres: Sage.

ROBINS, D.M.; SANDERS, C.R. & CAHILL, S.E. [1991]. Dogs and Their People – Pet-facilitated Interaction in a Public Setting. In: *Journal of Contemporary Ethnography*, 20 (1), p. 3-25.

ROMME, M. & ESCHER, S. (org.) [1993]. *Accettare le voci* – Le allucinazioni uditive: capirle e conviverci. Milão: Giuffrè, 1997.

ROMME, M.; ESCHER, S.; DILLON, J.; CORSTENS, D. & MORRIS, M. [2009]. *Living with Voices* – 50 stories of recovery. Ross-on-Wye: PCCS Books.

RORTY, R. [1991]. Solidarietà od oggettività? In: *Scritti filosofici*. Vol. I. Roma/ Bari: Laterza, 1994, p. 29-45.

ROSENHAM, D.L. [1973]. Essere sani in posti insani. In: WATZLAWICK, P. (org.). *La realtà inventata* – Contributi al costruttivismo. Milão: Feltrinelli, 1988, p. 105-127.

ROSITI, F. [1993]. Strutture di senso e struttre di dati. In: *Rassegna Italiana di Sociologia*, XXXIV (2), p. 177-200.

ROTH, J.A. [1963]. *Timetables:* Structuring the Passage of Time in Hospital Treatment and Other Careers. Indianápolis: Bobbs-Merrill.

RUBIN, J. [1994]. *Handbook of Usability Testing:* How to Plan, Design and Conduct Effective Tests. Nova York: Wiley & Sons.

RUSPINI, E. [2004]. *La ricerca longitudinale*. Milão: Angeli.

RUSSO, B. & VASTA, C. [1988]. Uso combinato di scale Likert e figure tematiche in una ricerca sugli atteggiamenti. In: MARRADI, A. (org.). *Costruire il dato* – Sulle tecniche di raccolta delle informazioni nelle scienze sociali. Milão: Angeli, p. 11-43.

RYEN, A. [2004]. Ethical Issues. In: SEALE, C.; GOBO, G.; GUBRIUM, J.F. & SILVERMAN, D. (orgs.). *Qualitative Research Practice*. Londres: Sage, p. 230-247.

SALDAÑA, J. [2003]. *Longitudinal Qualitative Research* – Analyzing Change through Time. Walnut Creek, Calif.: Altamira.

SALZMAN, P.C. [1994]. The Lone Stranger in Heart of Darkness. In: BOROFSKY, R. (org.). *Assessing Cultural Anthropology*. Nova York: McGraw-Hill, p. 29-39.

SASSATELLI, R. [2009]. Una passione addomesticata: l'etnografia come professione – Dialogo con Gary Alan Fine. In: *Rassegna Italiana di Sociologia*, L (1), p. 161-184.

SCHELLENS, P.J. [1985]. *Redelijke argumenten:* Een onderzoek naar normen voor kritische lezers. Dordrecht: Foris.

SCHOPENHAUER, A. [1864]. *L'arte di ottenere ragione* – Esposta in 38 stratagemmi. Milão: Adelphi, 2009.

SCHÜTZ, A. [1960]. *La fenomenologia del mondo sociale*. Bolonha: Il Mulino, 1974.

SCLAVI, M. [1994]. *A una spanna da terra* – Indagine comparativa su una giornata di scuola negli Stati Uniti e in Italia e i fondamenti di una "metodologia umoristica". Milão: Feltrinelli.

SEALE, C. [2004]. Quality in Qualitative Research. In: SEALE, C.; GOBO, G.; GUBRIUM, J.F. & SILVERMAN, D. (orgs.). *Qualitative Research Practice*. Londres: Sage, p. 409-419.

SECHEHAYE, M. [1950]. *Diario di una schizofrenica*. Firenze: Giunti, 2000.

SEMI, G. [2010]. *L'osservazione partecipante* – Uma guida pratica. Bolonha: Il Mulino.

SEN, A. [1986]. La descrizione come scelta. In: SEN, A. *Scelta, benessere, equità*. Bolonha: Il Mulino.

SHAFFIR, W.B. [1991]. Managing a Convincing Self-presentation – Some Personal Reflections on Entering the Field. In: SHAFFIR, W.B. & STEBBINS, R.A. *Experiencing Fieldwork* – An Inside View of Qualitative Reseach. Londres: Sage, p. 72-81.

SHARP, V. [1975]. *Social Control in the Therapeutic Community*. Farnborough: Saxon House.

SILVERMAN, D. [2007]. *A Very Short, Fairly Interesting and Reasonably Cheap Book about Qualitative Research*. Londres: Sage.

_____ [2000]. *Come fare ricerca qualitativa*. Roma: Carocci, 2002.

ŠORM, E. [2010]. *The Good, the Bad and the Persuasive* – Normative Quality and Actual Persuasiveness of Arguments from Authority, Arguments from Cause to Effect and Arguments from Example. Utrecht: Lot.

SORMANO, A. [2008]. *Fra teoria e metodo* – Punti di svolta nell'intervista. In: BONICA & CARDANO [2008], p. 327-352.

_____ [1999]. *Grammatica del senso* – Weber, Wittgenstein, Benveniste. Turim: Trauben.

SPARTI, D. [1992]. *Se un leone potesse parlare* – Indagine sul comprendere e lo spiegare. Firenze: Sansoni.

SPEER, S.A. [2002]. "Natural" and "Contrived" Data: A Sustainable Distinction? In: *Discourse Studies*, 4 (4), p. 511-525.

SPERBER, D. [1982]. *Il sapere degli antropologi*. Milão: Feltrinelli, 1984.

SPRADLEY, J.P. [1980]. *Participant Observation*. Nova York: Holt, Rinehart & Winston.

STAR, S.L. [2007]. Living Grounded Theory: Cognitive and Emotional Forms of Pragmatism. In: BRYANT, A. & CHARMATZ, K. (orgs.). *The Sage Handbook of Grounded Theory*. Londres: Sage, p. 75-93.

STEELE, K. [2002]. *E venne il giorno che le voci tacquero* – Un viaggio nella follia e nella speranza. Milão/Udine: Mimesis, 2005.

STEVENS, S. [1991]. La teoria delle scale di misura. In: CARDANO, M. & MICELI, R. (orgs.). *Il linguaggio delle variabili* – Strumenti per la ricerca sociale. Turim: Rosenberg & Sellier, p. 140-150.

STRATI, A. [1999]. *Estetica e organizzazione*. Milão: Mondadori, 2008.

TEN HAVE, P. [2002]. Ontology or Methodology? Comments on Speer's "'Natural' and 'Contrived' Data: A Sustainable Distinction?" In: *Discourse Studies*, 4 (4), p. 527-530.

_____ [1999]. *Doing Conversation Analysis*. Londres: Sage.

THOMAS, F. [2006]. Stigma, Fatigue and Social Breakdown: Exploring the Impacts of Hiv/Aids on Patient and Carer Well-being in the Caprivi Region, Namibia. In: *Social Science & Medicine*, 63, p. 3.174-3.187.

THOMAS, W.I. & ZNANIECKI, F. [1918-1920]. *Il contadino polacco in Europa e in America*. 2 vol. Milão: Comunità, 1968.

TILLEY, C. [2001]. Ethnography and Material Culture. In: ATKINSON, P.; COFFEY, A.; DELAMONT, S.; LOFLAND, J. & LOFLAND, L. (orgs.). *Handbook of Ethnography*. Londres: Sage, p. 258-272.

TOPOLSKI, J. [1973]. *Metodologia della ricerca storica*. Bolonha: Il Mulino, 1975.

UZZI, B. [1997]. Social Structure and Competition in Interfirm Networks: The Paradox of Embeddedness. In: *Administrative Science Quarterly*, 42 (1), p. 35-67.

VAN DER WIN, L. [2010]. *Un legame materno non si recupera più?* – Autobiografia di una schizofrenica guarita. Milão/Udine: Mimesis.

VAN EEMEREN, F.H. & GROOTENDORST, R. [2004]. *Una teoria sistematica dell'argomentazione* – L'approccio pragma-dialettico. Milão: Mimesis, 2008.

_____ [1984]. *Speech Acts in Argumentative Discussions*. Dordrecht: Foris.

VAN EEMEREN, F.H. & HOUTLOSSER, P. [1999]. Strategic Manoeuvring in Argumentative Discourse. In: *Discourse Studies*, 1 (4), p. 479-497.

VAN MAANEN, J. [1979]. La realtà dell'invenzione nell'etnografia delle organizzazioni. In: GAGLIARDI, P. (org.). *Le imprese come culture* – Nuove prospettive di analisi organizzativa. Turim: Utet, 1995, p. 33-50.

VOLLI, U. [2005]. *Manuale di semiotica*. Roma/Bari: Laterza.

WACQUANT, L. [2002]. *Anima e corpo* – La fabbrica dei pugili nel ghetto nero americano. Roma: DeriveApprodi, 2002.

WALTON, D. [2009]. Anticipating Objections in Argumentation. In: RIBEIRO, H.J. (org.). *Rhetoric and Argumentation in the Beginning of the XXIst Century*. Coimbra: University of Coimbra Press, p. 87-109.

_____ [2001]. Enthymemes, Common Knowledge, and Plausible Inference. In: *Philosophy & Rhetoric*, 34 (2), p. 93-112.

_____ [1992]. Types of Dialogue, Dialectical Shifts and Fallacies. In: VAN EEMEREN, F.H.; GROOTENDORST, R.; BLAIR, J.A. & WILLARD, C.A. (orgs.). *Argumentation Illuminated*. Amsterdã: Sicsat, p. 133-147.

WALTON, D. & REED, C. [2003]. Diagramming, Argumentation Schemes and Critical Questions. In: EEMEREN, F.H. et al. (orgs.). *Anyone Who Has a View:* Theoretical Contributions to the Study of Argumentation. Dordrecht: Kluwer, p. 195-211.

WEBB, E.; CAMPBELL, D.; SCHWARTZ, R. & SECHREST, L. [1966]. *Unobtrusive Measures* – Nonreactive Research in the Social Sciences. Chicago, Ill.: Rand McNally.

WEBER, M. [1922]. *Il metodo delle scienze storico-sociali.* Turim: Einaudi, 1958.

WHYTE, W.F. [1992]. In Defence of Street Corner Society. In: *Journal of Contemporary Ethnography*, 21 (1), p. 52-68.

_____ [1943]. *Street corner society* – Uno slum italo-americano. Bolonha: Il Mulino, 2011.

WIKAN, U. [1992]. Oltre le parole – Il potere della risonanza. In: CAPPELLETTO, F. (org.). *Vivere l'etnografia.* Firenze: Seid, 2009, p. 97-134.

WILLER, S.; RUCHATZ, J. & PETHES, N. [2007]. Zur Systematik des Beispiels. In: RUCHATZ, J.; WILLER, S. & PETHES, N. (org.). *Das Beispiel:* Epistemologie des Exemplarischen. Berlim: Kulturverlag Kadmos, p. 7-59.

WILLIAMS, M. [2000]. Interpretivism and Generalization. In: *Sociology*, 34 (2), p. 209-224.

WILLIAMS CARAWAN, L. & NALAVANY, B. [2010]. Using Photography and Art in Concept Mapping Research with Adults with Dyslexia. In: *Disability & Society,* 25 (3), p. 317-329.

WITTGENSTEIN, L. [1953]. *Ricerche filosofiche.* Turim: Einaudi, 1967.

ZAMMUNER, V.L. [2003]. *I focus group.* Bolonha: Il Mulino.

ZIMBARDO, P.G. [2007]. *L'effetto Lucifero* – Cattivi si diventa? Milão: Cortina, 2008.

ZIMMERMAN, D.H. & Wieder, D.L. [1977]. The Diary Interview Method. In: *Urban Life*, 5 (4), p. 479-499.

ZOHAR, D. & MARSHALL, L. [1994]. *The Quantum Society.* Londres: Bloomsbury.

Índice analítico

Aceitabilidade das premissas 70
Acesso ao campo 129
Adequação epistêmica do método de construção da documentação empírica 94
Adequação pragmática do método de construção da documentação empírica 96s.
Afinidade do grupo focal com o experimento de laboratório 223, 242
Agradar as pessoas 131
Análise como segmentação de um fluxo contínuo de informações 272s.
Análise das conversações 38s.
Análise primária 317
Análise secundária 317s.
Apresentação dos resultados 326
Área de autenticidade 69, 229
Argumentação persuasiva 46
Argumentação por meio do exemplo 64
    construção do conhecimento 64
    representação do conhecimento 64, 85
Argumentação proléptica 47, 66, 250
Argumento da dupla hierarquia 81
Aspectos linguísticos, paralinguístios e extralinguísticos da interação 260
Atipicidade do caso de estudo 85-87
Atributos discriminantes de papel 119

Backtalk 126, 148
Banda de um homem só/*one-man-band* 115

Celebração romântica da entrevista 181
Classificação dos papéis observativos 120
Comparação dos casos mais distantes 74
Comparação dos casos mais semelhantes 77
Concepção romântica da observação participante/*participant-observation
    romanticism* 115

Condução da entrevista 202
  continuadores/*continuator* 209
  escuta, aceitação e apoio dos discursos 206
  estrabismo 206
  recapitulação 208
  silêncio 206s.
  socialização ao papel de entrevistado 204
  técnica do eco 207
Condução do grupo focal 254
  acolhimento 256
  autoapresentação dos participantes 243
  continuadores/*continuator* 259
  estrabismo 258
  introdução 243
  questionário 257
  recapitulação 260
  silêncio 258
  socialização ao papel de participante 245, 258
  técnica do eco 259
Configuração dos grupos 232
Conhecimento tácito 117
Contato e apresentação de pesquisa baseada no uso de entrevistas discursivas
  informações e garantias aos candidatos à entrevista 200s.
  utilização da figura do mediador 198
Contato e apresentação de uma pesquisa baseada no uso de grupo focal
  incentivos materiais 251
  informações e garantias aos candidatos à entrevista 253
  utilização de mediador 252
Contexto empírico 54
Contexto etnográfico (conhecimento do) 113
Cooperação dos participantes 17
Crise da representação 33
Crítica radical da entrevista 182

Dados gerados pela intervenção do pesquisador/dados naturais 33
Debriefing na conclusão do grupo focal 243, 260
Descrição densa/*Thick description* 90

Desenho da pesquisa
   prefiguração 47s.
   reconstrução 101-106
Desenho do caso crítico 80-83

Entrevista ao sósia 192
Entrevista de pesquisa 166
Entrevista discursiva 167s.
   guiada 180
   livre 180
Entrevista estruturada 167
Escolha dos casos e amostragem 59-65
   amostragem na entrevista discursiva 195
   amostragem no grupo focal 248
Escrita 320
Escrita como instrumento de descoberta 150
Estatuto epistêmico dos discursos obtidos com um grupo focal 224s.
Estatuto epistêmico dos materiais empíricos 17
Estratégias para aproximar os candidatos a um grupo focal 249
Estratégias para o estudo dos fenômenos sociais
   redução da extensão do domínio observado 25
   simplificação do objeto 25
Exemplo contrário 83
Experimento de campo 42
Extensão do alcance 63

Formas e modos do grupo focal
   condução do grupo 226
   doze tipos de grupo focal 227s.
   grupo artificial *vs.* grupo natural 226s.
   homogeneidade do grupo 226
Função de pertinência "fuzzy" 323s.

Generalização dentro do caso 64, 316
Generalização entre casos 64
Generalização estatística 60s.
Gerenciamento da impressão/*management impression* 116, 183
Grupo focal piloto 246
Grupos focais repetidos 231-235
Guardiões 124

Heurística da disponibilidade 300
Heurísticas da observação 136-146
    primeiro truque de Jack Douglas 143
    primeiro truque de Wittgenstein 139
    segundo truque de Jack Douglas 144
    segundo truque de Wittgenstein 140
    truque de Clifford Geertz 141
    truque de Foucault 141
    truque de Henrí Cartier-Bresson 136
    truque de Howard Becker 137
    truque de Lindesmith 145
    truque de Mary Douglas e Baron Isherwood 138
    truque de Park 145
    truque de Usbek 136
    truque do Tenente Colombo 133

Implicações metodológicas e éticas da observação encoberta e da observação revelada 124
Individuação das relações 310
    a análise das ausências 298s.
    casos desviantes 314
    classificação cruzada 310
    consistência empírica das relações hipotizadas 310
    distorções que podem ser atribuídas aos procedimentos de construção e análise da documentação empírica 314
    exploração das relações 312
    Grounded theory 294
    instâncias negativas 317
    objetos de análise 313
    qualidade da documentação empírica 316
    Template analysis 296
Informantes 146s.
Instrumentos de miniaturização no grupo focal
    matriz das adjacências 264
    resumo temático 264
Interatividade das práticas de pesquisa 28-30

Jogo da experiência/*experience game* 181
Jogos 44

Lógica difusa (*fuzzy*) 266

Mapa das técnicas de pesquisa qualitativa 33

Marcadores distantes da experiência dos participantes
   conteúdos dos textos 283
   dimensões argumentativas 290
   dimensões narrativas 286
   forma dos textos 286
   modelo analítico proposto por Greimas 286

Marcadores próximos da experiência aplicados a:
   achados negociados 276
   achados selecionados 274
   achados solicitados 276
   representações 280
   reproduções que representam entrevistas discursivas 277
   reproduções que representam grupos focais 279

Member test of validity 149

Metáforas 320s.
   analogia negativa 321
   analogia neutra 321
   analogia positiva 321

Metanálise 319

Métodos de pesquisa "cooperativos" 22

Métodos de pesquisa "investigativos" 22

Micro-histórias 284

Miniaturização da entrevista 213
   ficha de síntese biográfica 217
   resumo temático 217

Modalidades de gravação da discussão 255

Modelo cooperativo (de entrevista) 171

Modelo pragma-dialético 16

Moderador 253s.

Movimento de Pesquisa Baseada em Evidências/*evidence based research movement* 32

Natureza da perturbação 37
   perturbação interativa 37
   perturbação observativa 37

Notas etnográficas 149, 155
   anotações rápidas 154
   como filtro e não como espelho 150
   perfil epistêmico das notas etnográficas 163

princípio do roteiro 156
regra do bom jornalismo 156
sobre a não inspecionabilidade da base empírica 163
"trade off" entre completude e inspecionabilidade 165
Número dos participantes em um grupo focal 234s.

Objetos da observação participante, interação social entre os participantes e
    entre estes e o observador 151
Observação de documentos naturais 40s.
Observação de documentos solicitados 45
Observação naturalista 39
Observador 255
Organização da discussão no grupo focal 235s.
    autogerida 236
    guiada 236

Papéis observativos na pesquisa etnográfica 120
    observação encoberta 121
    observação revelada 121
Papel atribuído ao entrevistado 187
    especialista 188
    observador/testemunha 187s.
    protagonista 187s.
Pergunta de pesquisa
    relevância pragmática 51
    relevância teorética 50
Perguntas críticas 69
Pertinência 71
Pesquisa encoberta 119
Pesquisa etnográfica 113
Pesquisa revelada 119
Pesquisas "oportunistas" 56
Por que fazer pesquisa qualitativa 28
    razões ético-políticas 29
    razões metateóricas 29
    razões metodológicas 28
Potencial comparativo 65
Postulados de irrelevância 70
Postulados de relevância 70
Proteção da privacidade 225

Qualificação da documentação empírica 202s.
   qualificação simultânea à segmentação 293
   qualificação sucessiva à segmentação 293
Questão ética 97
   abordagem de inspiração kantiana 98
   abordagem utilitarista 97
Questionário disfarçado 179

Razões de relevância da participação na observação participante
   no plano cognitivo 111
   no plano pragmático 111
Reconstrução do percurso metodológico 326
Relação entre a teoria da argumentação e a teoria da probabilidade 63s.
Relato reflexivo 105, 160
Representação compacta das qualificações 301s.
   instrumentos gráficos 301
   instrumentos matriciais 304
   instrumentos narrativos 304
Restituição dos resultados do estudo aos participantes 100
Roteiro da entrevista 186s., 190
Roteiro do grupo focal 236s.
   estímulos icônicos e audiovisuais 241
   narrações breves 238
   perguntas dirigidas a um sujeito plural 237

Saber "indiciário" 18
Saturação teórica 91
Segmentação da documentação empírica 272s.
   marcadores distantes da experiência dos participantes 282
   marcadores próximos da experiência dos participantes 276
Sensibilidade ao contexto 19
Serpente de Kekulé 297
Shadowing 34, 36-38
Silogismo retórico 19
Subpopulações relevantes 233
Suficiência 71
Suficiência com casos pouco qualificados 71-74
Suficiência com casos qualificados 74-77

Taxonomia da documentação empírica submetida a análise 270
  achados 267
  representações 269
  reproduções 269
Técnica dos incidentes críticos 194
Teoria da argumentação 16, 22, 62-64
Teoria da probabilidade 62, 64
Teste do cientista social morto/*dead social scientist's test* 34
Thisness 183
Tipicidade do caso de estudo 85-87
Tipo de contexto 53s.
Tipo ideal 323
Tipos de interação entre entrevistado e entrevistador 177
Traços distintivos da entrevista discursiva
  argumentações 172
  coloratura emocional 174
  narrações 172
  posição do locutor 175
  relação entre entrevistado e entrevistador 176
  vestígios de conflitos interiores 176
Traços distintivos da observação participante 110
  experimento de experiência 111
  observação realizada em um contexto natural 108
  participação 111
  profundidade temporal 108
  relato dos processos causais 109
  viver com eles 110
  viver como eles 110
Traços distintivos da pesquisa qualitativa
  observação mais próxima 24
Traços distintivos do grupo focal
  discussão de grupo 222
Transcrição da entrevista 213
  nível extralinguístico 214
  nível linguístico 214
  nível paralinguístico 214
Transcrição de um grupo focal 260s.
Transferibilidade 90

Utilização da interlocução 36

Índice geral

Sumário, 7

Apresentação da coleção, 9

Prefácio, 11

Introdução, 15

1 A pesquisa qualitativa, 23

   1 O que é a pesquisa qualitativa?, 23

      1.1 Uma forma de observação mais próxima…, 24

      1.2 …harmonizada com as características dos objetos aos quais se aplica, 25

   2 Por que fazer pesquisa qualitativa?, 28

   3 Ilhas no arquipélago: um mapa das técnicas de pesquisa qualitativa, 33

2 O desenho da pesquisa qualitativa, 46

   1 A prefiguração, 47

      1.1 Pergunta e contexto empírico, 48

      1.2 Escolha dos casos e amostragem, 59

         1.2.1 O exemplo como instrumento para a construção do conhecimento, 65

         1.2.2 O exemplo como instrumento para a representação do conhecimento, 85

         1.2.3 As noções de transferibilidade e saturação teórica, 90

      1.3 O método, 94

   2 A reconstrução, 101

3 A observação participante, 107

   1 O desenho na observação participante, 118

2 O trabalho de campo, 128

   2.1 O acesso, 129

   2.2 Participação, observação, diálogo, 134

   2.3 Heurísticas da observação, truques para ver de outra forma, 136

   2.4 Os informantes e o *backtalk*, 146

3 A redação das notas etnográficas, 149

4 A entrevista discursiva, 166

1 Do que (e com que autoridade) nos falam as nossas entrevistas?, 180

2 O roteiro da entrevista, 186

3 A amostragem, 195

4 A construção da documentação empírica, 197

   4.1 O contato e a apresentação da pesquisa, 197

   4.2 A condução da entrevista, 202

   4.3 A transcrição da entrevista, 213

5 O grupo focal, 221

1 O planejamento, 232

   1.1 A escolha do tipo de grupo focal, 232

   1.2 As formas de condução, 235

   1.3 O roteiro, 236

2 A amostragem, 248

3 A construção da documentação empírica, 251

   3.1 O contato com os participantes, 251

   3.2 A condução do grupo focal, 254

   3.3 A transcrição das discussões, 260

6 Análise da documentação empírica e escrita, 266

1 Os três passos da análise, 272

1.1 A segmentação, 273

1.1.1 A segmentação com marcadores próximos da experiência dos participantes, 274

1.1.2 A segmentação com marcadores distantes da experiência dos participantes, 282

1.2 A qualificação, 292

1.3 A individuação das relações, 310

2 Análise primária, secundária e metanálise, 317

3 A escrita, 320

Apêndices, 329

1 Módulo para o consentimento informado, 329

2 Notação ATB para a transcrição das entrevistas discursivas, 330

3 Roteiro de um grupo focal, 335

Glossário, 339

Referências, 341

Índice analítico, 361

COLEÇÃO SOCIOLOGIA
Coordenador: Brasilio Sallum Jr. – Universidade de São Paulo

- *A educação moral*
  Émile Durkheim
- *A pesquisa qualitativa*
  VV.AA.
- *Sociologia ambiental*
  John Hannigan
- *O poder em movimento*
  Sidney Tarrow
- *Quatro tradições sociológicas*
  Randall Collins
- *Introdução à Teoria dos Sistemas*
  Niklas Luhmann
- *Sociologia clássica – Marx, Durkheim, Weber*
  Carlos Eduardo Sell
- *O senso prático*
  Pierre Bourdieu
- *Comportamento em lugares públicos*
  Erving Goffman
- *A estrutura da ação social – Vols. I e II*
  Talcott Parsons
- *Ritual de interação*
  Erving Goffman
- *A negociação da intimidade*
  Viviana A. Zelizer
- *Sobre fenomenologia e relações sociais*
  Alfred Schutz
- *Os quadros da experiência social*
  Erving Goffman
- *Democracia*
  Charles Tilly
- *A representação do Eu na vida cotidiana*
  Erving Goffman
- *Sociologia da comunicação*
  Gabriel Cohn
- *A pesquisa sociológica*
  Serge Paugam (coord.)
- *Sentido da dialética – Marx: lógica e política - Tomo I*
  Ruy Fausto
- *Ética econômica das religiões mundiais - Vol. I*
  Max Weber
- *A emergência da teoria sociológica*
  Jonathan H. Turner, Leonard Beeghley e Charles H. Powers
- *Análise de classe – Abordagens*
  Erik Olin Wright
- *Símbolos, selves e realidade social*
  Kent L. Sandstrom, Daniel D. Martin e Gary Alan Fine
- *Sistemas sociais*
  Niklas Luhmann
- *O caos totalmente normal do amor*
  Ulrich Beck e Elisabeth Beck-Gernsheim
- *Lógicas da história*
  William H. Sewell Jr.
- *Manual de pesquisa qualitativa*
  Mario Cardano
- *Teoria social – Vinte lições introdutórias*
  Hans Joas e Wolfang Knöbl

CULTURAL

Administração
Antropologia
Biografias
Comunicação
Dinâmicas e Jogos
Ecologia e Meio Ambiente
Educação e Pedagogia
Filosofia
História
Letras e Literatura
Obras de referência
Política
Psicologia
Saúde e Nutrição
Serviço Social e Trabalho
Sociologia

CATEQUÉTICO PASTORAL

Catequese
Geral
Crisma
Primeira Eucaristia

Pastoral
Geral
Sacramental
Familiar
Social
Ensino Religioso Escolar

TEOLÓGICO ESPIRITUAL

Biografias
Devocionários
Espiritualidade e Mística
Espiritualidade Mariana
Franciscanismo
Autoconhecimento
Liturgia
Obras de referência
Sagrada Escritura e Livros Apócrifos

Teologia
Bíblica
Histórica
Prática
Sistemática

REVISTAS

Concilium
Estudos Bíblicos
Grande Sinal
REB (Revista Eclesiástica Brasileira)
SEDOC (Serviço de Documentação)

VOZES NOBILIS

Uma linha editorial especial, com importantes autores, alto valor agregado e qualidade superior.

VOZES DE BOLSO

Obras clássicas de Ciências Humanas em formato de bolso.

PRODUTOS SAZONAIS

Folhinha do Sagrado Coração de Jesus
Calendário de mesa do Sagrado Coração de Jesus
Agenda do Sagrado Coração de Jesus
Almanaque Santo Antônio
Agendinha
Diário Vozes
Meditações para o dia a dia
Encontro diário com Deus
Guia Litúrgico

CADASTRE-SE
www.vozes.com.br

EDITORA VOZES LTDA.
Rua Frei Luís, 100 – Centro – Cep 25689-900 – Petrópolis, RJ
Tel.: (24) 2233-9000 – Fax: (24) 2231-4676 – E-mail: vendas@vozes.com.br

UNIDADES NO BRASIL: Belo Horizonte, MG – Brasília, DF – Campinas, SP – Cuiabá, MT
Curitiba, PR – Fortaleza, CE – Goiânia, GO – Juiz de Fora, MG
Manaus, AM – Petrópolis, RJ – Porto Alegre, RS – Recife, PE – Rio de Janeiro, RJ
Salvador, BA – São Paulo, SP